STAATLICHE MUSEEN ZU BERLIN

DIE ANTIKENSAMMLUNG

Altes Museum | Pergamonmuseum

Photographiert von Johannes Laurentius und Ingrid Geske

Verlag Philipp von Zabern • Mainz

DIE ANTIKENSAMMLUNG

Altes Museum
Pergamonmuseum

S M
B Antikensammlung
Staatliche Museen
zu Berlin

Photographiert von Johannes Laurentius und Ingrid Geske

3., vollständig überarbeitete und erweiterte Auflage

312 Seiten mit 241 Farb- und 6 Schwarzweißabbildungen

Umschlag vorne: Bildnis des Gaius Julius Caesar (Sk 342, Kat. Nr. 68)

Frontispiz: Stele Giustiniani (Sk 1482, Kat. Nr. 86)

Vorsatz hinten: Raumpläne Altes Museum und Pergamonmuseum

Umschlag hinten: Kopf des Apoll von einer attisch-weißgrundigen Schale, signiert vom Töpfer Euphronios, dem Pistoxenos-Maler zugeschrieben (F 2282)

Herausgeber: Andreas Scholl und Gertrud Platz-Horster

Redaktion: Mirko Vonderstein

Autoren:
Annika Backe-Dahmen (Ba.)
Sylvia Brehme (Bre.)
Karsten Dahmen (Dah.)
Astrid Dostert (Dos.)
Norbert Franken (Fran.)
Ulrich Gehrig (Gehr.)
Luca Giuliani (Giul.)
Dagmar Grassinger (Gra.)
Nele Hackländer (Ha.)
Wolf-Dieter Heilmeyer (Hlm.)
Hayo Heinrich (Hein.)
Huberta Heres (Her.)
Matthias Hofter (Hof.)
Bert Kaeser (Kae.)
Ursula Kästner (U. Kä.)
Volker Kästner (V. Kä.)
Brigitte Knittlmayer (Kni.)
Irmgard Kriseleit (Kri.)
Max Kunze (Kun.)
Martin Maischberger (Maisch.)
Martin Miller (Mi.)
Gertrud Platz-Horster (Pla.)
Andreas Scholl (Sch.)
Agnes Schwarzmaier (Schw.)
Mirko Vonderstein (Von.)
Irmgard Wehgartner (Weh.)
Gerhard Zimmer (Zim.)

Gesamtherstellung: Verlag Philipp von Zabern, Mainz

Abbildungsnachweis:
bpk/Stiftung Preußischer Kulturbesitz, ART & COM 2007 (Abb. 6)
Ingrid Geske (Kat. Nr. 9. 12. 15. 24. 25. 27. 28. 33. 55. 57. 58. 67. 71. 77. 81. 90–93. 96. 101. 109. 121. 124. 125. 127. 135. 138. 142–144. 147. 151)
Marina Heilmeyer (Zeichnung S. 143)
Johannes Kramer (Kat. Nr. 160)
Johannes Laurentius (Umschlag vorne, Umschlag hinten, Frontispiz, Abb. 1–5. 10. 11. 13. 18; Kat. Nr. 1–8. 10. 11. 13. 14. 16–23. 26. 29–32. 34–54. 56. 59–66. 68–70. 72–76. 78–80. 82–89. 94. 95. 97–100. 102–108. 110–120. 122. 123. 126. 128–134. 136. 137. 139–141. 145. 148–150. 152–159. 161–163; S. 17. 138/139. 248)
Bernhard Weisser (Abb. 15)

3., vollständig überarbeitete und erweiterte Auflage
(1. Aufl. 1992, 2. Aufl. 1998)
ISBN: 978-3-8053-2449-6 (Buchhandelsausgabe)
ISBN: 978-3-8053-3788-5 (Museumsausgabe)
Printed in Germany

Inhaltsverzeichnis

Die Berliner Antikensammlung – Eine Standortbestimmung

Andreas Scholl

Die so glücklich wiedervereinigte Antikensammlung der Staatlichen Museen zu Berlin befindet sich mehr als anderthalb Jahrzehnte nach der Wende noch immer in einer Phase des Umbruchs und der Neuordnung. Ein wichtiges Etappenziel wurde im Mai 1998 mit der integrierten Neuaufstellung in ihrem Stammhaus seit 1830, dem Alten Museum Karl Friedrich Schinkels auf der Museumsinsel, erreicht. Hier entstand im Hauptgeschoss eine stark kontextorientierte Präsentation fast aller Denkmälergattungen der griechischen Kunst. Die Ausstellungsdauer hatte man seinerzeit in der Erwartung einer baldigen Generalsanierung des Alten Museums auf fünf Jahre kalkuliert – ein Irrtum, wie sich rasch zeigen sollte. Die mittlerweile neun Jahre alte Ausstellung verbindet einen chronologisch klar gegliederten Rundgang mit einer Fülle kulturgeschichtlich relevanter Themen und steht damit in der Tradition des Charlottenburger Antikenmuseums. Eine überschaubare Anzahl antiker Skulpturen aus der großen Präsentation im Nordflügel des Pergamonmuseums wird hier konsequent im kulturgeschichtlichen Zusammenhang veranschaulicht. Die in und mit dieser Ausstellung gewonnenen Erfahrungen bilden eine wertvolle Grundlage für die Planung des großen Auftritts der Sammlung nach Übernahme des ganzen Hauses im Jahre 2010 – wie zu hoffen ist.

Abb. 1 Altes Museum am Lustgarten (Aufnahme 2005)

Seit ihrer Wiedervereinigung war die Antikensammlung intensiv bemüht, die für ihre Bestände fatalen Folgen des Krieges und der deutschen Teilung zu überwinden. So wurden viele Magazine und das Archiv des Museums vollständig neu geordnet, die meisten Inventare revidiert und mit einer Dokumentation der Verluste begonnen. Deren erster Band erschien 2005 und listet die verlorenen Skulpturen, Vasen, Elfenbein- und Knochenarbeiten, den Goldschmuck sowie Gemmen und Kameen auf. Allein mit diesen Kunstwerken ließe sich ein Museum von internationaler Bedeutung einrichten. Die Ironie der Geschichte wollte es, dass im Sommer desselben Jahres mit der Ausstellung »Archäologie des Krieges. Rückkehr aus dem Nichts« im Moskauer Puschkin-Museum zahlreiche verloren geglaubte Antiken der Berliner Sammlung erstmals seit dem Krieg bekannt wurden. Wissenschaftler der Staatlichen Museen zu Berlin konnten – auch das eine Premiere – Depots des Puschkin-Museums besuchen und Hunderte von Berliner Objekten provisorisch dokumentieren. Anschließende Gespräche mit den Kollegen des Historischen Museums in Moskau brachten ein noch verblüffenderes Ergebnis: Viele für immer verloren geglaubte Spitzenstücke der Berliner Sammlung griechischer Vasen wie der berühmte korinthische Kolonnettenkrater des Amphiaraos-Malers (F 1655) oder

Abb. 2 Altes Museum, Detail der bronzenen Eingangstür

Abb. 3 Altes Museum, Blick in die Rotunde ▷▷

die großartige attisch-schwarzfigurige Hydria des Psiax (F 1897) befinden sich, meist lediglich entlang alter Brüche zerfallen, in den Magazinen des Museums am Roten Platz und konnten im Original studiert werden. Gemeinsame Ausstellungen, Forschungsprojekte und Restaurierungskooperationen sollen die kriegsbedingt nach Russland verlagerten Berliner Antiken in den nächsten Jahren wissenschaftlich erschließen und kommenden Generationen erhalten. Ein Anfang wird 2007 in Moskau und St. Petersburg mit der großen Merowinger-Ausstellung unserer Kollegen vom Museum für Vor- und Frühgeschichte und ihren russischen Partnern gemacht. Obwohl sich heute allein aus der Antikensammlung – von anderen Häusern der Staatlichen Museen ganz zu schweigen – noch Tausende von Objekten in Russland befinden, muss hier klar gesagt werden: Ohne die Rückgabe des Großteils der Berliner Antiken – inklusive der Friese des Pergamonaltars – durch die Sowjetunion an die DDR im Jahre 1958 gäbe es heute keine Antikensammlung von Weltrang mehr in Berlin.

Doch richten wir den Blick wieder nach vorn. Wie stellt sich die aktuelle Situation der Berliner Antikensammlung in Forschung und Vermittlung dar? Was unternehmen wir, um unsere Themen zu kommunizieren?

Wir verstehen uns in zunehmendem Maße als ein Schaufenster aktueller archäologischer Forschung. Jüngere und jüngste Beispiele sind sehr erfolgreiche Ausstellungen wie »Die griechische Klassik. Ideal oder Wirklichkeit« im Frühjahr 2002, »Die letzten Stunden von Herculaneum« im

Abb. 4 Pergamonmuseum, Blick in den Saal der römischen Kopien (Raum 5)

Jahre 2005 und »Die Rückkehr der Götter. Berlins verborgener Olymp«, die im Sommer 2008 im Pergamonmuseum zu sehen sein wird. Weitere Ausstellungen, die sich vor allem an den Schwerpunkten unserer reichen Sammlung orientieren, werden in den letzten Jahren bis zum Beginn der schon so lange überfälligen Generalsanierung des Pergamonmuseums folgen. Geplant ist etwa die erste große Ausstellung zum überaus naheliegenden Thema »Pergamon«, die wir kurz vor der Baufreimachung des Hauses am Kupfergraben realisieren wollen.

Über die eigenen Sonderausstellungen hinaus tauschen wir systematisch Dauerleihgaben mit bedeutenden Museen, vor allem in Italien und Griechenland, um Denkmäler zeigen zu können, die unsere Sammlung nicht besitzt und wohl auch nie besitzen wird (z. B. großformatige römische Wandmalereien oder bedeutende Funde aus der Werkstatt des Phidias in Olympia) oder präsentieren wichtige Neufunde zum ersten Mal außerhalb ihres Herkunftslandes (so etwa »Konstantin in Berlin« 2006). Wir kooperieren immer enger mit den anderen archäologischen Institutionen in Berlin, dem Deutschen Archäologischen Institut (DAI) und den drei Berliner Universitäten. So sind wir im »Interdisziplinären Zentrum Alte Welt« der Freien Universität und dem »August-Boeckh-Antikezentrum« der Humboldt-Universität an größeren Forschungsvorhaben beteiligt oder untersuchen mit der Berliner Zentrale des DAI und der Ruhr-Universität Bochum die Faustina-Thermen im kaiserzeitlichen Milet. Mit der Archäologischen Sammlung

Abb. 5 Pergamonmuseum, Hofseite

der Universität Freiburg wurden in den letzten Jahren drei Ausstellungen realisiert, die das Forschungspotential des dortigen Archäologischen Instituts zum beiderseitigen Vorteil nutzbar machten. Nachdem in den letzten Jahren griechische Vasen und römische Bildnisse aus Berlin im Breisgau gezeigt werden konnten, waren es 2005 und 2006 antike Weihegaben aus der Antikensammlung, die unter dem Titel »Die Götter beschenken« zunächst in Freiburg und dann in Berlin präsentiert und durch einen anspruchsvollen Katalog erschlossen wurden.

Wichtiger Partner für die Außendarstellung der Antikensammlung ist der überaus aktive »Verein der Freunde der Antike auf der Museumsinsel Berlin e. V.«, der als Sponsor und Multiplikator vieler Vorhaben der Antikensammlung und des Vorderasiatischen Museums auftritt. Erst 1997 durch Vereinigung der West- und Ostberliner Vereine entstanden, konnte seine Mitgliederbasis in den letzten Jahren eindrucksvoll verbreitert werden. Seit Ende 2003 informieren wir unsere Mitglieder und alle an der Museumsinsel Interessierten in der wichtigsten deutschsprachigen Zeitschrift für Kunst- und Kulturgeschichte des Altertums, der ANTIKEN WELT, über aktuelle Vorhaben und Entwicklungen. Natürlich sind sowohl die Sammlung als auch der Verein mit eigener Homepage (www.smb.museum bzw. www.freundeskreise-berliner-kultur.de/antike_museum/) im Internet präsent.

Richtet man den Blick nach innen, so stellt die dringend notwendige Restaurierung der großen Sammlungsbestände, die in den letzten drei Jahrhunderten nach Berlin gelangten, eine enorme Herausforderung dar. Hier sind in den letzten Jahren ermutigende Erfolge erzielt worden. Sicher zuerst sind hier die Instandsetzung des Skulpturenensembles in der Rotunde des Alten Museums sowie die im Juni 2004 abgeschlossene Restaurierung beider Friese des Pergamonaltares zu nennen. Eine weitere Großbaustelle ist im Dezember 2005 am Markttor von Milet eröffnet worden. Die Restaurierung des im Zweiten Weltkrieg stark beschädigten und in den 1950er Jahren nur provisorisch wiederhergestellten Monumentes wird noch viele Jahre in Anspruch nehmen. Gerade auf dem für die Antikensammlung so wichtigen Gebiet der Restaurierungen haben wir uns nicht allein auf die Unterstützung durch die Generaldirektion der Staatlichen Museen zu Berlin verlassen, sondern sind in den letzten Jahren neue Wege gegangen: Einzelne Kunstwerke wurden und werden von befreundeten Museen wie dem Getty Museum in Los Angeles oder dem Nationalmuseum in Warschau restauriert und für längere Zeit dort ausgestellt. Auf diese Weise bieten wir anderen Sammlungen eine überaus attraktive Alternative zum eigenen Erwerb von Antiken, die nur zu oft aus Raubgrabungen stammen. Weitere Restaurierungen wurden von engagierten Bürgern Berlins wie dem Lions Club Berlin-Alexanderplatz übernommen. Zweifellos den wichtigsten Erfolg dieser Strategie markiert jedoch unsere große Ausstellung zur Welt der griechischen Götter und Heroen (»Deuses Gregos. Coleçao do Museu Pergamon de Berlim«), die wir mit Unterstützung der brasilianischen Stiftung Armando Alvares Penteado (FAAP) von August bis November 2006 in Sao Paulo und anschließend in Rio de Janeiro mit überwältigendem Erfolg zeigen konnten. Während wir hochrangige Sammlungsobjekte sowie unser wissenschaftliches und restauratorisches Know-how einbrachten, finanzierten unsere brasilianischen Partner die Erarbeitung der Ausstellung und die Restaurierung von mehr als einhundert Marmorskulpturen sowie weiterer Exponate aus dem Bereich der antiken Kleinkunst. Ein ähnliches, nicht ganz so umfangreiches Projekt zeichnet sich in Zusammenarbeit mit dem renommierten Art Institute of Chicago ab.

Die Berliner Antikensammlung ist weit mehr als ein Museum zufällig in Berlin versammelter Antiken. Seit Eduard Gerhard, der bereits 1833 sein Amt als »Archäolog bei dem Museum« antrat, verstand und versteht sie sich als planvoll und gezielt angelegtes Archiv zur Sachkultur der Antike im weitesten Sinne. Sie ist damit ein Forschungsinstrument und Forschungsinstitut von höchstem Wert. Dieses große Objekt-Archiv systematisch für die archäologische Forschung und die interessierte Öffentlichkeit zu erschließen, ist eine der wichtigsten Aufgaben der Zukunft. Allein die konsequente Digitalisierung unserer Bestände wird es mittelfristig ermöglichen, z. B. die vielen Grabungskontexte (etwa aus Olympia, Dodona, Pergamon, Milet, Magnesia, Priene, Didyma) als solche transparent zu machen, indem Fundobjekte, Photos und Archivalien virtuell zusammengeführt werden. Hier ist in den letzten Jahren mit der Einführung des Museumsdokumentationssystems (MDS) bei den Staatlichen Museen zu Berlin eine tragfähige Grundlage geschaffen worden. Zusammen mit dem rasch expandierenden Forschungsarchiv für antike Plastik am Archäologischen Institut der Universität zu Köln und mit großzügiger finanzieller Unterstützung der Mellon-Foundation in New York bereiten wir eine Datenbank zu den über 4.000 antiken Skulpturen unseres Hauses vor. Ein Parallelprojekt erschließt mit Hilfe der Deutschen Forschungsgemeinschaft (DFG) die 3.460 sogenannten Friederichs-Bronzen und damit den ältesten Bestand der Antikensammlung auf diesem wichtigen, in Berlin besonders eindrucksvoll vertretenen Feld antiker Kunstindustrie. Die wissenschaftliche Publikation der herausragenden Sammlung griechischer Vasen im Rahmen des »Corpus Vasorum Antiquorum« (CVA) schreitet in Zusammenarbeit mit der Bayerischen Akademie der Wissenschaften stetig voran. Aus der berühmten Berliner Sammlung antiker Glyptik können Dank großzügiger Unterstützung durch die Fritz Thyssen-Stiftung Köln und die VG Wort München »Die antiken Gemmen der Sammlung Heinrich Dressel« in Kürze vorgelegt werden. Am Ende all dieser Bemühungen sollen vollständige und online nutzbare Sammlungskataloge stehen. Damit sind hier zumindest einige unserer Tätigkeitsfelder und Projekte umrissen, und es kann nun ein Blick in die unmittelbare Zukunft der Berliner Antikensammlung geworfen werden.

Die derzeitige Planung zur Neustrukturierung der archäologischen Sammlungen auf der Museumsinsel sieht

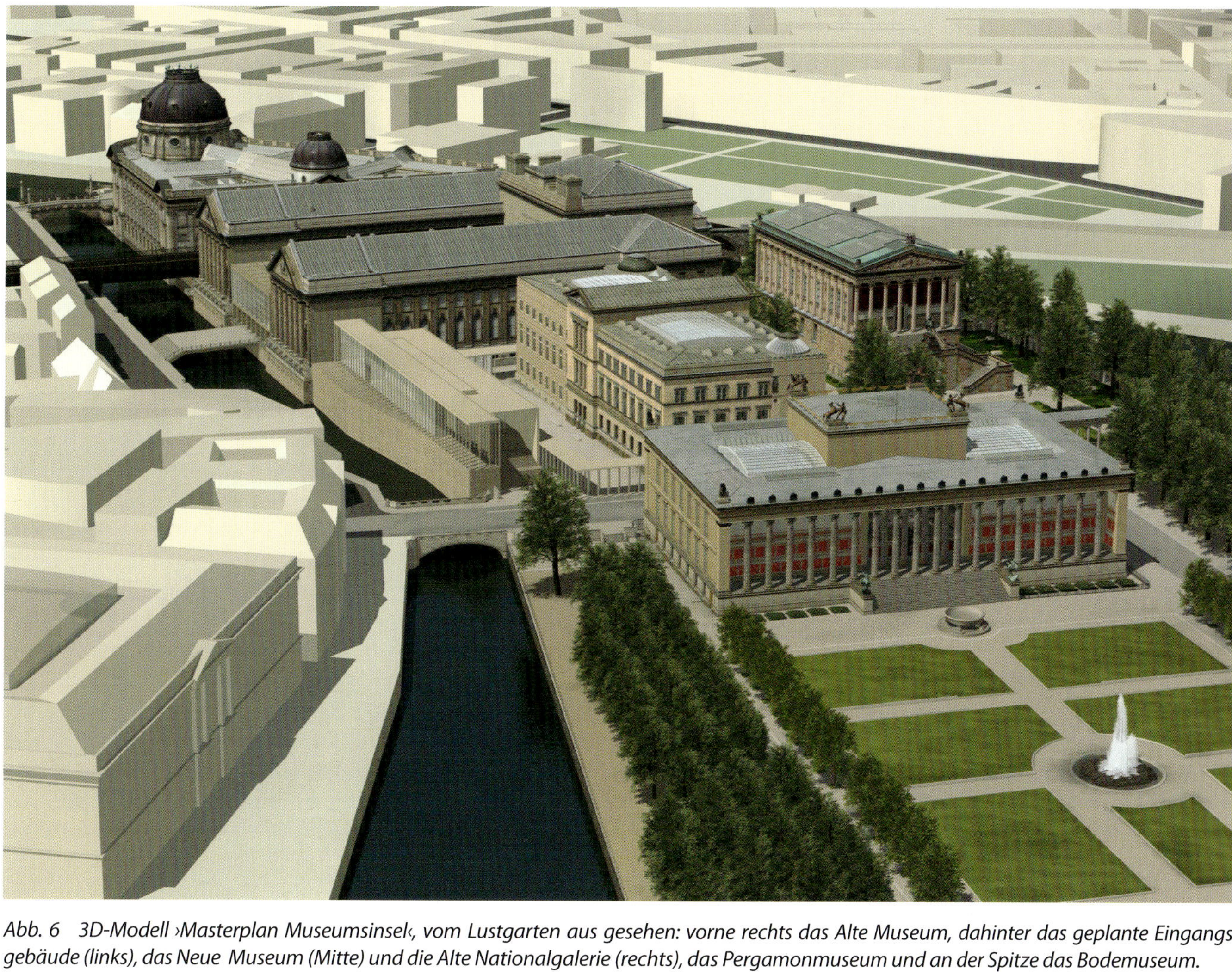

Abb. 6 3D-Modell ›Masterplan Museumsinsel‹, vom Lustgarten aus gesehen: vorne rechts das Alte Museum, dahinter das geplante Eingangsgebäude (links), das Neue Museum (Mitte) und die Alte Nationalgalerie (rechts), das Pergamonmuseum und an der Spitze das Bodemuseum.

für die Antikensammlung den Auszug aus dem Nordflügel des Pergamonmuseums vor, während die drei monumentalen Architektursäle der Antikensammlung unangetastet bleiben. Nach dem Konzept des 1999 verabschiedeten Masterplans für die Neuordnung der inzwischen zum UNESCO-Weltkulturerbe erklärten Berliner Museumsinsel wird das Museum für Islamische Kunst in Zukunft den gesamten Nordflügel des Pergamonmuseums einnehmen und dort die berühmte Fassade des omayadischen Wüstenschlosses von Mshatta bei Amman in voller Größe präsentieren können. Obwohl die Antikensammlung auf diese Weise stattliche 1.530 qm Ausstellungsfläche für ihre Sammlung antiker Skulpturen, eine der besten weltweit, verliert, hat sie die inhaltlich stimmige Konzeption eines neuen, an den Denkmälern antiker Architektur orientierten Hauptrundgangs durch das Pergamonmuseum von Anfang an mitgetragen. Sie hat dies im festen Vertrauen darauf getan, zukünftig wie schon zwischen 1906 und 1939 das gesamte Alte Museum Schinkels am Lustgarten mit Sockel-, Haupt- und Obergeschoss für ihre zukünftige Präsentation nutzen zu können. Allein so wird es nach Räumung des Pergamon-Nordflügels möglich sein, den Rang der Antikensammlung als ein veritables Universalmuseum der klassischen Antike glaubhaft darzustellen. Bislang lagern zentrale Bestände wie die Sammlung zur frühgriechischen Architektur oder die berühmte Sammlung zur Archäologie der Etrusker und Italiker, die zuletzt in zwei sehr erfolgreichen Sonderausstellungen 1988 (»Die Welt der Etrusker«) und 1993 (»Die Etrusker und Europa«) gezeigt werden konnte, ebenso im Depot wie wesentliche Teile unserer Sammlungen zur römischen Archäologie und zahlreichen Gebieten der antiken Kleinkunst.

Wenn wir uns nicht nur in Festtagsreden mit den großen Sammlungen der Welt messen, sondern tatsächlich in einer Liga mit den Antikenabteilungen des Louvre und des Britischen Museums spielen wollen, brauchen wir Raum für einen Auftritt, der dem Rang unserer Sammlung wirklich gemäß ist. Hierfür ist das Team der Antikensammlung gut vorbereitet: Eine bis zu den Objektlisten für alle Räume des Alten Museums gediehene Konzeption wurde in den letzten Jahren erarbeitet und könnte noch vor der Generalsanierung des Hauses am Lustgarten etwa im Rahmen einer großen Sonderausstellung erprobt werden.

Dort, wo Schnittmengen mit den anderen archäologischen Sammlungen der Staatlichen Museen zu Berlin es nahelegen, streben wir die gemeinsame Ausstellung unserer Bestände an. So werden wir ab 2009 mit dem Museum für Vor- und Frühgeschichte im wiederaufgebauten Neuen Museum unsere vereinigte Zypern-Sammlung sowie eine gemeinsam konzipierte Ausstellung zur Archäologie der römischen Provinzen zeigen und damit außer im Alten Museum und im Pergamonmuseum an einem dritten Standort auf der Museumsinsel präsent sein. Bereits heute wird die im August 2005 eröffnete interimistische Präsentation der ägyptischen Skulptur im Obergeschoss des Alten Museums durch Werke der Antikensammlung bereichert, die die Beziehung der frühgriechischen Plastik zum ägyptischen Vorbild unmittelbar sinnfällig machen.

Eine deutlich stärkere Integration der archäologischen Sammlungen auf der Museumsinsel ist auch das erklärte Ziel der »Archäologischen Promenade«. Sie wird eines fernen Tages auf dem Niveau der Sockelgeschosse eine direkte Verbindung vom Alten Museum zum Bode-Museum schaffen und Raum für sammlungsübergreifende Präsentationen wie etwa zu den Themen »Schrift und Schreiben« oder »Antikes Menschenbild« bieten.

Eine ihrer tatsächlichen Bedeutung entsprechende Präsentation unserer Schätze ist vor allem im Blick auf die kon zeptionelle Weiterentwicklung der Museumsinsel als Flaggschiff der Staatlichen Museen zu Berlin von großer Bedeutung. So könnte ein wichtiger museumspolitischer Schritt in die Zukunft darin bestehen, die klassische Antike nicht nur für sich selbst, sondern auch »von außen« zu betrachten: einerseits von den nachfolgenden westlichen Kulturen, insbesondere von der eigenen Gegenwart her, anderseits im Kontext der anderen Weltkulturen. Genau hier könnte die Antwort der Berliner Antikensammlung auf die Pläne zur Etablierung der außereuropäischen Sammlungen der Staatlichen Museen auf dem Schlossplatz liegen. Viele Fragen der heutigen Welt werden es in Zukunft nötig machen, die europäische Antike im Zusammenhang der Weltkulturen zu sehen. Die Antikensammlung, eines der weltweit größten und schönsten Museen zur klassischen Antike, wird auf diese Weise ihren Platz in der Gegenwart einnehmen und im Verbund der Staatlichen Museen zu Berlin auch weiterhin eine Hauptrolle spielen können.

Satellitenaufnahme des Mittelmeerraums

Zeitübersicht

Kunst- oder Kulturepochen	Ungefähre Zeitgrenzen	Gleichzeitige politsche Daten
Bronzezeit:		
Frühbronzezeit/ Frühkykladisch	3200–2100 v. Chr.	
Mittlere Bronzezeit/ Mittelminoisch	2600–1600	
Späte Bronzezeit/ Mykenisch	1600–1100	Um 1200 Zerstörung Trojas (›Trojanischer Krieg‹)
Geometrische Zeit:		
Protogeometrisch	1100–900	
Frühgeometrisch	900–850	
Mittelgeometrisch	850–750	776 erste gezählte Olympiade
Spätgeometrisch	750–700	733 Gründung von Syrakus
Archaische Zeit:		
Früharchaisch	700–620/10	612 Ende des Assur-Reichs
Hocharchaisch	620–560/50	Um 560/546 Tyrannis des Peisistratos
Spätarchaisch	560–480	492–479 Perserkriege
Klassische Zeit:		
Frühklassisch	480–450	449/48 ›Kalliasfriede‹ zwischen Griechenland und Persien
Hochklassisch	450–415	443–430/29 Perikles, seit 431 peloponnesischer Krieg
Mittelklassisch	415–370	415–370 ›Poliskrise‹
Spätklassisch	370–330/20	323 Tod Alexanders d. Gr.
Hellenistische Zeit:		
Frühhellenistisch	330–320	233 Attalos I. von Pergamon
Hochhellenistisch	230–160/50	146 Zerstörung von Karthago und Korinth
Römerzeit:		
Späthellenistisch	160–30	30 Ende der römischen Bürgerkriege
Frühkaiserzeitlich	30 v. Chr. – 100 n. Chr.	96/98 Beginn des Adoptivkaisertums
Mittelkaiserzeitlich	100–230	235 Beginn des Soldatenkaisertums
Spätkaiserzeitlich	230–330/50	337 Tod Konstantins d. Gr.
Spätantike:	350–500	476 Absetzung des Romulus Augustulus durch Odowaker

Die Antikensammlung im Alten Museum

1 Kompartiment I

Weibliches Idol der Kykladen-Kultur

Früh-Kykladisch II, Dokathismata Art, ca. 2400–2100 v. Chr.
Erworben 1978 aus dem Kunsthandel.
Marmor, Oberfläche neuzeitlich gereinigt. Höhe: 43 cm.
Inv. 1978.4

Das Idol aus Marmor in Form eines schematisierten und reduzierten flachen Frauenkörpers ist ein Werk der Kykladen-Kultur, die im 3. Jahrtausend auf den zentralen griechischen Inseln, den Kykladen, blühte. Den Höhepunkt dieser Kultur, deren erste Stufe die Grotta-Pelos-Kultur (3200–2700 v. Chr.) genannt wird, bildete die darauf folgende Keros-Syros-Kultur (2700–2100 v. Chr.), in deren frühen Anfängen um 2800 v. Chr. sich der Typus des weiblichen Idols mit über den Leib gelegten Armen herausbildete und sich in fünf verschiedenen Variationen weiterentwickelte. Das Idol gehört nach seiner Form und Größe zu einer dieser Variationen, der Dokathismata-Art, so benannt nach einer Nekropole auf der Insel Amorgos. Diese Art hat sich in der zweiten Hälfte der Keros-Syros-Kultur entwickelt und ist in die Zeit um 2400–2100 v. Chr. zu datieren. Von Amorgos, dieser südöstlichen Insel der Kykladen, stammen im Gegensatz zu den Idolen von anderen Inseln auffallend große Exemplare, unter denen das Berliner Idol fast nur durchschnittliche Größe erreicht. Die überwiegende Zahl der erhaltenen Idole stellen liegende Frauen dar, unter ihnen sehr viele Figuren von Schwangeren und nur selten Figuren von Männern. Sie wurden in geringer Zahl in Siedlungen, die überwiegende Menge jedoch als Beigaben in Frauen- und Männergräbern gefunden. Einige der sehr großen Idole der Dokathismata-Art wurden offenbar bewusst zerkleinert, d. h. zerschlagen, damit sie besser neben den Toten in die engen Gräber passten. Ob sie nur für den Totenkult gearbeitet waren, muss offen bleiben, und auch ihre Bedeutung ist nicht mit Sicherheit zu klären. Sehr wahrscheinlich stellen diese Figuren göttliche Wesen dar (J. Thimme).

An manchen Idolen sind noch Spuren roter, blauer oder schwarzer Farbe erhalten. Die Feinheit der einzelnen Formen wie auch der gesamten Plastik des Berliner Idols zeigt das Können jenes frühen Meisters. Die ganze Figur scheint von dem Gegensatz weiter Bögen und gerader Linien bestimmt zu sein. Wie in einem Widerspiel antworten die schön geschwungenen Hüften und Schenkel der tief ein-

geritzten mittleren Trennung der Beine und dem großen Schamdreieck. Den federnd spannungsvollen Konturlinien des Kopfes und den Kurven am Hals oder den zart herausgearbeiteten Brüsten sind die spitzen Schultern und eckig gewinkelten, scharf abgesetzten Arme gegenübergestellt. Solche plastische Darstellungsweise zusammen mit den wohlabgewogenen Proportionen des Körpers geben dieser Figur eine zeitlose Harmonie, in der sich auch übersteigerte manierierte Formen einer späten Entwicklungsstufe zeigen.

Ein zweites, noch größeres Idol, heute in Athen, Nationalmuseum, Inv. 9606 (Höhe 68,8 cm), steht dem Berliner Idol im Stil, in den Proportionen und in der Art der Bearbeitung so nahe, dass die beiden Stücke sicherlich von einem Meister gearbeitet worden sind. Pat Getz-Preziosi hat unter den vielen erhaltenen Idolen das Werk einzelner Bildhauer herausgearbeitet; das Berliner Idol hat sie als Namen gebendes Stück der Gruppe des ›Berlin Master‹ zugeordnet.

Literatur: P. Getz-Preziosi, Sculptors of the Cyclades: Individual and Tradition in the Third Millennium B. C. (1987) 120 ff. 163 Taf. 44. 45, 1; Antikenmuseum Berlin 1988, 23 Nr. 1, 2, 2. Gehr.

2

Kompartiment 1

Bronzestatuette einer Frau

Etwa 16. Jh. v. Chr. (Spätminoisch, Neupalastzeit).
1888 von Wilhelm II. der Antikensammlung geschenkt, zuvor Bestandteil einer Athener Privatsammlung; angeblich in der Troas gefunden.
Bronze. Höhe: 18,4 cm.
Misc. 8092

Die Bronzestatuette, die den überlieferten Angaben zufolge aus der Troas im Nordwester der heutigen Türkei stammt, schließt sich stilistisch und ikonographisch derart eng an eine Gruppe ähnlicher, auf Kreta gefundener Männer- und Frauenfiguren an, dass an ihrer ursprünglich kretischen Herkunft kein Zweifel besteht. Die zur Faust geballte und zur Stirn erhobene rechte Hand ist ein Merkmal, das nahezu alle diese im 2. Jahrtausend v. Chr. hergestellten Bronzen verbindet. Der linke Arm, der bei den anderen Figuren in der Regel seitlich am Körper herabhängt, ist bei der Berliner Statuette über den Oberkörper und mit der

Hand flach auf die rechte Schulter gelegt. Der leicht nach vorn und zur rechten Seite geneigte Kopf trägt eine üppige und aufwändig drapierte Haartracht, die zwischen den Schultern zu einem voluminösen Wirbel zusammengefasst ist und in langen Strähnen bis hinunter zur Taille reicht. Auf dem Scheitel ist das Haar zu zwei Schlaufen hochgenommen, und hinter der rechten Schläfe entspringt ein weit in den Rücken reichender Zopf. Das Mieder, das die Brüste freilässt und dessen Nähte auf den Oberarmen plastisch hervortreten, der glockenförmige, mit Falbeln verzierte Rock und der breite, vorn gebundene Gürtel gehören zu den Merkmalen der kretisch-minoischen Frauentracht. Ein sanfter Schwung, der insbesondere in der Seitenansicht wahrnehmbar wird, durchzieht die gesamte Gestalt.

Der größte Teil der Bronzestatuetten wurde in Heiligtümern, häufig auf Bergen oder in Höhlen, gefunden. Dieser Kontext legt eine Interpretation der Figuren als Votive nahe. Dabei zählt das Berliner, im sogenannten Wachsausschmelzverfahren hergestellte Stück aufgrund seiner künstlerischen Qualität wie auch seiner Größe zu den herausragenden Vertretern dieser Gruppe. In der minoischen Religion stand das Ritual, in dem durch Tänze, Musik, Opfergaben und Gebet das Erscheinen der Gottheit hervorgerufen werden sollte, im Zentrum des Götterkultes. So ist auch die Geste mit der zur Stirn geführten Faust als Gebetshaltung oder Zeichen der Ehrerbietung zu interpretieren; dies belegen zeitgleiche Sigeldarstellungen, die Menschen mit entsprechendem Gestus vor einer schwebenden Göttergestalt zeigen. Möglicherweise ist darüber hinaus die lebendige Bewegtheit der Berliner Statuette als Hinweis auf einen kultischen Tanz und die auffällige Haartracht als Kennzeichen für eine Priesterin zu verstehen.

Literatur: A. Furtwängler, AA 1889, 93 f. Abb. 7; Die Meisterwerke aus dem Antikenmuseum Berlin 1980, 18 f. Nr. 2 (Abb.) (U. Gehrig); C. Verlinden, Les statuettes anthropomorphes crétoises en bronze et en plomb (1984) 190 Nr. 33 (mit ausführlichen Literaturangaben); N. Hackländer in: K. Stemmer (Hrsg.), Standorte. Kontext und Funktion antiker Skulptur. Ausstellung Berlin 1994/95, 94 f. B 1; E. Sapouna-Sakellarakis, Die bronzenen Menschenfiguren auf Kreta und in der Ägäis (1995) 89 Nr. 153.
Von.

3 Kompartiment 2

Halsamphora mit Tierdarstellungen

Spätgeometrisch, um 720 v. Chr.
Aus Attika. 1925 von E. v. Falkenhausen erworben.
Ton. Höhe: 43,5 cm.
Inv. 31005

Die älteste griechische Keramik war, wie auch schon die der kretischen und mykenischen Kulturen, auf der Töpferscheibe gedreht, unterschied sich von jenen aber deutlich in der Dekorationsweise. War für die kretisch-mykenische Keramik ein vegetabilischer Dekor bestimmend, so sind die frühesten griechischen Gefäße mit abstrakten ornamentalen, später erst figürlichen Darstellungen bedeckt. Die strenge Linienführung der Verzierungen war namengebend nicht nur für die Keramik dieser Epoche: Seit 1877 wird der frühgriechische Kunststil – und daran anknüpfend der ganze Zeitabschnitt bis zur Ausbildung der archaischen Stadtstaaten – »geometrisch« genannt. Die klare Gliederung unserer Vase in Lippe, Hals, Bauch und Fuß wird durch den aufgemalten Dekor hervorgehoben. Einfache Linienmuster wechseln mit unruhig bewegten Strichelbändern. Ein schraffierter Mäander und ein Fries von stereotyp gereihten Wasservögeln markieren die Zone der breitesten Gefäßausdehnung. Hervorgehoben durch figurale Bemalung sind die Schulter und der Hals des Gefäßes. Auf den Schulterbildern sind eine Hasen- und eine Fuchsjagd dargestellt. Trotz aller Schematisierung der Zeichnungen sind charakteristische Merkmale der Tiere wiedergegeben und erlauben eine genaue Identifizierung: buschiger Schwanz für den Fuchs, lange Ohren für den Hasen, kurze Ohren für die Hunde. Die Halsbilder der Vorder- und Rückseite zeigen in metopenhafter Rahmung jeweils zwei einander gegenüberstehende Pferde, die an einen Dreifuß gebunden sind. Auffallend ist die ornamentale Füllung des Bildgrundes, die die Figuren mit dem gesamten Dekorationssystem der Vase verbindet. Diese kleinteilige Ornamentik in ihrer flirrenden Oberflächenwirkung (»Flimmerstil«) und die Reduzierung der figürlichen Szenen auf wenige Motive sind typisch für die Endphase der spätgeometrischen Epoche.

Das Dreifußmotiv steht in enger Verbindung mit Heiligtümern und Wettkampfstätten. Bronzene Dreifüße (vgl. auch Kat. Nr. 41) mit Größen bis zu 3,50 m Höhe sind in Heiligtümern als Kultgeräte verwendet worden oder wurden als Weihgaben gestiftet. Gleichzeitig konnten sie auch

als wertvolle Siegespreise bei den großen Wettspielen errungen werden. Pferde waren als kostbarer Besitz immer mit der Welt der *aristoi*, der Adligen, verbunden. Zahlreiche Votive von Pferdestatuetten sollten dem Stifter offenbar Stärke und Reichtum garantieren.

Literatur: J. N. Coldstream, Greek Geometrie Pottery (1968) 77–81 Taf. 14 c; Antikensammlung Bd. 3, 9 Abb. 1; A. Sakowski, Darstellungen von Dreifußkesseln in der griechischen Kunst bis zum Beginn der klassischen Zeit (1997) Kat. Nr. PF 9. U. Kä.

4 Kompartiment 2

Großes Votivbild: Hengst auf durchbrochener Standplatte

Geometrisch, gegen 730 v. Chr.
Aus der Peloponnes (Olympia?). 1931 aus dem Kunsthandel erworben.
Bronze mit feiner Patina. Höhe: 16 cm.
Inv. 31317

Tiere sind die überwiegende Mehrzahl der frühen Votivfiguren in den griechischen Heiligtümern, und zwar männliche vor allem: Hengste und Stiere, Widder und Hunde, Gänse und Hähne, dazu Hasen und Hirsche. Der Berliner Hengst ist ein in vielfältiger Weise herausragendes Beispiel seiner Gattung; er ist nicht nur eines der größten erhaltenen geometrischen Votivbilder, er zeigt zugleich und damit zusammenhängend eine besondere technische Form, die in dieser Weise nur im geometrischen Stil zur Schilderung des Lebendigen verwendet worden ist. Um die Gussmasse zu erleichtern, deren Massigkeit unter anderen Schwierigkeiten auch das Überschreiten eines bestimmten Formates nicht erlaubte, hat man in einem Werkstättenkreis des 8. Jahrhunderts v. Chr., dessen Zentrum man heute in Korinth vermutet, schon das Wachsmodell für den Bronzeguss aus dünnen Platten aufgebaut, Vorläufer der späteren Kern- und Hohlgussverfahren sozusagen. Dadurch haben die Einzelformen des hervorragend gelungenen Gusses ihre sphärisch gespannte Erscheinung, dadurch sind sie so vorherrschend von ihren Konturlinien geprägt. Nur Maul und Leib haben die sonst beim geometrischen Gestalten beliebte dünne Walzenform. Die Augen waren (wie die Vorderseite des Maules) in Eisen eingelegt. Feine Gravuren begleiten den Halsansatz und gliedern Maul und Hinterbeine. Die Standplatte, die schon beim Modellaufbau aus Wachs vonnöten war, ist mit gleichmäßigen Reihen ausgeschnittener Dreiecke spätgeometrisch verziert: Sie gibt dem Tier einen definierten geradlinigen Raumbezug, die Voraussetzung gewissermaßen für die eigentümliche, technisch bedingte Form.

Der Zuchthengst als eines der wichtigsten Herdentiere der in der Frühzeit nach Olympia kommenden bäuerlichen Herren hat hier eine äußerst präzise, von wenigen Kennzeichen her ablesbare Darstellung erhalten. Die technische Qualität des Werkes lässt erkennen, dass der Künstler bereits in der arbeitsteiligen Spezialisierung der frühen griechischen Polis lebte.

Literatur: Neugebauer, Minoische und archaische Bronzen 5 Nr. 6 Taf. 3; W.-D. Heilmeyer, Frühe olympische Bronzefiguren. Die Tiervotive, Olympische Forschungen 12 (1979) 37 Anm. 78; 93 f.; Fuchs – Floren, Griechische Plastik 59 Taf. 2, 4; Antikenmuseum Berlin 1988, Nr. 2, 1, 11; Bol, Frühgriechische Plastik 9. 17 (P. C. Bol). Hlm.

5

Kompartiment 2

Gruppe geometrischer Gefäße

Attisch, Ende Frühgeometrisch (um 850 v. Chr.)
1909 im Kunsthandel in München erworben.
Ton. Kalathos: Höhe 6,5 cm, Durchmesser 14 cm; Deckelpyxis: Höhe 14 cm; Dreifuß: Höhe 24,5 cm; Spitzpyxis: Höhe 19 cm; Napf: Höhe 8,5 cm, Durchmesser 19,5 cm.
Inv. V.I. 4984 (Napf), 4985 (Dreifuß), 4986 (Deckelpyxis), 4988 (Spitzpyxis), 4989 (Kalathos).

Das 1909 im Kunsthandel erworbene, qualitätvolle Gefäßensemble, zu dem noch ein weiteres, zur Zeit verschollenes Stück gehört, besteht aus einer Reihe für die geometrische Zeit typischer Vasenformen. Dazu zählt zunächst die sogenannte Standardpyxis, eine Büchse mit flachem Gefäßkörper und einem Deckel, dessen Knauf ebenfalls in Form einer kleinen Pyxis gestaltet ist. Hinzu kommen die tönerne Miniaturnachbildung eines Wollkorbs (kalathos), ein Dreifuß, der metallene Vorbilder nachahmt, sowie die unten spitz zulaufende Pyxis ovoider Form (Deckel ursprünglich nicht zugehörig). Eine Besonderheit innerhalb des geometrischen Formenrepertoires stellt hingegen der Napf mit dem beinförmigen Griff dar, der von der Erfindungslust seines Schöpfers zeugt. Wie ein Strumpf ziehen sich hier die geometrischen Muster über den Griff – auf der Oberseite läuft ein schraffiertes Mäanderband über das gesamte Bein bis hin zu den Fußspitzen, die Seitenansicht ist mit einem mehrfachen Zickzackband geschmückt. Diese und andere geometrische Motive wie der Zinnenmäander oder Reihen mit Dreiecken finden sich auch auf den anderen Gefäßen wieder. Optisch besonders reizvoll ist dabei das vielfältige Wechselspiel zwischen helleren und dunkleren Partien. Dies reicht von gänzlich schwarzen Flächen wie dem oberen Gefäßteil der Spitzpyxis oder dem breiten äußeren Rand des Kalathos über eine filigrane Aussparungstechnik bei der Standardpyxis, auf der die mehrfachen Zickzacklinien vor dunklem Hintergrund bereits den rotfigurigen Stil vorwegzunehmen scheinen, bis hin zu den vergleichsweise hellen Zonen mit Mäanderbändern. Über die verwendeten Ornamente sowie über die Gefäßformen lassen sich die Vasen noch in das Ende der frühgeometrischen Zeit datieren.

In der Forschung wird immer wieder vermutet, dass die Berliner Gefäße zusammen mit einer Münchner Gruppe, die noch einmal weitere Spitzpyxiden und einen zusätzlichen Dreifuß enthält, aus einem geschlossenen attischen Grabfund stammen. Auch wenn es für diese Hypothese bisher keine sicheren Anhaltspunkte gibt, so ist zumindest ein ähnlicher, in etwa zeitgleicher Befund mit u. a. zahlreichen Spitzpyxiden von der Athena Agora bekannt. Dort gehörte er zum Begräbnis einer reichen Frau wie auch generell die Verwendung von Pyxiden als Grabbeigabe seit frühgeometrischer Zeit vor allem weiblichen Verstorbenen galt. Dabei mögen die Spitzpyxiden mit wertvollen Ölen oder Salben gefüllt gewesen sein. In einigen Gräbern in Athen und Eleusis hat man außerdem verkleinerte Nachbildungen von Schuhpaaren aus Terrakotta sowie auch eine Bronzenadel in Gestalt eines Fußes gefunden, die vielleicht als Symbol für Aufbruch und guten Übergang zu interpretieren sind. Eine ähnliche Bedeutung könnte dann auch der Napf mit beinförmigem Henkel besessen haben, auch wenn bei diesem im Vergleich mit den Schuhmodellen die Freude am geometrischen Dekor und nicht die exakte Nachbildung handwerklicher Details in Ton im Vordergrund stand.

Literatur: Berliner Vasengruppe insgesamt (6 Gefäße): B. Schweitzer, AM 43, 1918, 51 f. Taf. 1; H. Th. Bossert, Geschichte des Kunstgewerbes aller Zeiten und Völker Bd. 4 (1930) 169 Abb. 1–6; J. H. Iliffe, JHS 51, 1931, 168; P. Kahane, AJA 44, 1940, 468 f.; K. Kübler, Kerameikos V (1954) 54. 55. 65–67. 69. 105. 108. 120. 161 Anm. 128. – Spitzpyxis: H. G. G. Payne, Neocorinthia (1931) 323 Anm. 1; K. A. Neugebauer, Führer durch das Antiquarium 2, Vasen (1932) 9; B. Bohen, Die geometrischen Pyxiden (1988) 25. – Standardpyxis: Neugebauer a. O.; B. Muskalla, Knäufe in Gefäßform in der geometrischen und orientalisierenden Keramik Griechenlands (2002) 84. 132 Nr. 98. – Dreifuß: K. Schwendemann, JdI 34, 1921, 105; Neugebauer a. O. – Kalathos: V. R. d'A. Desborough, Protogeometric Pottery (1952) 116. – Napf: Neugebauer a. O.; B. Schweitzer, Gnomon 10, 1934, 343. – Zu Fußgefäßen allgemein: C. Weiss, Nikephoros 8, 1995, 19 ff. Von.

6 Kompartiment 4

Reliefbild eines Jünglings

Um 640 v. Chr.
1876 in Athen erworben.
Bronzeblech, vorgegossen und ausgetrieben. Durchmesser: 35 cm.
Misc. 7102

Das schmale, zart geformte Gesicht eines Jünglings ist aus der Mitte der runden Blechscheibe herausgearbeitet. In klaren Umrisslinien sind die Konturen des Kopfes von den rahmenden, doppelten Lockensträhnen abgesetzt. Auf der jetzt beschädigten Stirn liegen übereinander zwei Reihen runder Lockenenden. Die weich ineinander übergehenden Partien des Gesichtes, besonders zwischen den Oberlidern und den Augenbrauen, geben ihm einen zarten Ausdruck. Die hohe freie Stirn, die verschiedenen Reliefhöhen der Haarsträhnen und Locken und die großen wohlgeformten Ränder der hohlen Augen unterstreichen das Bild der Jugendlichkeit.

Das Relief der linken Gesichtshälfte ist etwas höher als die deutlich flachere rechte Hälfte angelegt, wodurch eine leichte Bewegung des Kopfes nach rechts bewirkt wird (Hinweis U. Peltz). Die Augen waren einst in anderem Material, wohl in Bein, eingelegt. Die kurzen, seitlichen Lockensträhnen sprechen dafür, in diesem Reliefbild das Gesicht eines Jünglings zu sehen.

Nach Frisur und Gesichtsform kann dieses Werk in die Mitte des 7. Jahrhunderts v. Chr. datiert werden, in eine Zeit, in der die frühesten großplastischen Werke der griechischen Kunst entstanden sind. Ein Werk derselben Zeit, ein kleiner hohlgegossener Bronzekopf im Landesmuseum in Karlsruhe, steht in der Bildung des Gesichtes der Berliner Scheibe sehr nahe. Er wird von vielen Gelehrten als Werk eines samischen Meisters angesehen. Dafür spricht auch der vollendete Hohlguss, der in dieser frühen Zeit in besonderer Weise eine Herstellung in einer samischen Werkstatt vermuten lässt, zumal die ersten Hohlgüsse sehr wahrscheinlich in Samos entstanden sind. Die Berliner Scheibe wird wahrscheinlich auch aus Samos stammen, nicht nur wegen der stilistischen Übereinstimmung beider Köpfe, sondern auch wegen ihrer komplizierten und hervorragend beherrschten Technik, aus einem vorgegossenen Rohling das Gesicht und die Haare präzise auszutreiben (Hinweis U. Peltz).

Die Scheibe wurde 1876 erworben. Sie soll nach Meinung eines damaligen Kunsthändlers aus Olympia stammen. Durch eine chemische Untersuchung der auf der Scheibenrückseite noch anhaftenden Erde wurde aber vor kurzem nachgewiesen, dass Olympia als Fundort der Scheibe nicht in Frage kommen kann (Hinweis G. Schneider).

Die Verwendung der Scheibe ist ungeklärt. An ihrem Rand wurden keine Befestigungsspuren gefunden. Mit einer kleinen, noch erhaltenen Niete unter dem Kinn und unter Verwendung eines kleinen Nietloches in den Haaren auf dem Kopf wird die Scheibe einst auf einem Hintergrund befestigt worden sein. Da das Gesicht genau in der Mitte der Scheibe liegt und zu den Rändern in genau demselben Abstand ausgetrieben wurde, könnte sie für ein Gebäude gearbeitet sein, vielleicht als Schmuck einer Metope.

Das große offene Loch unter dem Kinn wurde mit einem scharfen Gegenstand absichtlich von außen nach innen eingeschlagen. Solche Durchstoßungen sind im Heraheiligtum auf Samos an fast allen Gegenständen aus Bronzeblech zu finden. Sie dienten dazu, geweihte, aber nicht mehr erwünschte Stücke zu entwerten und ihre weitere Verwendung im profanen Bereich unmöglich zu machen.

Literatur: E. Kunze, Olympia Bericht 4 (1944) 126 Abb. 96 f.; E. Simon, Tausend Jahre Frühgriechische Kunst (1980) 277 Abb. 436. Gehr.

Angreifender Krieger, Aufsatzfigur eines Kessels

Peloponnesisch oder nordwestgriechisch, um 510/500 v. Chr.
Aus Dodona. 1882 aus dem Kunsthandel erworben.
Bronze. Höhe: 12,8 cm.
Misc. 7470

In den großen, an Weihgaben reichen Heiligtümern Griechenlands war es offenbar bis in die Klassik hinein üblich, die altgewordenen Bronzevotive auseinanderzunehmen und – soweit möglich und sinnvoll – wieder einzuschmelzen. Daher sind uns auch dort, wo besonders viel in Bronze gestiftet wurde, fast nur Bruchstücke erhalten, Teile der großen geometrischen oder archaischen Kessel zum Beispiel. Von manchen Kesseltypen, die kostbar an Schulter, Hals oder oberem Rand mit Aufsatzfiguren geschmückt gewesen sein müssen, können wir uns keine genauere Vorstellung machen, da kein Exemplar vollständig oder auch nur zu größeren Teilen erhalten ist. Das gilt besonders für diejenigen Kessel, deren Aufsatzfiguren sich freiplastisch über den Rand erhoben, also auf ihm freistehend »agieren« konnten. Aus Dodona, einem vielbesuchten Zeusheiligtum im Hochland des Epirus, sind besonders gut erhaltene Bronzen bekannt.

Ein Krieger, der in weitausholender Schrittstellung mit der nicht erhaltenen Lanze kämpft, hat die wunderbar gleichmäßige, alle Feinheiten der Oberfläche schützende Patina, für die die Dodona-Bronzen berühmt geworden sind. Er steht auf einer flachen Standplatte, deren leichte Kurvatur kaum anders als auf einem runden Gerät von etwa 50 cm Durchmesser unterzubringen ist, einem weit offenen, bauchigen Kessel also vielleicht. Beim Herumgehen konnte man dann den Krieger auch von vorne betrachten und den in der Angriffsrichtung angehobenen sogenannten böotischen, an zwei Stellen eingezogenen, geschuppten Schild sehen sowie den vom sogenannten korinthischen Helm fest umschlossenen Kopf mit dem feinen Mund und den großen Augen. Die linke Seite des Kriegers war allerdings nicht auf Ansicht berechnet: Haare und Gewand sind dort nur summarisch gebildet und viele der die Ränder und Kanten begleitenden Gravuren der Vorderseite unterlassen. Zweifellos hatte der angreifende Krieger einen Gegner, vielleicht war einer der aus den alten Sagen bekannten Heldenzweikämpfe dargestellt. In übernatür-

lichem Wetteifer macht der Brustpanzer die Anspannung des Atemholens mit, das die Kraft des Stehens und Zustoßens erst in Bewegung umsetzt. Dies und die Art, wie der Krieger steht mit weit nach hinten gestemmtem, seitwärts gedrehtem und in der Ferse angehobenem rechten Fuß, lassen mehr noch als das sorgsam gefaltete Gewand die Zeit im letzten Jahrzehnt des 6. Jahrhunderts v. Chr. erkennen, in der das Bronzewerk entstanden ist. Damals waren der korinthische Helm mit der Kalottenkante und die Beinschienen mit dem natürlichen Knieumriss durchaus zeitgenössische Waffen.

Hätte man mehr von den übrigen Figuren und dem Kessel, den sie einst zierten, wäre auch die Frage der Zuweisung zu einer Werkstatt nicht so unentschieden, wie sie mehr als hundert Jahre seit der Erwerbung des Stückes noch immer ist. Kessel der anzunehmenden Größe wurden weit über Land und Wasser transportiert, doch ist die Statuette auch mit einer nahe bei Dodona in der korinthischen Küstenstadt Ambrakia anzunehmenden Bronzewerkstatt verbunden worden.

Literatur: Neugebauer, Klassische und hellenistische Bronzen 56 ff. Nr. 46 Taf. 25; E. Walter-Karydi, JbBerlMus 23, 1981, 20 Nr. 33 Abb. 22; Antikenmuseum Berlin 1988, 75 Nr. 5, 3, 7. Hlm.

8 Kompartiment 5

Greifenprotomen aus Samos

Um 640–630 v. Ch.
Aus dem Heraheiligtum auf Samos.
Bronzehohlgüsse.
Links vorn: Inv. 31634, Höhe: 31 cm; links hinten: Sa. 98, Höhe: 21,5 cm; rechts vorn: Sa. 95, Höhe: 27,3 cm; rechts hinten: Inv. 32513, Höhe 22,6 cm.

Die Greifenprotomen waren nach außen schauend als Schmuck auf der Schulter von ausladenden, tiefen Kesseln befestigt. Die vier hier abgebildeten Greifenprotomen sind für diese Aufnahme zusammengestellt worden. Sie gehörten zu verschiedenen, unterschiedlich großen Kesseln. Die Protomen stellen urtümliche Vogelwesen dar, bestehend aus einem Greifenkopf mit schmalen langen Ohren und einem langstieligen Knauf auf dem Kopf. Bei allen Greifen sind die Schnäbel weit geöffnet, auf dem Unterschnabel liegt eine lange, nach oben gebogene, spitze Zunge. Der Kopf wird getragen von einem aufrecht gehaltenen, geschwungenen Vogelhals. Die leeren Augenhöhlen der hier abgebildeten gegossenen Greifenprotomen waren einst mit Bein für den Augapfel eingelegt und in anderem Material für die Iris. Mit dem ursprünglich griechischen Wort ›Protome‹ wird allgemein ein Gebilde aus Kopf und Hals bezeichnet.

Die Greifenprotomen wurden in Griechenland nur in Heiligtümern gefunden. In der frühen Zeit am Anfang des 7. Jahrhunderts v. Chr. haben sie die Bedeutung der Erscheinung einer Gottheit (Epiphanie), später werden sie wohl nur noch Übel abwehrenden (apotropäischen) Charakter gehabt haben. Die Zahl von vier Greifen an einem Kessel (s. Abb.) war wahrscheinlich auf die zweite Hälfte des 7. Jahrhunderts beschränkt, für die frühen Greifenkessel war die Zahl von sechs Greifen die Regel.

Die ältesten Greifenprotomen waren getrieben und wurden wahrscheinlich auf Kreta seit ca. 700 v. Chr. hergestellt. Sehr bald traten gegossene Protomen an die Seite der großen getriebenen. Die gegossenen waren zunächst sehr klein, wurden aber im Verlauf des 7. Jahrhunderts v. Chr. auch in größeren Formaten produziert. Die in Griechenland gefundenen Greifen wurden fast alle, mit nur wenigen Ausnahmen, in Werkstätten auf der Insel Samos hergestellt. Auf Samos wurde an den Greifen auch das Hohlgussverfahren aus mehreren Teilformen entwickelt. In der Mitte des 7. Jahrhunderts erreicht die Herstellung der Greifenprotomen ihren Höhepunkt. In der weiteren Entwicklung entstehen nun ausschließlich gegossene Greifen, die in großer Zahl gefunden wurden. Die letzten Ausläufer dieser Entwicklungsreihe sind um etwa 620 v. Chr. zu datieren.

Das samische Heraion ist der größte Fundort für Greifenprotomen überhaupt. Insgesamt 14 getriebene und 285 gegossene Protomen sind hier von 1910 bis 2003 ausgegraben worden. Unter den gegossenen lassen sich 16 Varianten unterscheiden, die wahrscheinlich jeweils in einer Bronzewerkstatt entstanden sind. Jede dieser Varianten oder Werkstätten hat eine eigene, spezifische Form für die am Hals eingepunzten Federn. Ebenso hat jede Werkstatt für die Greifen eigene, typische Größen. Obwohl die Greifengröße je nach Werkstatt verschieden ist, stellt jedoch jede Werkstatt ihre Greifen in drei immer gleichbleibenden sogenannten Maßstufen her, einer großen Maßstufen G, einer mittleren M und einer kleinen K. Der

Greif in der Abbildung links vorn gehört zur Maßstufe G der Werkstatt ›Gruppe 6‹. Von diesem Typ sind allein im Heraion von Samos fünf weitere Greifen gefunden worden. Der Greif Abbildung links hinten zählt zu derselben Werkstatt ›Gruppe 6‹, vertritt aber die mittlere Maßstufe M, zusammen mit 16 weiteren Greifen dieser Größe aus Samos. Der ›Hohe Stirn‹-Werkstatt ist der Greif Abbildung rechts vorn zuzuschreiben. Zusammen mit zwei weiteren Greifen aus Samos gehört er zur großen Maßstufe G dieser Werkstatt. Aus derselben Werkstatt stammt der Greif Abbildung rechts hinten, der mit zwei anderen samischen Greifen die mittlere Maßstufe M vertritt.

Die zu den Greifenprotomen gehörigen Kessel waren fußlos, aufgestellt auf steinernen Untersätzen oder auf sogenannten Stabdreifüßen. In der Zeit von 650–620 v. Chr. müssen mehr als hundert geweihte Greifenkessel im samischen Heraheiligtum gestanden haben. Sie waren auf Samos eine offenbar sehr beliebte Votivgabe. Die dank dieser Vorliebe in so großer Zahl erhaltenen Greifenprotomen stellen insgesamt ein einzigartiges Monument der Kunst des 7. Jahrhunderts v. Chr. dar.

Literatur: Links vorn: U. Jantzen, Griechische Greifenkessel (1955) 21 Nr. 91 Taf. 34, 1; U. Gehrig, Die Greifenprotomen aus dem Heraion von Samos, Samos 9 (2004) 214 Nr. 96 Taf. 39. – Links hinten: Jantzen a. O. 21 Nr. 103 a Taf. 36, 1; Gehrig a. O. 216 Nr. 107 Taf. 46. – Rechts vorn: Jantzen a. O. 22 Nr. 108 Taf. 39, 1; Gehrig a. O. 224 f. Nr. 144 Taf. 57. – Rechts hinten: Gehrig a. O. 225 Nr. 147 Taf. 59. Gehr.

9

Kompartiment 5

Kesselwagen

Spätzyprisch III/Zypro-geometrisch I, 1050–950 v. Chr.
Aus Kition.
Bronze. Höhe: 40 cm; Durchmesser: 25 cm.
Misc. 8947

Nach Angabe des Vorbesitzers stammt der Kesselwagen aus der Nähe von Larnaka, dem antiken Kition. Ähnliche Kesseluntersätze, die in der ausgehenden Bronzezeit besonders beliebt waren, wurden auch in Enkomi (in der Nähe des heutigen Salamis) und anderen Orten auf Zypern gefunden.

Der bewegliche Untersatz für einen Kessel besteht aus einem viereckigen Aufbau, auf dessen Ecken kleine plastische Vögel sitzen. Den oberen Abschluss bildet ein ringförmiger Aufsatz, der mit Doppelspiralen in durchbrochenem Relief verziert ist. Ebenfalls in ›à jour‹-Technik sind die Reliefs der vier Bildfelder gearbeitet, in denen jeweils zwei antithetisch angeordnete Sphingen eine Säule flankieren.

Seit der Bronzezeit war Kupfer in Barrenform der wichtigste Exportartikel der Insel Zypern, die sich zu einer bedeutenden Handelsmacht im östlichen Mittelmeer entwickelte. Der Rohstoff wurde auch auf Zypern selbst in Zentren wie Enkomi und Kition weiterverarbeitet. Dabei gelangten die zyprischen Metallurgen zu einer hohen technischen Vollendung und künstlerischen Fertigkeit bei der Herstellung bronzener Statuetten, Geräte und Gefäße, plastisch verzierter Stabdreifüsse und Kesselwagen mit durchbrochenen Reliefs.

Literatur: A. Furtwängler, Ueber ein auf Cypern gefundenes Bronzegerät, Sitzungsberichte der philosophisch-philologischen und der historischen Classe der k. b. Akademie der Wissenschaften zu München 2, 3, 1899, 411 ff.; H. G. Buchholz – V. Karageorghis, Altägäis und Altkypros (1971) 158 Nr. 1685 mit Abb.; Schätze aus Zypern. Kunst aus acht Jahrtausenden. Ausstellungskatalog Berlin 1971, 38 Nr. 61 mit Abb.; Antike Kunst aus Zypern (2002) 66 Nr. 47 (S. Brehme). Bre.

10

Kompartiment 5

Weihgeschenk des Hermonax und seiner Frau

Mitte 6. Jh. v. Chr.
Aus Myus (Kleinasien).
Weißer Marmor. Höhe: 17 cm; Breite: 37 cm.
Sk 1673

Während der Ausgrabungen der Königlichen Museen zu Berlin im Jahre 1908 in Myus wurde die unterlebensgroße Skulptur zusammen mit weiteren Fragmenten von Gelagerten auf den Tempelterrassen gefunden.
Der auf der Seite liegende Mann stützt sich mit seiner Linken, in deren Hand er ein Trinkgefäß hält, auf einem Kissen ab; der rechte Arm ruht locker auf einem Oberschenkel der leicht angewinkelten Beine. Eng liegt das Gewand an seinem recht üppigen Körper an. Er trägt einen kurzärmeligen Chiton, der bis über die Oberarme reicht; über die linke Schulter ist ein Mantel geworfen, der den Rücken und den Unterkörper bedeckt.

Auf der Vorderseite des Oberkörpers ist die Weihinschrift angebracht. Sie gehört mit zu den ältesten Inschriften der Antikensammlung und ist *boustrophedon* (›ochsenwendig‹) geschrieben, d. h. links- und rechtsläufige Zeilen wechseln sich ab:

Hermonax und …non
weihten mich
als Zehnten (ihrer) Arbeit
dem Apollon

Da der Name des Mitweihenden durch die Endung -non als weiblich gekennzeichnet ist, wird es wird sich wohl um die Gattin des Hermonax handeln. Die kleine, dem Apollon geweihte Statue war vermutlich im Heiligtum des Gottes in Myus aufgestellt und Teil einer mehrfigurigen Familienweihung in einem geläufigen Typus ostgriechischer Weihgeschenke archaischer Zeit: Zwischen einer thronenden Frau, der Mutter, und dem als gelagerten Zecher, als Teilnehmer an einem Symposion, einem festlichen Gelage vielleicht zu Ehren der Gottheit dargestellten Vater der Familie fanden die Figuren ihrer Kinder Aufstellung (vgl. auch Kat. Nr. 84).

Nur aus dem ostgriechischen Kunstraum sind bisher Skulpturen gelagerter Männer aus Marmor bekannt. Neben Statuen stehender unbekleiderter Jünglinge (vgl. Kat. Nr. 11; 79) waren an der kleinasiatischen Westküste und auf den ihr vorgelagerten Inseln die Darstellungstypen bekleideter stehender, thronender und beim Symposion liegender reiferer Männer besonders beliebt.

Literatur: W. von Massow, Führer durch den Inschriftensaal im Pergamonmuseum (1933) 7 Nr. 9; Blümel, Archaische Skulpturen 63 Nr. 66 Taf. 213. 214; K. Tuchelt, Die archaischen Skulpturen von Didyma (1970) 124 Nr. 39; 230 Nr. 66; H. Herdejürgen, Die tarentinischen Terrakotten des 6. bis 4. Jahrhunderts v. Chr. im Antikenmuseum Basel (1971) 5. 29 f.; B. Freyer-Schauenburg, Bildwerke der archaischen Zeit und des strengen Stils, Samos 11 (1974) 120; Antikensammlung Bd. 3, 18 f. mit Abb. (H. Heres); Fuchs – Floren, Griechische Plastik 97. 326 f. 376. 385 mit Abb. (J. Floren); vgl. auch Bol, Frühgriechische Plastik 164 ff. (D. Kreikenbom); 200 ff. (P. Karanastassis); Kiderlen – Strocka, Die Götter beschenken 70. 72 Nr. 18–20 (M. Kiderlen). Bre.

11 Kompartiment 5

Jünglingstorso von Naxos

550/540 v. Chr.
Gefunden um 1875 auf Naxos; erworben 1903.
Marmor. Höhe: 112 cm.
Sk 1555

Die etwas überlebensgroße Jünglingsstatue wurde in den Jahren um 1875 auf der Kykladeninsel Naxos gefunden. Die Marmorbrüche und reichen Schmirgelvorkommen auf Naxos begünstigten das Entstehen lokaler Bildhauerwerkstätten, die v. a. vom 7. bis zur Mitte des 6. Jahrhunderts v. Chr. überregionale Bedeutung besaßen und maßgeblich an der Herausbildung der Leittypen archaisch griechischer Plastik – des Kuros (griechisch für ›Jüngling‹) und der Kore (griechisch für ›Mädchen‹) – beteiligt waren. Auch der Jünglingstorso, an dem der Kopf, der linke Arm bis zum Schulteransatz sowie die Unterschenkel nicht erhalten sind, folgt diesem Schema: Der nackte Körper ist in streng frontaler Haltung gegeben, mit in Schrittstellung stehenden Beinen und an den Seiten herabhängenden Armen, deren Hände zu Fäusten geballt sind und an den Oberschenkeln anliegen. Der schlank proportionierte, straff konturierte Körper wird durch wenige, aber deutliche Akzente klar gegliedert:

Ober- und Unterkörper sind von einander durch eine starke Tailleneinziehung abgesetzt; anatomische Details wie Schlüsselbeine, Rippenbogen und Leistenlinien werden durch markante Zäsuren begrenzt. Das durch horizontale und vertikale Furchen unterteilte Haar fällt mit geradem Abschluss bis zum oberen Ansatz der Schulterblätter frei in den Nacken herab. Die Modellierung der Schulterkugeln, der Arm- und Oberschenkelmuskulatur, die straffen Glutäen, die sich zu den Seiten herauswölbenden Oberschenkel, die weitgehend vom Körper gelösten Arme sowie die gestreckten Körperformen insgesamt vermitteln den Eindruck von Kraft und Anspannung.

Die Bildidee der stehenden männlichen Statue – frontale Haltung, gesenkte Arme mit geballten Fäusten, Schrittstellung – sowie handwerklich-technische Fertigkeiten für deren monumentale Gestaltung übernahmen die griechischen Bildhauer aus Ägypten. Jedoch zeichnen sich die griechischen Kuroi seit der Prägung des Typus im letzten Drittel des 7. Jahrhunderts v. Chr. durch formale und besonders inhaltliche Unterschiede aus. So steht der griechische Jüngling frei und ohne Rückenstütze, beide Beine in Schrittstellung nach vorn und hinten ausgreifend als Ausdruck potentieller Bewegungsmöglichkeit. Während die ägyptischen Bildwerke nur Angehörige niederer Stellung unbekleidet darstellen, drückt sich in der Nacktheit der Kuroi ein anderes Menschenbild aus, das Ideal der Kalokagathia (griechisch für ›Vortrefflichkeit‹). *Kalos kai agathos* (schön und gut) sollte der Mann sein, gleichermaßen um Vollkommenheit des Körpers bemüht wie auf geistig-sittliche Bildung bedacht. Ästhetische und ethische Normen finden in den athletischen, beim Wettkampf in der Palästra trainierten Körpern, in der würdevollen aufrechten Haltung der Statuen ihren Ausdruck. Die Auftraggeber dieser Statuen waren fast ausschließlich Angehörige der Aristokratie, jedoch konnten sich mit den damit verbundenen Wertbegriffen auch andere gesellschaftliche Gruppen identifizieren. So blieb der unbekleidete stehende Jüngling Hauptmotiv archaischer Plastik bis zum Beginn des 5. Jahrhunderts v. Chr. Die zahlreichen, in dieser Zeit geschaffenen Kuroi unterschiedlichen Formats gelangten als Votive in Heiligtümer oder wurden als Grabstatuen aufgestellt.

Literatur: Antikensammlung 1998, 27 f. Nr. 7 (mit älterer Literatur) (B. Knittlmayer); Bol, Frühgriechische Plastik 127 ff. (Ch. Vorster); 147. 164 ff. (D. Kreikenbom); 181 f. 184. 189. 312 f. mit Abb. 1 (P. Karanastassis). Bre.

12 Kompartiment 5

Votivstatuette: Jüngling als Opferträger

Ionisch, um 530 v. Chr.
Aus dem Hera-Heiligtum auf Samos. Erworben 1929.
Bronzehohlguss. Höhe: 28 cm, mit Basis: 32,6 cm.
Inv. 31098

Wie die zahlreichen kolossalen und lebensgroßen marmornen Jünglingsbilder, die in den griechischen Heiligtümern als Weihgaben aufgestellt waren, ist auch diese Jünglingsstatuette einst als ein erlesenes Geschenk einer Gottheit, wahrscheinlich der großen Göttin Hera, dargebracht worden. Die Figur wurde in dem berühmten Heiligtum dieser Göttin, dem Heraion auf Samos, ausgegraben, in dem neben Hera auch andere Götter verehrt wurden. Der Jüngling ist als Träger einer Opfergabe dargestellt. In den Händen hielt er möglicherweise ein Tier oder andere Gegenstände. Sein Körper ist knapp und fest geformt, sein junges offenes Gesicht wird von welligen, zierlich über Stirn und Schläfen gelegten Haaren eng umrahmt. In dem Loch am Haarrand über der Stirn war als besondere Zierde wahrscheinlich eine Blüte eingesteckt. Die prächtige Fülle der langen Haare fällt in breiten Wellen weit in den Rücken. Die schlanken, kraftvollen Schenkel und Beine, die schmale Hüfte und die breiten Schultern geben der Figur männliche Spannkraft; doch mit zauberhafter Weichheit sind die schwellenden Flächen an Leib, Brust und Schulter gebildet. Man spürt die sinnliche Freude, mit der der Künstler die Anmut des jugendlichen Körpers plastisch geformt hat. Die Statuette ist unter allen samischen Kleinbronzen durch ihre Qualität und Größe ausgezeichnet. Sie wird aus der Werkstatt eines großen samischen Meisters stammen. Der hervorragenden Modellierung entspricht die vollendete technische Ausführung des Hohlgusses und seine nachfolgende Überarbeitung. In dem Weihenden dieser Statuette kann ein Angehöriger der Aristokratie gesehen werden. Ernst Buschor vermutete in ihm sogar Polykrates selbst, den berühmten Tyrannen von Samos, der von 538–522 v. Chr. auf der Insel herrschte und in dessen Regierungszeit die Statuette entstanden sein wird.

Helmut Kyrieleis fand 1984 während einer neueren Ausgrabung im Heraion ein Gegenstück, eine zweite, völlig gleichartige Statuette desselben Jünglings. Sie ist heute im Archäologischen Museum in Samos ausgestellt. Auf ihrem linken Schenkel ist groß und grob eine Inschrift eingepunzt. Sie nennt einen ›Smikros‹, der die Statuette ›der Hera‹ weiht. Sein Name ist bisher auf Samos nicht überliefert. Die Statuetten stimmen im Stil, in der Haltung und in den Maßen vollkommen überein. Die Bedeutung von zwei untereinander vollkommen gleichen Votiven, wie diese Statuetten und andere einzigartige Werke samischer Großplastik, ist bisher ungeklärt. Beide Statuetten werden wahrscheinlich in einzelnen Formen von demselben Modell abgeformt worden sein. Die Berliner Statuette wurde 1979 mit radioaktiven Strahlen durchleuchtet. Die Aufnahmen zeigen an den Seiten der Figur deutlich die aneinanderstoßenden Kanten von zwei Formteilen, von der Vorder- und der Rückseite. Durch Abformen eines Modells eine Gussform aus mehreren Formteilen herzustellen, war bereits in archaischer Zeit eine bewährte Technik.

Der Opferträger steht heute in Berlin auf dem Gipsabguss einer zweistufigen, fast quadratischen Basis mit einer dünnen überstehenden Deckplatte. Das Original dieser Basis wurde 1934 bei Ausgrabungen im Heraion gefunden und befindet sich im Archäologischen Museum in Samos. Die Statuette war auf dieser Basis einst festgelötet. Auf ihrer Oberseite haben sich Umrisslinien von zwei dicht nebeneinander gesetzten Füßen durch lange Witterungseinflüsse deutlich abgezeichnet, und es sind Reste vom Lot erhalten. Die Füße der Berliner Statuette passen genau in die Spuren auf der Basisoberseite, und es ist sehr wahrscheinlich, dass beide Stücke zusammengehören.

Literatur: E. Buschor, Altsamische Standbilder 4 (1960) 70 Abb. 293–300; Antikenmuseum Berlin 1988, 89 Nr. 6, 1, 13; H. Kyrieleis, Samos and Some Aspects of Archaic Greek Bronze Casting, in: M. True – J. Podany (Hrsg.), Small Bronze Sculpture from the Ancient World, Symposion at the J. Paul Getty Museum, 16.–19. März 1989 (1990) 25 ff. Abb. 12. 13. Gehr.

13 Kompartiment 6

Frauenstatue mit Steinhuhn

Gegen Mitte des 6. Jhs. v. Chr.
Gefunden 1906 auf dem Kalabaktepe in Milet.
Marmor. Höhe: 143 cm.
Sk 1791

Die Statue steht in der Tradition der ostgriechischen Frauenfiguren mit säulenartigem Körperaufbau. Ein langer gegürteter Chiton, dessen Falten in engen parallelen Rillen angegeben sind, verhüllt die Beine. Der schleppende Saum breitet sich ringsum auf der runden Plinthe aus und ist nur vorn etwas aufgebogen, um die nebeneinanderstehenden Fußspitzen sehen zu lassen. Die Falten des Schrägmantels, der rechts auf Schulter und Oberarm geknüpft ist, teilen sich in den Abschnitt, der über den Körper gezogen und unter dem linken Arm durchgeführt wird, und die Zipfel, die beiderseits des rechten Armes in langen Falten herabhängen. Über diesen beiden Kleidungsstücken trägt die Frau noch einen doppelt gelegten schleierartigen dünnen Mantel, der den heute verlorenen Kopf bedeckte, in kleinen Bäuschen auf den Schultern aufliegt und dann im Rücken herabfällt. Der linke Zipfel ist vorn unter den breiten Gürtel des Chitons gesteckt. Etwa wie den Mädchenkopf aus Milet (Kat. Nr. 14) hat man sich den Kopf der Frau vorzustellen. Während die Rückseite der Statue von der glatten Fläche des Mantels bedeckt ist, unter dem sich – schon abweichend von der strengen Säulenform – die Körperformen abzeichnen, entfaltet sich auf der Vorderseite der ganze Reichtum der feinen Linien und sanft gerundeten Faltenrücken der Gewänder, über die das Licht modellierend hinweggleitet. Reste roter Farbe erinnern daran, dass die Statue bemalt war, mit Borten an Faltensäumen, Gürtel und Schleiertuch vielleicht, wie es an einem Weihrelief erhalten ist. Marmorstatuen reichgekleideter Mädchen (griechisch: Kore) und nackter Jünglinge (griechisch: Kuros) wurden in den Heiligtümern der Götter aufgestellt als kostbare Weihgaben. Die reiche Kleidung gehört zum Erscheinungsbild der vornehmen Frau, die damit auch ein gesellschaftliches Leitbild repräsentiert. Das Steinhuhn, das die Frau vor der Brust trägt, ist eine Weihgabe an die Gottheit. Eine Weihinschrift auf der Basis oder auf dem Gewandsaum der Statue selbst, die den Stifter und die Gottheit oder den Künstler nennt, ist hier nicht erhalten. Aus dem Fundort kann jedoch geschlossen werden, dass die Statue im Heiligtum der Artemis Kithone auf der Ostterrasse des Kalabaktepe in Milet aufgestellt war, einer Fruchtbarkeitsgöttin, an deren Festen Frauen und Mädchen teilnahmen. Nach der Zerstörung Milets durch die Perser wurde die beschädigte Weihgabe als Eigentum der Gottheit bei dem Heiligtum eingemauert.

Literatur: Blümel, Archaische Skulpturen Nr. 47 Abb. 129–132; Fuchs – Floren, Griechische Plastik 381; V. von Graeve in: H. Kyrieleis (Hrsg.), Archaische und klassische griechische Plastik. Akten des internationalen Kolloquiums in Athen, 22.–25. April 1985, Bd. 1 (1986) 23 f.; M. Kerschner, AA 1995, 219. – Zur Tracht: U. Kron in: H. Kyrieleis (Hrsg.) a. O. 49 ff.; H. Kyrieleis, AntPl 24 (1995) 30 f.; K. Karakasi, Archaische Koren (2001) 35–41 (M 4) und passim, Taf. 40. 41. Her.

14 Kompartiment 6

Kopf eines Mädchens

Ostionisch, um 540–530 v. Chr.
Gefunden östlich des Pronaos des Athenatempels in Milet.
Weißer Marmor. Höhe: 21 cm.
Sk 1631

Der etwas unterlebensgroße Kopf eines Mädchens wird zu einer Statue gehört haben, die wie der Opferträger aus Didyma (Kat. Nr. 79) als Weihgabe in einem Heiligtum stand. Der Fundort legt eine Weihung an Athena in ihrem heiligen Bezirk nahe. Die Lebendigkeit des Mädchenkopfes wird durch den die Haare und die Ohren bedeckenden Schleier hervorgehoben, indem der Ausdruck sich auf die Gesichtszüge konzentriert. Die obere Bahn des doppelt gefalteten Schleiertuchs führt bis zum Nacken herab und wird sich am Rücken der Statue, wie bei der milesischen Kore mit dem Steinhuhn (Kat. Nr. 13), fortgesetzt haben. Auffällig ist auch an anderen, vor allem in Milet und Samos gefundenen Schleierköpfen, dass sich oberhalb der Ohren eine Verdickung abzeichnet, die entweder das aufgesteckte Haar oder den eingeschlagenen Stoff meint. Wie auch am Kopf des erwähnten Opferträgers sind die Modellierungen und Übergänge vom Gesicht zum Schleier ohne plastische Akzentuierungen fließend und weich gestaltet. Die gerundeten, sich leicht vorwölbenden Augäpfel werden von mandelförmigen Lidern umrahmt und geben ebenso wie die schmalen, zu einem Lächeln leicht nach oben gebogenen Lippen dem Mädchenkopf einen heiteren und unbeschwerten Ausdruck. Die bemerkenswerte Lebendigkeit des Köpfchens wird noch unterstrichen durch deutliche Asymmetrien in den Wangen, dem Mund und der Anlage der Augen. Der Marmorkopf, der im Jahrzehnt zwischen 540–530 v. Chr. entstanden ist, zeigt uns das milesische Frauenbild auf dem Höhepunkt seiner Entwicklung.

Literatur: Blümel, Archaische Skulpturen 56 f. Nr. 58 Abb. 159–161; Fuchs – Floren, Griechische Plastik 383 f. Taf. 33, 2; U. Sinn, AM 97, 1982, 40 Taf. 13, 3; ders., AM 98, 1983, 40 ff.; V. von Graeve, Münchner Jahrbuch der bildenden Kunst (3. Serie) 34, 1983, 81–85 Taf. 6, 3; 7, 2; U. Steiniger, Die archaische und frühklassische Großplastik Unteritaliens und ihr Verhältnis zum Mutterland (1996) 155; W. Held, Das Heiligtum der Athena in Milet. Milesische Forschungen 2 (2000) 104 ff. Taf. 12 b. c; K. Karakasi, Archaische Koren (2001) 37 (M 8). 39. 616 f. Taf. 44; Bol, Frühgriechische Plastik 188 Abb. 226 (P. Karanastasis). Kun.

15 Kompartiment 6

›Die Schwanengöttin‹

»Aus Anatolien«, vermutlich aus Ephesos; 1964 im Kunsthandel erworben.
Lydisch, 2. Hälfte 7. Jh. v. Chr.
Elfenbein. Höhe 22,5 cm.
Inv. 1964.36

Die Statuette war einst der seitliche Arm eines kostbaren Musikinstruments, wohl einer etwa 45 cm großen, siebensaitigen Kithara. Die Frau (Höhe 14,5 cm) steht streng frontal auf dem Vorderteil einer geflügelten Sphinx mit langen, parallel gesträhnten Haaren, die oben auf dem Resonanzkasten lagerte. Sie trägt eine hohe, sich nach oben verbreiternde Kopfbedeckung (*polos*), die in einen mächtigen Schwanenhals mit angeschmiegtem Kopf übergeht; in ihm war das Querholz zur Befestigung der Saiten verankert. Das lange Gewand der Frau begleitet die Wölbungen ihrer Brüste mit parallelen Falten, die am Unterkörper schnurgerade verlaufen; der Gürtel endet in drei Quasten; über Schultern und Armen liegt ein glatter Stoff wie ein Schleier. Ihre Hände waren gesondert gearbeitet und sind verloren; vielleicht hielten sie Kanne und Schale. Das Gesicht der Frau mit ›archaischem Lächeln‹ beeindruckt durch vertiefte Brauen und Pupillen, die einst wohl durch farbige Glaseinlagen betont waren. Ihre langen Ohren sind mit Scheibenohrringen geschmückt. Das über der Stirn gescheitelte Haar ist im Nacken kunstvoll verflochten zu drei dicken Zöpfen, die bis weit in den Rücken herabfallen.

Die Gestaltung des zylindrischen Frauenkörpers mit starrer Körperhaltung und ›lächelndem‹ Gesicht, der dekorativen Oberflächen mit parallelen Gewandfalten und der kunstvollen Frisur findet ihre engsten Vergleiche in Elfenbeinstatuetten, die im Heiligtum der Artemis von Ephesos an der Westküste sowie im Tumulusgrab D in Elmalı nördlich von Antalya an der Südküste der Türkei gefunden wurden. Ihre Deutung als Darstellungen einer Gottheit – wohl der anatolischen Muttergöttin ›Kybele‹ – muss auch für die Berliner Figur mit Polos, Schleier und Ohrscheiben gelten, zumal sie auf einem Fabeltier steht. Das luxuriöse Instrument, von dem sie abgebrochen ist, diente vielleicht der musikalischen Begleitung von Kultfesten. Wie die anderen Elfenbein- und Silberstatuetten gehört sie in die aus orientalischen Vorbildern schöpfende Kunst Kleinasiens. Diese Gegend erlebte zwischen dem 9. und 7. Jahrhundert v. Chr. unter hethitischer, phrygischer und dann lydischer Herrschaft einen intensiven Kulturaustausch, auch mit den griechischen Kolonisten an der Küste. Private Grabsitten oder offizielle Weihegaben in den großen Heiligtümern spiegeln diesen Umbruch, der dann im 6. Jahrhundert v. Chr. zu einer stärker ionisch geprägten Formensprache führt, wie wir sie an Weihegaben etwa aus dem Heiligtum von Samos kennen.

Literatur: A. Greifenhagen, Ein ostgriechisches Elfenbein, JbBerlMus 7, 1965, 125–156 Abb. 1–5, 32–33 (Rekonstruktion); ders. in: Die Meisterwerke aus dem Antikenmuseum Berlin (1980) 28 Nr. 7; K. Tuchelt, Die archaischen Skulpturen von Didyma. IstFor 27 (1970) 123 L 17, 138 f., 167; J. B. Carter, Greek Ivory-Carving in the Orientalizing and Archaic Period (1985) 243–248 Abb. 85; Antikenmuseum 1988, 45 Nr. 1; M. J. Mellink, East Greek or Hittite?, in: Festschrift für E. Akurgal, Anadolu 22, 1981/1983 (1989) 47–55 Abb. 1–3; Ch. Vorster in: Bol, Frühgriechische Plastik 115. 127 Abb. 196; F. Işik, Die Statuetten des Tumulus D bei Elmalı: Ionisierung der neuhethitisch-phrygischen Bildformen in Anatolien (2003) 10. 28. 32. 35 Anm.136; 37. 47 Taf. 16, 1–4. – Vgl.: A. Bammer, Gold und Elfenbein von einer neuen Kultbasis in Ephesos, ÖJh 58, 1988, 5 ff. Abb. 5–6; A. Bammer – U. Muss, Das Artemision von Ephesos (1996) 76 Abb. 88. Pla.

16 Kompartiment 6

Klazomenischer Sarkophag

Schwarzfigurig, um 515/510 v. Chr.
Aus Klazomenai.
Ton. Länge 195 cm; Breite 74/62 cm; Tiefe 33,5 cm.
Inv. 30030

Das in der Nähe der heutigen türkischen Stadt Izmir gelegene Klazomenai war von ca. 550–470 v. Chr. Produktionszentrum einer nach diesem Ort benannten Sarkophaggruppe. Hergestellt aus einem groben, gelbbraunen Ton, zeichnen sich diese Sarkophage dadurch aus, dass sie oben an der Öffnung mit einem breiten Rand versehen waren. Diese vor allem in der Aufsicht, d. h. bei der Grablege gut sichtbaren, rahmenartigen Einfassungen wurden in der Regel in schwarzfiguriger Technik mit Ornamenten oder der Darstellung von Menschen und Tieren, mit Jagd- und Kampfszenen sowie Bildern von Wagen- und Pferderennen geschmückt. Von den mit weißer Farbe ausgeführten Binnenzeichnungen haben sich nur selten Reste erhalten. Wie Schattenrisse wirken daher die drei, von ionischen Kymatien eingefassten Paare auf dem Kopfstück eines solchen

Sarkophags. Sechs Jünglinge – das Geschlecht ist nur klein und anatomisch nicht immer an der richtigen Stelle angegeben – stehen einander gegenüber, mächtige, von unten emporwachsende Blütenknospen flankierend. Sie sind unbekleidet und im Profil gezeigt, die Oberkörper sind leicht schräg gestellt. Ihre Darstellung folgt dem aristokratischen Schönheitsideal der archaischen Zeit mit jugendlich-muskulösen Körpern und langem Haar, wie wir es auch von den Kuroi (vgl. Kat. Nr. 11; 79) kennen. Bei den beiden seitlichen Paaren fällt das Haar hinten auf die Schultern, bei jenem im Zentrum ist hingegen eine vermutlich spezifisch ostgriechische, auch von anderen Darstellungen bekannte Frisur gemeint: Hier umschließt eine eng anliegende Kappe den Kopf, und durch ein Loch am Hinterkopf tritt das zusammengenommene Haar wie ein Helmbusch hervor.

Wie viele der anderen Themen auf klazomenischen Sarkophagen nimmt auch die hier gezeigte Darstellung auf die Lebenswelt einer lokalen aristokratischen Oberschicht Bezug, in der offensichtlich, wie auch im griechischen Mutterland, homoerotische Beziehungen zwischen Männern gepflegt wurden. Treten sich die beiden Heranwachsenden links noch relativ zurückhaltend und mit Blüten als Zeichen für ihre Jugend und Schönheit in den Händen gegenüber, so befinden sich die beiden folgenden Paare bereits inmitten von Gesprächen und Liebeswerbungen, die mit den zum Kinn geführten Händen bei der rechten Gruppe ihren Höhepunkt finden.

Der Berliner Sarkophag wird gegen Ende des 6. Jahrhunderts entstanden sein. Dafür sprechen u. a. die auffällig langen, an ihren Spitzen zurückgebogenen Finger – ein Merkmal, dass auch aus der frühesten attisch-rotfigurigen Vasenmalerei bekannt ist – und die nicht mehr in reiner Profilansicht wiedergegebenen Oberkörper.

Literatur: K. F. Johansen, Acta Archeologica. København 6, 1935, 186 Abb. 13; ders., From the Collections of the Ny Carlsberg Glyptotek 3 (1942) 123–34 Abb. 1–3; R. M. Cook, Clazomenian Sarcophagi (1981) 20 f. Nr. E. 3 Abb. 13. 14 Taf. 20, 1; 21, 1; E. Kirchner, JdI 102, 1987, 136. 159. – Zu den Klazomenischen Sarkophagen in Berlin zuletzt S. Patzke, Klazomenische Sarkophage als regionales Phänomen griechischen Bestattungsbrauches? (unveröffentl. Magisterarbeit FU Berlin 2005). Von.

17 Kompartiment 7

Votivtäfelchen: Abbau der Tonerde und Schnitt durch einen Brennofen

Korinthisch, 6. Jh. v. Chr. Aus Penteskouphia bei Korinth.
Ton. Höhe: 10,3 cm bzw. 9,5 cm.
F 871 und F 893

In der Nähe von Korinth, in der Gemarkung Penteskouphia fanden Grabungen des 19. Jahrhunderts große Mengen von zerbrochenen kleinen Tontäfelchen. Sie waren auf beiden Seiten bemalt und gebrannt. Regelmäßig auftretende Löcher zeigen, dass diese Täfelchen als Weihegaben in einem uns unbekannten Heiligtum des Gottes Poseidon aufgehängt waren. Die Vorderseiten zeigen meist den Gott selbst, allein oder mit seiner Gattin Amphitrite auf dem pferdebespannten Wagen stehend. Aber auch ein Reiter oder ein Pferd allein konnte die Gottheit erfreuen. Die Rückseiten dagegen zeigen ganz andere Motive. Dort finden sich Darstellungen aus dem Arbeitsleben der Töpfer von Korinth, die diese Täfelchen hergestellt haben. Gezeigt sind alle Stufen der Arbeit, vom Abbau der Tonerde mit der Hacke in tiefen Gruben über den Transport mit Säcken in die Werkstatt. Dort wurde der Ton geschlämmt und durchgeknetet, um schließlich auf der Drehscheibe zu Gefäßen geformt und bemalt zu werden. War eine größere Anzahl von Gefäßen vorgetrocknet, so mussten sie im Ofen gebrannt werden. Ein Fragment zeigt einen Ofen in einem recht kühnen Bild, das einen Längsschnitt mit einem Querschnitt vereinigt: wir sehen die Lochtenne, die von einer Stütze getragen wird und auf der die Gefäße gestapelt sind. Links der Stütze beginnt der Schürkanal, der mit Holzkohle beheizt vorzustellen ist. Um den verfügbaren Platz ganz auszunutzen, haben die Töpfer eine Schale ganz hinten in den Heizbereich gestellt. Der Abzug der heißen Luft erfolgte durch eine Öffnung in der Ofenkuppel, die man zur Steuerung des Brandes auch schließen konnte. Der Brand selbst stellte für die Töpfer das größte Problem dar. Ein Fehlbrand konnte die Arbeit von Wochen zunichte machen. Deshalb legten die korinthischen Töpfer die kleinen Täfelchen bei, die dann bei einem glücklichen Ausgang des Brandes der Gottheit für ihren Beistand geweiht wurden. So sind die überwiegend einfachen Zeugnisse volkstümlicher Frömmigkeit für uns eine wichtige Quelle für die Kenntnis des Töpferlebens in der archaischen Zeit.

Literatur: R. Hampe, Bei Töpfern und Zieglern in Süditalien, Sizilien und Griechenland (1965) 221 ff. Abb. 146–149; G. Weisgerber, Der Anschnitt 28, 1976, Heft 2, 40 Abb. 2; 47 Abb. 12; G. Zimmer, Antike Werkstattbilder (1982) 33 Farbtaf. IV, l; Antikenmuseum Berlin 1988, 57 Nr. 5, Deuses Gregos 2006, Abb. 313 (U. Kästner). – Zu den Votivtäfelchen aus Penteskouphia zuletzt: V. C. Kottsieper in: Kiderlen – Strocka, Die Götter beschenken 29–35. Zim.

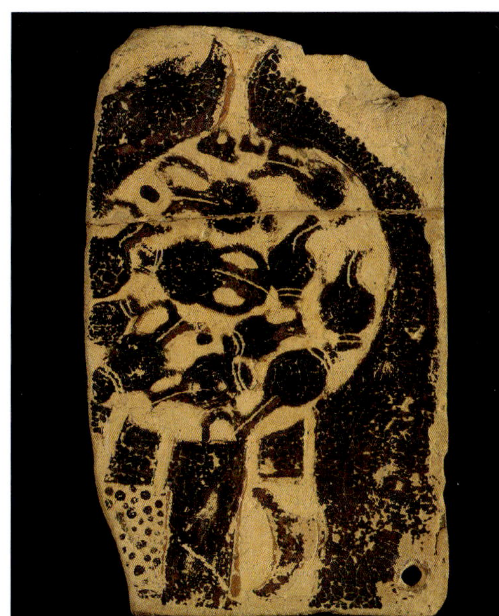

18

Kompartiment 8

›Der Fisch von Vettersfelde‹

Bei Vettersfelde, heute Witaszkowo/Polen, am 5.10.1882 gefunden; inventarisiert 22.1.1883.
Skythisch, um 500 v. Chr.
Gold. Länge 41 cm, Gewicht 608,5 g.
Misc. 7839 = GI 2

Die reichsten Goldfunde der Antike stammen aus den Grabhügeln skythischer Fürsten im nördlichen Schwarzmeergebiet. Die Antikensammlung besitzt nach der Ermitage in St.Petersburg und dem Museum in Kiew die bedeutendste Sammlung skythischen Goldes. Ausgestellt im Alten Museum zwischen Werken der antiken Goldschmiedekunst, wird hier der griechische Einfluss, besonders aber das Eigenständige der skythischen Kultur sichtbar.

Die europäischen Skythen gehörten zu Reiternomaden, die sich zwischen dem 9. und 3. Jahrhundert v. Chr. von der eurasischen Steppe über Süd-Sibirien etappenweise nach Westen ausbreiteten und über den Kaukasus bis nach Mesopotamien und Ägypten zogen. Zu ihren westlichen Nachbarn, den Thrakern und Griechen, entwickelten die Skythen intensive und fruchtbare Kontakte. Herodot von Halikarnass bereiste das Land der Skythen um 450 v. Chr. und berichtete im 4. Buch seiner Historien staunend und schaudernd über ihre exotische Lebensweise, die Kampftaktik der ›verbrannten Erde‹, die rituelle Tötung von Menschen und Pferden – etwa bei Trauerfeiern für einen verstorbenen König – und über ihre prunkvollen Grabbeigaben. Die Herkunft des im Überfluss verwendeten Goldes vermutete Herodot in den heute noch ergiebigen Lagerstätten des östlichen Kasachstan und im Altai-Gebirge; aber auch der Import von Flussgold aus dem nahen Kolchis, heute in Georgien, ist denkbar. Die Griechen deckten den größten Teil ihres Bedarfs an Getreide über die Skythen; diese hingegen bedienten sich der Kunstfertigkeit ionischer Goldschmiede, die wiederum das einheimische Kunsthandwerk beeinflussten.

Der ›Fisch von Vettersfelde‹, Dekor eines Schildes, ist ein hervorragendes Beispiel solchen Zusammenwirkens im sogenannten Skythischen Tierstil. Gefunden wurde er am 5. Oktober 1882 von einem Bauern auf dem Gut des Prinzen Heinrich zu Schönaich-Carolath südöstlich von Guben in der Niederlausitz (heute Polen). Zu dem sensationellen Goldschatz gehörten neben dem Fisch ferner eine große Vierpass-Zierplatte und ein Kurzschwert mit Scheide – beide ebenfalls reich mit Tieren dekoriert –, eine geflochtene Kette (Länge 71 cm, wohl zum Schwert gehörig), ein Ohrgehänge und ein Anhänger, ein ›Schleifstein‹ mit Goldtülle – ein Talisman? –, ein massiver Armring und ein großer geschlossener Reif von 21 cm Durchmesser und demselben Goldgewicht wie der Fisch (Kriegsverlust) sowie einige Kleinteile.

Aber nicht allein die Entdeckung eines solch großen Goldschatzes war eine Sensation, viel mehr noch der Fundort über ca. 1.500 km nordwestlich des Siedlungsgebietes der europäischen Skythen am Dnjepr und an der Nordküste des Schwarzen Meeres, wo seit dem frühen 18. Jahrhundert ähnliche Goldobjekte ausgegraben worden waren. Dort bargen mächtige Grabhügel fürstlicher Bestattungen (russ. Kurgan) die reichen Beigaben, während das Gold von Vettersfelde beim Pflügen zutage trat; Nachgrabungen im Sommer 1883 erbrachten keinen Hinweis auf eine Bestattung. Neuere deutsch-polnische Grabungen lassen vermuten, dass sich dort ein Opferplatz befand. Bis heute ist umstritten, ob die Skythen tatsächlich um 500 v. Chr. mit einem einmaligen, kurzen Einfall so weit nach Nordwesten in die Siedlungen der sogenannten Lausitzer Kultur vorgedrungen sind.

Der Fisch ist aus starkem Goldblech getrieben und auf der Vorderseite variabel mit Punzierung verziert. Die Brustflosse teilt den Leib in zwei Reliefzonen: auf der oberen schlägt ein Panther einen Eber und ein Löwe einen Hirsch, darüber – beschädigt – ein springender Hase; in der unteren Zone führt ein bärtiger Triton, mit der Linken einen Fisch schwingend, einen Fischschwarm an; in der Mitte der Schwanzflossen, die in Widderköpfen enden, breitet ein Adler sein Gefieder aus. Das große Auge des Fisches leuchtete einst in farbigem Glas. Auf der Rückseite zeugen vier Ringösen (drei weitere sind ausgerissen) von der

einstigen Befestigung auf einem festen Träger, vermutlich ein Rundschild mit Eisenbeschlag: auf einem solchen lag das goldene Hirschemblem von Kostromskaja Stanica im Kuban-Gebiet.

Die schriftlose Kultur der skythischen Reiternomaden erlaubt nur Vermutungen über die totemistische Bedeutung des Schildzeichens: die Beherrscher des Himmels (Adler), des Wassers (Triton) und der Erde (Löwe, Panther) mögen ihre Kräfte auf den fürstlichen Heerführer übertragen. Die geringen Abnutzungsspuren an allen Teilen des Fundes deuten auf eine kurze Tragdauer. Die groben Beschädigungen sprechen dafür, dass die goldenen Reliefbleche in Eile von einem Schild (Fisch) und einem Körperpanzer (Vierpass) abgerissen, mit den übrigen Waffen- und Schmuckteilen zusammengerafft und entwendet wurden.

Literatur: Greifenhagen, Schmuckarbeiten Bd. 1, 61 ff. Taf. 39–41 Abb. 55; S. Michel, Der Fisch in der skythischen Kunst. Zur Deutung skythischer Bildinhalte (1995) 178 ff. K 18; P. Alexandrescu, Zum goldenen Fisch von Vettersfelde, in: C. Becker u. a. (Hrsg.), Chronos. Beiträge zur prähistorischen Archäologie zwischen Nord- und Südosteuropa. Festschrift für Bernhard Hänsel (1997) 683–687; Platz-Horster, Goldschmuck 43 f. Nr. 25; L. D. Nebelsick in: Vor unserer Zeit: Ein vergessenes Burgenland zwischen Elbe und Weichsel. Dresden, Japanisches Palais 2003, Vitrine 7. – Vgl.: L. Galanina in: Skythen (1997) 76 Nr. 4 (Hirsch von Kostromskaja Stanica). – Zum ›Schleifstein‹ s. J. Kalasnik in: ebenda 165 f. zu Nr. 71. – Goldblech auf Holz in Form eines Fisches, Stirnzier eines Pferdes (Länge 34,3 cm): E. D. Reeder, Scythian Gold. Treasures from Ancient Ukraine (1999) 138 Nr. 33. – Zu den neuesten Entdeckungen und Forschungen s. H. Parzinger, Die Skythen (2004). Pla.

19

Kompartiment 8

Der Goldschmuck von Tarent

Angeblich um 1900 in Tarent gefunden. Erworben 1980 im Kunsthandel.
Hochhellenistisch, 230–210 v. Chr.
Gold, Granate, Karneole. Inv. 1980.17–22

Der prächtige Goldfund war der wohl komplette Körperschmuck einer reichen Tarentinerin, mit dem sie im späten 3. Jahrhundert v. Chr. bestattet wurde. Das Zusammenspiel von Gold und Edelsteinen in dem achtteiligen Set besticht besonders an der ungewöhnlich langen Kette mit großem ›Heraklesknoten‹ (Länge 111 cm): 102 Glieder aus Golddraht sind paarweise mit 50 Gliedern aus geschliffenem Granat *loop-in-loop* verbunden; die konischen Endglieder aus Karneolen in Goldmanschetten schließen die Kette mit beweglichen Scharnieren an den geschlungenen Knoten; diesen bilden Goldbleche mit Perldraht verziert, die längliche Granatbögen umfassen.
Das rein goldene Halsband (Länge 36 cm) besteht aus einem dreireihigen *loop-in-loop*-Geflecht, in das 114 kurze Perldrähte mit kleinen Kugeln gehängt sind; die zungenförmigen Schließen zieren feine Filigrandrähte. Die beiden gegossenen Schlangenarmreife (Durchmesser 6,5 cm) wurden auf der gewölbten Außenseite mit einem Mittelgrat, die zu einer Acht gewundenen Köpfe und Schwänze der Reptilien mit ziselierten Schuppen charakterisiert. Der Fingerring aus Spiraldraht (äußere Weite 1,9 cm) endet in zwei Schlangenköpfen, begleitet von zwei Granatperlen. Für die Ohrgehänge (Höhe 5,6 cm) wurden schwebende Niken als Anhänger an Rosetten mit granatverziertem Zentrum kunstvoll dekoriert: um den gegossenen nackten Frauenkörper legte der Goldschmied einen vom Wind geblähten Mantel aus Goldblech, befestigte die Flügel im Rücken, die Schärpe über den Armen, Schale und Kästchen in den Händen, die zierliche Fußbekleidung und den Haken am Kopf.

Das erstaunlichste Kunststück aber wagte der Goldschmied des Haarnetzes (Durchmesser 9,4 cm, Höhe 6,7 cm): unter Verwendung eines älteren Medaillons mit jugendlichem Medusenhaupt, plastisch von hinten in ein Goldblech getrieben, konstruierte er über zwei gleichen Basisreifen mit zentralem ›Heraklesknoten‹ sieben Reihen von je 25 Bögen aus Golddraht zu einem etwa halbkugeligen Netzwerk; Granatperlen decken die Treffpunkte der Bögen, sie beleben auch das Zentrum der Rosetten auf den Basisreifen, alternierend mit größeren Steinen in Rauten- und Tropfenform auf diesen von Perldrähten gerahmten Goldblechen. Der verbindende ›Heraklesknoten‹ ähnelt dem der großen Kette, ist jedoch starr befestigt und nur auf Vorderansicht gearbeitet.

Analysen der Granate und des Goldes sowie genaue Vergleiche der verwendeten Drähte und deren Verlötungen beweisen, dass die einzelnen Teile des Goldfundes zwar nicht gleichzeitig und in einer Werkstatt, aber doch alle in Tarent etwa zwischen 230 und 210 v. Chr. gefertigt worden sind. Gestützt wird diese Datierung durch einen Silberstater aus Tarent, der zwischen 212 und 209 v. Chr. geprägt worden ist: er war verklebt mit einer Halskette aus dreireihigem *loop-in-loop*-Geflecht wie die oben beschriebene, die ebenfalls aus Tarent stammte. Die unterschiedlichen Abnutzungsspuren am Schmuckset lassen vermuten, dass eine reiche Tarentinerin ihn nach und nach komplettiert und uns damit ein geschlossenes Bild hochhellenistischer Goldschmiedearbeiten erster Qualität überliefert hat. Vielleicht ließ sie – der neuesten Mode folgend – das übliche Diadem in ein festes Goldnetz für ihren hohen Haarknoten umarbeiten; die wenigen Vergleichsstücke aus Kontexten in Thessalien und Ägypten deuten auf die herausragende soziale Stellung der Besitzerin.

Literatur: E. Formigli – W.-D. Heilmeyer, Tarentiner Goldschmuck in Berlin. 130./131. BWPr 1990; M. Pfrommer, Untersuchungen zur Chronologie früh- und hochhellenistischen Goldschmucks, IstForsch 37 (1990) 231 f. FK 41; P. G. Guzzo, Oreficerie dalla Magna Grecia (1993) 320 Taranto Nr. 43–48; G. Publiese Caratelli (Hrsg.), The Western Greeks. Classical Civilization in the Western Mediterranean (1996) 479. 733 Nr. 300; Platz-Horster, Goldschmuck 70 ff. Nr. 42; 66 Meisterwerke 2005, 92 (G. Platz-Horster).

Pla.

20 Kompartiment 8

Geflügelter Bezoarbock

Achämenidisch, 400–350 v. Chr.
Angeblich aus Erzinçan am Euphrat, Nordanatolien, 1891 erworben.
Silber, teilweise vergoldet. Höhe: 27 cm.
Misc. 8180 a

Der geflügelte Bezoarbock war der linke von zwei Henkeln einer silbernen Amphore, sein Gegenstück »aus Amisos am Pontos« befindet sich im Musée du Louvre in Paris. Die massiv gegossenen Tiere standen mit ihren Vorderhufen auf der Mündung eines großen Gefäßes, die Attaschen unter den Hinterläufen waren auf der Schulter angelötet. Mitten im Sprung ist das Tier dargestellt, grazil und kraftvoll; neugierig wendet es den Kopf mit dem spitzen Ziegenbart dem Betrachter des Prunkgefäßes zu (Gesamthöhe einst ca. 50 cm). Die großen Flügel entheben den Bezoar-Ziegenbock (*capra aegagrus*) ins Fabelhafte. Ihre Federn sind überaus fein ziseliert, ebenso die Haare an Kopf, Ohren und Bart des Bocks, die Knorpel der langen, typisch nach vorn spitzen Hörner, die Hufe und die Silensmaske auf der Attasche. Zudem sind alle diese Teile durch ein dünnes und in den gravierten Grund eingedrücktes Goldblech verziert, das mit dem Ziselierstichel überarbeitet worden ist.

Diese aufwändige Silberarbeit ist ein Meisterwerk persischen Kunsthandwerks aus der Zeit der Achämeniden. Unter ihrer Herrschaft entstanden Prunkgefäße in verschwenderischer Verwendung von Gold und Silber, u. a. Amphoren mit Ausgüssen in den Tierhenkeln oder am Boden. Zu einem solchen Amphorenrhyton gehörten auch die beiden Bocks-Henkel in Berlin und Paris; dieser Gefäßtyp hat einen ovoiden, geriefelten Körper, einen langen glatten Hals mit ausladender Lippe und seitlich des flachen Bodens zwei Ausgusstüllen. Unsere Henkel unterscheiden sich von früheren, bei Sinope am Schwarzen Meer oder bei Duvanli in Bulgarien gefundenen, kompletten Amphorenrhyta durch die lebhafte, naturgetreuere und grazilere Gestaltung, besonders aber durch die dem Benutzer zugewandten Köpfe.

Dies mag an dem kulturellen Einfluss liegen, den die griechischen Städte Amisos und Sinope an der südlichen Schwarzmeerküste auf die persische Kunst ausübten. Sie waren direkt dem Großkönig unterstellt und spielten als Hafenstädte eine strategisch wichtige Rolle in der Expansionspolitik der Achämeniden. Erzinçan am Oberlauf des Euphrat liegt an einem Knotenpunkt persischer Karawanenstraßen, die gen Westen nach Amisos (Samsun) führten.

Literatur: M. Pfrommer, Untersuchungen zur Chronologie früh- und hochhellenistischen Goldschmucks, IstForsch 37 (1990) 119 Anm. 822 (Lit.); 66 Meisterwerke 2005, 93 (Platz-Horster); G. Platz-Horster in: Das persische Weltreich. Pracht und Prunk der Großkönige. Ausstellungskatalog Speyer 2006, 188 und Broschüre zur Ausstellung 24. – Vgl.: J. Boardman, Die Perser und der Westen (2003) 226 Abb. 5. 70 a. b; L. Summerer, Achämenidische Silberfunde aus der Umgebung von Sinope, in: Ancient Civilizations from Scythia to Siberia 9, Nr. 1–2, 2003, 17 ff. 32.
Pla.

21

Kompartiment 8

Satyr und Nymphe

Späthellenistisch, um 50 v. Chr.
Aus dem Schatzfund von Petescia, heute Turania, nördlich von Rom.
Gefunden 1875, erworben 1876 durch W. Helbig in Rom.
Karneolonyx, Gold.
Misc. 7066 = FG 11067

Der Schatzfund von Petescia, einem Dorf in den umbrischen Sabiner Bergen, war die bedeutendste Erwerbung für die Schmucksammlung des Berliner Antiquariums im 19. Jahrhundert. Die Inventareintragung vom Mai 1876 umfasst 38 Nummern (Misc. 7041–7078), und zwar: 6 Paare von Armreifen sowie zwei einzelne Armreife und ein Paar Halsreife – diese 16 Goldobjekte mit einem Gesamtgewicht von über 3.000 g wurden sämtlich im Central Repository Schloss Celle 1946/47 gestohlen; ferner einen goldenen Lorbeerkranz und 13 goldene Fingerringe mit Kameen, Gemmen oder geschliffenen Edelsteinen – Aquamarine, Smaragde, Granat und Chrysolith – sowie einen massiv goldenen Fingerring mit Jupiter-Büste, einen silbernen Armreif, das silberne Kopfteil eines Fulcrum, zwei fragmentierte Silberbecher mit Resten eines Erotendekors, eine silberne Muschelpyxis, einen Silberfrosch als Anhänger und zwei kleine Bernsteinobjekte.

Der große Fingerring mit Karneolonyx weist als einziger unter den 13 Fingerringen aus dem Schatzfund von Petescia die für den Ringfinger eines Mannes ausreichende innere Weite auf (außen 2,53 × 3,4 cm, innen 1,8 × 2,35 cm, Ringplatte 3,25 × 2,27 cm; Gewicht 10,08 g). Der hochovale Kameo zeigt in flachem Relief die Gruppe von Satyr und Nymphe, die sich karneolrot vom milchigweißen Grund abhebt. Der spitzohrige junge Satyr sitzt frontal mit gespreizten Beinen auf einem fellbedeckten Fels und zieht an einem Gewandzipfel der vor ihm sich im Tanze drehenden Nymphe. Dadurch bietet er dem Betrachter den Anblick ihres reizvollen Rückenaktes unter dem hauchzarten Gewand. Sie wirft den rechten Arm hoch, wendet den schön frisierten Kopf zu ihrem Gefährten hinab und senkt die Linke auf ihren Gewandzipfel just über seinem erigierten Penis. Der Satyr tritt mit dem rechten Fuß eine Klapper, der linke scheint den Rhythmus zu schlagen. Trotz der Bewegung ist die Gruppe ganz auf den Betrachter ausgerichtet, das erotische Spiel zielt auf den Voyeur, die Akteure selbst verziehen keine Miene. – Der Kameo mit seiner oblongen Steinform, der auf hellenistische Skulpturengruppen zurückgreifenden Komposition, der überfeinerten und manierierten Gravur sowie der massiven Ringfassung datiert um die Mitte des 1. Jahrhunderts v. Chr.

Er gehört – neben dem größten Goldring mit Medusa-Kameo – zu den frühesten Objekten des Petescia-Fundes; die Hals- und Armreife, die meisten Fingerringe – darunter ein Karneol-Kameo mit dem Porträt der Kaiserin Livia –, der goldene Kranz und die Silbergefäße sind in augusteischer bis frühtiberischer Zeit entstanden. Der enorme Wert des schieren Goldes, das allein für die (verlorenen) Hals- und Armreifen verarbeitet wurde, und der ausgesucht klaren Edelsteine sowie deren erstklassige Verarbeitung haben ›kaiserliches‹ Niveau, dem allerdings die Qualität der Silberobjekte nicht entspricht.

Literatur: Greifenhagen, Schmuckarbeiten Bd. 1, 77 ff. Taf. 58, 7. 9; 59, 4. 6 Farbtaf. VII 3; L. Pirzio Biroli Stefanelli, L'oro dei Romani (1992) 23 Abb. 11–13, 231 Nr. 10. 12; T. Springer, Ein Hort von Dona Militaria, Acta Praeh. et Arch. 25, 1993, 265 ff.; G. Alvino, Turania, in: La Valle del Turano sulle tracce dell'antico (1999) 19 f. Abb. 3. 7; Platz-Horster, Goldschmuck 84 f. Nr. 50. – Zu dem Gesamtfund und seiner Erwerbung s. G. Platz-Horster, Der Schatzfund von Petescia, in: B. Adembri (Hrsg.), Aeimnestos. Miscellanea di Studi per Mauro Cristofani (2005) 788–800.

Pla.

22 ▷▷ Kompartiment 9

Tyrrhenische Amphora mit der Geburt der Athena

Attisch, um 570–550 v. Chr.
Aus Cerveteri.
Ton. Höhe: 44,2 cm.
F 1704

Aus dem Kopf des thronenden Zeus entspringt in voller Bewaffnung die Göttin Athena. Sie wurde nach der Vorstellung der Griechen auf diese verwunderliche Weise geboren, nachdem ihr Vater Zeus die schwangere Metis, die Göttin der Weisheit, verschlungen hatte. Die Geburt der Athena wird in der Schulterzone der Amphora ausführlich geschildert. Neben Zeus stehen gestikulierend Demeter und die Göttin der Geburtshilfe, Eleithyia. Hinter dieser entfernt sich der Götterbote Hermes bereits vom Geschehen und spricht durch eine Beischrift zum Betrachter: »Ich bin Hermes, der Kyllenier«. Außer seinem Namen nennt er dabei auch seinen Geburtsort im arkadischen Kyllene-Gebirge. Der Schmiedegott Hephaistos enteilt ebenfalls nach links und trägt die Axt bei sich, mit der er den Kopf des Göttervaters gespalten hat. Der Weingott Dionysos mit dem für ihn typischen Trinkgefäß, dem Kantharos, in der Hand rahmt die Szene auf der linken Seite. Auf der rechten Seite des Frieses standen hinter Demeter Poseidon, Aphrodite und Apollon. Die Geburt der Göttin findet also im Rahmen einer großen Götterversammlung statt.

Die mythische Szene ist einer von mehreren Bildfriesen auf der Vase, deren Körper in strenger Tektonik unterteilt ist. Die weiteren Bildstreifen zeigen Tiere, Mischwesen und Ornamente aus Lotos- und Palmettenblättern. Die Mittelachse, die im mythischen Bild der thronende Zeus einnimmt, ist dabei jeweils hervorgehoben. Das Gefäß ist eine Amphora von beinahe eiförmiger Gestalt. Amphoren dieser Form wurden zwischen 570/60 und 550/40 in einer attischen Töpferwerkstatt hergestellt.

Athenas Geburt als zentrales Bild einer attischen Vase ist nicht verwunderlich, trug doch die Stadt Athen den Namen der Göttin, und ihr war auch das wichtigste Heiligtum auf der Akropolis geweiht. Erst einige Jahre vor der Herstellung der Vase hatte der weise Solon ein Gedicht über das Staatswesen verfasst, das er einleitete: »Nie wird unsere Stadt vergehen nach der Fügung der Götter, nach der Seligen Wunsch oder dem Schicksal des Zeus, weil fürsorgenden Sinns ihre Hände über uns breitet Pallas Athene, des Zeus stolzes erhabenes Kind.« (Übersetzung H. Fraenkel)

Umso erstaunlicher ist, dass die Amphora nicht in Athen oder Attika gefunden wurde, sondern in Etrurien. Der bei weitem größte Teil derartiger Amphoren fand sich in den Gräbern von Etruskern, die von den Griechen als Tyrrhener bezeichnet wurden. Daher wird die Gattung ›tyrrhenische Amphoren‹ genannt. Das Interesse der etruskischen Käufer an den attischen Vasen und deren Bildern war sicher nicht mit dem der Athener identisch. Die griechischen Götter, die in Etrurien unter anderen Namen geläufig waren, könnten aber wegen ihrer Unsterblichkeit auch für einen Etrusker als Darstellung auf einer Grabbeigabe bedeutungsvoll gewesen sein. Der Fundort führt deutlich vor Augen, dass die Vase bereits in der Antike eine Geschichte hatte, in deren Verlauf sich die Bedeutung des Bildes verändert hat.

Literatur: Beazley, ABV 96 Nr. 14; Beazley, Para. 36; CVA Berlin (5) Taf. 12; Antikenmuseum Berlin 1988, Nr. 4, 4, 1; Beazley Add.[2], 25; LIMC V s. v. Hermes Nr. 681 (G. Siebert); R. Immerwahr, Attic Script. A Survey (1990) 41 f. Nr. 178.

Kni.

23 Kompartiment 10

Flötenspieler beim Symposion

Archaisch, um 550 v. Chr.
Aus Arkadien?, 1979 erworben.
Bronze. Länge: 10,5 cm.
Inv. 1979.1

Mit gerade aufgerichtetem Oberkörper und fast rechtwinklig dazu ausgestreckten Beinen liegt der Flötenspieler auf einem imaginären Speisesofa. Nur unter seinem linken Arm ist die Ecke eines Kissens zu erkennen. Der Musikant ist mit einem Mantel aus schwerem, faltenlosem Stoff bekleidet, der den Unterkörper bedeckt und über die linke Schulter herabfällt. Die Statuette gehörte ursprünglich zusammen mit weiteren, nicht mehr erhaltenen Figuren zum plastischen Schmuck eines archaischen Bronzekessels. Mittels zweier Nägel war sie ehemals auf dem weiten Mündungsrand des Gefäßes befestigt. So wie der Kessel zur Aufnahme des Weins während des Symposions diente, so stand auch sein Bildschmuck mit der Welt des griechischen Gelages in Zusammenhang. Aus verschiedenen Landschaften Griechenlands sind zum Teil sehr ähnliche Bronzestatuetten bekannt geworden. Sie alle sind durch ihre Haltung als Teilnehmer am Symposion charakterisiert. Während allerdings die meisten von ihnen Trinkhörner oder Becher in den Händen halten, spielt der Berliner Zecher mithilfe eines um Kopf und Mund gelegten Lederriemens, der so genannten *phorbeia*, die typische Doppelflöte (*auloi*). Vielleicht ist die Statuette als Darstellung eines musikalischen Wettstreits unter den Symposiasten zu verstehen. Entsprechende Wettbewerbe sind auch literarisch überliefert.

Literatur: Antikenmuseum Berlin 1988, 62 f. Nr. 7; G. Bieg, Hochdorf V. Der Bronzekessel aus dem späthallstattzeitlichen Fürstengrab von Eberdingen-Hochdorf (Kr. Ludwigsburg). Griechische Stabdreifüße und Bronzekessel der archaischen Zeit mit figürlichem Schmuck (2002) 137 Abb. 192; Deuses gregos 2006, 337 Abb. (N. Franken). – Zum kulturellen Hintergrund: A. Schäfer, Unterhaltung beim griechischen Symposion (1997) passim.

Fran.

24

Kompartiment 10

Relief von Chrysapha

Lakonisch, um 540 v. Chr.
Gefunden südlich von Chrysapha bei Sparta (Lakonien); 1884 aus der Sammlung Sabouroff erworben.
Marmor, z. T. rötlich verfärbt. Höhe: 87 cm; Breite: 65 cm; Dicke: 10–13 cm; größte Reliefhöhe: 7 cm.
Sk 731

Auf einem reich verzierten Thron mit Löwenfüßen sitzt ein nach rechts gewandtes Paar. Der Mann, im Vordergrund, hält einen riesigen Kantharos und schaut mit nach vorne gedrehtem Oberkörper zum Betrachter. Die Frau, im Hintergrund, zieht mit ihrer Linken einen Schleier über den Kopf und trägt in ihrer Rechten einen Granatapfel. Hinter dem Thron richtet sich eine große bärtige Schlange auf. Von rechts nähern sich sehr klein dargestellte Verehrer, ein Mann mit einem Hahn und einem Ei und eine Frau mit einer Blüte und einem Granatapfel. Das ohne architektonischen Rahmen gearbeitete Relief wirkt wie aus Holz geschnitzt, die einzelnen Bildebenen wie übereinandergelegte Bretter. Die Proportionen, besonders die des sitzenden Paares mit ihren überlängten Armen sowie die nur geritzt dargestellten Gewandfalten und die unvermittelte Drehung des Mannes aus der strengen Profilansicht heraus machen einen sehr altertümlichen Eindruck.

Das Relief von Chrysapha gehört zu einer ganzen Reihe ähnlicher Reliefs, die von der Mitte des 6. Jahrhunderts v. Chr. bis in hellenistische Zeit datieren. Ein weiteres archaisches Relieffragment aus Magula mit der Darstellung eines Jünglings, der eine Schlange füttert, befindet sich in der Antikensammlung (Sk 732). Die Darstellung des thronenden Paares mit den Adoranten wird später durch die Darstellung eines thronenden Mannes oder einer Frau allein variiert. Die Interpretation dieser Monumente lassen sich in drei Thesen zusammenfassen: 1. Es sind heroisierte Tote oder Ahnen im Sinne von Gentilheroen dargestellt; 2. Es handelt sich um Votivreliefs an die Unterweltsgötter Hades und Persephone (wegen des meist übergroß dargestellten Kantharos wurde auch Dionysos in Betracht gezogen). Oder 3. die Reliefs sind Weihungen an schon im griechischen Kult und in der Mythologie etablierte, in Sparta besonders häufig verehrte Heroen.

Für die letztere Interpretation sprechen die Funde von Votivdepots mit ähnlichen Motiven dekorierter Terrakottaplatten. Eines dieser Depots in Amyklai kann man mit einem bei Pausanias (3, 19, 6) überlieferten Heiligtum für Alexandra verbinden. Die Heroine Alexandra wurde in Sparta mit Kassandra gleichgesetzt und erfuhr zusammen mit Agamemnon kultische Verehrung. Für die erste Interpretation der lakonischen Reliefs als Grabdenkmäler heroisierter Toter spricht die bei dem Relief von Chrysapha überlieferte Fundsituation, die als aufrechtstehend in einem Tumulus aus Steinen beschrieben wird. Ob es sich jedoch bei den Steinanhäufungen tatsächlich um Gräber handelt, konnte bisher nicht durch Grabungen bestätigt werden.

Literatur: Blümel, Archaische Skulpturen 22–25 Nr. 16 Taf. 42–44; Fuchs – Floren, Griechische Plastik 219 f. Taf. 17, 5; A. Stewart, Greek Sculpture (1990) 127 Abb. 181; C. M. Stibbe, Dionysos in Sparta, BABesch 66, 1991, 1–44; G. Salapata, The Lakonian hero reliefs in the light of terracotta plaques, in: O. Palagia – W. Coulson (Hrsg.), Sculpture from Arcadia and Laconia. Proceedings of an international Conference held at the American School of Classical Studies at Athens, April 10–14, 1992 (1993) 189–197; D. Hibler, The hero-reliefs of Lakonia. Changes in form and function, in: ebenda 199–204; J. Larsen, Greek Heroine Cults (1994) 51 f. Abb. 6; C. Stibbe, Das andere Sparta (1996) 225 Taf. 15; Bol, Frühgriechische Plastik 214. 317 Abb. 296 (P. Karanastassis).

Mi.

25 Kompartiment 11

Kopf eines Bärtigen, sogenannter Kopf Sabouroff

3. Viertel des 6. Jhs. v. Chr.
Angeblich aus Athen oder Aigina; 1884 aus der Sammlung Sabouroff erworben.
Marmor. Höhe: 23 cm.
Ehemals angeblich Reste von Bemalung in den Augen und von Stucküberzug in den Haaren nachzuweisen.
Sk 308

Der qualitätvolle Kopf von einer Statue ist sowohl wegen seiner Haar- und Barttracht wie auch seiner technischen Zurichtung auffällig. Das Inkarnat ist sorgfältig ausgearbeitet und geglättet, während die Oberfläche von Haar und Bart mit dem Spitzeisen rauh gepickt ist; vielleicht war hier ein bemalter Gipsüberzug aufgetragen. Das Gesichtsrelief mit den hervorgehoben Wangenknochen ist deutlich ausgeprägt, die Lider der schrägstehenden Augen sind scharfkantig ausgeschnitten und laufen innen in den Tränenkanal aus, die geschwungenen Brauenbeine sind kantig hervorgehoben. Die Grundform des Gesichts ist rechteckig, die vier Ansichtsseiten des Kopfes sind klar voneinander abgegrenzt. Diese artikulierte Modellierung verbindet den Kopf mit attischen Werken, so z. B. der »Berliner Göttin« (Kat. Nr. 83), während er in seiner Zeitstellung jedoch später als diese anzusetzen ist, wie der entspannte Mund und das stärker verschliffene Relief anzeigen.

Die Bearbeitung von Haar und Bart ist zwar merkwürdig, aber es finden sich durchaus Vergleiche in der archaischen Kunst. Dafür, dass dem Kopf eine »Perücke« aus Metall aufgesetzt war, gibt es keinen zwingenden Grund; diese häufiger geäußerte Hypothese würde den ungewöhnlichen Haar- und Bartkontur auch nicht erklären und eher noch mehr Probleme aufwerfen. Normalerweise wurden die Haare im 6. Jahrhundert v. Chr. auch von Männern lang getragen, und der von dem Wangen- und Kinnbart abgesetzte Schnurrbart ist überaus ungewöhnlich. Die Kurzhaarfrisur war anfangs aus praktischen Gründen unter berufsmäßigen Boxern und Ringern verbreitet, und erst gegen Ende des 6. Jahrhunderts v. Chr. setzte sie sich auch in bürgerlichen Bevölkerungsschichten durch. Die außergewöhnliche Erscheinung ließ einige Archäologen an den athenischen Gründerheros Theseus denken, andere sahen hier Anfänge der Porträtdarstellung und identifizierten den Tyrannen Peisistratos; aber für diese Vorschläge gibt es weder Anhaltspunkte, noch liefern sie eine Erklärung der ungewöhnlichen Tracht. Diese konnte entweder auf die Darstellung eines Schwerathleten oder eines Nichtgriechen gedeutet werden. So existiert als nächste ikonographische Parallele ein nur wenig älteres Grabrelief eines Boxers mit kurzem Haupthaar und ausrasiertem Bart aus dem Kerameikos; allerdings ist hier der Dargestellte eindeutig durch den bulligen Kopf und zerschlagene Nase und Ohren als Schwerathlet gekennzeichnet.

Von den Fremdvölkern, mit denen die Griechen im 6. Jahrhundert v. Chr. Kontakt hatten, scheiden ihre nördlichen und östlichen Nachbarn aus, weil diese ebenfalls Vollbärte und lange Haare trugen; allein bei den Darstellungen von Ägyptern in der gleichzeitigen Vasenmalerei ist eine vergleichbare Haartracht nachgewiesen, die auch in etwa ägyptischen Gebräuchen entsprach. Die eigenartige technische Bearbeitung könnte dann als Wiedergabe von kurzem, krausem Haar gedeutet werden, das eventuell noch zusätzlich schwarz gefasst war.

Dass hier auf eine eindeutigere physiognomische Charakterisierung als Boxer oder Ägypter verzichtet wurde, wie sie auf den Vasenbildern häufig anzutreffen ist und auch auf dem Grabrelief dezent durchscheint, könnte damit zusammenhängen, dass solche Merkmale in der archaischen Kunst hauptsächlich in karikierender Absicht verwandt wurden. Sie wären dann in diesem Fall unterdrückt, weil man die Statue als Ehren- oder Grabmal aufstellen wollte.

Literatur: Blümel, Archaische Skulpturen 13 ff. Nr. 6 Abb. 16–19; Fuchs – Floren, Griechische Plastik 261 Taf. 23, 3; E. Walter-Karydi, Die äginetische Bildhauerschule, Alt-Ägina II 2 (1987) 70. 75 Nr. 20 Taf. 19; Th. Schäfer, JdI 111, 1996, 52 ff. – Zum Grabrelief des Boxers: Fuchs – Floren, Griechische Plastik 285 f. Taf. 23, 8; Bol, Frühgriechische Plastik 207. 316 Abb. 285 (P. Karanastassis). – Zur Darstellung von Ägyptern: Th. Schattner, JdI 110, 1995, 77 ff. Hof.

26 Kompartiment 11

Amphora des Töpfers und Vasenmalers Exekias

Attisch, um 540 v. Chr.
Aus Vulci. 1831 erworben.
Ton. Höhe: 40,5 cm.
F 1720

»Exekias bemalte und machte mich« – so lesen wir auf dem Rand dieser Halsamphora. Wie die archaischen Weihgeschenke spricht hier die Vase direkt zum Betrachter. Nur wenige Kunstwerke waren in der Antike ›signiert‹; am ehesten noch die Tongefäße, deren Maler jedoch oft nicht mit den Töpfern identisch waren. Der attische Künstler Exekias, der in der zweiten Hälfte des 6. Jahrhunderts v. Chr. in Athen tätig war, ist besonders durch seine minutiösen detailreichen schwarzfigurigen Malereien bekannt geworden (s. auch Kat. Nr. 27), jedoch nur zwei der von ihm verfertigten Gefäße tragen seine Signatur als Maler und Töpfer – unsere Halsamphora und eine Bauchamphora im Vatikan.

Auf den beiden Seiten der Vase sind in der Bauchzone, umrahmt von Lotosblüten- und Lotosknospenketten oben und unten sowie von Voluten und Palmetten unter den Henkeln, zwei gleichwertige Darstellungen aufgemalt, d. h. es wurde nicht zwischen Vorder- und Rückseite unterschieden, wie es später seit der Mitte des 5. Jahrhunderts v. Chr. zu beobachten ist.

Die eine Seite zeigt den Kampf des Herakles gegen den nemeischen Löwen, eine der berühmten zwölf Taten, die dem Helden vom König Eurystheus auferlegt worden waren. Auf der anderen Seite sind zwei Krieger zu sehen, die ihre Rosse nach rechts führen. Die Beischriften weisen sie als die Theseussöhne Demophon (rechts) und Akamas (links dahinter) aus. Auch ihre Pferde sind namentlich gekennzeichnet: Demophon führt Kalliphora, und Akamas hat Phalios am Zügel. Detailliert durch Ritzlinien sowie aufgesetzte rote und weiße Farben sind die Rüstungen und die Chitone der Männer, Zaumzeug, Mähnen und Schweife der Pferde wiedergegeben. Zwischen den beiden Rossen verläuft senkrecht eine sogenannte Lieblingsinschrift: *Onetorides kalos* (Onetorides ist schön).

Lieblingsinschriften sind auf vielen athenischen Vasen des 6. und 5. Jahrhunderts v. Chr. zu finden. Die Jünglings-, seltener Mädchennamen mit dem Zusatz *kalos* bezeichneten nicht nur die Stadtschönheiten, sondern sind auch als eine Art politischer Reklame aufzufassen. Oft beschränken sich die Beischriften auf die neutrale Formel »Der Knabe ist schön« oder einfach »schön«. Durch die Anbringung der Lieblingsinschrift erhält das Bild auf der Kriegerseite ein besonderes Gewicht. Interessant ist, dass auf den beiden Vasenbildern quasi eine Gegenüberstellung erfolgt: Auf der einen Seite agiert der Held der Peloponnes, Herakles, und auf der anderen Seite sind die Söhne des athenischen Nationalhelden Theseus präsent. Die Theseiden erscheinen hier das erste Mal in der athenischen Kunst. Dargestellt ist der Moment ihres Auszugs zur Teilnahme am Kampf um Troja. Dass an der Seite berühmter Heroen auch einheimische Helden an dem mythischen Trojanischen Krieg teilgenommen hatten, stellte die Polis Athen in eine Reihe mit den traditionsbewussten peloponnesischen Stadtstaaten. So nimmt es nicht wunder, dass die Theseussöhne als starke Individuen und Träger nachahmenswerter Eigenschaften zu einem Symbol für das gewachsene Selbstbewusstsein der athenischen Aristokratie wurden.

Literatur: Beazley, ABV 143 Nr. 1; Beazley, Para. 59; K. Stähler, ÖJh 49, 1968–71, 79 ff. Abb. 1–4; U. Kron, Die zehn attischen Phylenheroen, AM Beih. 5 (1976) 148 f. 269 Nr. Ak 2 Taf. 19, 2; Antikensammlung Bd. 3, 67 ff.; LIMC I s. v. Akamas et Demophon Nr. 2 (U. Kron); M. Moore, The Amasis Painter and Exekias. Approaches to Narrative, in: A. Belloli (Hrsg.), Papers on the Amasis Painter and his World, Colloquium Malibu/Californien 1987,156 ff. Abb. 5; Beazley Add.[2], 39; LIMC V s. v. Herakles Nr. 1792 (W. Felten). U. Kä.

27 Kompartiment 11

Zierplatte aus dem Fries eines Grabmals

Attisch, um 530 v. Chr.; dem Maler Exekias zugeschrieben.
1872 in Athen gefunden. 1875 erworben.
Ton. Höhe: 37 cm; Breite: 43 cm.
F 1813

Die Platte gehört zu einer Serie von mindestens fünfzehn, zum Teil sehr fragmentarisch erhaltenen Tontafeln, die wegen ihrer sepulkralen Thematik nur zum Fries eines Grabmals gehört haben können. Auf ihnen dargestellt ist das Totenritual in seinem ganzen feierlichen Aufwand: wir sehen die Klage um die aufgebahrte Verstorbene, das

Maultiergespann, womit der Sarg dann zum Grab hinaus transportiert werden wird, dazu eine ganze Prozession von Angehörigen und Freunden zu Wagen, zu Pferd und zu Fuß. All dies gehört zum öffentlichen Zeremoniell der Totenfeier, die durch strenge Normen geregelt war und stets nach dem gleichen Muster abgehalten wurde.

Die hier abgebildete Platte zeigt als einzige eine Szene, die nicht zum öffentlichen Ritual gehört und die im Inneren des Hauses, im privaten Bereich, spielt. Im Vordergrund sitzen fünf Frauen, wohl enge Verwandte; die mittlere hat in einer Gebärde tiefer Trauer das Kinn auf die Hand gestützt und den Mantel über den Kopf gezogen: es dürfte sich um die Mutter der Verstorbenen handeln. Im Hintergrund stehen weitere drei Frauen, die mit einem Kind beschäftigt sind: die mittlere hebt es behutsam aus dem Arm der rechten, während die linke einen Mantel bereithält, um es darin einzuhüllen. Die Kunst dieser Zeit verfügt noch über keine besondere Darstellungsform für Kinder, sie zeigt sie immer wie Erwachsene *en miniature*. In unserem Fall legen die extreme Kleinheit der Figur und die Sorgfalt, mit der sie von den drei Frauen behandelt wird, den Gedanken nahe, dass ein Neugeborenes gemeint ist: aller Wahrscheinlichkeit nach um das Kind der Verstorbenen. Charakteristisch dafür ist auch, dass es nicht einer einzigen Frau zugeordnet wird; es hat seine Mutter verloren und wird nun von mehreren Pflegerinnen betreut. Das Fehlen von weißer Deckfarbe als Inkarnat lässt außerdem darauf schließen, dass es sich bei dem Kind um einen Jungen handelt.

Die Tontafeln sind nicht signiert, lassen sich stilistisch aber eindeutig der Hand des Exekias zuweisen. Diesen kennen wir von zahlreichen, zum Teil namentlich signierten Vasen (vgl. Kat. Nr. 26): Es handelt sich um die bedeutendste Künstlerpersönlichkeit unter den Malern und Töpfern, die im dritten Viertel des 6. Jahrhunderts v. Chr. im Athener Kerameikos tätig gewesen sind.

Literatur: Beazley, ABV 146 Nr. 22 f.; J. D. Beazley, The Development of Attic Black-Figure (1986[2]) 67 Taf. 76; Beazley Add.[2], 41; Antikenmuseum Berlin 1988, 87; H. Mommsen, Exekias I. Die Grabtafeln (1997); 66 Meisterwerke 2005, 88 f. (U. Kästner). Giul.

28 Kompartiment 12

Weingefäß (Amphora) des Töpfers Andokides

Attisch, um 530–525 v. Chr.
Aus Vulci/Etrurien; 1841 erworben.
Ton. Höhe mit Deckel: 66,7 cm.
Vollständig, im Boden ein Loch (neuzeitlich?).
F 2159; der zugehörige Deckel Leihgabe des British Museum.

Seit der hocharchaischen Zeit der ersten Hälfte des 6. Jahrhunderts v. Chr. waren im reichen Angebot attischer Töpfer große Wein- und Wassergefäße beliebt, bei denen ein oder zwei Bildfelder mit tonrotem Hintergrund auf den ganz schwarzen Vasenkörpern wie Tafeln hervortraten. Den festen Sitz dieser Bilder auf dem Vasenkörper halfen dann ebenfalls rotgrundige Henkel- und Bodenstreifen noch festzulegen. Die schwarz angelegten Figuren agierten wie Schattenrisse auf der roten Bildfläche, allerdings in der eigenen archaischen Körperdarstellung mit eingeritzten Linien und aufgelegten Farben (vgl. Kat. Nr. 26). Durch die Erfindung der rotfigurigen Vasenmalerei – wohl in der Werkstatt des Töpfers Andokides, mit dessen Namen auch das hier gezeigte Gefäß am Fuß bezeichnet ist – wurde das Verhältnis von Bildfeld und Vase ein anderes: jetzt ist der Bildhintergrund dem dunklen Vasenkörper gleich, und die hell ausgesparten Figuren haben einen unmittelbaren Kontakt damit. Die rotgrundigen Rahmenleisten des Bildes korrespondieren mit den Henkel- und Bodenstreifen, und durchlaufende Linien um Bauch und Hals des Gefäßes ordnen den Gesamtaufbau. Dieses ganze System konnte später auch wegfallen (vgl. Kat. Nr. 32), da die Verbindung von Figur und Bildträger die denkbar engste geworden ist: Die ausgesparten tonroten Figuren verweisen auf die Materie, aus der das Gefäß gearbeitet ist, der Hintergrund der Figuren entspricht der ausladenden Oberfläche der Vase. In Bezug auf einen Tiefenraum liegt darin kein Gewinn, aber die Figur, die in ihrer Binnenzeichnung nicht mehr geritzt, sondern mit verschiedenen Pinseln angelegt wurde, ist frei für eine neue Körpergestaltung. In der Werkstatt des Andokides ist die neue rotfigurige Malweise öfters auf einem und demselben Gefäß der alten schwarzfigurigen gegenübergestellt worden. Hier hat die rotfigurige Technik bereits auf beiden Seiten Verwendung gefunden, auf der einen mit einer Szene aus der Ringschule. Vorne sind Herakles und Apoll im Streit um den Orakeldreifuß in Delphi zu sehen, den Herakles zu entführen versucht, da man ihm das Orakel verweigert hat. Athena steht in Waffen bei ihrem Schützling Herakles, Artemis bei ihrem Bruder Apoll, der Oberhand behalten wird.

Literatur: Beazley, ARV^2, 3 Nr. 1; Beazley, Para. 320; Antikenmuseum Berlin 1988, 101 Nr. 7 ,2, 1; Beazley Add.^{2}, 149.

Hlm.

29 Kompartiment 13

Weinmischkessel (Kelchkrater) des Athener Vasenmalers Euphronios

Attisch, um 515 v. Chr.
Aus Capua/Süditalien; 1878 erworben.
Ton. Höhe: 34,8 cm; Gesamtdurchmesser: 44,6 cm.
Aus vielen Stücken zusammengesetzt und ergänzt, schon in der Antike gebrochen und geflickt.
F 2180

»Wie niemals Euphronios« (und man muss ergänzen: »gemalt hat«), schrieb der Athener Vasenmaler Euthymides kurz vor 500 v. Chr. auf eines seiner Prachtgefäße und meinte damit einen anscheinend etwas jüngeren Konkurrenten, der zur selben Zeit malte und später als Töpfer tätig war; jener durchlief also (wenn wir recht sehen) eine beneidenswerte Karriere vom Arbeiter zum Werkstattbesitzer. Allerdings steht seine Malerei der des Euthymides, was etwa Erfindungsreichtum und Körpergestaltung angeht, auch keinesfalls nach. Auf dem Berliner Mischgefäß sind weder Töpfer noch Maler genannt, doch hat man die großen Figurenszenen am weitausladenden Hals sicher mit signierten Werken des Euphronios verbinden können. Dargestellt sind sechs junge Athener Epheben mit Aufseher und kleinen Buben in Randszenen ihrer sportlichen Übungen, alle durch Beischriften namentlich zu identifizieren. Einer von ihnen, Leagros, der wie auf vielen anderen Vasen noch eigens als schön (*kalos*) herausgehoben wird, ist auch in der griechischen Geschichtsschreibung überliefert: Er ist mehr als 40 Jahre später als Heerführer in Nord-Griechenland gewesen, vielleicht dort sogar gefallen. Hier ist er mit den Gleichaltrigen eingefügt in ein merkwürdig komponiertes Bildband von zugleich still konzentrierten wie ausgreifend gespreizten Körperbewegungen. Bezeichnend eine Szene wie die ganz links: Der junge Mann (Hippomedon) steht eigentlich nach links hinten gewendet mit angewinkeltem linkem Fuß, den ihm der rechts hinter ihm gebückte Bub (Tranion) massiert; er stützt sich am äußersten linken Bildrand auf einen hohen Knotenstock und dreht sich doch zugleich im Oberkörper völlig herum – man sieht seine Schulterblätter und den Kopf im rechten Profil – um sich mit seiner Rechten am Kopf des Tranion festzuhalten. Am Ölgießer neben ihnen (Hegesias) sind Vorzeichnungen zu erkennen, die zur Fertigung der rot ausgesparten Figuren beziehungsweise zur Anlage des dunklen Hintergrundes

nötig waren. Es ist leicht zu ermessen, welche Meisterschaft der Tonzeichnung vonnöten war, die Ranken mit den jeweils fünf Palmetten auf dem Gefäßkörper unter den Bildfeldern sowie zwischen den Bildseiten über den Henkeln auszubreiten.

Literatur: Beazley, ARV², 13 Nr. 1; Beazley, Para. 321 f.; Antikenmuseum Berlin 1988, 101 Nr. 7, 2, 2; Beazley Add.², 152; D. von Bothmer in: L. Giuliani – W.-D. Heilmeyer (Hrsg.), Euphronios, der Maler. Ausstellungskatalog Berlin 1991, 61 ff. Nr. 1; vgl. ebenda S. 46; I. Wehgartner (Hrsg.), Euphronios und seine Zeit. Kolloquium Berlin 19./20. April 1991 (1992); 66 Meisterwerke 2005, 91 (U. Kästner). Hlm.

Statue eines Athleten, sogenannter Berliner Athlet

Römische Kopie nach griechischer Bronzestatue der Zeit um 320–310 v. Chr.
In Rom erworben für Friedrich II.
Marmor. Höhe: 175,5 cm.
Sk 471

Die Statue wurde in Rom von dem Bildhauer Bartolomeo Cavaceppi gekauft, der mehrere fehlende Teile, vor allem Unterarme und Basis, ergänzt und die Oberfläche überarbeitet hatte. Dabei wurden wohl auch die Schamhaare abgearbeitet, an deren Stelle ein kleines Stiftloch zur Anbringung eines Feigenblattes diente. Mit den Ergänzungen von Cavaceppi stand die Statue im Halbrund vor dem Neuen Palais in Potsdam. Für die Aufstellung im 1830 eröffneten Museum am Lustgarten sind die meisten Ergänzungen in der Werkstatt von Christian Daniel Rauch erneuert worden: die Basis, der kunstvolle Flickenkranz, der die Fehlstellen an der Bruchfläche zwischen Hals und Rumpf schließt, und der linke Unterarm. Dem Motiv der Hände wurde nach antiken Vorbildern ein passender Sinn gegeben: Der Athlet hielt ein Salbfläschchen in der rechten Hand, die linke wurde nach oben geöffnet ergänzt, als wolle sie das Öl aufnehmen. Bei der Restaurierung der Statue im Jahr 1997 wurde nur die ältere Ergänzung des rechten Armes wieder angefügt, die dem Original in der Haltung nahekommen dürfte. Möglich ist auch, dass das Original eine Ehrenstatue für einen Sieger im Faustkampf war und daher Faustriemen zu ergänzen sind.

Nach dem stilistischen Gesamteindruck wurde die Statue immer verbunden mit dem Werk des berühmten Bildhauers Lysipp von Sikyon. Wie viele Bildhauer vor ihm setzte er sich besonders mit dem Werk des Polyklet auseinander (vgl. Kat. Nr. 108). Im Bericht Plinius' des Älteren (nat. hist. 34, 65) wird das Neue in seinem Werk dargestellt: »Für die Bildhauerkunst soll er am meisten dadurch beigetragen haben, dass er das Haar naturgetreu darstellte, die Köpfe kleiner machte, als es die Alten taten, die Körper zierlicher und schlanker, wodurch die Höhe der Bildwerke größer erschien. Es gibt im Lateinischen kein Wort für Symmetrie; diese beachtete er sehr sorgfältig, indem er durch ein neues und noch nicht versuchtes Verfahren die untersetzten Gestalten der Alten veränderte und gewöhnlich sagte, die von jenen geschaffenen Bildwerke zeigten die Menschen wie sie sind, die von ihm geschaffenen (aber), wie sie zu sein erscheinen.« (Übersetzung R. König)

Der kleine Kopf der Athletenstatue und die hohen schlanken Beine entsprechen den Statuen des Lysipp ebenso wie das schwungvolle Standmotiv: das Spielbein ist nach vorn gewinkelt und mit voll aufgesetzter Fußsohle weit zur Seite gestellt und der Kopf in die Richtung des Spielbeins gewandt. Die Arme lösen sich frei vom Körper; die vorgestreckten Unterarme erweiterten den Bewegungsraum der Statue. Mit der Erweiterung des Aktionsraumes der Bildwerke wurde Lysipp zum Wegbereiter der hellenistischen Plastik. Wenn die Statue nicht sein Werk war, so ist sie sicher unter seinem Einfluss entstanden.

Literatur: Blümel, Kopien des 4. Jhs., 21 Nr. K 233 Taf. 45–46; S. Howard, Bartolomeo Cavaceppi. Eighteenth-Century Restorer (1982) 129; P. Moreno u. a. (Hrsg.), Lisippo. L'Arte e la Fortuna. Ausstellungskatalog Rom 1995, Nr. 4, 34, 1–3; M. Cadario in: A. La Regina (Hrsg.), »Nike«. Il gioco e la Vittoria. Ausstellungskatalog Rom 2003/2004, 230 zu Nr. 43. – Zur Restaurierung s. H. Heres – W. Maßmann, JbBerlMus 41, 1999, 267 ff. Abb. 1–13.

Her.

31

Kompartiment 14

Statue des Betenden Knaben

Um 300 v. Chr.
Aus Rhodos; 1747 erworben.
Zinnbronze. Höhe: 128 cm.
Ergänzt sind die Plinthe, die Arme sowie einige Zehen.
Sk 2

Die Bronzestatue des Betenden Knaben hat eine bewegte Vergangenheit hinter sich. Das Werk wurde in Rhodos beim Bau der Stadtmauern gefunden und gelangte 1503 nach Venedig, wo es von den Kunstinteressierten begeistert aufgenommen wurde. Später bildete die Statue den Glanzpunkt verschiedener Sammlungen, gehörte Mario Bevilacqua in Verona, den Gonzaga in Mantua und war kurze Zeit im Besitz von Karl I. von England. Foucquet, der Finanzminister von Ludwig XIV., ließ die Arme ergänzen und stellte sie in seinem Schloss Vaux-le-Vicomte auf. Weitere prominente Besitzer waren Prinz Eugen und Wenzel von Liechtenstein, der den Knaben schließlich an Friedrich II. verkaufte. Die Aufstellung des Knaben auf der Terrasse von

Schloss Sanssouci in der Blickrichtung der Bibliothek und nahe dem Ort, den sich Friedrich II. als Grabstätte gewählt hatte, wurde in der folgenden Zeit die bekannteste.

Im Jahre 1806 gehörte die Statue zu der Kriegsbeute Napoleons und zählte bei der Ausstellung im Musee Napoleon in Paris zu den wichtigsten Werken. Damit endete gleichzeitig die Wanderung durch private Sammlungen. Zurück in Berlin stand der Knabe im Alten Museum und empfing wie heute die aus der Rotunde im Zentrum des Gebäudes eintretenden Besucher. Die neuzeitliche Wanderungsgeschichte hat am Kunstwerk deutliche Spuren hinterlassen. Jede Epoche hat Reparaturen und Ergänzungen vorgenommen, so wurde der vordere Teil des linken Fußes neu angesetzt und dazu die zweite und dritte Zehe aus Messing ergänzt. Eine große Veränderung des Aussehens erbrachte auch die grobe Reinigung der Oberfläche, bei der die Patina mechanisch abgesprengt wurde. Auf diese Weise sind viele kleine Poren zu sehen, die in der Antike unter der Oberfläche verborgen waren.

Die Interpretation als Betender ist natürlich untrennbar mit den ergänzten Armen verbunden. Zuerst dachte man wegen der weichen Körperformen an den jugendlichen Gott Apoll. Auch die erotische Ausstrahlung hat man erkannt und in dem Knaben Ganymed sehen wollen, den Zeus wegen seiner Schönheit zu sich in den Olymp entführen ließ. Keine der Deutungen hat sich beweisen lassen, alle bleiben letztlich unbefriedigend, auch die des Betenden, die wohl die längste Zeit gültig war. Mit Wahrscheinlichkeit war die Figur nur Teil einer größeren Gruppe.

Ausführliche Untersuchungen zur Herstellungstechnik haben in jüngster Zeit erwiesen, dass der Knabe im frühen Hellenismus in Rhodos gegossen wurde. Den Künstler wird man weiterhin im Umfeld des großen Meisters Lysipp suchen müssen. Enge stilistische Verwandtschaft mit einer Büste in Neapel lassen daran denken, dass der Knabe von einem Enkelschüler des Lysipp, Teisikrates, um 300 v. Chr. geschaffen wurde.

Literatur: A. Conze, Der betende Knabe in den königlichen Museen zu Berlin, JdI 1, 1886, 1–13; R. Kabus-Preißhofen, Der ›betende Knabe‹ in Berlin, AA 1988, 679–699; G. Zimmer – N. Hackländer (Hrsg.), Der Betende Knabe – Original und Experiment (1997). Zim.

32 Kompartiment 15

Großes Weingefäß (Amphora) des sogenannten Berliner Malers

Attisch, um 490 v. Chr.
Aus Vulci/Etrurien; 1834 erworben.
Ton. Höhe mit Deckel: 81,5 cm.
Gesicht des Satyrn und des Rehs ergänzt; im Boden ein Loch (neuzeitlich?); der Deckel zugehörig.
F 2160

Diese Vase ist ein in jeder Hinsicht auffallendes Beispiel der griechischen Keramik des frühen 5. Jahrhunderts v. Chr. Auffallend ist zunächst das sorgfältig konstruierte Gefäß mit seinen außerordentlich wohldurchdachten Proportionen: die weiteste Ausladung (41 cm) liegt etwa dort, wo mit dem gleichen Maß die Hälfte der Gesamthöhe erreicht ist; die Fußausladung entspricht der engsten Halseinziehung (beide im Durchmesser 23 cm), ein Maß, das auch in der Höhe der Bildstandlinie über dem Boden (23 cm) oder im Ansatz der Henkel über dem Boden (46 cm) wiederkehrt. Von den Schwierigkeiten des Brandes eines so großen Gefäßes sprechen Fehlstellen auf der Rückseite.

Auffallend sind aber auch Figurenmalerei und Dekor des Gefäßes, worin man seit 1910 die Handschrift eines der bedeutendsten griechischen Vasenmaler des Übergangs von der archaischen zur klassischen Kunst wiedererkannt hat: man hat ihn nach dieser Vase schließlich den Berliner Maler genannt. Der ornamentale Schmuck der Vase ist auf wenige Streifen am Fuß, am Hals und an den Henkeln beschränkt. Die zusammenhängenden Bilder auf den beiden Seiten sind nicht gerahmt (wie bei Kat. Nr. 28), sondern die Figuren stehen mit schmalen Standstreifen, auf denen sich Spiralmotive breiten, frei im schwarzen Grund. Satyrn sind es, Waldmenschen mit Pferdeschwanz und Pferdeohren, dem Wein mehr zugeneigt als der ihnen hier vielleicht nicht zufällig zugewiesenen Musik. Der eine auf der Rückseite der Vase versucht sich mit Trinkgefäß und Musikinstrument zugleich. Der andere auf der Vorderseite, der in feiner rückläufiger Beischrift als Oreimachos bezeichnet ist, trägt nur die Leier (ein Barbiton) und zögernd weit entfernt das darangebundene Plektron zum Schlagen der Saiten. Statt seiner hat der eilige Gott Hermes mit Flügeln an Schuhen und Kappe den Weinkrug und – zusammen mit seinem Botenstab in der vorgestreckten Linken – das Trinkgefäß übernommen. Ein aufblickendes Reh zwischen

den beiden deutet die Waldgegend an, durch welche der Zug sich bewegt.

Dem Berliner Maler sind heute ungefähr 300 Gefäße oder Gefäßfragmente zugeschrieben, die er niemals mit seinem Namen gekennzeichnet hat. Doch fügt sich seine Handschrift in einen bekannten Werkstättenkreis ein, man kennt auch mehrere Schüler des Meisters. Es waren Athener Werkstätten von Familiengröße, in denen die hervorragende Qualität von Vase, Vasenform, Dekor und Bild am Übergang zur Klassik für einen weiten Absatz bürgte – unbekannt ist, welche Interessen man im fernen Etrurien, wo die Vase gefunden wurde, damit verband.

Literatur: Beazley, ARV[2], 196 Nr. 1; Beazley, Para. 342; ders., The Berlin Painter (1930, 1974[2]) I Nr. I Taf. I ff.; Antikenmuseum Berlin 1988, 125 Nr. 9, 2, 1; Beazley Add.[2], 190. Hlm.

33 Kompartiment 15

Votivstatuette: Zeus als Blitzschleuderer

Um 470–460 v. Chr.
Aus Dodona. Erworben 1904.
Bronze. Höhe: 13,5 cm.
Misc. 10561

Diese Statuette des Zeus zählt zu den schönsten Bildern des Gottes in frühklassischer Zeit. Der Gott ist nackt und in energischer Vorwärtsbewegung dargestellt. Im Vollzug seines göttlichen Willens schleudert er mit erhobenem Arm das Blitzbündel. Die plastische Bildung seines Körpers und die weit in die Fläche vorstoßende, überaus konzentrierte Bewegung zeigen Macht und Würde dieses Gottes. Meisterhaft sind die Proportionen des Körpers gebildet. Die gestreckten, schwellenden Muskelpartien unter der gleichmäßigen glänzenden Patina sind mit außerordentlichem Können durchgestaltet. Das Gesicht mit der geraden Nase, den großen Augen und den schmalen Lippen hat einen ernst entschlossenen Ausdruck. Es ist gerahmt vom Bart und dem dichten Haarkranz über der Stirn. Mit dem Gravierstichel sind die Haare in feinsten Linien angegeben, in gleicher minutiöser Arbeit sind die Finger- und Zehenglieder mit den Nägeln und über dem männlichen Glied auch die Schamhaare hervorgehoben. Das Motiv dieser großartigen Haltung findet sich in der berühmten überlebensgroßen Statue des Gottes aus dem Meer beim Kap Artemision – heute im Nationalmuseum in Athen – wieder. Es ist ein altes Motiv, das in beiden Werken, dem großen Bild des Gottes aus dem Meer und dieser kleinen Statuette seine vollendetste Ausbildung erfahren hat.

Unsere Statuette wurde im Heiligtum des Zeus in Dodona gefunden. Dodona liegt in Epirus, in Nordwestgriechenland, und ist neben Olympia eines der ältesten Heiligtümer des Zeus. Sie war dort als Votivgabe dem Gott dargebracht und aufgestellt. Wie die Lötspuren unter den Füßen der Statuette beweisen, war sie auf einer Basis aufgelötet. Ein frommer Pilger mag sie auf einer beschwerlichen Reise über Land aus der Peloponnes, vielleicht aus Korinth, nach Dodona gebracht haben, oder sie gelangte auf dem Handelsweg über eine der korinthischen Siedlungen an der Küste des ionischen Meeres in das Heiligtum. Die Statuette könnte aber auch in Epirus selbst hergestellt worden sein; Werkstätten von Bronzestatuetten werden auch in Ambrakia vermutet. Die Stadt wurde im 7. Jahrhundert v. Chr. von Gorgos aus Korinth, dem Sohn des mächtigen korinthischen Tyrannen Kypselos gegründet und war Ausgangspunkt einer Handelsstraße entlang dem Fluss Oropos nach Norden, nach Dodona. Die in Ambrakia lokalisierten Werkstätten sind ausgezeichnet durch ihren Stil, ihre plastische Qualität und eine auffallend gute Gusstechnik.

Literatur: Neugebauer, Klassische und hellenistische Bronzen 3 ff. Nr. 3 Taf. 2. 3. 13,3; E. Walter-Karydi, JbBerlMus 23, 1981, 21 Nr. 45 Abb. 38. 43; Antikenmuseum Berlin 1988, 123 Nr. 9, 1, 1. Gehr.

34

Kompartiment 15

Trinkschale. Namensgebendes Werk des Erzgießerei-Malers

Attisch, 490–480 v. Chr.
Aus Vulci; 1837 erworben.
Ton. Durchmesser: 30,5 cm.
F 2294

Das Innenbild dieser Schale schmückt ein Motiv aus dem trojanischen Krieg: Der Schmiedegott Hephaist übergibt an Thetis, die Mutter des Achill, die kunstvoll gefertigte Rüstung. Mit ihr gewappnet wird der griechische Held wieder in den Kampf eingreifen und den Tod seines Freundes Patroklos an Hektor rächen. Ein Amboss neben der Göttin zitiert das Werkstattambiente des Handwerkergottes.

Während das Innenbild im Bereich der Götter spielt und trotz des Motives nicht ungewöhnlich ist, geben die Außenseiten der Schale den Blick in eine Werkstatt frei, in der Bronzestatuen hergestellt werden. Auf der einen Seite steht in einem hohen Holzgerüst die überlebensgroße Statue eines Kriegers in Angriffsstellung. Mit dem Rundschild schützt er den Körper, während die rechte Hand die Lanze zum Stoß erhoben hat. Die Wangenklappen des Helmes sind ganz gegen den Brauch nach oben geklappt, ein Kunstgriff des Bildhauers, um das Gesicht besser zur Geltung zu bringen. Die Statue ist noch nicht ganz fertig. Zwei Arbeiter, der eine mit der charakteristischen Lederkappe des Schmiedes, glätten die Oberfläche mit Schabeisen.

Eine zweite Statue, wohl die eines Wettkämpfers mit erhobenen Armen liegt auf einem Montagebett aus Sand oder Ton. Ein Gehilfe hat sie am Arm gefasst und führt gerade mit dem Hammer einen vorsichtigen Schlag in Richtung auf die rechte Hand. Eine Linie am Handgelenk zeigt, dass die Verbindung der einzeln gegossenen Teile noch nicht endgültig ist. Der Kopf der Statue ist ebenfalls noch nicht montiert, sondern liegt zwischen den Beinen des Arbeiters am Boden.

Eine dritte Gruppe von Handwerkern macht sich an einem Ofen mit hoch gebautem Abzug zu schaffen. Ein junger Mann hinter dem Ofen facht das Feuer mit einem Blasebalg an. Vermutlich wird in dem Feuer gerade das Lot erhitzt, mit dem die Teile der liegenden Statue verbunden werden sollen.

Werkstätten dieser Art befanden sich in Athen auch im Töpferviertel, dem Kerameikos. Die Vasenmaler kannten die Arbeitsvorgänge also aus eigener Anschauung. Trotzdem sind manche Dinge wie z. B. der Ofen durch malerische Konventionen bedingt. Auch gesellschaftliche Sehweisen lassen sich in Details nachweisen. Wenn der Arbeiter am Ofen so sitzt, dass sein Geschlecht zu sehen ist, so ist dies eine Haltung, die als unanständig galt und nur bei der Darstellung von Sklaven und Satyrn benutzt wurde.

Zwei Männer, die auf einen Stab gestützt kommentierend das Geschehen betrachten, heben sich von den Arbeitern ab. Es handelt sich wohl nicht um die Besitzer der Werkstatt, sondern einfach um Athener Bürger, die auf dem Weg in die Palästra in der Werkstatt haltgemacht haben. Darauf weisen jedenfalls die aufgehängten Sportgeräte hin, nämlich Ölfläschchen und eine Strigilis, mit der man sich nach dem Ringkampf den mit Öl vermischten Sand von der Haut abkratzen konnte.

Literatur: Beazley, ARV², 400 Nr. 1; Beazley, Para. 370; C. C. Mattusch, The Berlin Foundry Cup, AJA 84, 1980, 435–445; G. Zimmer, Antike Werkstattbilder (1982) 8. 15 f.; Antikenmuseum Berlin 1988, 127 Nr. 9, 3, 3; Beazley Add.², 230; C. C. Mattusch (Hrsg.), The Fire of Hephaistos. Ausstellungskatalog Cambridge/Massachusetts 1996, 182 ff.; H. Pflug, Paides Hephaistou. Die Bilder der Erzgießerei-Schale – anders gesehen, in: A. Dostert – F. Lang (Hrsg.), Mittel und Wege – Zur Bedeutung von Material und Technik in der Archäologie (2006) 183–218.

Zim.

F2294

35 Kompartiment 16

Trinkschale des Töpfers Sosias

Attisch, um 500 v. Chr.
Gefunden 1828 in Vulci, Nekropole von Campo Scala, 1831 erworben.
Ton. Höhe: 10 cm; Durchmesser: 32 cm; Durchmesser des Innenbildes: 18 cm.
F 2278

Wenn der Zecher die Schale beim abendlichen Trinkgelage geleert hatte, tauchte auf ihrem Grund eine besonders kunstvolle Zeichnung auf. Sie zeigt eine Episode aus dem Trojanischen Krieg, denn die beiden Personen sind durch Namensbeischriften identifiziert: Achilleus versorgt seinen Freund Patroklos, den ein Pfeil am linken Arm verwundet hat. Dieser wendet seinen Kopf mit schmerzverzerrter Miene ab, während ihm sein als jünger charakterisierter Freund den Verband anlegt. Achill ist mit Helm und Panzer gerüstet. Umso mehr fällt dagegen die Schutzlosigkeit des Patroklos auf. Er trägt nur die Kappe, die den Metallhelm abpolstert. Die Schulterklappen seines Panzers sind geöffnet, und die Sitzhaltung auf seinem Schild, die den Blick auf sein Geschlecht freigibt, versinnbildlicht seine Verwundbarkeit an der empfindlichsten Stelle, an der er später tatsächlich von Hektor tödlich getroffen wurde. Somit weist die Szene mit dieser eigentlich harmlosen Verwundung voraus auf den Tod des Patroklos und schließlich auf das Ende von Achilleus selbst, der trotz einer warnenden Weissagung in den Kampf eingriff, um den Tod des Freundes zu rächen. So ereilte auch ihn das tragische Schicksal eines frühen Todes.

Einer jüngst ausgesprochenen Deutung zufolge spielt die Darstellung auch auf das homoerotische Verhältnis zwischen den beiden Helden an und bot somit ein weiteres Identifikationsmuster für die Nutzer des Gefäßes: In der athenischen Gesellschaft spätarchaischer Zeit – und somit in der Sphäre des Symposions – war die Beziehung zwischen älterem Liebhaber (*erastes*) und jüngerem Geliebten (*eromenos*) ein weitverbreitetes Phänomen.

Auf der Außenseite der Schale wird die Welt der Götter im Olymp geschildert: Sie haben sich um das Herrscherpaar Zeus und Hera versammelt und gießen zum Zeichen ihrer Göttlichkeit aus reichverzierten Opferschalen Weinspenden auf den Boden. In diese geschlossene Gesellschaft – die Sitzenden nehmen von den Ankommenden keine Notiz – wird Herakles von seinen Halbgeschwistern Hermes, Apollon und Athena eingeführt. Als Belohnung nach mühevollem Leben und qualvollem Sterben wird er als Sohn des Zeus unter die Götter aufgenommen.

Beide Darstellungen eigneten sich deshalb vorzüglich für eine Grabbeigabe. So verwundert es nicht, dass die Schale im etruskischen Vulci in einem Grab gefunden wurde. Hergestellt wurde sie jedoch in Athen, und der Töpfer Sosias hat sie auf dem Fuß voller Stolz signiert. Den antiken Namen des genialen Schalenmalers, der hier mit dem Töpfer zusammenarbeitete, kennen wir dagegen nicht. Er erhielt deshalb nach diesem Berliner Stück unter Archäologen den Rufnamen Sosias-Maler.

Literatur: Beazley, ARV², 21 Nr. 1; CVA Berlin (2) Taf. 49–51; N. Himmelmann-Wildschütz, MarbWPr 1960, 41–48; I. Wehgartner in: L. Giuliani – W.-D. Heilmeyer (Hrsg.), Euphronios der Maler. Ausstellungskatalog Berlin 1991, 244–249 Nr. 59; Antikensammlung 1998, 62 f. (mit weiterer Literatur) (M. Miller); K. Junker, Pseudo-Homerica. Kunst und Epos im spätarchaischen Athen, 141. BWPr 2003, 2–8; ders., Griechische Mythenbilder. Eine Einführung in ihre Interpretation (2005) 13–23; A. Schäfer, Achill und Chiron. Ein mythologisches Paradigma zur Unterweisung der männlichen Jugend Athens, in: Winckelmann-Institut der Humboldt-Universität zu Berlin 5, 2006, 11–40 bes. 33 f.; ders., Heldenmotive, Antike Welt 37, Heft 5, 2006, 35-37.

Schw./Maisch.

36 Kompartiment 16

Trinkbecher (Skyphos) des sogenannten Penelope-Malers

Attisch, 440 v. Chr.
Aus Tarquinia; 1876 erworben.
Ton. Höhe: 20 cm.
F 2588

Eine der dramatischsten Szenen aus dem Mythos um die Heimkehr des Odysseus ist auf diesem Gefäß dargestellt: die Ermordung der Freier, die seine Frau Penelope während seiner langjährigen Abwesenheit belagert hatten, durch den heimgekehrten Helden (Homer, Odyssee 22. Gesang). Wie ein einziger Fries gehören inhaltlich und formal die Bilder der beiden Seiten des Trinknapfes zusammen, auch wenn sie unterbrochen sind durch das Palmetten- und Rankenwerk unter den Henkeln: Auf der einen Seite sehen wir den durch Namensbeischrift bezeichneten bärtigen Odysseus, der noch als Sklave mit einer Exomis, dem kurzen Arbeitsgewand, verkleidet ist. Er wird in dem Moment höchster Anspannung dargestellt, wie er mit der Linken den Bogen hält und mit der Rechten, einen Pfeil eingelegt, die Sehne zum Abschuss strafft. Hinter ihm stehen zwei Mägde mit kurzem Haar in dorischem Chiton, die abwartend und ängstlich das Geschehen verfolgen. Über ihnen erscheint zweimal die Inschrift *kale* (griechisch für ›schön‹).

Auf der anderen Seite wird das Ziel der Pfeile gezeigt: Drei der beim Gelage aufgeschreckten Freier, die auf und neben einer Kline von dem Pfeilbeschuss überrascht werden. Alle drei Männer sind nahezu unbekleidet und mit den Binden des Symposions geschmückt. Die lose um den Leib gelegten Mäntel sind herabgeglitten und behindern die Männer in ihren Aktionen. Links kniet in Rückenansicht

ein Jüngling auf dem Fußende des Ruhebettes. Er ist von einem Pfeil in den Rücken getroffen worden, den er mit beiden Händen herauszuziehen sucht. In der Mitte vor der Kline kauert ein bärtiger Freier, der den Speisetisch gleichsam als Schutzschild gegen die Pfeile vor sich hält. Der dritte der Männer hat sich auf der Kline liegend offenbar erst aufgerichtet und hält in einem hilflosen Abwehrgestus die Hände vorgestreckt. Auch über ihm sind Reste der Inschrift *(k)alos* zu sehen.

In dem Verhalten der Männer werden gleichzeitig drei Phasen des Geschehens deutlich: die Furcht und die Verteidigung vor, sowie der Schmerz nach dem Beschuss. Es ist anzunehmen, dass ein verlorengegangenes Gemälde der polygnotischen Wandmalerei die Vorlage für dieses Vasenbild war. Mit der Darstellung vermittelt der anonyme Vasenmaler, der nach einem Skyphos in Chiusi mit der trauernden Penelope ›Penelope-Maler‹ genannt wird, eine Vorstellung von der Monumentalmalerei der hochklassischen Zeit, von der Schriftquellen berichten. Dabei ist jedoch offenbar keine exakte Kopie der Darstellungsinhalte angestrebt worden, sondern eher eine Verdichtung des Geschehens durch formale und kompositorische Kunstgriffe (Spannung zwischen Staffelung und Reihung).

Literatur: Beazley, ARV^2, 1300 Nr. 1; Beazley, Para. 475; CVA Berlin/DDR (1) Taf. 34; Beazley Add.^{2}, 360; H. A. Shapiro, Myth into Art (1994) 61 f. Abb. 38–39; LIMC VI s. v. Mnesteres II Nr. 9 (O. Touchefeu-Meynier); P. Urbani u. a., Ulisse. Il mito e la memoria. Ausstellungskatalog Rom 1996, 418. 443 Nr. 6.18; B. Andreae, Odysseus, Mythos und Erinnerung. Ausstellungskatalog München 1999/2000, 360 f. (Abb.); 383 Kat. Nr. 13; F. Zardini, Odisseo e l'arte della seduzione, in: A. M. Babbi u. a. (Hrsg.), Ulisse da Omero a Pascal Quignard. Convegno internazionale, Verona 25–27 maggio 2000 (2000) 61 Abb. 4. 5. U. Kä.

37 Kompartiment 16

Trinkschale mit Darstellung der Gigantomachie

Attisch, um 490 v. Chr.; dem Brygos-Maler zugeschrieben.
1833 in Vulci gefunden.
Ton. Durchmesser: 32 cm.
F 2293

Die beiden als Einheit komponierten Außenbilder der Schale sind einem der großen Themen des griechischen Mythos gewidmet. Die Giganten, Kinder der Erdmutter Ge, haben sich gegen die Herrschaft der olympischen Götter empört. Sie sind zwar nicht unsterblich, können aber infolge eines Zaubers von keinem unsterblichen Wesen getötet werden. Um sie zu besiegen, sind die Olympier daher auf die Hilfe eines menschlichen Mitkämpfers angewiesen. Von allen Sterblichen bringt nur Herakles den Mut und die Kraft auf, sich der furchtbaren Probe zu stellen: Mit seiner Hilfe gelingt es den Göttern, die Giganten in einer großen Schlacht zu vernichten. Im oberen Bild sehen wir die Ausfahrt von Zeus' Viergespann aus dem Olymp, dessen Tor durch eine Säule angedeutet ist: In der Rechten schwingt der Göttervater den Blitz, während er in der vorgestreckten Linken Zepter und Zügel hält. Hinter den Pferden erkennt man Herakles, halb verborgen, aber als Zeus' wichtigster Verbündeter in entscheidender Position; sein Gesicht ist von dem linken Arm verdeckt, und von dem Löwenfell, das ihm stets als Panzer dient, sieht man unter dem Bauch der Pferde gerade noch den Schwanz und eine Tatze hervorbaumeln: Der Maler wendet sich an ein Publikum, das mit der Ikonographie dieses Mythos vertraut ist und leiseste Anspielungen zu goutieren imstande ist. Mit raffinierten Mitteln schildert der Maler die Offensive der Götter als einen plötzlichen Angriff,

dem man erliegt, ehe man ihn noch wahrgenommen hat, und dessen Wirkung in die Ferne geht: charakteristischerweise haben weder Zeus noch Herakles einen sichtbaren Gegner. Konkreter wird das Schreckliche des Kampfes dann bei Athena geschildert, die mit mächtigen Schritten dem Gespann vorauseilt und ihre lange Lanze in den Unterleib eines zu Boden gestürzten Giganten bohrt. Im unteren Bild verfolgt links der Schmiedegott Hephaistos seinen Gegner mit Klumpen glühenden Metalls, die er beidhändig mit langen Zangen hantiert. In der Mitte kämpft der Meeresgott Poseidon, an seinem Dreizack zu erkennen; in der Linken hält er eine ganze Insel, über deren Gelände man einen als Silhouette gezeichneten Fuchs huschen sieht: Nach der literarischen Überlieferung handelt es sich um das felsige Eiland Nisyros, worunter er seinen Gegner begräbt. Ganz rechts ist schließlich an seinem breitkrempigen Reisehut der Götterbote Hermes zu erkennen.

Dem Maler dieser Schale lässt sich ein umfangreiches Œuvre zuweisen: Vor allem seine frühen Werke, wozu auch die Berliner Schale gehört, zeichnen sich aus durch eine vielfältige Ikonographie, dynamische Kompositionen und eine äußerste Geschmeidigkeit der Linienführung. Benannt wird der Maler nach dem Töpfer Brygos, dessen Signatur sich auf mehreren seiner Schalen findet. Brygos hat immer nur als Töpfer, nie als Maler signiert; dennoch ist es durchaus möglich, dass Töpfer und Maler ein und dieselbe Person gewesen sind.

Literatur: H. Bloesch, Formen attischer Schalen (1940) 82 Nr. 8 Taf. 22, 3; CVA Berlin (2/3) Taf. 67, 1–2; 68, 1–4; 70, 3; 71, 8; 126, 1. 3; 134, 7; Beazley, ARV[2], 370 Nr. 10; K. Schefold, Die Göttersage in der klassischen und hellenistischen Kunst (1981) 93 ff. Abb. 121 f.; Antikenmuseum Berlin 1988, 123 Nr. 9, 1, 2; LIMC IV s. v. Gigantes Nr. 303; Beazley, Add.[2], 224.

Giul.

38

Kompartiment 17

Weinkanne des Schuwalow-Malers: Liebespaar

Um 430 v. Chr.
Aus Lokri (Unteritalien), erworben 1828 mit der Sammlung v. Koller.
Ton. Höhe: 19 cm.
F 2414

Die kleine Kanne mit ihrem noch kleineren, miniaturhaften bildlichen Dekor zählt zu den bekanntesten Stücken im Repertoire der griechischen Kunstwerke erotischen oder explizit sexuellen Inhalts. In keinem Handbuch zur Sexualität in der griechischen Antike fehlt die Darstellung der intimen Begegnung des sitzenden Jünglings mit der jungen Frau, wohl einer Hetäre (›Kurtisane‹). Eng an seinen Lehnstuhl geschmiegt, die Arme an der Sitzfläche festgeklammert, die aneinander gepressten Beine mit dem auf die Knie gerutschten Gewand lang ausgestreckt, ist der junge Mann bereit zum Vollzug des Liebesakts mit seiner vollständig nackten Gefährtin. Die Initiative geht eindeutig von der Frau aus. Aufgrund gesellschaftlicher Normen und bildlicher Konventionen kann es sich bei dieser nicht um eine ehrbare Bürgerin, sondern eben nur um eine Prostituierte handeln. Dagegen spricht auch nicht die innige Note, die durch die leichte Berührung der Köpfe und durch den Blickkontakt gegeben ist. Die in langen Locken auf Schläfen und Hals herabfallenden Haare kennzeichnen den Sitzenden unmissverständlich als Jüngling, der offenbar seine ersten sexuellen Erfahrungen im Kontext eines Symposions oder eines Bordellbesuchs sammelt.

Der Name des Vasenmalers hochklassischer Zeit ist uns unbekannt. Rund 80 Tongefäße meist kleineren Formats, darunter auffällig viele Kannen, sind ihm aus stilistischen Gründen zugeschrieben worden; kein einziges dieser Gefäße ist signiert. Den archäologischen Hilfsnamen vergab John D. Beazley nach einer Amphora in der St. Petersburger Eremitage, die wahrscheinlich von dem russischen Sammler Iwan Iwanowitsch Schuwalow im 18. Jahrhundert in Italien erworben worden war. Aus Italien, und dort vor allem aus der Stadt Spina im Po-Delta sowie aus Kampanien und Lukanien im Süden, stammen denn auch die meisten der diesem Maler zugewiesenen Stücke. Produziert haben er und seine Werkstatt in Athen zwischen 440 und 410 v. Chr., also im Zeitalter des Perikles und des Peloponnesischen Krieges.

Literatur: CVA Berlin 3 Taf. 145, 2; 146, 1. 2; Beazley, ARV[2], 1208, 41; A. Lezzi-Hafter, Der Schuwalow-Maler. Eine Kannenwerkstatt der Parthenonzeit, Kerameus 2 (1976) bes. 85. 106 Kat.-Nr. S 47 Taf. 111 a. c. d; Antikenmuseum Berlin 1988, 155 Nr. 10; C. Reinsberg, Ehe, Hetärentum und Knabenliebe im antiken Griechenland (1989) 133 Abb. 77; M. Maischberger in: Griechische Klassik 2002, 273. 279–280 Kat. Nr. 168.

Maisch.

39

Kompartiment 17

Trinkschale des Malers Peithinos

Attisch, um 500 v. Chr.
Aus Vulci; 1834 erworben.
Ton. Durchmesser: 34,2 cm.
F 2279

In der griechischen Sagenwelt kämpften Männer bisweilen auch mit Frauen, so der Heros Peleus mit der Meernymphe Thetis wie auf dem Innenbild dieser rotfigurig bemalten Schale.

Nach einer Weissagung sollte Thetis einen Sohn gebären, der stärker als sein Vater würde. Sie durfte sich deshalb nicht mit einem Gott verbinden, sollte die Herrschaft der olympischen Götter nicht gefährdet werden. So bestimmten die Götter ihr Peleus zum Mann, der zwar ein großer Held, aber nur ein Sterblicher war. Thetis versuchte, sich gegen den nicht standesgemäßen Bräutigam zu wehren. Sie verwandelte sich in wilde Tiere, in Feuer und Wasser, wurde aber schließlich doch von Peleus bezwungen. Zum Trost gab es eine glanzvolle Hochzeit, zu der alle Götter erschienen. Der erwartete, gefürchtete Sohn, den Thetis dann gebar, war Achilleus. Der Kampf zwischen Peleus und Thetis war eines der beliebtesten Sujets auf attischen Vasen der Spätarchaik, vielleicht weil sich an ihm so anschaulich die Überlegenheit griechischer Männer festmachen ließ: sogar unsterbliche Frauen mussten sich ihnen fügen. Dass Peleus die Unterwerfung nur mit Hilfe des Kentauren Chiron glückte, wird in den Bildern meist unterschlagen. Der Kampf ist als Ringkampf dargestellt. Die Metamorphosen der Thetis sind dabei nur angedeutet: durch einen kleinen Löwen im Rücken des Peleus und durch drei Schlangen, die sich in seinen Kopf und seine rechte Ferse verbeißen. Der Ausgang des Kampfes wird in der Darstellungsweise erkennbar: Die Tiere wirken mehr dekorativ als gefährlich.

Peleus scheint von ihnen in keiner Weise beeindruckt. Und Thetis macht keinen ernsthaften Versuch, sich aus der Umklammerung des Peleus zu lösen. Sie hat sich schon in ihr Schicksal gefügt. Das Bild ist ein Paradebeispiel für den auf dekorative Wirkung bedachten, sehr preziösen und manieriertеffektvollen Darstellungsstil der Jahre um 500 v. Chr. Die zu einem Mäander stilisierte Verklammerung der Hände des Peleus ist Blickfang und Kristallisationspunkt der kunstvollen Verschlingung der Körper. Die Falten der üppigen Gewänder sind raffiniert gebündelt und wechseln mit glatten Stoffpartien, die die Körperformen durchscheinen lassen. Die gesamte Komposition ist bis ins kleinste ausgefeilt und meisterhaft ausbalanciert dem runden Bildfeld angepasst. Kein Wunder, dass der Vasenmaler sein gelungenes Werk signiert hat: *Peithinos egraphsen* (hat gemalt) hat er an den linken Bildfeldrand von der rechten Ferse des Peleus an in weitem Bogen bis über den Kopf der Thetis hinaus geschrieben. Auf der Gegenseite lesen wir als Fortsetzung des Bogens das Lob des schönen Jünglings Athenodotos.

Dem mythischen »Liebes«paar im Innenbild sind auf den beiden nicht abgebildeten Außenseiten der Schale irdische Liebespaare gegenübergestellt.

Literatur: CVA Berlin (2) Taf. 60. 61; Berlin (3) Taf 122, 2. 6; Beazley, ARV², 115 Nr. 2; 1626; A. Greifenhagen, Antike Kunstwerke (1965²) Taf. 64. 65; X. Krieger, Der Kampf zwischen Peleus und Thetis in der griechischen Vasenmalerei (1975) 160 Nr. 47 Taf. 4 c; K. Schefold, Götter- und Heldensagen der Griechen in der spätarchaischen Kunst (1978) 190 Abb. 257; Antikenmuseum Berlin 1988, 113 Nr. 8, 1, 1; Beazley, Add.², 174; E. Reeder, Pandora. Women in Classical Greece. Ausstellungskatalog Baltimore 1995, 341–343 Nr. 106. Weh.

40 Kompartiment 17

Kopfgefäß

Attisch, 500–490 v. Chr., vom Töpfer Charinos signiert.
Aus Vulci, nahe der Cucumella in einer ›tomba a cassone‹ gefunden; 1883 erworben.
Ton. Höhe: 27 cm.
F 2190

Unergründlich lächelnd präsentiert sich der Kopf einer jungen Frau, der innen hohl und oben mit einer Kleeblattmündung versehen, als Teil einer tönernen Weinkanne anzusehen ist. Die mandelförmigen Augen mit den hoch geschwungenen Brauen sowie der das Gesicht rahmende Löckchenkranz erinnern an die etwa gleichzeitigen Marmorbildnisse der bunt bemalten Koren von der Athener Akropolis. Ungewöhnlich ist dagegen die reich verzierte

Haube, die als filigrane Malerei den Hinterkopf umschließt und hinten durch eine gemalte Kette an zwei plastisch ausgebildeten Buckeln zusammengehalten wird. Der Mündungsaufsatz auf dem Kopf ist mit einem Palmettenmuster auf der Gefäßschulter verziert. Auf dem Henkel hat der Töpfer Charinos sein Werk signiert: *Charinos epoisen*, »Charinos hat (es) gemacht«.

Vorder- und Rückseite des anthropomorphen Gefäßes sind aus Tonformen gewonnen, zusammengefügt, manuell überarbeitet und bemalt worden. Auffällig ist die Vielfalt der Verzierungen: Die Löckchen sind durch aufgetupften Tonschlicker angegeben und wurden – ebenso wie die Lippen – mattrot koloriert. Die geritzten und mit verdünntem Glanzton sorgfältig gestalteten Pupillen wirken lebensnah und entsprechen weitgehend dem menschlichen Auge.

Die Gesichtskanne wurde in einem etruskischen Grab gefunden, zusammen mit einem nahezu identischen Gefäß, das nach der Auffindung in die Sammlung der Ermitage, St. Petersburg, gelangte. Ein Vergleich dieser Vasen zeigt, dass beide aus derselben Form stammen. Die Abweichungen in der Malerei und kleinere plastische Eigenheiten unterstreichen jedoch die Individualität jedes Frauenkopfes.

Menschen- oder tiergestaltige Gefäße gibt es seit dem 7. Jahrhundert v. Chr. Meist sind es Salbgefäße, die kleine Mengen Parfüm oder Öl enthielten und die vor allem im Totenkult bzw. als Grabbeigaben eine Rolle spielten.
Weinkannen in Form von Frauen- oder Silensköpfen sind vor allem in Metall (Bronze, Silber) gefertigt worden. Sie fanden beim Symposion Verwendung. Es wird sich deshalb hier nicht um Abbilder von Athener Frauen handeln – die ja am Symposion nicht teilnehmen durften –, sondern eher um Darstellungen von Mänaden mit dem reichen Schmuck exklusiver Hetären.

Literatur: A. Furtwängler, Beschreibung der Vasensammlung im Antiquarium (1885) 511 f. Nr. 2190; J. D. Beazley, Charinos. Attic Vases in the Form of Human Heads, JHS 49, 1929, 43–45 Nr. 3 Abb. 2; Beazley, ARV^2, 1531.3; Beazley, Para. 502; LIMC II s. v. Aphrodite Nr. 1080 (A. Delivorrias); Antikenmuseum Berlin 1988, 113 Nr. 5; Beazley, Add^2, 385; E. Reeder, Pandora. Women in Classical Greece. Ausstellungskatalog Baltimore 1995, 213–215 Nr. 48; B. Cohen, The Colors of Clay. Special Techniques in Athenian Vases. Ausstellungskatalog Los Angeles 2006, 270 f. Nr. 80.

U. Kä

41

Kompartiment 17

Stabdreifuß

Archaisch, um 560/550 v. Chr.
In den Ruinen von Metapont gefunden, 1865 aus der Sammlung Pourtalès erworben.
Bronze mit gleichmäßiger Patina. Höhe: 75,4 cm.
Fr. 768

Der prachtvolle Dreifuß diente einst als Ständer für einen Kessel, der sich nicht erhalten hat. Aus drei als Löwentatzen gestalteten Füßen steigen je drei glatte Stäbe auf, die dieser Form des Dreifußes ihren Namen geben. Der mittlere Stab läuft oben in einer flachen Palmette mit zwei seitlich vorspringenden Knospen aus, während sich die anderen Stäbe mit dem äußeren Stab des jeweils benachbarten Beins in einem Bogen verbinden. In den Zwickeln dieser Bögen stehen zwei fast rundplastisch gearbeitete Kühe und ein Stier auf einer von ehemals zwei Schlangen gestützten Standleiste. Bögen und Palmettenstäbe stützen gemeinsam einen horizontalen Ring, auf dem sich drei Pferdeköpfe mit liegenden Löwen abwechseln. Im unteren Teil erhält der Dreifuß zusätzliche Stabilität durch einen sehr viel kleineren Ring, der gleichfalls mit drei liegenden Löwen geschmückt und durch Schlangenleiber mit den Füßen verbunden ist. Lange Zeit galt der Berliner Dreifuß als in einem Stück gegossen, was noch mit Hilfe heutiger naturwissenschaftlicher Methoden zu überprüfen sein wird. Ähnlich prächtige Dreifüße standen nachweislich als Weihgeschenke in vielen griechischen Heiligtümern. Die beinahe vollständige Erhaltung des Berliner Kesselständers lässt hingegen vermuten, dass dieser ursprünglich zur Ausstattung eines Grabes gehörte, doch sind – über die Herkunftsangabe Metapont hinaus – die genauen Fundumstände nicht überliefert. Nahe verwandt ist der Dreifuß aus Grab XIII von Trebenischte, der sich im Nationalmuseum von Belgrad befindet. Weitere Beispiele und zahlreiche Fragmente ähnlicher Dreifüße wurden von Gallien bis Zypern gefunden. Ein deutlicher Schwerpunkt der Verbreitung liegt jedoch in Unteritalien, im griechischen Mutterland, auf den Inseln der Ägäis (Chios, Samos, Rhodos) und an der kleinasiatischen Küste (Milet, Didyma). Als Herstellungszentrum dieser besonders reich dekorierten Form griechischer Dreifüße wird meist Sparta angenommen.

Literatur: Th. Panofka, Antiques du Cabinet du Comte de Pourtalès-Gorgier (1834) Taf. 13; C. Friederichs, Geräthe und Bronzen im Alten Museum (1871) 192 f. Nr. 768; K. A. Neugebauer, RM 38/39, 1923/24, 403, 414, 435; ders., Führer durch das Antiquarium 1. Bronzen (1924) 77 Taf. 18; ders., Minoische und archaische Bronzen 82. 109; U. Jantzen, Bronzewerkstätten in Großgriechenland und Sizilien, JdI Ergh. 13 (1937) 27. 73; H. Jucker, Bronzehenkel und Bronzehydria in Pesaro (1966) 47 f. Taf. 44 f.; C. Rolley, Griechische Bronzen (1984) 120 Abb. 106; Antikenmuseum Berlin 1988, 214 f. Nr. 1; C. M. Stibbe, Das andere Sparta (1996) 159 f. Abb. 83; ders., The Sons of Hephaistos (2000) 82–84 Abb. 53. 55; G. Bieg, Hochdorf V. Der Kessel aus dem späthallstattzeitlichen Fürstengrab von Eberdingen-Hochdorf (Kr. Ludwigsburg). Griechische Stabdreifüße und Bronzekessel der archaischen Zeit mit figürlichem Schmuck (2002) 54 ff. Abb. 44 a–c; S. 88 f. Abb. 88 a; S. 160 Nr. L 32 (mit weiterer Literatur). Fran.

42 Kompartiment 18

Statue einer angelehnten Aphrodite

420–400 v. Chr.
Früher im Hause Falzacappa in Tarquinia; 1857 aus dem Besitz von E. Gerhard erworben.
Marmor. Höhe: 83 cm.
Ergänzt sind u. a. die linke Hand mit der Schale, die rechte Hand mit einem Teil des Schleiers, die Füße mit einem Teil des linken Unterschenkels und am Idol das Gesicht, die linke Brust sowie der linke Unterarm.
Sk 586

Eine junge Frau steht in lässiger Haltung auf einen Pfeiler gestützt. Sie ist bekleidet mit einem die Körperformen betonenden Chiton, der in der Taille gegürtet ist. Dieser gleitet auf ihrer rechten Seite nach unten und gibt so ihre Schulter frei. Darüber trägt sie ein Himation, das über den linken, aufgelehnten Arm gelegt ist und zwischen einem Pfeiler und ihrem Bein herabfällt. Der Teil des Gewandes, der die Beine umgibt, bildet ein vielfältiges Faltenspiel. Mit ihrer rechten Hand hält sie in graziler Weise den Saum dieses Himations, das sie über den Hinterkopf gezogen hat, wodurch ihr leicht geneigter Kopf von dem Stoff gerahmt wird.

Der Pfeiler, auf den sie sich mit ihrem linken Ellenbogen stützt, zeigt ebenfalls eine weibliche Figur. Die Tracht und Gestaltungsweise des Idols entsprechen jedoch nicht denen, die während der Entstehungszeit der Statue gebräuchlich waren, sondern es wurde hier auf ältere Formen zurückgegriffen.

Zur Benennung der Figur kann das Attribut in ihrer linken Hand nicht herangezogen werden, da es modern ergänzt ist. Die Opferschale wurde rekonstruiert auf Grund von Parallelen bei angelehnten Frauenstatuen, die Aphrodite darstellen.

Das Kultbild der Aphrodite in ihrem Heiligtum bei Daphni zeigte die Göttin an einen Baum gelehnt, wie ein originaler, um 420 v. Chr. entstandener Marmortorso belegt. Auch bei der von dem Phidiasschüler Alkamenes geschaffenen und von Pausanias (1, 19, 2) erwähnten Statue der Göttin im Heiligtum der »Aphrodite in den Gärten«, das vor den Stadtmauern Athens in der Nähe des Flusses Ilissos lag, hat es sich vermutlich um eine angelehnte Aphrodite gehandelt. Gleichzeitig wurden auf attischen Vasen sowohl Aphrodite als auch andere Frauen, deren Schönheit betont werden sollte, in lässig angelehnter Haltung dargestellt.

Die Beliebtheit der angelehnten Aphrodite blieb aber nicht auf Athen und Attika beschränkt. Mehrere Figuren dieses Motivs stammen aus Italien. Obwohl der Herstellungsort der Berliner Statue nicht mehr ermittelt wer den kann, darf daher angenommen werden, dass auch sie ursprünglich in einer der griechischen Städte Unteritaliens in einem Heiligtum der Aphrodite aufgestellt war.

Literatur: Blümel, Klassische Skulpturen Nr. 117 Abb. 192–195; LIMC II s. v. Aphrodite Nr. 223. – Zur »Aphrodite in den Gärten«: V. Pirenne-Delforge, L'Aphrodite grecque (1994) 48 ff.; K. Stemmer (Hrsg.), »In den Gärten der Aphrodite«. Ausstellungskatalog Berlin 2001, 55 C 7 (F. Rumscheid). Kni.

43 Kompartiment 18

Statuette eines Widderträgers

Um 620 v. Chr.
Aus Kreta; 1880 erworben.
Bronze. Höhe: 18,1 cm.
Misc. 7477

Die griechische Gesellschaft der archaischen Zeit war in vielen Landstrichen bäuerlich geprägt. Große Herden bestimmten das Ansehen des Einzelnen. Kein Wunder, wenn in dieser Gemeinschaft das Bild des Hirten eines der wichtigsten Motive war, das in der Plastik entwickelt wurde. Das Bild des Hirten, der ein Schaf trägt, enthält aber zwei Aussagen; einmal ist es der fürsorgliche Bewahrer der Herde, zum anderen der Mann, der ein Schaf zum Heiligtum trägt, um es der Gottheit zu opfern. Vergegenwärtigen wir uns, dass sich an das Opfer der Festschmaus anschloss, so umfasst das Motiv des Hirten das ganze Spektrum ländlichen Lebens. Die Statuette stammt aus Kreta, einem Gebiet, das im zweiten Jahrtausend v. Chr. entscheidend von der minoischen Kultur geprägt wurde. Nachklänge dieser Kunsttradition lässt auch unser junger Mann erkennen in dem Hüftschurz mit dem breiten Gürtel und den abrupt seitlich gewinkelten Armen. Die Figur mit den kraftvollen, doch schlanken Beinen und dem muskulösen Oberkörper strahlt eine ungeheure Spannkraft aus. Das Werk ist massiv gegossen mit einer Standplatte unter den Füßen. Das darunter folgende Gebilde ist ein Relikt des Gussvorganges, nämlich der Einfülltrichter. Üblicherweise haben die Bronzegießer alle Spuren des Herstellungsprozesses sorgfältig beseitigt. Warum dies hier nicht geschehen ist, bleibt unklar.

In dem Widderträger haben wir ein ganz individuell gestaltetes Kunstwerk vor uns. Und doch lässt sich hier eine gewisse Normung erkennen. So wurde das Wachsmodell aus Einzelteilen zusammengesetzt, was vor allem an den Armen und dem Widder zu sehen ist. Allem Anschein nach wurden diese Teile als Wachsform aus Tonformen gezogen und dann dem Hirten an die Schultern gesetzt, so dass wir es mit einer Mischung von Serienproduktion und individueller Künstlerschaft zu tun haben. Eine solche Technik kennen wir von ägyptischen Kleinbronzen, doch lässt sich nicht sicher beweisen, ob wir es hier mit einem direkten Technologietransfer über die griechischen Siedlungen im Nildelta zu tun haben.

Literatur: Neugebauer, Minoische und archaische Bronzen Nr. 158 Taf. 19; U. Gehrig, AA 1979, 548 f.; Antikenmuseum Berlin 1988, 51 Nr. 3, 2, 1; Bol, Frühgriechische Plastik 82 (G. Kaminski); 106 (Ch. Vorster); Abb. 156. Zim.

44

Kompartiment 19

Weißgrundiges Grabgefäß (Lekythos) mit Aufbahrungsszene

Attisch, Ende des 5. Jhs. v. Chr.
Aus Alopeke bei Athen; 1872 erworben.
Ton. Erhaltene Höhe: 68 cm.
F 2684

Neben den marmornen Grabmälern, die als Stele oder Relief kunstvoll verziert waren, kamen gegen Ende des 6. Jahrhunderts v. Chr. tönerne Ölgefäße (Lekythen) als Grabschmuck auf. Anfangs in schwarz- bzw. rotfiguriger Technik bemalt, entwickelte sich im 5. Jahrhundert v. Chr. die Gattung der weißgrundigen Lekythen, die ausschließlich im Totenkult Verwendung fanden (vgl. auch Kat. Nr. 45). Ihre Bilder geben Auskunft über Totenbräuche und Jenseitsvorstellungen, wie die Aufbahrungsszene auf einer

außergewöhnlich großen Lekythos zeigt, deren Hals leider im Krieg verloren ging.

In der Mitte steht ein Totenbett, die Kline, die mit weiß und dunkelviolett gemusterten Decken bedeckt ist. Auf ihr liegt ganz in helle Tücher eingehüllt der Verstorbene. Es ist ein junger Mann, dessen Kopf rotbraunes Haar trägt. Drei Personen haben sich um ihn versammelt, um ihn zu beklagen: Rechts, am Kopfende des Bettes, steht ein Greis, wahrscheinlich der Vater, vornübergebeugt auf einen Stock gestützt. Er trägt einen dunkelvioletten Mantel, der nur den rechten Oberkörper und Arm frei lässt. Mit seiner Linken berührt er liebevoll den Kopf des Verstorbenen, die Rechte ist gramvoll im Trauergestus über seinen Kopf erhoben. In der Mitte des Bildes, teilweise von der Bahre verdeckt, steht eine Frau, wohl die Mutter. Sie beugt sich über den Toten und streckt die Hände nach seinem Gesicht aus, wie um ihn zu umarmen. Sie hat kurzgeschnittene Haare und trägt einen dunkelbraunen ionischen Chiton mit rotbraunem Mantel. Im Gegensatz zu den männlichen Dargestellten, deren Inkarnat bräunlich gemalt ist, werden die Frauengestalten mit weißem Inkarnat (Gesichter, Arme) versehen. Das trifft auch für die junge Frau oder das Mädchen zu, die am Fußende der Kline steht. Sie trägt einen langen dorischen Chiton und hat ebenfalls kurzgeschnittene Haare. Ihre Linke weist auf den Toten, in der Rechten hält sie einen großen Korb, der wahrscheinlich Gegenstände zur Salbung des Toten enthält. So steht auch unter der Kline eine kleine Lekythos, und an der Wand hängt eine dunkle Tänie, die dann zur Schmückung des Grabmals diente.

Über dem Totenbett, halb verdeckt durch die Tänie, flattert eine kleine geflügelte Gestalt aufwärts. Es ist das Eidolon, die ›Seele‹ des Verstorbenen, die die griechischen Künstler in dem Augenblick des Sterbens als den Körper verlassend dargestellt haben. In der polychromen Malerei, mit der diese Lekythos geschmückt ist, wurden gegenüber den voraufgegangenen Malweisen neue Wege beschritten. Nicht mehr die sorgfältig ausgeführte Linienzeichnung bestimmt das Bild, sondern eine nuancierte Farbigkeit, die auch durch Schattierungen (z. B. an der Brust des Vaters) den Darstellungen Tiefe und Plastizität vermitteln soll.

Literatur: F. Winter, Eine attische Lekythos, 55. BWPr 1895; Beazley, ARV[2], 1390 Nr. 3; D. C. Kurtz, Athenian White Lekythoi (1975) 68. 70–73 Taf. 54, 2; E. Peifer, Eidola und andere mit dem Sterben verbundene Flügelwesen in der attischen Vasenmalerei in spätarchaischer und klassischer Zeit (1989) 156 f. Kat. Nr. 75; Beazley, Add.[2], 373. U. Kä.

45

Kompartiment 19

Weißgrundiges Grabgefäß (Lekythos) des Sabouroff-Malers

Attisch, um 440 v. Chr.
Wahrscheinlich aus Attika, 1877 in Athen gekauft.
Ton. Höhe: 31,3 cm.
F 2455

Die auf weißem Grund mit Mattfarben bemalten Ölgefäße fanden nur im Rahmen des Bestattungsrituals Verwendung (vgl. Kat. Nr. 44). Sie enthielten das Öl zur Salbung des Leichnams für die Aufbahrung im Haus und wurden unter dem Totenbett aufgestellt. Danach folgten sie den Verstorbenen als Zeichen für die dauernde Totenfürsorge der Hinterbliebenen ins Grab. Deshalb sind sie häufig mit Bestattungs- oder Grabszenen verziert.

Hier zeigt das Bild eine Szene am Unterweltsfluss Styx, der die Grenze zum Totenreich bildete. Hermes – erkennbar an seinem Heroldstab (Kerykeion) und den Flügelschuhen – führt einen jungen Verstorbenen heran, den er in den Hades geleiten soll. Von der anderen Seite nähert sich der Fährmann Charon in seinem Boot, um den Neuankömmling überzusetzen. Er stützt sich auf die Stange, mit der er den Nachen vorwärtsbewegt. Sein kurzes Gewand (eine Exomis) bedeckt nur die linke Schulter, um ihn bei der Arbeit nicht zu behindern.

Während sich die gelbe Farbe des Schiffes und das Rot von Charons Kleidung gut erhalten haben, ist die Farbe von Hermes' Mantel weitgehend verschwunden. Da der Maler darauf verzichtete, seinen Umriss mit einer schwarzen Linie anzugeben, ist nur eine helle Fläche als Negativ geblieben. Die beiden unvermittelt neben den Beinen auftauchenden roten Streifen sind als die Borten an den Saumkanten des einstmals wahrscheinlich blauen Mantels zu verstehen. Auch vom roten Mantel des Jünglings sind nur noch Spuren erhalten. In der Zone unter dem Henkel waren einstmals Schilf und andere Ufervegetation – vermutlich in Grüntönen – angedeutet.

Da die Mattfarben erst nach dem Brand aufgetragen wurden, waren sie – vor allem gegen Feuereinwirkung – sehr empfindlich und haben häufig ihren Farbwert gewechselt.

Der nach einem russischen Sammler – dem Grafen Sabouroff – benannte Maler hat neben weißgrundigen Lekythen auch rotfigurige Gefäße bemalt. Dennoch scheint er sich im Laufe seiner Tätigkeit zunehmend auf die Grabgefäße spezialisiert zu haben. Bilder mit dem Totenfährmann Charon zählten dann zu seinen bevorzugten Themen.

Literatur: Beazley, ARV^2, 846 Nr. 196; CVA Berlin (8) Taf. 16, 1–5; 17, 3–4; 6. 8; U. Koch-Brinkmann, Polychrome Bilder auf weissgrundigen Lekythen (1999) 30. 59 Taf. 53. 54; Griechische Klassik 2002, 496. 498 f. Nr. 374 (I. Wehgartner); J. H. Oakley, Picturing Death in Classical Athens. The Evidence of the White Lekythoi (2004) 108 Nr. 7; 115 f. Abb. 70. 71; B. Cohen, The Colors of Clay, Special Techniques in Athenian Vases. Ausstellungskatalog Los Angeles 2006, 230 f. Nr. 66.

Schw.

46 Kompartiment 20

Das goldene Pektorale

Frühbyzantinisch, wohl um 600 n. Chr. in Konstantinopel entstanden.
Angeblich aus Assiût, Ägypten. Geschenk 1913 von F. L. von Gans.
Gold. Halsreif, Durchmesser: 23,5 cm, Gewicht: 377 g; Medaillon, Durchmesser: 11,7 cm, Gewicht: 170 g.
Inv. 30219, 506. 506 a

Der schwere Brustschmuck (Pektorale) ist das repräsentativste Schmuckstück eines großen Goldschatzes, der angeblich in der Nähe der oberägyptischen Stadt Assiût in den Ruinen eines Klosters gefunden wurde. 1909 und in den folgenden Jahren auf dem Kunstmarkt verkauft, kamen 12 von insgesamt fast 40 hochkarätigen und mit kostbaren Edelsteinen besetzten Schmuckstücken dank der großzügigen Schenkung des Frankfurter Mäzens Friedrich L. von Gans nach Berlin; weitere befinden sich heute in New York, Washington und London.

Das Pektorale vereint einen breiten Schild an einem glatten Halsreif mittels Scharnier mit einem großen Zierrahmen. Diese von einem Perlrand umgebene Fassung mit reichem Lotus-Palmetten-Dekor in Durchbruchsarbeit rahmt ein Relief mit der Verkündigung Mariae: Die Gottesmutter mit Nimbus sitzt in einem hohen Korbsessel mit Fußschemel, die Rechte staunend erhoben, der Linken entgleitet ein Strang Wolle aus dem Korb vor ihren Füßen. Sie blickt zu dem Engel, der von rechts heraneilt, die Rechte grüßend erhoben, in der Linken das Kreuzzepter. Die Szene entspricht der seit dem 5. Jahrhundert dargestellten Schilderung im apokryphen Protoevangelium des Jakobus, nach der Maria beim Spinne aus Purpur und Scharlach von der Verkündigung des Engels überrascht wurde.

Auf der Rückseite ist das Weinwunder von Kanaa dargestellt: Jesus im Nimbus berührt mit dem Kreuzstab sechs am Boden gestaffelte Krüge, in die ein Diener aus einer Spitzamphora Wasser gießt; im Hintergrund ein Speisemeister mit Weinkelch und erstaunt gehobener Linker. Die griechische Umschrift erläutert: »Das erste Wunder«.

Der breite Schild über dem Medaillon, mit dem hohlen, starren Halsreif durch Scharniere verbunden, trägt in der Mitte eine große Pseudomünze: Sie zeigt das Brustbild eines nicht benennbaren Kaisers mit Diadem, Panzer und Paludament, auf der Rückseite die thronende Stadtgöttin von Konstantinopel, jeweils umgeben von der Inschrift »Herr, hilf der Trägerin!« Dies lässt keinen Zweifel daran, dass der insgesamt 547 g schwere Brustschmuck von einer Frau getragen wurde. Zu beiden Seiten umfassen je sieben Rahmen die geprägten Münzen byzantinischer Kaiser von Justinian I. (527–565) bis Mauricius (582–602); zwei Rahmen halten kleine Blechstreifen mit den kreuzförmig angeordneten griechischen Buchstaben für »Licht« und »Leben«. Eine große Spiralranke verbindet diese 16 Rahmen, aufgelegte Blüten verdecken die stützenden Verstrebungen.

Das Pendant gleicher Größe, heute im Metropolitan Museum New York (Halsreif mit Schild) und in der Smithonian Institution Washington (Medaillon), unterscheidet sich in Details von dem Berliner Pektorale; die jeweils sieben Münzen seitlich der großen Mittelmünze reichen von Theodosius I. (379–395) bis Justinian I. (527–565). Das anhängende Medaillon zeigt das Brustbild des Kaisers Theodosius I., auf der Rückseite den Kaiser als *Restitutor Rei Publicae*. Dieses Pektorale war wohl für einen Mann bestimmt.

Die beiden einzigartigen Schmuckstücke präsentieren in lückenloser Münzreihe die oströmischen Kaiser von Theodosius I. bis zu Mauricius. Um 600 oder bald danach entstanden, gehören sie zu den letzten Arbeiten des Schatzfundes von Assiût. Die christlichen Reliefs auf dem Berliner Medaillon weisen auf die kommende Herrschaft Gottes, dessen Stellvertreter auf Erden der Kaiser ist. Die thronende Konstantinopolis auf den Rückseiten der zentralen Pseudo-Münzen beider Pektorale bezeichnet zudem das Zentrum der Macht. Dort sind auch die Auftraggeber und Träger – wohl ein Ehepaar – zu vermuten.

Der ›Schatzfund von Assiût‹, der Pretiosen aus über etwa zwei Jahrhunderten enthielt, war vermutlich Bestandteil der kaiserlichen Schatzkammer in Konstantinopel und damit ›verfassungsmäßig konstituierend‹. Dann aber musste er vor einer feindlichen Übernahme in Sicherheit gebracht werden, denn als Beute hätte er die Plünderer mit den Insignien der Macht legitimiert. Insofern ist die Verbringung des Schmucks aus der gefährdeten Hauptstadt Ostroms in das vermeintlich vor den arabischen Invasoren sichere Ägypten denkbar.

Literatur: Greifenhagen, Schmuckarbeiten Bd. 1, 66–68 Taf. 46, 2; 47–48; Antikensammlung 1998, 40 Nr. 15 (mit älterer Literatur) (G. Platz-Horster); A. Yeroulanou, Diatrita. Gold pierced-work jewellery from the 3rd to the 7th century (1999) 38 Abb. 47; 128 Abb. 228; 203 Nr.10; G. Platz-Horster in: L. Wamser (Hrsg.), Die Welt von Byzanz – Europas östliches Erbe. Ausstellungskatalog München 2004, 286–304 Kat. 483–490; 492. 499–502; 288 Kat. 484 (Lit.). In der Münchner Ausstellung war etwa die Hälfte der Schmuckstücke erstmals seit der Auffindung wieder vereint. Pla.

47

Kompartiment 20

Prachtschale mit Emblem der Athena

Emblem: späthellenistisch, 2. Hälfte 2. Jh. v. Chr.; Schale: augusteisch.
1868 bei Hildesheim gefunden; 1869 der Antikensammlung übergeben.
Silber, teils vergoldet. Durchmesser mit Henkeln: 32,5 cm; Durchmesser Emblem: 16 cm; Gewicht: 1984 g.
Misc. 3779, 1

Am 17. Oktober 1868 stießen Soldaten des 3. Hannoverschen Infanterieregiments beim Aushub eines neuen Schießplatzes am Galgenberg bei Hildesheim auf einen Silberschatz von über 70 Teilen: in drei großen Gefäßen waren kleinere Schalen, Becher, Platten sorgfältig gestapelt, größere Geräte lagen daneben, geborgen 2,35 bis 2,80 m tief in einer Grube von 1,66 × 0,90m. Durch die feuchte Erdlagerung hatten sich alle Lötungen von Henkeln und Füßen gelöst, einige Teile waren durch Korrosion stark beschädigt oder ganz zersetzt. Da der Fund auf Gelände der Armee und damit des Staates gemacht worden war, gehörte er diesem zur einen Hälfte, zur anderen den Findern, die eine ansehnliche Abfindung erhielten. Das preußische Kriegsministerium ließ das Silber nach Berlin in die Königlichen Museen überführen, am 17. September 1869 wies der König es dem Antiquarium zu.

Der Hildesheimer Silberfund ist ein Tafelservice; sein Reichtum zeigt sich nicht nur in der Menge der Trinkgefäße mit kunstvoll verzierten und glatten Bechern und Schalen, mit Kanne, Schöpfer und großen Weinmischgefäßen, in dem Essgeschirr mit ganzen Sätzen aus flachen Tellern und tiefen Näpfen, Schüsseln, Kasserollen und Servierplatten, in Klapptisch und Kandelaber; besonders deutlich wird er in dem Prunk der Tafelaufsätze. Hier konnte der Besitzer seinen Wohlstand und seinen Geschmack beweisen; sie waren als repräsentative Schaustücke gefertigt und nicht zum Gebrauch bestimmt.

Das Hauptstück des Fundes, die Athena-Schale, ist eine von vier Prunkschalen des Tafelservices mit erhabenem Mittelemblem. Das Relief zeigt die jugendliche Göttin schräg auf einem Fels sitzend, die linke Achsel stützt sie auf ihren Schild, die rechte Hand umfasst ein Steuerruder. Sie trägt einen hochgegürteten Chiton und ein Manteltuch, über der Brust wie eine Schärpe die Übel abwehrende Ägis. Die langgelockte Göttin blickt zurück; drei Federbüsche auf ihrem attischen Helm, von liegenden Sphingen gehalten, betonen die Gegenrichtung. Der Helm und der vorgesetzte Fuß mit Sandale treten freiplastisch aus dem Relief hervor, sie sind gesondert gegossen und angelötet. Die Szene im Emblemrund schließt ein Fels vor der Göttin, umwunden von einem Olivenkranz, auf dem ihr heiliges Tier, die Eule, steht. Ein verzierter Reif hält das kostbare und als Antiquität neu gefasste Reliefemblem auf dem Grund der Schale, gerahmt von einem breiten Rand aus Akanthus- und Palmettenblättern.

Der besondere Reiz der Athena-Schale liegt in der feinen Anwendung von Vergoldung sowohl für das Mittelemblem wie für die dekorativen Zonen der Prunkschale: Die unbekleideten Körperteile der Göttin schimmern matt silbern vor dem gleichfarbigen Hintergrund, während Gewand, Attribute und die beiden Felsformationen golden erstrahlen. Die Blätter des Ornamentrahmens heben sich im Silberton plastisch vom Goldgrund ab. An der Außenwand der Schale schieben sich silberne vor goldene Lanzettblätter, auf die die beiden Handhaben übergreifen.
Die unterschiedliche Herkunft und Entstehungszeit einzelner Teile des Hildesheimer Silbers, Abnutzungsspuren und Reparaturen sowie fünf verschiedene Besitzernamen auf den Gefäßen und Geräten belegen, dass das Tafelservice über eine längere Zeit gesammelt oder vererbt wurde. Gewichtsangaben – zur Kontrolle für den Besitzer auf vielen Stücken punziert – verraten darüber hinaus, dass nur etwa die Hälfte des ursprünglichen Trinkgeschirrs vorhanden ist.

Literatur: E. Pernice – F. Winter, Der Hildesheimer Silberfund (1901); L. Pirzio Biroli Stefanelli, L'argento dei Romani (1991) 271 ff. Kat. Nr. 91 ff.; R. Stupperich in: W. Schlüter (Hrsg.), Kalkriese – Römer im Osnabrücker Land. Archäologische Forschungen zur Varusschlacht (1993) 283 ff.; ders. in: M. Boetzkes u. a. (Hrsg.), Der Hildesheimer Silberfund. Original und Nachbildung. Ausstellungskatalog Hildesheim 1997, 166 ff.; B. Niemeyer, Trassologie an römischem Silber. Herstellungstechnische Untersuchungen am Hildesheimer Silberfund. BAR International Series (2007).

Pla.

48 Kompartiment 20

Der Silberfund von Paternò

Um 400–300 v. Chr.
Aus Paternò, Sizilien. Erworben 1911–1914.
Silber, teilweise vergoldet.
Inv. 30038; 30196–30200; 30481

Im Frühling 1909 entdeckte eine einfache Frau bei der Feldarbeit am Fuße des Normannenturmes von Paternò am Ätna einen Silberschatz, der ihr sofort abgeluchst und dann über Kunsthändler in der nahen Stadt Catania unter Vertuschung des Fundortes zu Höchstpreisen nach Paris und München verkauft wurde. Dabei wurde der Fund offenbar geteilt: Für das Antiquarium der Königlichen Museen zu Berlin konnten sieben von ursprünglich wohl neun oder zehn der größeren Teile erworben werden. Erst 1932 wurde durch eine Publikation des italienischen Archäologen Paolo Orsi der wahre Fundort mit der geschilderten Entdeckung bekannt.

Die sieben zwischen 1911 und 1914 mit einer Vorfinanzierung der Familie Siemens für Berlin erworbenen Silbergefäße entstanden vermutlich im Laufe des 4. Jahrhunderts v. Chr. Der kleine, aber schwere Riefelbecher (Höhe 7,8 cm, Durchmesser 7,9 cm; Gewicht 249 g) wurde wohl bereits um 400 v. Chr. im – heute bulgarischen – Thrakien oder im griechischen Epirus gefertigt und exportiert. Die antik reparierte Spulenpyxis, die vergoldete Eierschale und die drei Henkelschalen finden ihre engsten Parallelen in der Keramik aus Tarent oder Apulien zwischen 350 und 300 v. Chr.

Die schöne Muscheldose (13,3 × 13,2 × 3 cm; Gewicht 222 g), mit einem achtarmigen Tintenfisch auf dem Deckel, enthielt einst vielleicht Schminke. Aus Silber sind nur zwei Vergleiche mit kostbarer Vergoldung bekannt: Die eine mit Rosetten auf dem Deckel wurde in dem thrakischen Fürstengrab bei dem Ort Shipka (Bezirk Stara Zagora), Bulgarien, gefunden; die andere mit Nereiden auf dem Deckel stammt aus der Tomba degli Ori in Canosa bei Tarent. Die aufwändigste Herstellung und Verzierung ist an der großen Eierschale (Durchmesser 24,3 cm) zu beobachten, die leider auch am stärksten unter der Bodenlagerung gelitten hat: Zwölf eierförmige Buchtungen umgeben ein vergoldetes

Dekorblech mit glattem Nabel (*omphalos*), gerahmt von zwölf Amazonenköpfen mit phrygischen Mützen in Blätterkelchen auf dem gewellten Rand. Sie diente wohl einst als kostbare Opferschale beim Totenkult.

Gepunzte oder geritzte Inschriften mit den Namen von drei oder vier Vorbesitzern verbinden sechs der Gefäße miteinander. Sie lassen darauf schließen, dass die Gefäße im Laufe des 3. Jahrhunderts von Tarent nach Sizilien verkauft oder vererbt wurden. Der letzte Besitzer war vermutlich ein römischer Landbesitzer aus dem Fundgebiet am Ätna, der unter der Willkür des berüchtigten Stadthalters C. Verres gelitten und seinen Schatz vor dessen Zugriff um 70 v. Chr. verborgen hat.

Literatur: G. Platz-Horster, Der Silberfund von Paternò in der Antikensammlung Berlin, JdI 118, 2003, 205–283. – Zur Muschelpyxis aus Shipka s. L. Del Buono (Hrsg.), Tesori della Bulgaria dal Neolitico al Medioevo. Ausstellungskatalog Rom 2006, 58 (G. Kitov). – Vgl. auch: G. Platz-Horster, Die Silberfunde von Panderma in der Antikensammlung Berlin, in: Otium. Festschrift für V. M. Strocka (2005) 295–303. Pla.

49 Kompartiment 21

Kolonettenkrater des ›Orpheus-Malers‹

Attisch, um 440 v. Chr.
Aus Gela.
Ton. Höhe: 50,5 cm.
V.I. 3172

Macht und Zauber der Musik stehen im Zentrum des Vasenbildes, aus dem hier ein Ausschnitt zu sehen ist. Er zeigt Orpheus, den »Vater des Gesangs« (Pindar) auf einem Felsen sitzend. Dem Mythos nach soll er mit seiner Musik nicht nur Menschen und Tiere, sondern auch Bäume und Steine in seinen Bann gezogen haben. In der rechten Hand hält Orpheus das Plektron, mit dem er die Seiten seiner Lyra anschlägt, sich selbst beim Singen begleitend, den Kopf hat er wie im Trance zurückgenommen. Seine jugendliche Gestalt und das schön frisierte Haar erinnern an Bilder des Apollon. Manche Quellen bezeichnen den Gott der Musen auch als Vater des Orpheus, weit aus häufiger erscheint er jedoch als Sohn des Thrakers Oiagros und der Muse Kalliope, Apollon wird dann als sein Lehrer genannt.

Der Efeukranz, den Orpheus auf dem Vasenbild im Haar trägt, verbindet ihn außerdem mit Dionysos. Der Sänger soll den Kult des Weingottes gestiftet haben, Dionysos wird aber auch – einem weiteren Strang der literarischen Überlieferung folgend – für den Tod des Sängers verantwortlich gemacht: Aus verletzter Eitelkeit habe er ihn von seinen Anhängerinnen, den Mänaden, in Stücke reißen lassen.

Ist Orpheus auf dem Vasenbild, anders als auf dem späteren römischen Mosaik aus Milet (Kat. Nr. 163), in griechischem Habitus mit um den Unterkörper gelegten Mantel dargestellt, so steht ihm rechts ein Jüngling gegenüber, der durch seine Tracht als Nichtgrieche, als Barbar gekennzeichnet ist. Die Fuchsfellmütze mit dem Fuchsschwanz, der über den Nacken und die rechte Schulter fällt, und der schwere, vor der Brust zusammengehaltene, mit bunten Borten verzierte Mantel weisen ihn als Thraker aus. Den rechten Fuß auf den Felsen gestellt und auf zwei Lanzen gestützt, die linke Hand in die Seite gestemmt, ist er unmittelbar von der Musik gefangen genommen und blickt dem

Sänger aufmerksam ins Gesicht. Links und rechts setzt sich die Szene mit weiteren thrakischen Zuhörern fort.

Rotfigurige Vasenbilder, die Orpheus bei den Thrakern zeigen, sind in der zweiten Hälfte des 5. Jahrhunderts besonders zahlreich. Möglicherweise ging die Beliebtheit an dem Thema auf eine zeitgenössische, heute nicht mehr erhaltene Tragödie des Aischylos zurück, die den Tod des Orpheus schilderte. Der Kolonettenkrater, von dem der abgebildete Ausschnitt stammt, wurde im sizilischen Gela als Grabbeigabe gefunden. Er ist das namensgebende Stück für den ›Orpheus-Maler‹, dem zahlreiche weitere Vasenbilder zugeschrieben werden. Die Schaffenszeit des Malers wird in die Jahre 440–420 v. Chr. datiert.

Literatur: A. Furtwängler, BWPr 50, 1890, 155–164 Taf. 2; F. M. Schoeller, Darstellungen des Orpheus in der Antike (1969) Taf. XV 1; C. Isler-Kerényi, AntK Beih. 9 (1973) 28; Simon-Hirmer, Griechische Vasen 141 f. Nr. 203. – M. Wegener, Boreas 11, 1988, Taf. 11, 1; LIMC VII s. v. Orpheus Nr. 9 (M.-X. Garezou); I. Huber, Thetis 8, 2001, 24 f. Abb. 7; A. Hönle, Antike Welt 35, Heft 3, 2004, 51–53 Abb. 1. – Zur Tracht der Thraker: K. Zimmermann, Thraker-Darstellungen auf griechischen Vasen, in: Le monde Thrace. Actes du IIe Congrès International de Thracologie, Bukarest 4. – 10. September 1976, Bd. 1 (1980) 429 ff. Von.

50 Kompartiment 21

Bildnis des Perikles

Römische Kopie nach einem Original um ca. 430 v. Chr.
Gefunden auf Lesbos; 1901 im Kunsthandel erworben.
Marmor. Höhe: 54 cm.
Sk 1530

Perikles, nach dem die Blütezeit Athens das perikleische Zeitalter genannt wird, lebte von ca. 490 bis 429 v. Chr. Sein Leben spannte sich somit von der Zeit des griechischen Sieges über die Perser bis hin zum Beginn des Peloponnesischen Krieges zwischen Athen und Sparta. Vor allem auf Grund seiner außerordentlichen Redegewandtheit und seiner Fähigkeit, vorausschauend politisch zu denken, gestaltete er seit dem Ende der 460er Jahre die Politik Athens maßgeblich mit. Die Volksversammlung wählte ihn fünfzehn Jahre lang immer wieder zum Strategen und damit in eines der wenigen Ämter, das in der Zeit der attischen Demokratie durch Wahlen vergeben wurde. Zu diesem Amt gehörten außer militärischen auch administrative und finanzielle Befugnisse.

Das Porträt, das mit Hilfe von Inschriften auf anderen Repliken benannt werden kann, zeigt Perikles mit einem zurückgeschobenen korinthischen Helm, der auf seine militärische Position hinweist. Das Gesicht ist in gleichmäßigen und glatten Formen gestaltet; der Bart und das Haar, das unter dem Helm zum Vorschein kommt, sind in kurzen Locken wohl geordnet. Das Porträt besitzt keine individuellen Züge, die eine Identifizierung ermöglicht hätten, sondern Perikles erscheint ebenso wie die attischen Bürger auf den Grabreliefs mit entspannten, idealisierten Zügen. Die Mimik des ebenmäßigen Gesichts lässt keinerlei Emotionen erkennen. Dies stimmt überein mit den in der Perikles-Biographie des Plutarch überlieferten Nachrichten über seine Selbstbeherrschung. Sowohl die Lebensweise als auch die Kunstform entsprechen somit den zeitgenössischen Idealen für das Auftreten von Politikern.

Eine Statue des Perikles auf der Akropolis von Athen erwähnt Pausanias in seinem im 2. Jahrhundert n. Chr. verfassten Reisebericht Griechenlands. Den Kopf dieser Statue geben wahrscheinlich die zahlreichen römischen Kopien wieder, zu denen auch das Berliner Bildnis zählt. Da die erwähnte Statue in der Nähe der Propyläen stand, erblickte der Besucher unmittelbar nach dem Betreten der Akropolis die Statue des Mannes, der nicht nur die Politik Athens, sondern auch die Ausgestaltung dieses Heiligtums geprägt hatte. Vor allem der Bau des Parthenon, der das politische Selbstbewußtsein Athens zum Ausdruck brachte, war auf seine Initiative zurückgegangen. Sowohl die Darstellungsweise als auch der Aufstellungsort der Statue vermittelten somit in vielschichtiger Hinsicht Aussagen über den Dargestellten.

Literatur: Blümel, Kopien des 5. Jhs., 5 Nr. K 127 Taf. 8. 9; G. M. A. Richter, The Portraits of the Greeks 1 (1965) 102 ff.; L. Giuliani, Bildnis und Botschaft (1986) 131 ff.; T. Hölscher, Die Aufstellung des Perikles-Bildnisses und ihre Bedeutung, in: K. Fittschen (Hrsg.), Griechische Porträts (1988) 377 ff.; R. Krumeich, Bildnisse griechischer Herrscher und Staatsmänner im 5. Jh. v. Chr. (1997) 118 ff. Abb. 60; N. Himmelmann, Die private Bildnisweihung bei den Griechen (2001) 54 f. Taf. 2. 3; Griechische Klassik 2002, 232 f. Nr. 127 (R. Krumeich); Bol, Klassische Plastik 67. 98 ff. (C. Bol). 241 (D. Kreikenbom). 309 (C. Maderna). 384 (Ch. Vorster) Taf. 70–71. Kni.

51

Kompartiment 21

Trinkschale des Vasenmalers Duris

Um 480 v. Chr.
Aus Cerveteri in Etrurien.
Ton. Durchmesser: 28,5 cm.
F 2285

Das aufstrebende Bürgertum hatte sich in der Spätarchaik die aristokratische Kultur angeeignet, und zwar nicht zuletzt die – Trinkkultur. Im Bestand einer Antikensammlung schlägt sich diese Entwicklung in Vielzahl, Vielfalt und Qualität des bildbemalten Trinkgeschirrs aus dem späten 6. und früheren 5. Jahrhunderts v. Chr. eindrucksvoll nieder. Dies ist die große Zeit der Trinkschalen.

Unsere Schale ist im Innenbild signiert: »Duris hat (es) gemalt«. Den Stil dieses Vasenmalers können wir von etwa 500 v. Chr. an über fast vier Jahrzehnte verfolgen; mehr als 250 Schalen sind ihm bis heute zugewiesen. In seiner Zeichenkunst bringt er es zu einer sehr vornehmen und gepflegten Konventionalität, die ihn schon fast wieder eigenartig erscheinen lässt. Seine Themen sind die der Zeit, neben Mythos und Krieg die Muße der Oberklasse: Sport und Gelage, Männergespräche, Umgang mit schönen Knaben und Hetären.

Auf den Außenseiten dieser Schalen ist etwas Besonderes dargestellt: der Schulalltag athenischer Knaben aus gutem Hause. Unser Wort ›Schule‹ kommt vom Griechischen ›*schole*‹ – ›Muße‹, ›freie Zeit‹; tatsächlich hatte nur der reiche Freie die Muße zur Bildung. Die Knaben hier lernen gewiss fürs Leben, aber nicht für einen Brotberuf (wie ihn ihre bezahlten Lehrer ausüben), sondern um als Erwachsene die Muße standesgemäß betreiben zu können. So führt das spezielle Thema wieder zum allgemeinen Tenor der Vasenbilder zurück: dem schönen Leben der feinen Leute.

Jeder Schüler hat einen Lehrer, jeder Lehrer lehrt eine andere Disziplin; das Bild vereinigt, was in Wirklichkeit in verschiedenen Räumen stattfand. Die eine Schalenseite beginnt links mit dem Unterricht im Leierspiel, Lehrer und Schüler spielen unisono. Es folgt ein besonders würdiger Lehrer im bequemen Lehnstuhl; für den Betrachter des Bildes hat er die Buchrolle mit dem Anfang des Heldenlieds aufgeschlagen, das der zuchtvoll im Mantel dastehende Schüler auswendig vorzutragen hat. Rechts ein merkwürdiger Zuschauer, halb zugehörig, halb ausgeschlossen. Er sitzt unedel lässig mit überkreuzten Beinen da: Wir müssen in ihm den ›Pädagogen‹ (›Knabenführer‹) sehen, den Dienstboten, der den vornehmen Jungen zur Schule und wieder nach Hause begleitet. – Auf der Gegenseite spielt links ein junger Lehrer mit der Doppelflöte die Melodie, zu der der Schulknabe singt. Der vierte Lehrer korrigiert auf der Schreibtafel eine Arbeit seines Schülers. Die Szene endet wieder mit einem ›Pädagogen‹.

An der Wand hängen beziehungsreich Gegenstände: als Schulutensilien Buchrolle und Schreibtafel, doppelsinnig Leiern und Flöte (im Futteral), Trinkschalen und Picknick-Korb: Denn was die Knaben hier lernen – Musik, Gesang und Gedichtvortrag – das wollen sie erwachsen als hohe Kunst der Muße, sich und andern zur Freude, beim Trinkgelage nutzen: wo man aus Schalen wie der unseren trank.

Das Innenbild der Schale (nicht abgebildet) zeigt einen jungen Mann, der nach dem nackt ausgeübten Sport sich die Sandalen bindet. Sein Bild gibt die notwendige Ergänzung: der Freie soll gleichermaßen seines Körpers wie seines Geistes mächtig sein.

Literatur: Beazley, ARV^2, 431 Nr. 48; Beazley, Para. 374; Antikenmuseum Berlin 1988, 107 Nr. 7, 5, 3; Beazley, Add.^{2}, 237; D. Buitron-Oliver, Douris (1995) 78 Nr. 88 Taf. 58; H. Schulze, Ammen und Pädagogen (1998) 24.

Kae.

52

Kompartiment 22

Trinkbecher mit Darstellung eines athenischen Festes

Attisch, um 440 v. Chr.; dem Penelope-Maler zugeschrieben.
Aus Chiusi. Durch Gerhard 1846 erworben, seit 1848 im Berliner Museum.
Ton. Höhe: 20,3 cm.
F 2589

In die Welt der athenischen Feste führen uns die Darstellungen auf diesem Skyphos. Die Bilder beziehen sich auf die Anthesterien, das ›Blütenfest‹, das im Vorfrühling gefeiert wurde und drei Tage dauerte. Auf der einen Seite des Trinknapfes ist eine ungewöhnliche Szene zu sehen. Links steht ein bärtiger Silen mit einer Strahlenbinde, deren Enden lang herabfallen. Er hat das linke Bein leicht vorgesetzt, um sich abzustemmen, und streckt beide Arme nach vorn, um ein vor ihm auf einer Schaukel nach rechts schwebendes Mädchen aufzufangen oder erneut abzustoßen. Die Schaukel besteht aus einem Hocker, der an rot aufgemalten Stricken oberhalb des Bildfeldes – wahrscheinlich an einem Baum – befestigt ist. Das Mädchen mit langem Haar und in feingefälteltem Chiton hält sich an den Stricken fest und hat die Beine vorgestreckt, um den Schwung zu unterstützen. Links oben sind Reste einer Inschrift erhalten: »Schön bist du, Antheia«.

Die andere Seite zeigt wiederum einen Silen. Er steht nach links gewandt und trägt auf dem Kopf eine hohe Krone von Schilfblättern. Mit beiden Händen hält er einen Sonnenschirm über das Haupt einer vor ihm herschreitenden Frau.

Die erstgenannte Szene ist dem dritten Tag der Anthesterien zuzuordnen. Nach fröhlichem Wetttrinken (Choenfest) und der heiligen Hochzeit, die die Frau des Archonten, die Basilinna, mit dem Gott Dionysos zu vollziehen hatte, wurde am letzten Festtag, dem Chytrentag, mit dem Schaukelfest (Aiora) als ein Sühneritus der Verstorbenen gedacht. Die Verbindung zu dem Weingott Dionysos, dem das Frühlingsfest gewidmet war, wird in dem mythischen Ursprung der Aiora deutlich: Der attische Bauer Ikarios hatte als erster in Attika Dionysos aufgenommen und bekam zum Dank dafür von dem Gott die Weinrebe geschenkt. Das unbekannte Getränk wurde ihm jedoch zum Verhängnis; im Rausch töteten ihn seine Nachbarn. Aus Gram über den Tod ihres Vaters erhängte sich daraufhin seine Tochter Erigone. Zur Sühne des Frevels befahl das Orakel von Delphi das Schaukelfest – in Erinnerung an die Todesart der Erigone. Das grausige Geschehen ist zu einem harmlosen Spiel gewandelt worden, an dessen dionysische Ursprünge nur noch der Silen erinnert.

Bei der Darstellung auf der Gegenseite des Trinkgefäßes ist man oft davon ausgegangen, dass hier ein Hinweis auf die heilige Hochzeit beabsichtigt ist: Die Basilinna wird in feierlichem Zug zu dem Archontenhaus, in dem das geheime Mysterium stattfand, geleitet. Die ungewöhnliche Bewegungsrichtung von rechts nach links scheint jedoch eher darauf hinzuweisen, dass die beiden Skyphosbilder aufeinander bezogen sind wie auch die auf dem Freiermord-Skyphos desselben Malers (Kat. Nr. 36). Es ist also anzunehmen, dass die vornehm gekleidete Frau als Basilinna am Chytrenfest das Schaukeln überwacht und mit ihrer Anwesenheit den empfangenen Segen des Gottes vergegenwärtigt.

Literatur: Beazley, ARV^2, 1301 Nr. 7; Beazley, Para. 475; LIMC III s. v. Chorillos Nr. 2 (A. Kossatz-Deissmann); CVA Berlin/DDR (1) Taf. 35; Beazley, $Add.^2$, 360; L'Esport a la Grecia Antiga. La genesi de l'olimpisme. Ausstellungskatalog Barcelona 1992, 182 Kat. Nr. 39; M. C. Miller, The Parasol: An Oriental Status-Symbol in Late Archaic and Classical Athens, JHS 112, 1992, 102 Taf. V d.

U. Kä.

53 Kompartiment 23

Grabgefäß mit Darstellung der Gigantomachie

Apulisch, 3. Viertel des 4. Jhs. v. Chr.; dem Unterwelt-Maler zugeschrieben.
1984 aus dem Kunsthandel erworben.
Ton. Höhe mit Henkeln und separat getöpfertem Fuß: 113 cm.
Inv. 1984.44

Die ursprünglich in Athen entwickelte Kunst der rotfigurigen Vasenmalerei ist durch Auswanderung attischer Meister nach Unteritalien übertragen worden und hat dort im 4. Jahrhundert v. Chr. eine letzte, großartige Blüte erlebt. Von besonderer Bedeutung sind dabei Werkstätten in jener Gegend gewesen, die der Ferse des italischen Stiefels entspricht und heute Apulien genannt wird. Anders als in Griechenland ist hohe künstlerische Qualität hier fast immer mit einem monumentalen Format verbunden; auch unser Krater, der einem der bedeutendsten Vasenmaler dieser Zeit zugeschrieben werden kann, erreicht eine Höhe von mehr als einem Meter. Zum Gebrauch waren solche Prachtgefäße kaum noch bestimmt: Sie dienten als Grabbeigaben und werden mit ihrer reichen Bilderpracht auch bei den Begräbnisfeierlichkeiten gebührend bewundert worden sein. Das Hauptbild des Kraters zeigt in großartiger, den ganzen Vasenkörper überspannender Komposition den Kampf der olympischen Götter gegen die Giganten. Oben in der Mitte des Bildes erscheint Zeus in einem Gespann, das von einer geflügelten Siegesgöttin gelenkt wird; vom göttlichen Blitz getroffen, ist sein Gegner bereits zusammengebrochen, über ihm kräuselt sich feiner Rauch. Um diese Gruppe herum kämpfen die übrigen Götter, wobei die gegnerischen Paare jeweils durch feine Entsprechungen aufeinander abgestimmt sind. So stemmt etwa der Gegner des Erderschütterers Poseidon einen gewaltigen Felsen, während weiter unten Athena mit Helm, Schild und Lanze bewaffnet gegen einen ebenso gerüsteten Giganten kämpft. Weiter rechts kämpft Herakles gegen einen Giganten, der wie er selber eine Keule schwingt. Der jüngste und schönste aller Giganten wird oben rechts von Aphrodite überwunden, die triumphierend die Siegespalme schwingt: ihrem Gegner droht als einzigem keine Waffe. Während Eros ihm die Hände auf den Rücken bindet, blickt der Gigant schmachtend und voller Hingabe zu seiner Bezwingerin empor: Aphrodite siegt durch Liebe, nicht durch Gewalt.

Ein ganz anderer Liebeskampf ist im Halsbild dargestellt, wo Peleus mit der Meerjungfrau Thetis ringt; Eros fliegt von links auf Peleus zu, um ihn zu bekränzen: Der junge Held wird siegen und damit auch Thetis' Liebe gewinnen.

Literatur: Antikenmuseum Berlin 1988, 289 Nr. 5; LIMC IV s. v. Gigantes Nr. 397; L. Giuliani, Tragik, Trauer und Trost (1995) 37 ff.; 66 Meisterwerke 2005, 94 f. (U. Kästner). Giul.

Trauernder Sklavenjunge

Hellenistisch, 3. Jh. v. Chr.
Gefunden in Tarent im Bereich der Nekropolen; 1881 erworben.
Kalkstein. Höhe: 64 cm.
Sk 502

In der Grabkunst sind Darstellungen von Sklaven relativ häufig. Auf den Reliefs begleiten sie die Herrschaft mit dienenden Handlungen, oder, wie seit dem 4. Jahrhundert v. Chr., sie flankieren die Grabmäler (Kat. Nr. 99; 100). Ihre äußere Erscheinung ist durch formelhaft wiederkehrende ikonographische Details festgelegt. Dazu gehören an unserer Statue der kurze Ärmelchiton und ein kurzer Haarschnitt.

Die hellenistische Kunst geht über die Darstellung dieser simplen Merkmale hinaus, und ihr gelingt eine physische wie psychologische Ausdeutung solcher Figuren. So fallen hier die magere Gestalt des Knaben und sein großer Kopf auf. Es ist ein hagerer Schädel mit kurzem Haar und großen Ohren; hervortretende Jochbeine, eine kurze, breite Stupsnase und aufgeworfene Lippen beherrschen besonders das Gesichtsprofil. Es sind zweifellos Merkmale nichtgriechischer Herkunft, die hier betont werden. Beispiele für die Darstellung von Fremden bzw. Barbaren gibt es schon in der Kunst des 5. Jahrhunderts v. Chr., was ihnen jedoch fehlt ist zugleich die psychologische Durchdringung. Der Kopf ist etwas vorgeschoben und zur rechten Seite leicht nach oben gedreht. Mit großen Augen blickt der Knabe ängstlich und ergeben zu seiner verstorbenen Herrschaft auf, die man sich, wie den Sklavenknaben, in einem separat gearbeiteten Naiskos, einer tempelartigen Rahmung, vorstellen muss. Der Rangunterschied dürfte zudem durch entsprechende Größenverhältnisse zwischen Diener und Herrschaft markiert gewesen sein. Solche fast freiplastischen Reliefs und freiplastische Gruppen innerhalb entsprechender Familiengräber befinden sich auch im Pergamonmuseum (Kat. Nr. 99). Dass die Sklavenstatue in eine solche Aufstellung gehört, wird man auch aus der nur grob ausgearbeiteten Rückseite schließen können.

Literatur: H. Klumbach, Tarentiner Grabkunst (1937) 64 Nr. 155; N. Himmelmann, Archäologisches zum Problem der griechischen Sklaven (1971) 46 Abb. 70; W. H. Schuchardt, AntPl 17 (1978) 81 f. 90 Abb. 18. 21; H. Rühfeld, Das Kind in der griechischen Kunst von der minoisch-mykenischen Zeit bis zum Hellenismus (1984) 268 mit Anm. 300 Abb. 13; M. Söldner in: Studien zur Religion und Kultur Kleinasiens und des ägäischen Raums. Festschrift Baki Öğün (2000) 300 Abb. 12.

Kun.

55 Kompartiment 23

Stirnziegel mit dem Kopf der Gorgo Medusa

Um 400 v. Chr.
Tarentinisch, aus Privatbesitz erworben.
Ton. Höhe: 18,5 cm.
Große Teile der ursprünglich halbrunden Ziegelplatte an den Seiten und über dem Stirnhaar sind abgebrochen. Unter Sinterspuren ist die Farbgebung jedoch vorzüglich erhalten.
Inv. 31621

Der fragmentarisch erhaltene Stirnziegel zeigt einen flach modellierten Frauenkopf mit kurzem Halsansatz. Der Mund mit angedeuteten Zähnen ist leicht geöffnet, die großen Augen sind schreckhaft geweitet, und über einer niedrigen gefurchten Stirn streben beiderseits die ornamental stilisierten Haarsträhnen wie Flammenbündel nach außen. Links an der Schläfe über dem Auge ist der Ansatz einer Schlange erhalten und im Haupthaar über dem Scheitel das kurze Stück eines Haarreifs erkennbar.

Das Bruchstück lässt sich zu einer gestelzt halbrunden Platte ergänzen, über die sich die stark gewellten dreiteiligen Haarsträhnen des Frauenkopfes flächig ausbreiten. An beiden Schläfen sind s-förmig gewundene Schlangenleiber zu ergänzen. Bemerkenswert ist die über einer weißen Grundierung ungewöhnlich gut erhaltene Farbgebung des Reliefs: dunkelrote Lippen, gerötete Wangen auf blassweißem Inkarnat, Augen mit schwarzen Lidränder und gelben Pupillen, das goldgelbe Haupthaar und der türkisblaue Ansatz der linken Kopfschlange. Schlangen und Gesichtsausdruck charakterisieren die Darstellung als Haupt der Medusa. Der Kopf der von Perseus enthaupteten Medusa, das Gorgoneion, wurde als Unheil abwehrendes Bildsymbol in der antiken Kunst außerordentlich häufig dargestellt. Die Darstellung wandelte sich hierbei von der abschreckenden tierhaften Maske zum schönen Frauenantlitz bisweilen auch mit pathetisch schmerzvollem Gesichtsausdruck.

In Süditalien, besonders auch in Tarent, wurden Stirnziegel seit archaischer Zeit mit dem Gorgoneion geschmückt. Das Fragment gehört zu einem Stirnziegel, der gegen Ende des 5. Jahrhunderts v. Chr. hergestellt wurde und stellt bereits den ›schönen Typus‹ des Gorgoneions dar. Diese sogenannten Antefixe wurden in großer Zahl in Tarent gefunden und gehörten wahrscheinlich zum Dachschmuck kleiner Grabtempel.

Literatur: C. Laviosa, Le antefisse fittile de Taranto, in ArchCl 6, 1954, 217 ff. 236 f. Nr. 23 Taf. 72, 5; H. Herdejürgen, Götter, Menschen und Dämonen (1978) 92–94 Nr. C 11–13; LIMC IV, 285 ff. (St.-Ch. Dahlinger); 327 Nr. 108 b (I. Krauskopf). V. Kä.

56 Kompartiment 24

Kelchkrater des Malers Assteas mit Darstellung einer Possenszene

Paestanisch, um 350 v. Chr.
Aus einer Sammlung in Nola, möglicherweise in S. Agata gefunden; 1875 erworben.
Ton. Höhe: 37 cm.
F 3044

Die Szene spielt auf dem Theater: hölzerne Säulen tragen die Bretter der Bühne, von oben hängen – z. T. stark verblichene – Kränze und Masken herab. Links öffnet sich eine Tür, die ins Innere eines Hauses führt. Die Schauspieler tragen Nacktheit simulierende Trikots mit gepolstertem Gesäß, dickem Bauch und großem, rüsselähnlichem Phallos; zwei von ihnen sind darüber hinaus noch mit einem kurzen Chiton bekleidet, der ihre Blöße eher betont als verdeckt. Ihnen allen sind Namen beigeschrieben, die uns kaum etwas sagen, im antiken Betrachter aber die Erinnerung an eine bekannte Posse hervorgerufen haben dürften. Der Kern der Handlung ist allerdings auch ohne solches Vorwissen leicht zu verstehen. In der Mitte der Bühne steht eine große Truhe. Solche Möbel pflegte man in der Antike ebensowenig wie heute im Freien aufzustellen; sie muss also gerade erst von den zwei nackten Männern, Gymnilos und Kosilos, durch die offene Haustür herausgetragen worden sein. Dass es mit diesem Transport allerdings kaum seine Richtigkeit hat, zeigt das Verhalten des alten Charinos, den Gymnilos und Kosilos von der Truhe herunterzubewegen versuchen. Es kann sich nur um deren Besitzer handeln, der sein kostbares Gut in Gefahr sieht und den sein Geiz zu tollkühnem Widerstand treibt: Er wehrt sich mit all seinen spärlichen Kräften und selbst auf das Risiko hin, dass er schließlich selber mitsamt der Truhe davongetragen werde. Sehr viel bedächtiger als sein Herr ist der Sklave Karion, dessen hilflose Gebärde des beschwichtigenden Bedauerns eine durchaus realistische Einschätzung der Kraftverhältnisse verrät.

Der Krater trägt die stark verblichene Signatur: Assteas hat es gemalt. Es handelt sich um einen Vasenmaler, der um die Mitte des 4. Jahrhunderts v. Chr. in Poseidonia (heute: Paestum) tätig gewesen ist und von dem beinahe ein Dutzend signierte Werke erhalten geblieben sind. Die meisten seiner Vasenbilder sind ernsthaften Themen der griechischen Sage gewidmet, aber gelegentlich hat er auch Szenen der Posse dargestellt: mit sicherem Instinkt für Komik und ansteckender Freude am Klamauk.

Literatur: A. Furtwängler – K. Reichhold, Griechische Vasenmalerei 3 (1932) 178 ff. Taf. 150, 2; A. D. Trendall, The Red Figured Vases of Paestum (1987) 84 Nr. 125; Antikenmuseum Berlin 1988, 167 Nr. 12, 3, 6; G. Pugliese Carratelli (Hrsg.), The Western Greeks. Ausstellungskatalog Venedig 1996, 449. 712 Nr. 227. – Zum griechischen Theater s. J. R. Green, The theatre in ancient greek society (1994) bes. 89 ff. Giul.

57 Kompartiment 24

Keltischer Helm

2. Hälfte 4. Jh. v. Chr.
Aus einem Kammergrab in Canosa (Provinz Bari), Italien; seit 1898 Bestandteil der Sammlung Franz von Lipperheide und 1905 den Berliner Museen gestiftet.
Eisen mit Bronzebeschlag. Höhe: 23,2 cm; Länge: 22,2 cm; Breite: 18,7 cm.
L 80

Der Helm stellt eine äußerst prachtvolle Variante eines keltischen, insbesondere im 4. und 3. Jahrhundert v. Chr. verbreiteten Typs dar. Seine halbkugelige Kalotte mit angearbeitetem Nackenschutz besteht aus einem dünnen Eisenblech. Am Rand des Helms ist ein breites bronzenes Zierblech befestigt, ein weiteres Zierblech umschließt kappenartig den oberen Helmteil. Der besondere farbliche Eindruck geht auf die rötlichen Einlagen von Korallen oder Schalen von Meeresschnecken zurück, die die Zwischenräume der vegetabilen Ornamente füllen.

Seitlich des Helmes waren Kokarden aus Eisen in Dreiecksform mit Nieten am Helm befestigt. Darüber befindet sich jeweils eine längliche Tülle, in die weiterer Schmuck wie Federn gesteckt werden konnte. Auf dem Scheitelpunkt des Helmes sitzt ein massiv gegossener Knauf, der mit Einlagen aus Email(?) verziert und mit dem Helm durch einen Eisenstift verbunden ist. Auf der Innenseite des Helmes haben sich Reste der Scharnierbänder erhalten, die zur Anbringung der jetzt fehlenden, bei Auffindung aber noch vorhandenen Wangenklappen dienten.

Der Helm gehörte zur Ausstattung eines Kammergrabes im apulischen Canosa, in dem, den Funden nach zu urteilen, im letzten Viertel des 4 Jahrhunderts v. Chr. drei Krieger bestattet worden waren. Die Grabbeigaben – neben

dem Helm ein Brustpanzer, ein Bronzegürtel, vier eiserne Speerspitzen, Pferdegeschirr und zahlreiche Vasen – wurden kurz nach ihrer Auffindung Ende des 19. Jahrhunderts verkauft, sie befinden sich heute in mehreren europäischen und amerikanischen Museen.

Ungewöhnlich ist die Tatsache, dass mit dem Helm ein Ausrüstungsgegenstand keltischen Ursprungs innerhalb eines rein lokal-apulischen Bestattungskontextes vorliegt. Die Kelten drangen, von Westen kommend, seit 400 v. Chr. in den osteuropäischen Raum vor und nahmen als Söldner auch an kriegerischen Auseinandersetzungen im Mittelmeerraum teil. Bei solchen Kämpfen könnte der Helm zum Beutestück und später zur besonders wertvollen Grabbeigabe eines apulischen Kriegers geworden sein. Möglicherweise ließ dieser ihn auch noch einmal umarbeiten, da die seitlichen Tüllen nicht zum ursprünglichen Ausstattungsmerkmal keltischer Helme gehörten, sondern unteritalischem Geschmack folgten.

Literatur: J. Naue, Grabfund von Canosa in Apulien, Prähistorische Blätter 10, 1898, 50 ff.; P. Jacobsthal, Early Celtic Art (1944) 146; 179 f. Nr. 143 Taf. 83, 84; Antike Helme. Sammlung Lipperheide und andere Bestände des Antikenmuseums Berlin. Römisch-Germanisches-Zentralmuseum Mainz, Monographien 14 (1988) 516 f. K 104 (U. Schaaff); H. Pflug, Schutz und Zier – Helme aus dem Antikenmuseum Berlin und Waffen anderer Sammlungen. Ausstellungskatalog Antikenmuseum Basel und Sammlung Ludwig (1989) 77 Nr. 59. – Zum Fundkontext: A. Oliver Jr., The reconstruction of two apulian tomb groups (1968).

Von.

58 Kompartiment 25

Die Glasamphora aus Olbia

Hellenistisch, 2. Hälfte 2. Jh. v. Chr.
Aus Olbia am Schwarzen Meer; 1913 Geschenk F. L. von Gans.
Klarglas, vergoldetes Kupferblech. Höhe: Gesamt 59,6 cm; Deckel: 9,6 cm; größter Durchmesser: 22,4 cm; Gewicht mit Deckel: 2.445 g.
Inv. 30219, 254

Ein Meisterwerk hellenistischer Glasmacherkunst ist die berühmte Amphora aus Olbia, mit fast 60 cm Höhe das größte aus der Antike erhaltene Glasgefäß überhaupt. Das vollkommen blasenfreie, einst klare hellgrüne Glas lässt in seiner grazilen Formgebung nichts von der Schwierigkeit seiner Herstellung ahnen, war doch die Technik des Glasblasens zur Zeit seiner Entstehung noch nicht erfunden. Der Gefäßkörper besteht aus zwei Teilen: Der weit ausladende Bauch auf hohem Fuß und die Schulter mit langem Hals und ausladender Mündung passen genau aufeinander; die Nahtstelle ist mit einem rankenverzierten Band aus vergoldetem Kupferblech verdeckt. Unter- und Oberteil wurden in mehreren Schritten hergestellt: Der dünnwandige Bauch und der glockenförmige Fuß wurden in der Form geschmolzen oder auf einer Halbform abgesenkt und dann mittels eines massiven Stiels heiß miteinander verbunden. Ebenso ist die Schulter mit dem Halsansatz getrennt vom oberen Halsteil mit der Mündung gefertigt und dann heiß verschmolzen worden, der Wulst markiert die Fuge. Dieser komplizierte und risikoreiche Prozess erklärt die sichtbaren Achsverschiebungen zwischen Fuß und Bauch sowie im Halsbereich.

Zwei in die untere Bauchwandung gebohrte Löcher mit Tüllen münden in Tierbalge, gehalten von Satyrn, zum Ausgießen des Weines. Sie wurden in Kupferblech getrieben, ziseliert und vergoldet wie auch die Manschetten in Form von Masken und Ahornblättern, mit denen die langen, s-förmigen Henkel aus gebogenen Glasstäben an Schulter und Hals befestigt sind. Der konische Deckel der Glasamphora aus hellerem gelblicherem Klarglas ragt gering über den Mündungsrand hinaus und weist keinen Falz auf, der in die Lippe einpasst. Er ersetzte wohl den ursprünglichen Deckel, der zerbrach. Die Knaufknospe aus vergoldetem Kupferblech ist durch ein gebohrtes Loch im Scheitel befestigt.

Glas, der älteste Kunststoff der Welt, ist ein Gemisch aus Kieselsäure und Alkali als Flussmittel, wobei für seine

Haltbarkeit in einem von beiden genügend Kalk vorhanden sein muss. Bis in römische Zeit wurde Rohglas nur in wenigen spezialisierten Zentren in Vorderasien und Ägypten hergestellt, ge- oder entfärbt und in Barren zum Verarbeiter transportiert. Glas ist seit dem späten 3. Jahrtausend v. Chr. in Mesopotamien bekannt, aber Gefäße erst aus dem 16. Jahrhundert v. Chr. Seit dem 8. Jahrhundert v. Chr. wurden kleine Flaschen und Becher aus Klarglas in der einteiligen Form geschmolzen, der Rohling nach Erkalten ausgebohrt wie ein Gefäß aus Edelstein. Dünnwandige Schalen entstanden durch Schmelzen von Glaskröseln in der Form oder durch Absenken eines vorfabrizierten Rohlings über einer Halbform (s. Kat. Nr. 141). Das für hellenistische Luxusgläser bevorzugte klare Rohglas stammte vermutlich aus Sidon, berühmt für eine besonders reine Schmelze aus dem Sand des Belos. In Jerusalem fand man die frühesten Versuche des Glasblasens um 75 v. Chr.; die Entwicklung der Glaspfeife war eine technische Revolution hin zur preiswerten Serienproduktion.

Die Berliner Glasamphora übernimmt die Gefäßform der späten sogenannten Panathenäischen Preisamphoren aus Ton, wie sie zahlreich in Gräbern des 3. und 2. Jahrhunderts v. Chr. in und um Olbia gefunden wurden. Ein reicher Bürger wird sie für seine Trinkgelage in Auftrag gegeben haben, sie mag seinen Gästen schwebend leicht und kostbar wie Bergkristall erschienen sein. Der Glanz nächtlicher Lichter auf Glas und Metall, darin der funkelnde Wein, den die Satyrn ausschenken: ein Prunkgefäß von einzigartiger Raffinesse.

Literatur: G. Platz-Horster, Antike Gläser. Antikenmuseum Berlin (1976) 16 ff. Nr. 16; dies., Die Berliner Glasamphora aus Olbia, Journal of Glass Studies 37, 1995, 35–49; R. Kühne, Ars vitrearia experimentalis, Antike Welt 30, Heft 5, 1999, 470 ff. Abb.18; R. Lierke, Antike Glastöpferei (1999) 47 ff. Abb.107 f.; G. Platz-Horster, Die Berliner Glasamphora aus Olbia – Herstellung und Handel von Glas im Hellenismus, in: To gyali apo tin archaiotita eos simera. Kongress Margarites, Kreta 1997 (2002) 73–80; dies., Zum Handel von Glas zwischen dem Nahen Osten, dem Mittelmeer- und dem Schwarzmeergebiet im 1. Jahrtausend v. Chr., in: Pont-Euxin et Commerce. Actes du IXe Symposium de Vani (2002) 95–107; A. v. Saldern, Antikes Glas. Handbuch der Archäologie (2004) 148 f. Abb. 131.

Pla.

59

Statuette einer ›Tanagräerin‹: Frau mit Sonnenhut und Fächer

Frühhellenistisch (letztes Drittel des 4. Jhs. v. Chr.).
Aus Tanagra (Böotien), erworben 1880 aus der Sammlung Rhousopoulos-Hamburger.
Ton mit reicher Bemalung. Höhe: 34 cm.
TC 7674

Als »Pariserinnen der Antike« wurden die Tonstatuetten meist junger Frauen apostrophiert, die seit 1870 in großer Zahl in den Gräbern der böotischen Landstadt Tanagra gefunden und sofort zu einem Verkaufsschlager ersten Ranges wurden: Museen und Privatsammler aus aller Welt erwarben diese Bildnisse vornehm wirkender Damen in eng anliegenden Gewändern und anmutigen Posen, deren Haltung, Gestik, Attribute und oft verblüffend gut erhaltene Farbigkeit den Zeitgeschmack des späten 19. Jahrhunderts punktgenau trafen. Es überrascht nicht, dass angesichts einer gewaltigen Nachfrage bald Nachschöpfungen und auch Fälschungen auf den Markt gelangten. Heute ist es auch dank des Verfahrens der Thermolumineszenz (TL)-Untersuchung möglich, Fälschungen von Originalen mit großer Sicherheit zu unterscheiden.

Auch unsere Dame mit ihrem Sonnenhut im Form eines flachen Kreisels, dem blattförmigen Fächer in der rechten Hand und einem den gesamten Körper bedeckenden Gewand aus fußlangem Chiton und darüber gelegtem Mantel (Himation) wurde einer TL-Analyse unterzogen und als authentisch erkannt. Die aus zwei getrennten Matrizen für Kopf und Körper geformte Figur ist reich mit Farbe überzogen: Blau, Rot, Braun, Weiß, Elfenbein-Rosa sowie Gold.

Die nach ihrem wichtigsten Fundort als ›Tanagräerinnen‹ bezeichneten Statuetten wurden auch in anderen griechischen Regionen produziert, der Ursprung der Gattung liegt in Athen in der zweiten Hälfte des 4. Jahrhunderts v. Chr. Die Werkstätten produzierten für einen großen Markt: So exportierte etwa die in Tanagra selbst zu lokalisierende Werkstatt der Dame mit Sonnenhut ihre Produkte bis nach Kreta. In ihrer äußeren Form lehnen sich die Figuren oft an bekannte Typen der Großplastik an, in diesem Fall an die sogenannte Große Herkulanerin.

Die unplanmäßigen Ausgrabungen in Tanagra erschweren bis zum heutigen Tage die Beantwortung der Frage nach der Funktion dieser Figuren. Ob als Schmuck in Privathäusern, Weihegaben in Heiligtümern und – am häufigsten nachgewiesen – als Beigaben in Gräbern, weist die Angleichung an die Ikonographie von Göttinnen wie Aphrodite und die Musen darauf hin, dass ein Bezug zur sakralen Sphäre intendiert ist, insbesondere im Falle junger Frauen im heiratsfähigen Alter. Die frühere Deutung als ›bürgerliche‹ Genrefiguren rein profaner Natur ist ein Kind des späten 19. Jahrhunderts und längst nicht mehr haltbar.

Literatur: Bürgerwelten 84–85 Kat. Nr. 1 (G. Zimmer) (mit der älteren Literatur); Tanagra. Mythe et archéologie. Ausstellungskatalog Paris/Montréal 2003, 194–197 Kat. Nr. 133.

Maisch.

60 Kompartiment 26

Statue der Priesterin Nikeso aus Priene

1. Hälfte 3. Jh. v. Chr.
Gefunden 1898 in Priene vor dem Eingang zum Demeterheiligtum.
Marmor. Höhe der Statue: 173 cm; Höhe der Basis: 56 cm.
Sk 1928

Das Heiligtum der Demeter und Kore liegt in Priene auf einer Terrasse oberhalb der Stadt. In der Regel hatten Frauen das Priesteramt im Kult für die Erd- und Fruchtbarkeitsgöttinnen inne. Ihnen zu Ehren wurden auch Statuen aufgestellt.

Die Statue der Nikeso stand unmittelbar neben dem Eingang zum Heiligtum. Die Inschrift auf der Basis nennt die Dargestellte: »Nikeso, Tochter des Hipposthenes, Frau des Eukritos, Priesterin der Demeter und Kore«. Die Statue war vom Sockel gestürzt. Kopf und rechter Arm sind nicht mehr erhalten, aber aus den gestrafften Gewandfalten unter der Achsel und aus der Lage des Dübels, mit dem der gesondert gearbeitete rechte Arm angesetzt wurde, ist ersichtlich, dass er hoch erhoben war und ein Wassergefäß stützte, das die Frau auf dem Kopf trug. Tonfiguren von Kultdienerinnen, die im gleichen Motiv dargestellt sind, wurden als Weihgaben im Heiligtum gefunden. Nikeso ist also in ihrer priesterlichen Funktion gezeigt und hat die Statue wahrscheinlich selbst gestiftet »zur Erinnerung an ihren Dienst im Heiligtum« (C. Eule). In ihrer äußeren Erscheinung ist sie auch der Kore, der Tochter der Demeter, angeglichen. Wie an den Statuen der jugendlichen Göttin ist der Mantel fest um den Körper gespannt und der schräg über die Brust verlaufende obere Saum lässt den rechten Arm frei. Das im Rücken frei herabfallende Haar, das nur im Nacken zusammengebunden ist, während lange Locken beiderseits auf die Brust fallen, ist eine für die Zeit und eine bürgerliche Frau ungewöhnliche, Frisur und gehört ebenfalls zum Erscheinungsbild der Göttin.

Auf den ersten Blick wirkt die Statue schlicht. Der Körper ist umspannt von dem Mantel aus fein geripptem, doppelt gelegtem und daher sehr dick wirkendem Stoff, der mit straffen schräggeführten Falten um Rücken, Leib und Brust gelegt und dessen stoffreiches Ende über die linke Schulter nach hinten geworfen wurde und den ganzen linken Arm verhüllt. Unter der Brust bildet er einen breiten Überschlag, der mit waagerechtem unterem Rand bis über den linken

Oberarm läuft. Auf dem Oberarm entsteht eine abgestufte Folge von eng gefältelten Stofflagen. Sie stauen sich über der linken Hand, die die herabfallenden Falten von innen fasste, und fallen in tiefen Bögen hinter dem Arm herab. Den Eindruck kunstvoller Drapierung von Stoffmassen verstärkt noch der deutliche Gegensatz zwischen dem gerippten Mantelstoff und dem faltenreichen Chiton aus schmiegsamem Stoff, der bis auf die Füße herabfällt. Im Gegenspiel mit dem Mantel, der mit seinen diagonal geführten Faltenzügen den Körperbau verdeckt, behaupten sich Körpervolumen und Bewegung der Figur, die runden Brüste, der Leib, das Knie des zur Seite gesetzten Beines und die ausgebogene linke Hüfte wie auch die durch den erhobenen Arm verursachte kräftige Drehung und Hebung der rechten Schulter. Der Bewegungsimpuls der Statue nach rechts muss durch den zur rechten Seite gewandten Kopf noch verstärkt worden sein. Die Bewegtheit der hochhellenistischen Statuen deutet sich hier schon an.

Literatur: Th. Wiegand – H. Schrader, Priene. Ergebnisse der Ausgrabungen und Untersuchungen in den Jahren 1895–1898 (1904) 147 ff. Abb. 118. 120; M. Flashar – R. von den Hoff, BCH 117, 1993, 419 ff. Abb. 17; 424 f. Anm. 30 f.; J. C. Eule, Hellenistische Bürgerinnen aus Kleinasien (2001) 43 ff. 179 f. KS 43 Abb. 71; 207 Kl Nr. 66 (zur Inschrift).
Her.

◁◁ 61 Kompartiment 26

Halbfigur einer jungen Frau oder einer Göttin (Aphrodite?)

Hochhellenistisch (spätes 3./erste Hälfte 2. Jh. v. Chr.).
Aus Priene, Gebäude südwestlich unterhalb der Athenaterrasse, gefunden 1895 bei den Berliner Ausgrabungen.
Ton. Höhe: 26 cm.
TC 8581

Unter den Terrakotta-Statuetten aus der Kleinstadt Priene ragt diese Halbfigur heraus, eine der qualitätvollsten Tonfiguren der Antike überhaupt. Außergewöhnlich sind das für Statuetten überdurchschnittlich große Format sowie die Tatsache, dass die Figur nicht aus einem Model geformt, sondern frei modelliert worden ist. Von der ehemals reichen antiken Farbfassung mit weißen, goldgelben und dunkel-rotbraunen Tönen sind nur noch an wenigen Stellen schwache Spuren zu erkennen, etwa am breiten Saum des V-förmig ausgeschnittenen ärmellosen Chitons, an der Halskette und im Haar.

Sehr effektvoll hat der Koroplast den Kontrast zwischen den glatten nackten Hautpartien der eng angelegten Arme, des Halses mit seinen ›Venusringen‹ und des vollen Gesichts einerseits und der kleinteiligen, knittrigen Falten des unterhalb der Brüste gegürteten Chitons andererseits gestaltet. Markante Akzente, in der ursprünglichen Farbfassung sicher noch stärker hervorgehoben, setzen die diversen Schmuckstücke der Dargestellten: Die aus zwei Reihen bestehende Halskette, ein nur noch in geringen Resten erhaltener Knopf im Winkel des Gewandsaumes zwischen den Brüsten, die Schulterknöpfe, die Ohrringe sowie die Binde im Haar. Die starre frontale Haltung des Körpers wird durch den nach vorne rechts geneigten Hals und den leicht nach links gewendeten Kopf abgemildert.

Unsicher sind die Benennung und die Funktion der Figur. Von den Ausgräbern und von den meisten anderen Forschern wurde sie schlicht als Mädchen bzw. junge Frau angesprochen. Den Fundort in der unmittelbaren Nachbarschaft des Athenaheiligtums, ein Gebäude an einer Treppengasse südwestlich der Tempelterrasse, deutete man als Laden, worin Votivgaben feilgeboten worden seien; unsere Statuette wäre demnach auch eine potentielle Devotionalie für Athena gewesen. Dagegen wurde jüngst mit plausiblen Argumenten eine Benennung als Aphrodite vorgeschlagen. Darauf deuten etwa die Ohrringe, deren Anhänger möglicherweise Eroten darstellen, sowie die Vermutung, dass der vermeintliche Laden eher ein Vereinslokal mit kultischem Aspekt gewesen sei, in dem neben Dionysos auch Aphrodite verehrt wurde. Die Datierung ergibt sich aus einer Zerstörungsschicht mit Münzfunden, die das Gebäude und seine Ausstattung sicher in die Zeit vor 135 v. Chr. verweist, während die zeitliche Obergrenze durch stilistische und typologische Vergleiche nahegelegt wird.

Literatur: Antikensammlung Berlin 1998, 91 f. Nr. 47 (G. Zimmer); F. Rumscheid, Die figürlichen Terrakotten von Priene. Fundkontexte, Ikonographie und Funktion in Wohnhäusern und Heiligtümern im Licht antiker Parallelbefunde (2006) bes. 264–267. 465 f. Kat. 179 (mit der älteren Literatur).
Maisch.

62 Kompartiment 27

Tonfigur der Aphrodite

2. Jh. v. Chr.
Aus Kleinasien. 1930 aus der Sammlung von Heyl in Darmstadt erworben.
Ton. Höhe: 37,6 cm.
Geringe Reste von Engobe in den Faltentälern, blaue Farbspuren am Diadem, rosarote am Mantel.
Inv. 31272

Die Darstellung der Aphrodite ist von einer seltenen Sinnlichkeit geprägt. Das Gewand ist bis über die rechte Brust herabgeglitten, enthüllt aber durch die Feinheit des Stoffes in der Bauchpartie mehr als es bedeckt. Das Haar ist am Hinterkopf zusammengefasst und von einem Diadem gekrönt, dazu trägt Aphrodite schwere Ohrringe. Die Haltung der Göttin ist wegen der verlorenen Attribute schwer zu interpretieren. Die Wendung des Kopfes weg von dem Gegenstand in ihren Händen lässt an eine zu ergänzende Person in Gestalt eines kleinen Eros denken. Das hochgestellte linke Bein fordert eine Basis oder eine umfangreichere Konstruktion wie z. B. einen Pfeiler.

Die Vorderseite wurde aus Matrizen gezogen und nachgearbeitet, die Rückseite ist dagegen etwas vernachlässigt. Die Hautfalten am Hals sind scharfkantig nachgezogen, die Pupillen durch kleine Vertiefungen angegeben. Auf der Rückseite zeugt in Hüfthöhe ein großes, ovales Brennloch von der Herstellungs- und Brenntechnik. Die Statuette stammt vermutlich aus Myrina in Kleinasien, einem Ort, der ähnlich wie Tanagra für seine Terrakotten berühmt war. Allerdings lag seine Blütezeit etwas später, so dass wir von dort Beispiele der Koroplastik des hohen Hellenismus im zweiten vorchristlichen Jahrhundert kennen.

Literatur: K. A. Neugebauer, Vereinigung der Freunde antiker Kunst (1932) 13 ff.; E. Rohde, Griechische Terrakotten (1970) 51 Taf. 55; LIMC II s. v. Aphrodite Nr. 665; J. P. Uhlenbrock, East Greek Coroplastic Centers in the Hellenistic Period, in: J. P. Uhlenbrock (Hrsg.), The Coroplast's Art (1990) 79 Abb. 65; Bürgerwelten 116 Nr. 38. – Zur Wiederholung in Karlsruhe: LIMC II s. v. Aphrodite Nr. 666. Zim.

›Tänzerin‹

Gegen Mitte 2. Jh. v. Chr.
Gefunden 1886 auf dem Burgberg von Pergamon, Palast V.
Marmor. Höhe (ohne Ergänzungen): 110 cm.
Ergänzt sind Plinthe, Füße, ein Teil des linken Arms und des Untergewandes.
AvP VII 43

Die unterlebensgroße Statue wurde in dem unter Attalos II. errichteten Palast neben dem Raum ausgegraben, dessen Fußboden das schöne Mosaik mit der Inschrift des Hephaistion (s. Kat. Nr. 158 und Abbildung unter Kat. Nr. 155) bildete. Eine zweite, verwandte Figur fand sich in moderner Verbauung in Bergama (heute im Museum in Istanbul). Man darf mit einiger Sicherheit annehmen, dass beide Statuen in dem Teil des Palastes aufgestellt waren, der demnach außer mit dem Mosaik auch mit Skulpturen besonders reich ausgestattet war. Sie dienten wahrscheinlich als Gerät- oder Leuchterträger. Diese Deutung ist überzeugender als ein anderer Vorschlag, nach dem es sich um die Darstellung tanzender Chariten handle. Die Figuren, die mit durchgedrückten Knien auf den Fußspitzen standen, vermitteln den Eindruck tänzerischer Bewegtheit. Das Motiv der Arme passt aber nicht zu den Darstellungen von Tanzenden und lässt sich eher mit späthellenistischen und römischen Geräträgern vergleichen. Mit dem vorgestreckten, wenig erhobenen rechten Arm, der über einer glatten Anschlussfläche mit einem Eisendübel angestückt war, könnte das Berliner Mädchen den Leuchter emporgehalten haben. Kopfwendung und Blick folgen der in den Raum gerichteten Bewegung des Armes, während der linke Arm zurückgenommen ist und die Hand das Gewand ein wenig anhebt. Der dominierenden Bewegung nach rechts vorn wirkt das vorgestellte linke Bein entgegen. Mit dieser Gegensätzlichkeit der Bewegungen erweist sich die Statue als ein Werk des beginnenden Späthellenismus. Dafür sprechen auch Fülle und bewegte Formen des Mantels mit seinen tief verschatteten Faltentälern und die unruhigen, gegeneinandergerichteten Faltengrate an den Stellen, wo das Gewand dem Körper eng aufliegt. Für die Anlage des »Schrägmantels« und die Faltenmotive hat der Bildhauer auf spätarchaische Vorbilder zurückgegriffen, vor allem auf die Korendarstellungen des ausgehenden 6. und frühen 5. Jahrhunderts v. Chr., die auch mit einer Hand zierlich das Gewand fassen. Das Manteltuch, dessen oberer Teil einmal umgeschlagen wurde, ist auf der rechten Schulter geknüpft und mit dem oberen Rand zwischen den Brüsten und unter der linken Achsel hindurch um den Rücken geführt. Die offenen Säume beiderseits des rechten Armes schwingen leicht nach rückwärts. Auf der Vorderseite fällt das stoffreiche Tuch in symmetrisch angeordneten Tütenfalten herab, deren mittlere sich auch im unteren Teil des Mantels und in dem dünnen Untergewand aus feingeripptem Stoff fortsetzt und so, wie an archaischen Koren, eine steile Mittelfalte bildet. Diese großartige, optisch reiche Drapierung entwickelt sich als dekoratives Gehänge auf der Vorderseite der Figur. Die Rückseite ist nur summarisch ausgearbeitet. Die Hervorhebung einer Ansicht der Figur gehört zu den Stiltendenzen späthellenistischer Plastik, sie kann hier aber auch durch eine vorgesehene Aufstellung, vielleicht nahe der Ecke des Raumes, erklärt werden. Die beiden Statuen sind besonders qualitätvolle Beispiele für Rückgriffe auf historische Stilformen im hellenistischen Pergamon.

Literatur: T. Brahms, Archaismus, Untersuchungen zu Funktion und Bedeutung archaistischer Kunst in der Klassik und im Hellenismus (1994) 361 ff. 361 ff. Kat. Nr. 91 Abb. 97–93; Chr. Kunze in: W. Hoepfner – G. Brands (Hrsg.), Basileia. Die Paläste der hellenistischen Könige. Internationales Symposion in Berlin 1992 (1996) 116 ff. Abb. 5; B. S. Ridgway, Hellenistic Sculpture Bd. 2 (2000) 75. 89. 314 ff. 332 Anm. 42. 43 Taf. 77. Her.

64 Kompartiment 27

Bronzestatuette eines jungen Satyrn mit Panflöte

Um 160–150 v. Chr.
Gefunden 1879 auf dem Burgberg von Pergamon.
Bronze. Höhe: 15 cm.
Misc. 7466

Aus Pergamon stammt die kleine, äußerst qualitätvolle Statuette, die einen jungen Satyr mit einer Panflöte zeigt. Er weicht vor einem Gegner zurück und holt gleichzeitig mit seiner über den Kopf erhobenen rechten Hand zum Schlag aus, um den Angreifer im nächsten Moment kraftvoll abzuwehren. Das Wurfholz, das die Hand umschloss und das sich vielleicht gegen ein angreifendes Tier richtete, ist

heute verloren. Die sehnig gespannte Haltung und die kräftig hervortretenden Muskeln unterstreichen jedoch auch ohne das Attribut ganz deutlich die Kraft des Schlages und die Schnelligkeit der Bewegung, ebenso wie das Tierfell, das locker über den linken Arm geworfen die Gegenbewegung vollzieht und mit seinen Enden zwischen den Beinen zurückflattert. Der Ausdruckskraft, die der Künstler in die Dynamik der Figur zu legen verstand, entspricht die ungeheure Expressivität der Gesichtszüge. Aufgerissener Mund und hochgezogene Augenbrauen spiegeln die situationsbedingte Überraschung und Angriffslust, eine kurze platte Nase, die niedrige Stirn, strähnig nach hinten gestrichenes Haar und spitze Ohren charakterisieren gekonnt die typischen Merkmale des dionysischen Mischwesens. Ein antiker Bronzestift auf der Rückseite der Figur zeigt, dass der Satyr ursprünglich als Applik auf einem Gegenstand aus Holz befestigt war, vielleicht auf einem Möbelstück. Dies erklärt, warum sich die Bewegung der Figur nur flächig in einer Ebene und nicht in einem dreidimensionalen Raum entwickelt, wie dies bei Skulpturen der hochhellenistischen Zeit zu erwarten wäre.

Literatur: A. Furtwängler, Der Satyr aus Pergamon, 40. BWPr 1880, Taf. 1; Neugebauer, Klassische und hellenistische Bronzen Nr. 61 Taf. 29; Pergamon. Ausstellung in Erinnerung an E. Boehringer. Ausstellungskatalog Ingelheim 1972, Nr. 39 Taf. 20; M. Bieber, Hellenistic Sculpture (1982[2]) 111 Abb. 116; Antikensammlung Bd. 3, 47 Abb. 33; C. Rolley, Die griechischen Bronzen (1983) 196 ff. Abb. 180; LIMC VIII s. v. Silenoi Nr. 230 (E. Simon); C. Klages, Tanzende Satyrn. Untersuchungen zur Typologie und Ikonographie hellenistischer Kleinkunst (Diss. Bonn, 1997) Nr. 76 Abb. 71. Ha.

65 Kompartiment 27

Kopf des Herakles aus der Gruppe ›Herakles befreit Prometheus‹

3. Viertel 2. Jh. v. Chr.
Gefunden 1880 in Pergamon im Schutt der Nordhalle des Athenaheiligtums.
Marmor. Gesamthöhe der Heraklesfigur: 72,8 cm.
AvP VII 168 b

Zu der Gruppe gehörten die aus mehreren Fragmenten zusammengesetzten Statuetten von Herakles, Prometheus und der gelagert dargestellten Personifikation des Kaukasus. Der Titan Prometheus, der gegen den Willen des Göttervaters Zeus den Menschen das Feuer gebracht hatte, wurde zur Strafe an den Kaukasus geschmiedet. »Ein Adler fraß ihm stets die unsterbliche Leber; es wuchs dann überall wieder alles bei Nacht, was tags der riesige Vogel gefressen. Den aber tötete dann der knöchelschlanke gewaltige Herakles.« (Hesiod, Theogonie, Übersetzung T. v. Scheffer)

Die Gruppe war in einer Felskulisse aufgestellt, die für den an den Felsen gefesselten Prometheus vorausgesetzt werden muss. Herakles ist stehend mit gespanntem Bogen auf den Adler zielend dargestellt. Kopf, Rücken und Oberarme werden bedeckt von dem Fell des durch ihn getöteten nemäischen Löwen. Der Gesichtsteil des Löwenskalps war gesondert gearbeitet und auf der geglätteten und gepickten Ansatzfläche über der Stirn mit einem Dübel befestigt. Der gedrungene Kopf des Herakles mit über der Nasenwurzel vorgetriebener Stirn und kurzen Locken vor dem Diadem entspricht der Überlieferung des unbärtigen Heraklesbildes seit dem 4. Jahrhundert. Im Profil wurden jedoch Porträtzüge bemerkt. Die etwas zurückfliehende Stirn, die stark gebogene Nase mit einer leichten Erhebung auf dem Nasenrücken, die vorspringende Oberlippe und das kleine, markant gerundete Kinn forderten zu Vergleichen mit den Porträts hellenistischer Könige und besonders der Attaliden heraus, so z. B. auch mit dem Kopffragment von der Theaterterrasse in Pergamon (Kat. Nr. 67): Herakles als Stammvater der Attaliden, der den Prometheus vom Adler und mit übermenschlicher Kraft die Welt von vielen Übeln befreit hatte, wird zum mythischen Vorbild für die historischen, gegen die Feinde Pergamons errungenen Siege, und einer der siegreichen pergamenischen Könige wäre im Bild des Herakles dargestellt. Da es nicht von allen Attaliden Münzbilder gibt und die vorhandenen Porträts nicht mit Sicherheit zugeordnet werden können, bleibt eine Identifizierung mit dem Herakles der Gruppe jeweils nur Vermutung. Daher ist man auch für ihre Entstehungszeit auf stilistische Beobachtungen angewiesen. Die Figuren, die wegen der Einbindung in ein landschaftliches Ambiente an den Telephosfries (vgl. Kat. Nr. 157.24) erinnern, sind jedoch später als dieser entstanden. Das zeigt u. a. das Gesicht des Herakles mit den aufgequollenen Formen von Stirn und Wangen. Auch das Statuettenformat der Gruppe lässt an späthellenistische Entstehung denken.

Es haben sich noch Reste einer zweiten Gruppe gefunden, so dass man sich die Prometheusgruppe nicht isoliert aufgestellt vorstellen muss.

Literatur: LIMC VII s. v. Prometheus Nr. 73 (J.-R. Gisler); F. Queyrel, Les Portraits des Attalides. Fonction et représentation (2003) 153 ff. D 2 (Lit.). – Gute Gesamtaufnahme der Gruppe: B. Andreae, Skulptur des Hellenismus (2001) Abb. 202/203. Her.

66 Kompartiment 27

Statuettentorso des ägyptischen Königs Ptolemaios III. als Sieger

Hellenistisch-alexandrinisch, um 240 v. Chr.
Aus Alexandria/Ägypten (1881); 1886 in Adelaide/Australien, dann in England; erworben 1993 aus dem Kunsthandel.
Bronze mit starkem Bleigehalt. Höhe: 32,7 cm.
Inv 1993.2

Die Statuette ist Bruchstück einer Bronzegruppe, die den griechischen König Ägyptens ursprünglich wie einen Pharao mit hoch erhobener Waffe als Sieger über einen niedergesunkenen Gegner zeigte. Den Kopf zieren ein Blattkranz und eine Binde, die den im Übrigen in ›idealer Nacktheit‹ dargestellten König dem griechischen Gott Dionysos angleichen: wie dieser soll Ptolemaios, der dritte seines Namens, der 246–221 v. Chr. regierte, zu Beginn seiner Herrschaft einen triumphalen Zug nach Osten unternommen und den Beinamen Euergetes (Wohltäter) erhalten haben. Die Porträtzüge des feinen Kopfes lassen sich nach Münzbildern und weiteren erhaltenen Bildnissen eindeutig mit Ptolemaios III. identifizieren: um 240 v. Chr. muss die Bronzegruppe, von der sich nur dieses Fragment erhalten hat, geschaffen worden sein.

Beide Arme und das linke Bein sind an kantig zugeschnittenen Lötfugen herausgebrochen und fehlen heute. Eine solche Montage ist sonst eher in der Großplastik geläufig, aber in alexandrinischen Werkstätten anscheinend auch bei Kleinplastiken üblich gewesen. Lippen und Brustwarzen sind in Kupfer, die Augäpfel in Silber eingelegt. Der hervorragend gearbeitete Körper der Statuette war ursprünglich sicher im Kontrast dazu einheitlich dunkel patiniert. Das rechte Bein war im Guss allerdings nicht gut gekommen und musste am Fuß bereits in der Antike mit Hilfe eines Kupferstabs und doppelter Verbleiung angefügt werden. Im oberen Teil des im Übrigen hohlen Gusskörpers steckt noch der Gusskern aus sandigem Ton.

Bei der Auffindung der Statuette im 19. Jahrhundert waren auch der rechte Fuß und das Bein bis zum Knie von dem Torso abgebrochen, aber mit diesem an den Käufer gelangt, den zwischen England und Australien hin- und herreisenden Großhändler David Murray (1829–1907). Bei einer Hellsehersitzung 1886 in Adelaide im südlichen Australien hatte man dem Medium, einer 21jährigen Frau, nur den rechten Fuß der Statuette in die Hand gegeben; sie beschrieb aber den weiteren Torso genau, auch sehr eindrücklich seine mögliche Entstehung in einer Bronzegießerwerkstatt im alten Ägypten, dann seinen dramatischen Untergang bei einer romanhaften Tempelplünderung und

seine Wiederentdeckung in einer Fellachensiedlung am Nil. Die Séance war David Murray einen ausführlichen Bericht wert, den er 1891 in London publiziert hat.

Literatur: W.-D. Heilmeyer, JbBerlMus 39, 1997, 7–22. Hlm.

67 Kompartiment 27

Fragment eines hellenistischen Porträts, Attalos III. (?)

Mitte des 2. Jhs. v. Chr.
Gefunden 1885 im Dionysostempel am Theater von Pergamon.
Weißer Marmor. Höhe: 25 cm.
AvP VII 132

Als Fundort des Porträts wird der ionische Tempel am Theater von Pergamon angegeben. Dort soll er »in der Mitte der Rückwand, zwei Meter über dem Fußboden« gefunden worden sein. Der Tempel wurde allerdings in hadrianischer oder spätseverischer Zeit erneuert, so dass fraglich bleibt, ob unser Fragment zu einer Statue und zur Ausstattung des hellenistischen Tempels gehörte. Dionysos Kathegemon (der Anführer) wurde neben Herakles als der Stammvater der pergamenischen Könige verehrt. Seine Priester waren auch für den Herrscherkult der Attaliden verantwortlich. Die idealisierten Formen des Porträts hat man deshalb auch als eine Angleichung an das Götterbild, an Dionysos Kathegemon, interpretiert. Charakteristisch für das bartlose Gesicht, in dem man wohl Attalos III. von Pergamon erkennen kann, ist die gebogene Nase, der kleine Mund mit der vollen Unterlippe und das kurze Kinn, das sich leicht hängend und fleischig zum Hals hin absetzt. Auffällig sind aber die sich plastisch stark abhebenden kurzen und in die Stirn fallenden Haarsträhnen, die vermuten lassen, dass sie einst unter einer Binde oder einem Lorbeerkranz hervorquollen.

Literatur: G. Hafner, Ein Bild der letzten Attaliden, Aachener Kunstblätter 1982, 142 ff.; G. Hübner in: AvP XV 1, 127 Taf. 47, 1. 2; R. R. R. Smith, Hellenistic Royal Portraits (1988) 176 Nr. 117; N. Himmelmann, Herrscher und Athlet. Ausstellungskatalog Bonn 1989, 216 Nr. 8; B. Andreae, Laokoon und die Kunst von Pergamon (1990) 61 Abb. 48; P. Moreno, Scultura ellenistica Bd. 2 (1994) 592 mit Abb.; B. Virgilio, Lancia, diadema e porpora: il re e la regalità ellenistica (1999) Taf. 27. Kun.

68 Kompartiment 28

›Grüner Caesar‹

1. Jh. v. Chr. – 1. Jh. n. Chr.
Vermutlich aus Rom. Erworben durch Friedrich den II in Paris (1767); aus der Sammlung Julienne.
Grünschiefer wohl aus Oberägypten. Höhe: 41 cm.
Die Augeneinlagen aus Marmor sind neuzeitlich; Ergänzungen an den Säumen von Tunica und Toga an der rechten Seite sowie ursprünglich auch am rechten Ohr.
Sk 342

Die überlebensgroße Porträtbüste zeigt einen Mann mit deutlichen Alterszügen, mit Stirnfalten, zurückweichendem Haaransatz (›Geheimratsecken‹), Nasenwurzelfalten, Krähenfüßen an den Augen, eingefallenen, leicht faltigen Wangen, tiefen Nasolabialfalten und sehnigem Hals. Die Halsfalten links resultieren aus der Kopfwendung zu dieser Seite. Das Gesicht ist lang, schmal und kantig mit einer hohen Stirn, hohen, ausgeprägten Wangenknochen und einem stark vorspringenden Kinn. Eine lange, gerade Nase, ein schmallippiger Mund und der leichte Adamsapfel tragen zum Eindruck der Magerkeit bei. Das Haar ist vom Wirbel auf dem Hinterkopf nach vorn gestrichen, die in kurzen Sichellocken geschichteten Haare sind aber nicht plastisch vom Kopf abgesetzt, sondern eingeritzt und wirken dadurch schütter, der Kopf selbst wiederum hager.

Dargestellt ist wahrscheinlich C. Julius Caesar, der nach Münzbildern identifiziert werden kann, die in den letzten Lebensmonaten des Diktators ausgegeben wurden. Das Bildnis Caesars gehört noch in die Reihe von Porträtköpfen aus der Zeit der späten Republik, die, wie das Bild des Diktators, heutzutage immer wieder als ausgesprochen veristisch und individuell empfunden werden. Die Köpfe all dieser späten Republikaner geben jedoch keine individuellen Züge wieder, sondern zeigen typisierte Formen und normierte Formeln; sie stehen für Qualitäten und Werte, die von einem Staatsmann dieser Zeit verlangt wurden. Die Alterszüge verdeutlichen die Autorität (*auctoritas*) des Dargestellten, der schmallippige, geschlossene Mund und der Blick unter kontrahierten Brauen verweisen auf Ernst und Strenge (*gravitas*, *severitas*). Energie und Tatkraft werden in der Kopfwendung deutlich. Als Staatsmann und einer der Ersten (*persona principis*) der Republik verkörpert auch Caesar die Werte seiner Zeit und präsentiert sich als ein *vir fortis et gravis*: sich des Ernstes der Lage und der hohen Würde seines Amtes bewusst, in strenger, unerschütterlicher Gesinnung. Die mageren, asketischen Züge signalisieren die Nüchternheit und Entbehrungsfähigkeit des erfolgreichen Feldherrn. Allerdings zeigt sich Caesar hier nun nicht im militärischen Habit des Feldherrn, sondern als Staatsmann der Republik, als *civis romanus* in Tunica und Toga.

Wann der ›grüne Caesar‹ entstanden ist und wo er gearbeitet wurde, ist umstritten. Der Kopf ist von allerbester bildhauerischer Qualität. Die immer wieder beobachtete ›klassizistische Beruhigung‹ der Züge könnte auch auf das vom üblicheren Marmor abweichende Material zurückgehen.

Literatur: R. Belli Pasqua, Sculture di età Romana in ›basalto‹ (1995) 65–67 Nr. 1; Antikensammlung 1998, 104 Nr. 55 (mit älterer Literatur) (M. Kunze); S. Walker – P. Higgs (Hrsg.), Cleopatra of Egypt. From history to myth. Ausstellungskatalog London 2001, 223 Nr. 199 (S. Walker); J.-F. Croz, Les portraits sculptés de Romains en Grèce et en Italie de Cynoscéphales à Actium (197–31 av. J.-C.) (2002) 63 Nr. C 142. 176; H. Beck – P. C. Bol – M. Bückling (Hrsg.), Ägypten, Griechenland, Rom. Abwehr und Berührung. Ausstellungskatalog Frankfurt/Main 2005, 390 f. 707 f. Nr. 318 (Abbildung seitenverkehrt) (K. Parlasca). Gra.

69 Kompartiment 28

Bildnis der Kleopatra VII.

Um 40–30 v. Chr.
Aus der Sammlung Despuig auf Mallorca. 1976 im Kunsthandel erworben, »aus Alexandria«.
Gefunden vermutlich an der Via Appia zwischen Ariccia und Genzano.
Marmor. Höhe: 29,5 cm.
Im Stirnhaar Reste roter Grundierung, wohl für eine Goldauflage.
Inv. 1976.10

Keine Königin Ägyptens ist in Antike und Neuzeit so berühmt gewesen wie die letzte, Kleopatra VII. Als Tochter Ptolemaios' XII. Auletes im Jahr 69 v. Chr. geboren, besteigt sie siebzehnjährig den Thron und versucht, eine über Jahrtausende führende Macht des östlichen Mittelmeerraums vor dem Zugriff des aufstrebenden Imperium Romanum zu retten. Hochgebildet und zielstrebig, geistreich und sprachgewandt, von starker persönlicher Ausstrahlung, gewinnt sie 48 v. Chr. den römischen Feldherr C. Julius Caesar; er legitimiert ihre Regentschaft und den gemeinsamen Sohn Kaisarion. Sie besucht Rom, hält als ägyptische Königin Hof im Hause Caesars und erregt den Argwohn der römischen Republikaner. Caesars Ermordung am 15. März 44 setzt ihren Plänen ein jähes Ende. Drei Jahre später wird sie nach Tarsus vor Marc Anton geladen, den neuen Befehlshaber der römischen Ostprovinzen, für beide eine folgenschwere Begegnung. Er folgt ihr nach Alexandria, die Zwillinge Alexandros Helios und Kleopatra Selene werden geboren. Der Kampf um die Führung in Rom hält ihn vier Jahre von Kleopatra fern, 37 v. Chr. kehrt er zu ihr zurück, heiratet sie, das dritte Kind Ptolemaios wird geboren. Er ernennt Kleopatra zur »Königin der Könige« und überträgt ihr und den Kindern den Osten des römischen Reiches. Damit liefert er seinem Rivalen Octavian (Augustus) die zündende Parole zum Kampf gegen die nationale Feindin Roms. Am 2. September 31 v. Chr. siegt die römische Flotte in der Schlacht von Actium, nach dem Fall von Alexandria am 1. August 30 tötet sich Marc Anton. Kleopatra entzieht sich durch einen tödlichen Schlangenbiss der Schmach, als Gefangene im Triumph durch Rom geführt zu werden. Sie wird in Alexandria neben Marc Anton königlich bestattet. Mit dem Tod der letzten Herrscherin aus der Dynastie der Ptolemäer endet die Epoche der hellenistischen Großreiche aus dem Erbe Alexanders des Großen, Rom eignet sich auf Jahrhunderte die Vorherrschaft in Europa, Nordafrika und Vorderasien an.

Das Berliner Porträt der Kleopatra lässt sich unmittelbar wie sonst selten mit ihren Münzemissionen von 38 v. Chr. vergleichen. Die breite Königsbinde der ptolemäischen Herrscher, die traditionelle »Melonen«-Frisur mit Nackenknoten und kleinen Stirnlöckchen, die vorspringend gebogene Nase mit hochgezogenen Flügeln, der selbstbewusst geschlossene Mund und das energische Kinn finden sich porträthaft scharf auf den Münzbildern und idealisiert bei dem Marmorbildnis. Dies entspricht der Gattung und dem Zeitgeschmack, wird aber in dem Berliner Porträt noch verstärkt durch die sensible Bildhauerarbeit in dem großkristallinen griechischen Inselmarmor, die dem Profil eine Lichtdurchlässigkeit fast wie bei Alabaster verleiht. Das linke Drittel von Hinterkopf, Hals und Schulteransatz war ursprünglich gesondert gemeißelt. Die Anstückung wurde einst vermutlich von einer Vergoldung verdeckt, von der Reste roter Grundierungsfarbe im Stirnhaar zeugen könnten. Die Ergänzungen und die Gewandbüste, beides wohl aus dem späten 18. Jahrhundert und heute magaziniert, führten kürzlich zur Identifizierung der Berliner Kleopatra als früherer Besitz Despuig auf Mallorca; Kardinal D. Antonio Despuig y Damet, Fürst von Montenegro, hatte zwischen 1786 und 1797 Ausgrabungen an der Via Appia südlich von Rom zwischen Ariccia und Genzano unternommen, von denen ein großer Teil seiner Antiken stammte.

Das leicht unterlebensgroße Berliner Porträt der Kleopatra VII. mit seinem anmutigen Schmelz war als Einsatzkopf vermutlich in privatem Kontext aufgestellt. Ein weiteres Bildnis im Vatikan zeigt die ägyptische Königin in natürlicher Größe. Diesen Kopf, bereits vor 1790 an der Via Cassia bei Rom gefunden, erkannte Ludwig Curtius 1933 als Kleopatra-Porträt.

Literatur: K. Vierneisel, Die Berliner Kleopatra, JbBerlMus 22, 1980, 5 ff.; E. La Rocca, L'età d'oro di Cleopatra. Indagine sulla Tazza Farnese (1984) 51 Abb. 46 f.; Kaiser Augustus und die verlorene Republik. Ausstellungskatalog Berlin 1988, 306 f. Kat. 144 (M. Hofter); G. Grimm, Alexandria (1998) 132 ff.; P. Moreno, Scultura ellenistica Bd. 2 (1994) 745 ff. Abb. 919; S. Walker – P. Higgs (Hrsg.), Cleopatra of Egypt: From History to Myth (2001) 203–207; 220 Nr. 198 (Lit.): Die Autoren entdeckten die Spur nach Mallorca über Fotografien im Archiv des British Museum, dem die Skulpturen der Sammlung Despuig – ebenso wie der Ny Carlsberg Glyptotek in Kopenhagen – Ende des 19. Jahrhunderts zum Kauf angeboten worden waren. – B. Andreae, Skulptur des Hellenismus (2001) 211 ff. Abb. 207 (Lit.); B. Andreae u. a., Kleopatra und die Caesaren. Ausstellungskatalog Hamburg 2006, 20 ff. Kat. 2 Abb. 6. 7. 9.

Pla.

70

Kompartiment 28

Nilmosaik

Späthellenistisch.
Aus Palestrina; um 1758 durch Erbschaft an Friedrich II.
Natursteine in den Farben Braun, Grün und Grau in Abstufungen, Braunrot, Rosa, Gelb, Ocker, selten Schwarz. Höhe: 95,3 cm; Breite: 102 cm.
Mos. 3

Um das Jahr 1600 wurde im sogenannten Apsidensaal beim Heiligtum der Fortuna Primigenia in Palestrina ein Mosaikboden mit Darstellungen von Nillandschaften, Jagdszenen und zahlreichen Tieren entdeckt. Der gut erhaltene Boden hatte beträchtliche Ausmaße (Tiefe 4,35 m, Breite 6,87 m) und wurde zwischen 1624 und 1626 unter Kardinal Andrea Peretti gehoben, ein Vorgang, der nur in Teilstücken erfolgen kann. Einige Mosaikpartien blieben *in situ*. Mit der Hebung, die ohne einen Lageplan des originalen Zustandes durchgeführt wurde, begann das wechselvolle Schicksal dieses außergewöhnlichen Mosaiks. Nach der Zerstückelung verblieben einige Teile in Palestrina im Palazzo Baronale, der später mit den Mosaiken von den Barberini erworben wurde, andere Teile kamen nach Rom. Eine Tafel wurde 1628 Francesco de Medici bei einem Rombesuch geschenkt. Dieses Mosaik mit der Darstellung eines Gelages unter einer Pergola gelangte 1747 in den Besitz des Gelehrten Anton Francesco Gori und von da in die Sammlung der Markgräfin von Bayreuth, der Schwester Friedrichs II. Nach ihrem Tod 1758 kam das Fragment nach Potsdam und befand sich bis 1797 im Antikentempel von Sanssouci. Mit der Gründung des Alten Museums am Lustgarten kam es in die Berliner Sammlung.

Die in Rom verbliebenen Teile wurden 1640 zusammengesetzt, das nunmehr fehlende Fragment durch eine Kopie ersetzt. Die letzte Wiederherstellung fand im Jahr 1952 statt. Sie wurde notwendig, weil das Mosaik im Krieg Bombenschaden erlitten hatte. Es befindet sich heute im Palazzo Barberini, dem Museum von Palestrina.

Auf dem Berliner Fragment ist ein Gelage unter einer Pergola dargestellt. Auf kastenförmigen, gepolsterten Klinen, die auf Inseln im Nil stehen, lagern zwei Gruppen trinkender und musizierender Menschen. Es ist die Zeit der Nilüberschwemmung, denn überall ist üppige Vegetation sichtbar, die diese glückliche Jahreszeit charakterisiert. Innerhalb des gesamten Bodens, der durch die in feinster Mosaiktechnik ausgeführten bildlichen Darstellungen in zwei Zonen gegliedert ist, von denen eine auf Ägypten und die andere auf Äthiopien bezogen wird, war die Gelageszene im unteren Teil links von der Mitte oder weiter rechts angeordnet.

Über Interpretation und Datierung des Nilmosaiks bestehen noch immer unterschiedliche Meinungen. Die Entstehungszeit hängt von der komplizierten Baugeschichte Palestrinas um 100 v. Chr. ab. Es wurde angenommen, dass ein illustrierter Reisebericht, den man sich als Buchrolle vorzustellen hat, als Vorlage für den Mosaizisten gedient haben könnte. Unter Ptolemaios II. von Ägypten wurde im 3. Jahrhundert v. Chr. eine Expedition unternommen, die seltene und unbekannte Tiere lebend fangen sollte, um sie nach Alexandria zu bringen. Tatsächlich sind auf dem Mosaik etwa vierzig Tiere zu sehen.

Das Fortunaheiligtum in Palestrina ist ein Meisterwerk antiker Architektur in Mittelitalien, und es wurde um die Mitte des 2. Jahrhunderts v. Chr. erbaut. Unterhalb desselben besteht ein weiterer Baukomplex, in dem ein öffentlicher Bezirk, vielleicht ein Forum gesehen wird, zu dem auch eine Kultstätte für Isis gehört haben könnte. In dem östlichen Gebäude mit dem Apsidensaal war das Nilmosaik ausgelegt und hatte somit einen herausragenden Standort in der Stadt.

Literatur: Kriseleit, Mosaiken 38 ff. Nr. 11 mit Abb.; P. G. P. Meyboom, The Nile mosaic of Palestrina – Early evidence of Egyptian Religion in Italy (1995) 70. 193 Abb. 21.; K. E. Werner, Die Sammlung antiker Mosaiken in den Vatikanischen Museen (1998) 267 mit Anm. 45; K. M. D. Dunbabin, Mosaics of the Greek and Roman World (1999) 49 ff.; I. Kriseleit, Antike Mosaiken (2000) 8 ff. Nr. 1 mit Abb.; B. Andreae, Antike Bildmosaiken (2003) 106 f. mit Farbabb.

Kri.

71 Kompartiment 28

Einsatzkopf der Livilla?

Um 20–50 n. Chr.
Angeblich auf Samos gefunden. 1927 erworben.
Weißer Marmor. Höhe: 27,5 cm.
Sk 1802

Dargestellt ist eine junge Frau mit einer glatten, ebenmäßigen Physiognomie und ovaler Kopfform. Aus Wangenpartie, Augen und dem kleinen Mund ergibt sich eine insgesamt harmonische Gesichtsbildung. Die Frisur ist gekennzeichnet durch das über der Stirnmitte gescheitelte, sanft gewellte Haupthaar, welches an den Seiten zu je einem Zopf zusammenfasst und im Nacken zu einem festen und kleinen Knoten gebunden ist. Als weitere Zutat erscheint über der Stirn ein aus insgesamt zehn kleinen eingedrehten Strähnen bestehender Löckchenkranz. Vor jedem Ohr ist ein weiteres Lockenbündel in einen halbkreisfömigen Bogen gelegt, bevor diese dann zum Nacken hin gestrafft werden.

Da weitere Bildnisse und Statuen mit denselben Charakteristika erhalten sind und zu einer Replikengruppe zusammengefasst werden können, ist es wahrscheinlich, in der Dargestellten ein Mitglied der kaiserlichen Familie zu erkennen. Dafür spricht auch, dass das Berliner Porträt aus dem Kastro von Tigani auf Samos stammen soll, wo eine Statuengalerie u. a. mit Bildnissen des Augustus und der Livia gefunden wurde. Die Haartracht ist abgeleitet von der der Antonia minor, der Mutter des Kaisers Claudius, und gehört in ihrer typologischen Entwicklung in die tiberische Zeit.

Bisher konnte keines der Bildnisse aus dieser Replikenreihe sicher benannt werden. Einige Wahrscheinlichkeit spricht aber für die 31 n. Chr verstorbene Livilla, die Schwester des Claudius und Tochter der jüngeren Antonia und des Drusus maior (hier Kat. Nr. 142). Von ihr wurden noch zu Lebzeiten ihres Bruders postume Bildnisse als Teil von Familiengalerien errichtet. Zu einer solchen könnte das Berliner Porträt, welches als Einsatzkopf gearbeitet und dazu bestimmt war, in einen getrennt gefertigten Statuenkörper eingesetzt zu werden, gehört haben.

Literatur: Blümel, Römische Bildnisse 11 R 23 Taf. 16; Antikensammlung 1992, 205 f. Nr. 95; H. Jucker, Das Bildnis im Blätterkelch (1961) 65 Abb. 15–16 (Antonia minor); H. R. Goette, Studien zu römischen Togadarstellungen (1990) 35 f. Anm. 159 Replik b (Livilla). Dah.

72 Kompartiment 28

Mumienporträt einer jungen Frau

Römisch, um 140 n. Chr.
Aus er-Rubayat, Oase Fayum, Ägypten; 1927 aus der Sammlung Theodor Graf erworben.
Enkaustische Malerei auf Holz. Höhe × Breite: 43,5 cm × 20 cm.
Inv. 31161, 7

In ernster Anmut blickt die junge Frau mit ihren großen braunen Augen auf den Betrachter, dem sie das zarte Gesicht zuwendet. Sie hat sich mit zwei Ketten aus grünen Smaragdzylindern und dicken weißen Perlen samt passenden Ohrgehängen geschmückt. Ihr hochgestecktes Haar ist in der Mitte gescheitelt und in kunstvollen Locken über die Ohren nach hinten frisiert. Das blasse Aubergine ihres Gewandes, die dichten Brauen und Wimpern und die schön geschwungenen roten Lippen betonen ihren hellen Teint. Lebendig und unmittelbar empfinden wir dieses Porträt, das doch auf einer einbalsamierten Toten gefunden wurde.

Der Gegensatz zwischen der gesunden Lebensblüte der Porträtierten auf den meisten der bisher bekannten ca. 900 Mumienbildnissen und dem z. T. höheren Alter der Leichen führt zu der Frage nach dem Zeitpunkt des Malauftrages. Diese Holztafel wurde seitlich beschnitten und oben abgeschrägt, um sie in die letzten Wicklungen des langen Leichentuches über Kopf und Brust der Toten einpassen zu können. Reste des verklebten Tuches sind auf dem unteren Teil des Bildes erhalten, der Maler hat das Gewand hier nicht fortgesetzt. Ist somit dieses lebensvolle Porträt erst nach dem Tode entstanden? Warum wurde es dann nicht direkt auf das benötigte Format konzipiert? Holz war in Ägypten rar und teuer, und viele der furnierdünnen Tafelbilder sind mühsam gestückt. Das trockene Klima Ägyptens hat uns mit dem reichen Bestand an Mumienporträts über fast 300 Jahre einen breiten Einblick in das Völkergemisch von Ägyptern, Juden und Nordafrikanern, von Griechen und Römern bewahrt, wie sie die Maler der frühen römischen Kaiserzeit bis in die beginnende christliche Ära gesehen haben. Allerdings ist dies ein Abbild der Mittel- und Oberschicht, wie uns die selten erhaltenen Angaben über Stand und Beruf der Toten und die schriftlichen Zeugnisse über die Kosten für eine Mumifizierung mitteilen; nur bei ein bis zwei von 100 Mumien fand sich ein gemaltes Bildnis. An den Mumienporträts aber können wir die römische Tafelmalerei studieren, die – viel gerühmt und von antiken Schriftstellern begeistert beschrieben – doch außerhalb Ägyptens nur noch bruchstückhaft erhalten ist. Die meist vertikal gemaserten Holztafeln aus Zypresse, Sykomore, Linde, Zeder u. a. wurden mit einer Lehm-Gips-Mischung grundiert oder direkt bemalt, bisweilen entdeckt man eine Vorzeichnung. Drei Arten der Farbzubereitung lassen sich unterscheiden: Wachsfarben, Wachs-Temperafarben und Temperafarben. Für die Wachsmalerei (Enkaustik) wurde gereinigtes Bienenwachs in Meerwasser oder Salzlake aufgekocht und mit Erd- und Pflanzenfarben gemischt. Das Wachs erzeugt einen Glanz wie bei Ölbildern, die Farben dunkeln kaum nach. Wachsfarben sind nicht mischbar, sie wurden in unterschiedlicher Verdünnung mit dem Pinsel neben- und übereinander aufgetragen. Dazu wurde die Wachsfarbe – und wohl auch der Malgrund – erwärmt und

die Malerei zum Schluss mit einem erhitzten Spachtel geglättet. Der Künstler unseres Frauenporträts beherrschte diese Technik mühelos: er modellierte das Gesicht durch Licht und Schatten, hob einzelne Locken hervor, trug die Perlen an Hals- und Ohrschmuck dick auf, das Gewand hingegen legte er locker in zügigen Strichen an. So können wir in den Mumienporträts aus Ägypten die hohe Kunst der enkaustischen Tafelmalerei bewundern, die die Römer von den Griechen übernommen haben.

Literatur: P. Buberl, Die griechisch-ägyptischen Mumienbildnisse der Sammlung Th. Graf (1922) 31 Nr. 7; Antikenmuseum Berlin 1988, 367 Nr. 24, 7, 2; B. Borg, Mumienporträts. Chronologie und kultureller Kontext (1996) 49 f. Taf. 33. Pla.

73 Kompartiment 29

Girlandensarkophag, sogenannter Sarkophag Caffarelli

Stadtrömisch, gegen 40 n. Chr.
1885 aus Rom erworben.
Carrara-Marmor. Höhe: 110 cm; Länge: 245 cm; Tiefe: 104 cm.
Sk 843 a

Girlanden, Schädel geopferter Rinder und Opfergeräte – Kanne, Schale und Weihrauchständer – erinnern an Feste, Tieropfer und Kulthandlungen zu Ehren der Götter. Sie schmücken seit dem 3. Jahrhundert v. Chr. griechische Tempelfriese und Altäre. Seit der frühen Kaiserzeit wurden auch stadtrömische Steinsarkophage mit den Opfersymbolen dekoriert und so mit der Aura des Sakralen umgeben.

Der große truhenförmige Sarkophag, schon den Antikenzeichnern im 15. und 16. Jahrhundert bekannt, war vor 1885 im Garten des Palazzo Caffarelli auf dem Kapitol in Rom aufgestellt. Er ist um 40 n. Chr. in einer stadtrömischen Werkstatt gearbeitet worden. Der Verstorbene, für den die damals noch nicht allgemein übliche Form der Körperbestattung gewählt wurde, muss ein reicher und vornehmer Mann gewesen sein. Der Ort seiner Grabkammer ist nicht bekannt.

In den oberen Rand des Kastens ist nach innen ein Falz eingearbeitet, in den der Deckel eingelassen war, nur ein flacher Deckel in der Art einer Truhe, denn einen schweren hausdachförmigen Deckel, wie auf anderen Sarkophagen, hätten die dünnen Wände des Kastens nicht tragen können.

Nach der Weise griechischer Sarkophage ist der Kasten allseitig dekoriert. Die Langseiten zeigen Girlanden, die mit langen Bändern an den Hörnern von Stierschädeln befestigt sind und aus einer Fülle verschiedener Früchte, Zweige und Blätter gebunden wurden. Sie stehen in der Tradition des Girlandenfrieses an der 9 v. Chr. geweihten Ara Pacis. Im Vergleich zu den reich geschichteten Girlanden der Ara Pacis sind hier jedoch die Bestandteile der Gebinde übersichtlich ausgebreitet und von ganz flach gearbeiteten Blättern und Getreideähren wie von einer Folie hinterfangen. Oberhalb der Girlanden hängen Opferschalen und Kannen für den Spendeguss. Ihre Ornamente bilden kostbares getriebenes und vergoldetes Silbergerät nach. In die freien Räume flattern die Bänder von den Stierhörnern, auch diese von größerer Schärfe und flacher gebildet als die plastischer gestalteten Bänder der Ara Pacis. Auf den Schmalseiten des Kastens stehen zwischen Lorbeerbäumen als Symbolen der Unsterblichkeit reich gegliederte Weihrauchständer, wie sie bei der Aufbahrung am Kopf und zu Füßen des Toten gestanden hatten. Die Arbeit ist von großer Feinheit und Präzision. Anatomisch genau ist die Darstellung der Rinderschädel, mit größter Sorgfalt werden Details gestaltet, die Nägelchen etwa, an denen die Kannen aufgehängt sind. Die Umrahmung der Bildfelder und Verzierung der Kanten des Kastens mit einem lesbischen Kymation und Flechtbändern verstärkt den Eindruck des Kostbaren, zu dem man sich noch farbige Bemalung und vielleicht teilweise Vergoldung hinzudenken muss.

Die dünnen Wände des Kastens waren immer bruchgefährdet. Vielleicht noch in der Antike oder bei einem späteren Transport wurden Risse mit Klammern gesichert. Am Ende des Zweiten Weltkrieges ist der Sarkophag an seinem Bergungsort im Brand zerborsten. Dass nur wenige Bruchstücke verloren sind, darf als glückliches Schicksal betrachtet werden.

Literatur: G. Rodenwaldt, Der Sarkophag Caffarelli, 83. BWPr 1925; H. Herdejürgen, Stadtrömische und italische Girlandensarkophage Fasz. I, Die antiken Sarkophagreliefs VI 2 (1996) 77 Nr. 1; A. V. Siebert, Instrumenta Sacra. Untersuchungen zu römischen Opfer-, Kult- und Priestergeräten (1999) 304 f. Nr. 2 und passim. – Zur Restaurierung: H. Heres, JbBerlMus 40, 1998, 175 ff. Her.

74 Kompartiment 29

Feldherrnsarkophag, sogenannter Sarkophag Rinuccini

Stadtrömisch, um 200 n. Chr.
Aus Empoli, Toskana. Erworben 1987.
Marmor. Länge: 212 cm.
Inv. 1987.2

Seit dem 2. Jahrhundert n. Chr. wurde in Rom die Körperbestattung in Steinsarkophagen für die Begüterten gebräuchlich. Die meisten Sarkophage haben reichen Reliefdekor an der Vorderseite, die Seitenflächen zeigen flaches Relief, die Rückseite, die an die Wand der Grabkammer gerückt war, blieb unverziert. Die erzählenden Reliefs zeigen Themen aus dem öffentlichen und privaten Leben der römischen Oberschicht, Jagd- und Schlachtenbilder. Einen großen Raum nehmen Darstellungen griechischer Sagen ein, die durch Hervorhebung bestimmter Aspekte auf den Verstorbenen bezogen werden. Der Reliefschmuck des Feldherrnsarkophages ist ein seltenes Beispiel der Verbindung von Bildern der öffentlichen Stellung und bürgerlichen Tugenden des Toten mit einer griechischen Sage auf einem Sarkophag. Die Vorderseite ist durch einen Pfeiler in zwei Hälften geteilt. Je ein ebensolcher Pfeiler bildet auch den Abschluss der Nebenseiten, so dass die unterschiedlichen Bilder in einer übergreifenden Architektur zusammengefasst sind. Im linken Teil werden in für den antiken Betrachter wohlbekannten Formeln Tugenden des Toten dargestellt: Mit der Toga, dem offiziellen Gewand des römischen

Bürgers bekleidet, reicht er seiner Gemahlin die Hand. Es ist der Gestus der Eheschließung, der *concordia*, Eintracht, bedeutet. Als Offizier – nach seiner Bekleidung von hohem Rang – vollzieht er ein Stieropfer. Auf der Nebenseite wird der Stier herangeführt. Zwei Opferschlächter, *victimarii*, sind im Begriff, das Tier zu töten, während der Verstorbene mit der Schale den Spendeguss darbringt, Ausdruck seiner *pietas*, der frommen Pflichterfüllung den Göttern gegenüber. Concordia und Pietas, durch schöne junge Frauen verkörpert, erscheinen jeweils im Hintergrund neben dem Toten. Die griechische Sage von dem schönen Jäger Adonis, der von einem vom eifersüchtigen Mars gesandten Eber getötet wird, dann aber für die Hälfte des Jahres zu Aphrodite auf die Erde zurückkehren darf, war Sinnbild für das Sterben und Wiedererwachen der Natur. In diesem Sinn wird das figurenreiche Bild im rechten Teil auf den Toten zu beziehen sein.

Die beiden Teile der Dekoration unterscheiden sich durch ihren Figurenaufbau voneinander. Im linken Teil sind sie in dichter friesartiger Folge angeordnet, die an die prozessionsartige Aufreihung auf öffentlichen Denkmälern erinnert. Im Sagenbild sind sie in der Tradition hellenistischer Reliefs locker in das Bildfeld gesetzt. Über dem bogenförmigen Höhlenrand scheinen sich die Kampfgefährten des Adonis in einer tieferen Raumschicht zu befinden ebenso wie die von links heransprengenden Dioskuren, auch sie Verkörperungen vom Kreislauf des Werdens und Vergehens.

Die eleganten Figuren mit ihren überlängten Proportionen und die spröde, feinlinige Zeichnung der Gewänder spricht für eine Entstehung des Sarkophages um 200 n. Chr. Die Porträts wurden später umgearbeitet.

Der Sarkophag wurde seit seiner Auffindung – vermutlich im mittleren 16. Jahrhundert – aus antiquarischem Interesse mehrfach gezeichnet. Seit 1727 war er im Besitz der florentinischen Familie Rinuccini, ehe er am Beginn des 20. Jahrhunderts in die USA verkauft wurde.

Literatur: W.-D. Heilmeyer, Jahrbuch Preußischer Kulturbesitz 24, 1987, 215 ff. Abb. 32–38; Antikenmuseum Berlin 1988, 17 Nr. 2; P. Blome, JbBerlMus 32, 1990, 35 ff.; D. Grassinger, Die mythologischen Sarkophage, Die antiken Sarkophagreliefs XII 1 (1999) 73 ff. 216 f. Nr. 59; P. Zanker – B. C. Ewald, Mit Mythen leben. Die Bilderwelt der römischen Sarkophage (2004) 50 f. Abb. 35; C. Reinsberg, Die Sarkophage mit Darstellungen aus dem Menschenleben, Die antiken Sarkophagreliefs I 3 (2006) 26 ff. 192 Nr. 6. Her.

75 Kompartiment 30

Kopf der Sabina

Um 128–138 n. Chr.
Angeblich aus Kleinasien. 1973 erworben.
Weißer Marmor. Höhe: 28,7 cm.
Inv. 1973.3

Dieser Kopf ist aufgrund seiner charakteristischen Physiognomie und Haartracht im Abgleich mit Bildnissen auf römischen Münzen als Porträt der Kaiserin Sabina zu benennen. Vibia Sabina war seit ca. 100 n. Chr. mit dem späteren Kaiser Hadrian (reg. 117–138) verheiratet. Wahrscheinlich seit dem Jahr 128 trug sie den offiziellen Titel einer Augusta, ein Ereignis, welches die Errichtung zahlreicher Statuen zu ihren Ehren nach sich zog. Sabina verstarb um 136/138

n. Chr., doch sind auch postume Bildnisse von ihr bekannt. Direkt unterhalb des Kinns gebrochen, gehörte der Kopf sehr wahrscheinlich zu einer lebensgroßen Statue der Kaiserin.

Die Ausgestaltung der Frisur erlaubt eine Zuordnung dieses Porträtkopfes zum sogenannten Haupttypus der Sabina. Das Haar ist über der Stirnmitte gescheitelt und über den Schläfen zum Hinterkopf geführt. Zusammen mit den nach oben gezogenen Haaren im Nacken werden zwei Haarstränge am Hinterkopf über Kreuz geführt und zu einem Nest ringförmig zusammengelegt. Ein rankenverziertes, kunstvoll ausgearbeitetes Diadem (*stephané*) vervollständigt oberhalb der Stirnhaare die Ausstattung der Kaiserin und zeigt zugleich ihren kaiserlichen Rang an. Die Augen sind glatt belassen, Iris und Pupille also nicht gesondert ausgearbeitet. Denkbar ist aber eine heute verlorene farbliche Hervorhebung. Dagegen sind die verschlungenen Haarsträhnen teilweise unter Zuhilfenahme eines Bohrers gearbeitet. Die in dieser Zeit neu anzutreffende Verwendung eines laufenden Bohrers erlaubt eine zuvor mit dem Meißel nicht mögliche, weitaus plastischere Gestaltung des Marmors und damit eine realistischere Wiedergabe insbesondere der Haartracht. Neben den Münzbildnissen deuten diese beide technischen Merkmale in Verbindung mit dem noch zurückhaltenden Einsatz des Bohrers auf eine Entstehung in den dreißiger Jahres des 2. Jahrhunderts n. Chr. hin.

Literatur: A. Carandini, Vibia Sabina (1969) 183 Nr. 44 Abb. 212–214; J. Inan – E. Alföldi-Rosenbaum, Römische und frühbyzantinische Porträtplastik aus der Türkei. Neue Funde (1979) 102 ff. Nr. 51 Taf. 45; Fittschen – Zanker III 10 ff. Nr. 10 Replik 19; A. Alexandridis, Die Frauen des römischen Kaiserhauses (2004) 179 f. Nr. 168 Taf. 37, 3–4 (Lit.). Dah.

76 Kompartiment 30

Kopf des Kaisers Hadrian auf neuzeitlicher Büste

Zwischen ca. 118 und 130 n. Chr.
1876 in Rom erworben.
Basalt. Höhe (inkl. Büste): 51 cm.
Büste und Teile des Halses in Bronze, Teile der Stirn, der linken Wange und des Kinns, beide Ohrmuscheln und einige Locken in Gips ergänzt.
Sk 358

Hadrian (reg. 117–138 n. Chr) beendete die expansive Eroberungspolitik seines Vorgängers Traian. Stattdessen bemühte Hadrian sich um eine innere Konsolidierung der römischen Herrschaft und der Verwaltung der Provinzen. Er bereiste intensiv den Großteil des römischen Reiches, wobei besonders die östlichen, von griechischen Kulturtraditionen geprägten Provinzen im Mittelpunkt standen. Wie die Bildnisse anderer römischen Kaiser auch, sind die Porträts des Hadrian nach offiziell vorgegebenen Vorbildern gestaltet. Der Berliner Kopf, welcher erst neuzeitlich in eine bronzene Büste eingepasst und leicht ergänzt wurde, stellt einen der getreuesten Vertreter des sogenannten Rollockentypus dar. Diese Bildnisfassung zeichnet sich durch eine Reihe von markanten dicken eingerollten Lockenbündeln aus, die entlang der Stirn von Ohr zu Ohr verlaufen. Deutliche Faltenlinien an Stirn, Nase und insbesondere den Tränensäcken beweisen einen stark realistischen Zug dieses Porträts, der bei vorhergehenden und nachfolgenden Bildnistypen des Hadrian nicht anzutreffen ist. Dieser Typus ist – wie auch die fast immer fehlende Wiedergabe der Augenzeichnung zeigt – bald nach Beginn seiner Herrschaft und vor ungefähr 130 n. Chr. entstanden, als eben diese besondere Kennzeichnung der Augen bei steinernen Bildnissen üblich wurde. Mit seinem zwar eingeritzten Irisrund, aber noch fehlendem Glanzlicht der Pupille, steht der Berliner Hadrian gewissermaßen auf dem halbem Weg dieses Prozesses. Wie bei seinen übrigen Bildnisfassungen auch, ist Hadrian hier als erster römischer Kaiser überhaupt mit einem Bart ausgestattet. Im Allgemeinen erklärt man diese Barttracht als Nachahmung des griechischen Philosophenbildnisses und der persönlichen Affinität der Kaisers zur griechischen Kultur und Wesensart. Aber schon am Ende des 1. Jahrhunderts n. Chr. ist das Tragen eines Bartes wieder häufiger zu beobachten, und damit ließe sich auch der Bart Hadrians als Ausdruck einer zeitgenössischen Vorliebe und Mode erklären ließe. Zudem ist eine Beeinflussung durch das spätklassische und frühhellenistische Herrscher- und Privatbildnis sehr wahrscheinlich.

Literatur: Blümel, Römische Bildnisse 22 R 53 Taf. 34; Antikensammlung 1998, 114 Nr. 62 (mit weiterer Literatur); Fittschen – Zanker I 49 ff. Nr. 49 Replik 2 (Lit.); C. Evers, Les portraits d'Hadrien. Typologie et ateliers (1994) 90 f. Nr. 15. Dah.

KAISER HADRIANUS
(117-138 n. CH

77

Kompartiment 30

Einsatzkopf des Kaisers Gallienus

253–260 n. Chr.
»Aus älterem königlichem Besitz«.
Weißer Marmor. Höhe: 37 cm.
Ergänzt sind die Nasenspitze und die rechte Ohrmuschel.
Sk 423

Der römische Kaiser Gallienus (reg. 253–268 n. Chr.) sah sich mit zahlreichen Auswirkungen der krisenhaften Situation des römischen Reiches konfrontiert. Usurpationen und Einfälle barbarischer Stämme bedrohten neben finanziellen Problemen die Integrität des Reiches und veranlassten das Kaiserhaus zu ersten Reformen der Militär- und Provinzverwaltung. Gallienus herrschte zunächst zusammen mit seinem Vater Valerianus (Kaiser seit 253), wobei der Sohn für den Westen und der Vater für den Osten zuständig war. Als Valerianus 260 in die Gefangenschaft der Sasaniden geriet, aus der er nie wieder entlassen werden sollte, übernahm Gallienus die alleinige Herrschaft.

Dieses Marmorbildnis war ursprünglich für den Einsatz in einen heute verlorenen Statuenkörper bestimmt. Das Porträt charakterisiert eine zwar eng am Kopf anliegende, aber dennoch plastisch gestaltete Haarkappe und ein detailreich ausgearbeiteter, sorgfältig ausrasierter Wangen-, Schnurr- und Kinnbart. Die einzelnen Gesichtspartien sind harmonisch aufeinander abgestimmt und durch leichte Stirn- und Nasolabialfalten sowie eine Furche an der Oberlippe gegliedert. Dieser Kopf gehört, wie der Vergleich mit datierten Münzbildnissen zeigt, in die Zeit der gemeinsamen Herrschaft mit seinem Vater von 253–260 n. Chr. Zusammen mit weiteren rundplastischen Porträts bildet der Berliner Kopf eine anhand der Frisur, Physiognomie und gestreckten Kopfform fest umrissene Gruppe, die als sogenannter Samtherrschaftstyp bezeichnet wird. Die Bedeutung dieses Bildnistyps des Gallienus liegt insbesondere in der Plastizität der Frisur, die hier eine neugewonnene Qualität in der Bildnisaufassung bedeutet. Zuvor waren die Kaiserbildnisse der Jahre von ungefähr 220 bis 250 durch flächig gestaltete Haarkappen und den Einsatz von kerbartigen Linien zur Untergliederung der Frisur gekennzeichnet. Nun sollte durch eine plastische ausgearbeitete Akzentuierung der Haarsträhnen an der Stirn nicht nur eine Wiedererkennung gewährleistet werden; gesucht wurde vielmehr auch ein Anschluss an ältere Bildnistraditionen der julisch-claudischen Zeit (27 v. bis 68 n. Chr.): Zusammen mit den ähnlich gearbeiteten Bildnissen des Vaters Valerianus sollten auch die seines Sohnes als die zweier Vertreter derselben Dynastie erkannt werden.

Literatur: Blümel, Römische Bildnisse 47 f. R 114 Taf. 74; Antikensammlung 1992, 216 f. Nr. 106; Fittschen – Zanker I 134 ff. Replik 3 (Lit.). – Zum Typus vgl. K. Fittschen, MM 34, 1993, 210 ff. Dah.

78

Kompartiment 30

Kentauren-Mosaik

Römisch, um 120/130 n. Chr.
Aus der Villa des Kaisers Hadrian bei Tivoli, Triclinium; 1846 erworben.
Verschiedenfarbige Natursteine in vielen Abstufungen. Höhe: 58,5 cm; Breite: 91,5 cm; Grösse der Tesserae: 0,5 – 1,2 mm.
Mos. 1

Bereits im 18. Jahrhundert wurde das Kentauren-Mosaik – zusammen mit anderen, kleineren Mosaiken mit Landschafts-, Tier- und Maskenszenen – auf dem Gelände des ausgedehnten, luxuriösen Villenkomplexes des römischen Kaisers Hadrian bei Tivoli an der Stelle seiner ursprünglichen Verlegung (*in situ*) aufgefunden.

Das relativ kleine Bildfeld (Emblema) war Teil der Fußbodenverzierung des Speisezimmers (Triclinium) im sogenannten Hauptpalast. Die verschiedenen Einzelszenen dieser Mosaikbilder thematisierten in bewusster Gegenüberstellung den Gegensatz von ungezähmter Wildnis und idyllischer Landschaft mit friedlichen Tieren.

Die Gefahren der Wildnis zeigt dieses Mosaik mit der dramatischen Darstellung eines Kampfes zwischen Raubtieren und einem Kentaurenpaar, Fabelwesen mit menschlichem Oberkörper und Pferdeleib. Auf einem Felsplateau, dessen vordere Kante parallel zur unteren Bildzone schroff abbricht, wurde ein Kentaurenpaar von Raubkatzen angefallen. Während sich der männliche Kentaur gegen den Löwen erfolgreich zur Wehr setzen konnte, gelang es dem Tiger, die Kentaurin niederzureißen und seine Pranken in ihren Körper zu schlagen. Sich wild aufbäumend und einen Felsbrocken mit beiden Händen hoch über den Kopf schwingend, kommt der Kentaur seiner Gefährtin gegen das nicht von seiner Beute ablassende Raubtier zu Hilfe. Trotz des bereits getöteten und blutend, mit eingezo-

genen Krallen am Boden liegenden Löwen ist der Ausgang des Kampfes noch nicht endgültig entschieden, denn im Hintergrund des Bildes, dessen räumliche Tiefe durch Staffelung und geschickte Farbabstufungen der zerklüfteten Landschaft erzielt wird, lauert noch ein angriffsbereiter Leopard als weiterer Gegner der Kentauren.

Während die ältere griechische Kunst in der Regel die tierische Seite dieser Mischwesen betonte, legte man später verstärkt Wert auf die Wiedergabe der menschlichen Züge. So überliefert Lukian, ein Schriftsteller des 2. Jahrhunderts n. Chr., dass der griechische Maler Zeuxis (um 400 v. Chr.) berühmt gewesen sei für sein Gemälde einer Kentaurenfamilie mit ihren Kindern in ländlicher Idylle, und der um die Zeitenwende lebende Dichter Ovid schildert in bewegenden Worten den Tod eines Kentaurenpaares.

Die umfangreichen Restaurierungen, die im 18. und 19. Jahrhundert vorgenommen wurden, erschweren die Datierung des Mosaiks, die von hellenistisch bis hadrianisch reicht. In der Forschung wird überwiegend die Meinung vertreten, dass es sich um eines der qualitätvollsten Werke römischer Mosaikkunst handelt, dem wohl ein griechisches Kunstwerk (Tafelgemälde oder Mosaik) hellenistischer Zeit als Vorbild diente.

Literatur: Kriseleit, Mosaiken 30 f. Nr. 8 mit Abb. und älterer Literatur; M. De Francescini, Villa Adriana. Mosaici – Pavimenti – Edifici (1991) 121. 407. 409. 666 Taf. 8 Taf. A; LIMC VIII s. v. Kentauroi et Kentaurides Nr. 431 b. (Th. Sengelin); Antikensammlung 1998, 117 Nr. 64 (I. Kriseleit); K. E. Werner, Die Sammlung antiker Mosaiken in den Vatikanischen Museen (1998) 112 ff.; K. M. D. Dunbabin, Mosaics of the Greek and Roman World (1999) 66 mit Abb. 70; B. Andreae, Antike Bildmosaiken (2003) 279 ff.; 66 Meisterwerke 2005, 96 (S. Brehme); M. Donderer, Und es gab sie doch. Ein neuer Papyrus und das Zeugnis der Mosaiken belegen die Verwendung antiker Musterbücher, in: Antike Welt 34, Heft 2, 2003, 65 f. mit Abb. Bre.

Die Antikensammlung
im Pergamonmuseum

Statue eines Opferträgers

Ostionisch, um 530–520 v. Chr.
Aus Didyma.
Weißer großkristalliner Marmor mit gelblicher Patina. Höhe: 166 cm; Kopfhöhe: 32 cm.
Sk 1710

Zwanzig Kilometer südlich von Milet liegt Didyma, das Hauptheiligtum der Stadt. Eine »heilige Straße« verband die schon in der Archaik blühende Stadt mit dem einflussreichen Orakelheiligtum des Apollon, das in dieser Zeit einen mächtigen Tempel erhielt. Die Marmorstatue ist in Didyma während der deutschen Ausgrabungen Theodor Wiegands (1899–1913) gefunden worden. Die nackte, etwas überlebensgroße Jünglingsstatue, an der an den Armen und Beinen Teile weggebrochen sind und die an der rechten Gesichtshälfte beschädigt ist, trug einstmals ein Opfertier, einen jungen Widder oder ein Kälbchen in den Händen. Es war separat gearbeitet, was anhand der Haltebosse vor der Brust mit drei fingerdicken Löchern und zwei flachen Gusskanälen noch gut zu erkennen ist. Nach einem vergleichbaren Kuros aus Klaros zu urteilen, waren die Unterarme waagerecht nach vorn geführt und die Hände hielten die Hinter- und Vorderbeine des Opfertieres.

Der Jüngling steht aufrecht mit vorgesetztem linken Bein, in einem Schema also, in dem die griechischen Bildhauer der Archaik die Jünglingsstatuen, die sogenannten Kuroi, in der Regel gebildet haben. Und doch hat ein kaum merklicher Bewegungsrhythmus die Figur ergriffen und wirkt dem starren und konventionellen Standmotiv entgegen. Der Kopf ist leicht nach links gedreht; die Schulter und damit auch die linke Seite des Oberkörpers sind zurückgenommen, führen also in die Tiefe. Es entsteht so eine leichte Schrägwendung des Körpers, die sich auch an der Rückenpartie deutlich abzeichnet. Der zurückgenommene linke Oberkörper korrespondiert gegenläufig mit dem vorgesetzten linken Bein und bringt damit einen spannungsvollen Rhythmus in die Figur. Diese Verteilung der Körperlast ist auch an den Hüften spürbar. Besonders die Rückseite der Figur zeigt eine unterschiedliche Ausarbeitung der Glutäen (Gesäßmuskel): die linke Seite ist muskulöser ausgebildet und deutet so die stärkere Bewegung des vorgestellten linken Beines an; auch staut sich über dem zurückgesetzten rechten Bein die Linie der Hüfte stärker.

Die Schwingungen des Körpers gehen einher mit den äußerst sanften Oberflächenbewegungen und den wenigen eingebrachten Akzentuierungen: die leicht durchschwingende Medianrinne und die Schlüsselbeine unterstützen leise diese Körperbewegung. Körperdetails wie die Brustwarzen sind plastisch kaum herausgearbeitet. Sie waren ebenso wie die der modischen Gestaltung unterliegende Darstellung des Schamhaares in Malerei ausgeführt und durch ein umrahmendes rosettenartiges Ornament hervorgehoben; an den Ohren trug der Jüngling aufgemalte Scheibenohrringe.

Die ostionische Kunst ist durch den nackten Jüngling aus Didyma gut fassbar; die Statue wird in einer milesischen Werkstatt zwischen 530–520 v. Chr. gearbeitet sein.

Literatur: Blümel, Archaische Skulpturen 58 f. Nr. 60 Abb. 169–176; K. Tuchelt, Die archaischen Skulpturen von Didyma, IstForsch 27 (1970) 59 f. zu Nr. K 16–16 a; V. von Graeve, Neue archaische Skulpturen aus Milet, in: H. Kyrieleis (Hrsg.), Archaische und klassische griechische Plastik. Akten des internationalen Kolloquiums in Athen, 22.–25. April 1985, Bd. 1 (1986) 26 f.; Fuchs – Floren, Griechische Plastik 377 f.; A. Stewart, Greek Sculpture (1990) 75. 109. 117 Abb. 105; 66 Meisterwerke 2005, 62 (A. Scholl); Deuses Gregos 2006 Abb. S. 264.

Kun.

80

Raum 1

Liegender Löwe

Mitte des 6. Jhs. v. Chr.
Gefunden 1906 am Kazartepe in Milet.
Marmor. Länge: 171 cm.
Sk 1790

Am Kazartepe, einem Kalksteinhügel südlich vom antiken Milet, befand sich in hellenistischer Zeit eine dicht belegte Nekropole. In archaischer Zeit scheint dagegen hier nur ein Grab existiert zu haben, das jedoch von herausragender Größe und Bedeutung war. Ein langer Zugang (*dromos*) führte zu der in den Hügel gehauenen Grabkammer, die mit Steinsetzungen verschlossen war. Die ganze Anlage wurde durch eine Erdanschüttung geschützt. Oberhalb des Grabeinganges waren die Marmorbilder von zwei gelagerten Löwen aufgestellt, von denen der eine vollständig erhalten ist. Vom zweiten Löwen fehlt die vordere Hälfte, er ist jedoch eine genaue, nur etwas weniger sorgfältig gearbeitete Kopie des anderen. Der besser erhaltene Löwe war von oben herab in den Dromos gestürzt, dabei wurde der vordere Teil beschädigt.

Während die meisten frühgriechischen Löwen vorderasiatischen Vorbildern folgen, gehören die beiden milesischen Löwen zu einer kleinen, zeitlich und räumlich begrenzten Gruppe, die sich an ägyptischen Vorbildern orientiert. Die Kenntnis der ägyptischen Löwenbilder ist durch die intensiven Beziehungen zwischen Unterägypten und den Griechen Ostioniens im 7. und 6. Jahrhundert v. Chr. vermittelt worden. Das Interesse der Griechen an der ägyptischen Plastik hat auch die Entstehung der griechischen monumentalen Skulptur gefördert.

Der Löwe liegt auf seiner linken Seite und schiebt das linke hintere Bein unter den Körper, so dass die Unterseite der Tatze neben dem angewinkelten rechten Hinterlauf sichtbar wird. In diesem Motiv folgt er den ägyptischen Vorbildern. Während jedoch die ägyptischen Löwen in königlicher Würde den erhobenen Kopf dem Betrachter zuwenden und die Vorderpranken kreuzen, hat der milesische Löwe den Kopf nur ein wenig nach rechts gewandt und in träger Ruhe auf die ausgestreckten Vorderpranken gelegt. Nur seine Augen blicken wachsam. Die naturnahe Haltung könnten die Bildhauer in Ägypten an Löwen in Tiergehegen beobachtet haben. Aus dem Einfluss der ägyptischen Vorbilder sind auch viele formale Eigenarten zu erklären: die großflächige Darstellung des Körpers, dessen verhaltene Wendung zum Betrachter an dem sanften Schwung des Rückgrates ablesbar ist, die Darstellung von Knochen und Hautfalten am rechten Schenkel, die weiche Modellierung des Gesichtes und seine birnenförmige Gestalt. Der ostgriechische Bildhauer verrät sich in der unbewegten Schwere des Körpers, den wenigen, nur auf der Oberfläche aufgetragenen gliedernden Akzenten und der weichen Fülle und Detailfreude der Gestaltung.

Der Löwe war das Wappentier von Milet. Zahlreiche in Milet und Didyma gefundene Marmorlöwen, teils in kolossalem Format, waren als Weihgaben in den Heiligtümern aufgestellt. Mit Sicherheit sind nur die beiden Löwen vom Kazartepe auf ein Grab zu beziehen. Sie waren Wächter des Grabes, deren Macht durch die Verdoppelung verstärkt wurde, und sie zeugten von der Bedeutung des Toten, dessen Grab sie beschützten.

Literatur: Blümel, Archaische Skulpturen 59 Nr. 62 Abb. 179–183; E. Forbeck – H. Heres, Das Löwengrab von Milet, 136. BWPr 1997; U. Höckmann in: H. Beck – P. C. Bol – M. Büching (Hrsg.), Ägypten, Griechenland, Rom. Abwehr und Berührung. Ausstellungskatalog Frankfurt/Main 2005, 83 ff. Abb. 3. Her.

81 Raum 2

Fragment einer Säulentrommel: Reliefbild einer Frau

Ionisch, 3. Viertel 6. Jh. v. Chr.
Aus Didyma/Kleinasien.
Marmor. Erhaltene Gesamthöhe: 56 cm.
Ursprünglich reich bemalt.
Sk 1721

Griechische Steinskulpturen größeren Formats sind in ihrer Frühzeit immer, soweit es sich nicht um Kult-, Weih- oder Grabbilder handelte, in architektonischem Zusammenhang verwendet gewesen. So gibt auch das hier gezeigte Reliefbild einer Frau (bei einem Gegenstück ist nur der Kopf erhalten) mit einem am äußersten linken Bruchrand gerade noch sichtbaren senkrechten Grat, dem ein weiterer rechts neben dem Kopf der Frau entspricht, über die ursprüngliche bauliche Verwendung Auskunft: Es war Teil einer Säulentrommel mit einem Gesamtdurchmesser von über 1 m. Vor den 10 cm breiten Kanneluren standen, einen Grat ganz verdeckend, archaisch lächelnde Gestalten als bedeutungsvoller Schmuck. Mit enganliegenden Gewändern und feinen, von zwei merkwürdigen wulstigen Reifen auf dem Kopf gehaltenen Schleiern – manches weitere Detail war aufgemalt und ist vergangen – waren Frauen in Festtracht dargestellt. Sie müssen zum Apollonkult in Didyma gehört haben, wo die Säulen in der Vorhalle des berühmten Orakeltempels standen, bis die Perser ihn 494 v. Chr. mit der benachbarten ionischen Stadt Milet als Vergeltung für deren Aufstand niederbrannten. Der milesischen Kunst der spätarchaischen Zeit gehört auch das schöne Fragment mit seinen breitflächigen Formen und den knapp eingeschnittenen kantigen Details an.

Literatur: G. Gruben, JdI 78, 1963, 107 ff. Abb. 9–11; K. Tuchelt, Die archaischen Skulpturen von Didyma (1970) 100 f. Nr. K 75 f. Taf. 72 f.; Antikenmuseum Berlin 1988, 46 f. Hlm.

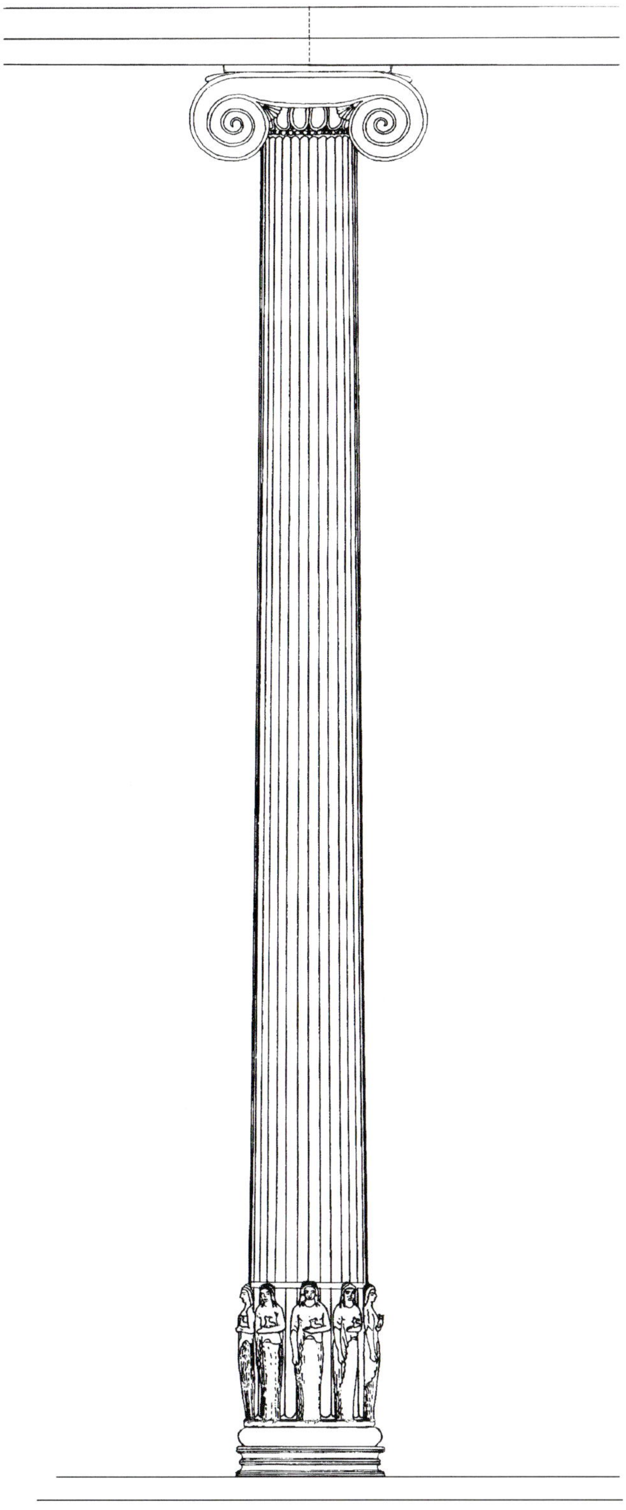

Abb. 7 Rekonstruktion einer Säule des archaischen Apollontempels von Didyma (zu Kat. 81)

82 Raum 2

Fragment einer Grabstele für ein Geschwisterpaar

Attisch, um 540–530 v. Chr.
Sogenannte Geschwisterstele New York/Berlin; 1901 erworben.
Pentelischer Marmor mit gut erhaltenen Resten der antiken Bemalung.
Höhe der Vorderfläche: 38,5 cm; Breite der Vorderfläche: 21,5 cm.
Sk 1531

Der Typus der schlanken, bisweilen über vier Meter hohen Stele mit gewöhnlich nur einer im Profil wiedergegebenen Figur ist unter den archaischen Grabmälern Athens besonders verbreitet. Im späteren 6. Jahrhundert v. Chr. sind in Attika neben den zahlreichen einfigurigen auch einige zweifigurige Grabstelen geschaffen worden. Zu einem solchen Bild aus dem Jahrzehnt 540–530 v. Chr., dessen größerer Teil nach New York gelangt ist, gehört das Berliner Fragment mit dem wunderbar zarten Kopf eines jungen Mädchens. Über der gemeinsamen Grabstätte von zwei gleichzeitig verstorbenen Geschwistern aus dem athenischen Adelsgeschlecht der Alkmaioniden errichtete der Vater um 530 v. Chr. eine etwa 4,10 Meter hohe, schlanke Grabstele, die den heranwachsenden Sohn und die kleine Tochter vereint nebeneinander stehend zeigt. Während den Jüngling in New York ein kleines Ölgefäß am Arm als jungverstorbenen Athleten kennzeichnet, ist seine kleine, mit Chiton und Schultermantel bekleidete Schwester ganz ohne Angabe kindlicher Züge als verkleinerte Kore dargestellt. Das Mädchen hält wie viele ihrer rundplastischen Vorbilder eine Blüte in der erhobenen linken Hand, ihr nach New York gelangter Bruder einen Granatapfel. Das subtil modellierte Gesicht des Mädchens mit dem noch in Vorderansicht gezeigten, mandelfömigen Auge und der präzise stilisierten Haarwiedergabe belegt, dass wir hier das Werk eines der besten Bildhauer des spätarchaischen Athen vor uns haben. Gut sichtbare Reste roter Farbe im Auge und den Haaren erinnern daran, dass die Wirkung dieses sehr flach angelegten Reliefs ganz auf die ergänzende Farbfassung berechnet war. Als Stelenbekrönung und Wächterin des Grabes dient eine schlanke, angespannt hockende Sphinx auf einem hohen Volutenkapitell.

Literatur: Blümel, Archaische Skulpturen 16 f. Nr. 7 Abb. 21. 22. 24; W. Fuchs, Die Skulptur der Griechen (1979[2]) 468. 470 Abb. 551; Fuchs – Floren, Griechische Plastik Bd. I 288 mit Anm. 43 Taf. 25, 3; 66 Meisterwerke 2005, 64 f. Farbabb. (A. Scholl). Sch.

83 Raum 2

Statue der sogenannten Berliner Göttin

Attisch, zwischen 580 und 560 v. Chr.
1924 aus dem Kunsthandel erworben.
Marmor. Höhe: 193 cm.
Sk 1800

Ihren vorzüglichen Erhaltungszustand – sie ist nur am Hals gebrochen – und die noch sichtbare Bemalung auf dem Marmor verdankt die Statue nach den Angaben zur Auffindung einer antiken Schutzmaßnahme: Sie wurde bereits in der Antike in einen Bleimantel gehüllt und vergraben, vielleicht vor den Perserkriegen. Der Fundort bei Keratea in Südattika macht diese Angaben glaubhaft: In der Nähe gelegen sind die Bergwerke von Laurion, wo seit dem 6. Jahrhundert v. Chr. systematisch Silber und Blei gewonnen wurden.

Nach der Auffindung wurde der Körper der Statue durch zwei waagerechte Schnitte zerteilt, wohl um sie aus Griechenland herauszuschaffen; sie wurde 1923 im Pariser Kunsthandel angeboten und ein Jahr später von den Berliner Museen erworben.

Die antike Vergrabung, die archaische Strenge und Feierlichkeit der Erscheinung und Attribute wie die polosartige Krone und der Granatapfel, den in bildlichen Darstellungen auch Aphrodite und Persephone halten, haben über Jahrzehnte zu der fast einhelligen Meinung geführt, die Berliner Statue stelle eine Göttin dar. Erst vor etwa drei Jahrzehnten setzte sich allmählich die Erkenntnis durch, dass in der archaischen Plastik der Griechen Deutungen aufgrund von Attributen oder bemerkten göttergleichen Erscheinungen sehr problematisch sind: Ob eine Sterbliche dargestellt ist, eine Heroin oder eine Göttin, lässt sich nicht aus dem Bildwerk selbst, sondern bestenfalls aus externen Informationen wie aus den Inschriften oder den Fundumständen schließen. In unserem Fall gibt auch die antike Vergrabung an sich wenig Hinweise auf die Deutung: Auch Grabstatuen stellten einen großen Wert dar, und man wird sie in Kriegsfällen ebenso wie Götterbilder geschützt haben. Erst die in den sechziger Jahren des 20. Jahrhunderts aufgefundene Statue der Phrasikleia, deren Funktion als Grabstatue durch eine Inschrift als gesichert gelten kann und die in ähnlicher Haltung und ebenfalls mit Granatapfel und Polos dargestellt wurde, erhärtete die Mutmaßung,

dass es sich bei der Berliner Statue ebenfalls um eine Grabstatue gehandelt habe. Wenn man aber davon ausgehen muss, dass das Götterbild und das der Sterblichen äußerlich kaum voneinander zu unterscheiden ist, ist auch diese Argumentation nicht zwingend: Natürlich könnte die Berliner Statue ebenso eine Göttin sein.

Sorgfältig geglättet ist die Oberfläche an den nackten Teilen der Statue, die danach wohl mit Wachs getränkt wurden. Die Ornamente einiger Gewandsäume und die Krone zeigen noch deutlich eine Ritzung der Vorzeichnung für die Farben. Gut erhalten blieb gelbes und rotes Eisenocker; bei der Erwerbung soll noch Blau erkennbar gewesen sein. Farbig gefasst waren die Sandalen, die Gewänder, das Haar, der Schmuck und die Krone. Die Statue trägt einen einfarbig roten Chiton mit weiten Ärmeln, der in streng parallel angeordneten Falten und mit einem breiten, von einem Mäander gezierten Mittelbort herabfällt, und ein gelbes Mäntelchen, das in sechs parallele Falten gelegt ist.

Sorgfältig sind das Riemenwerk der Sandalen, die Schmuckkette mit Knospen am Hals und das Spiralarmband an ihrer linken Hand ausgearbeitet. Auch hier sind noch Reste der einstigen Farbgebung nachweisbar. Die heute stark ausgeblassten Farben vermitteln nur eine Idee der einstigen strahlenden Farbigkeit der Statue. Der Schmuck, die bis über den Nacken fallenden Haare, die Krone, der Granatapfel in ihrer Hand und die Sandalen an den Füßen müssen sich einstmals durch ihre Farbe leuchtend von der gewachsten Marmoroberfläche der nackten Körperteile abgehoben haben. Auch der Gesichtsausdruck war durch die farbige Fassung hochgezogener Augenbrauen, angegebener Augenlider, strahlender Augen mit unterschiedener Farbgebung der Iris und Pupillen sowie farbiger Lippen bestimmt. Der seltsame Kontrast zwischen scharfkantigen Einzelformen, etwa in der Mundbildung, die an einen Holzschnitzstil erinnert, und organisch modellierten Details, wie an den Händen und den Zehen der Füße, findet vielleicht in dem noch unabgestimmten Verhältnis von plastischer Ausarbeitung und farbiger Detailfassung eine Erklärung. Die hocharchaische Statue, die in der Gliederung des Körpers noch streng und in ihren Bewegungen unbeholfen und steif wirkt, wird von einem attischen Bildhauer geschaffen worden sein, der auch in den heimischen Poroswerkstätten gearbeitet hatte oder bei der Gestaltung des Marmors Elemente des Schnitzstils der Terrakottakunst beibehielt. Die Statue wird um 570 v. Chr. entstanden sein. Es wurde auch die Möglichkeit eines bewussten Archaisierens im späten 6. Jahrhundert v. Chr. erwogen, das diese unausgewogenen Züge erklären könnte und damit die Deutung als Göttin wahrscheinlich macht.

Literatur: Blümel, Archaische Skulpturen 7–10 Nr. I Taf. 1–8; M. Kunze in: Festschrift für G. von Lücken, Wissenschaftliche Zeitschrift der Universität Rostock 17, 1968, 697–705 Taf. 18–14; G. M. A. Richter, Korai (1968) Nr. 42; Fuchs – Floren, Griechische Plastik 264 f. Taf. 21, 1; W. Martini, Die archaische Plastik der Griechen (1990) 48 f. 78 ff. 147 ff. Abb. 23. 44; K. Junker, Der ältere Tempel im Heraion am Sele (1993) 57 f. Taf. 15, 3. 4; Bol, Frühgriechische Plastik 157 f. Abb. 236 a–d; 66 Meisterwerke 2005, 63 (A. Scholl). Kun.

Abb. 8 Rekonstruktion der Geneleosgruppe im Heraion von Samos (nach E. Buschor)

84 Raum 3

Statue der Ornithe

Um 560/550 v. Chr.
Gefunden im Heraion von Samos nahe der zugehörigen Basis.
Marmor. Höhe: 168 cm.
Sk 1739

Das Heraion auf der Insel Samos war eines der berühmtesten Heiligtümer der Göttin im antiken Griechenland, dessen Kulttradition bis in das 2. Jahrtausend v. Chr. zurückreicht. Die Bedeutung, die das Heraheiligtum in archaischer Zeit, v. a. im 6. Jahrhundert v. Chr., besaß, belegt eine Vielzahl archäologischer Funde wie Weihgeschenke und Reste von Bauwerken. Besucher betraten das Heraion auf der ›Heiligen Strasse‹, die das Temenos (griechisch für

›heiliger Bezirk‹) mit der antiken Stadt Samos verband. Daher boten sich deren Randbereiche für die Aufstellung repräsentativer Weihgeschenke besonders an – Basen für die Einlassung solcher Votive sind noch heute sichtbar.

Auch die ca. 6 m lange Basis des Weihgeschenkes, zu dem die Statue des jungen Mädchens gehörte, wurde nördlich der ›Heiligen Strasse‹ gefunden. Es handelte sich um eine mehrfigurige Familienweihung an Hera, die aus sechs Statuen bestand, von denen vier Figuren fast vollständig erhalten sind. Die Aufstellung der Statuengruppe lässt sich durch Einlassspuren rekonstruieren: Zwischen der thronenden Mutter am linken Ende der Basis und dem gelagerten, als Teilnehmer an einem Symposion dargestellten Vater am rechten Ende standen die Kinder, drei Töchter und ein Sohn (vgl. Kat. Nr. 10). Unsere Mädchenfigur, deren Name »Ornithe« (griechisch für ›Vögelchen‹) in das Gewand eingeritzt ist, stand wahrscheinlich neben ihrem Vater, von dessen Namen nur noch die Endung *-arches* lesbar ist. Ihre Mutter und eine ihrer Schwestern sind uns ebenfalls namentlich bekannt: Phileia und Philippe. Auf der Sitzfigur der Phileia hat außerdem der Bildhauer seine Signatur angebracht: »Geneleos hat uns gemacht«.

Geneleos gelang es, das Erscheinungsbild der in Kleidung und Standmotiv weitgehend übereinstimmenden Mädchenstatuen zu variieren und damit die Aufreihung der nebeneinander stehenden Figuren zu beleben. Sie sind durch geringfügige Unterschiede in den Körperproportionen, der Gewandung und der Wiedergabe des Haares differenziert. Die Schwestern tragen einen gegürteten Chiton mit langen geknüpften Ärmeln, der Bausch fällt seitlich flach über die Hüften herab. Der dünne weiche Stoff, bei dessen Wiedergabe glatte mit gefältelten Partien abwechseln, lässt die Körperformen durchscheinen. Die Statuen zeigen die reizvolle Oberflächengestaltung und die feinen Schwingungen des Konturs ostionischer archaischer Plastik. Durch das Raffen des Gewandes mit der rechten Hand über dem vorgesetzten Bein spannt sich der Chiton eng um den Unterkörper, so dass sich die Rundung des linken Beines sanft abzeichnet. Der linke Arm der Koren (griechisch für ›Mädchen‹) hängt locker herab, die Hand ist zur Faust geballt. Ornithe ist jedoch graziler als ihre Schwester und unterscheidet sich von ihr auch durch die Haarsträhnen, die über ihre Brüste fallen. Vielleicht sollten die in Haltung, Kleidung und Gestus gleichen Mädchen als Teilnehmerinnen an einem festlichen Reigentanz im Heiligtum zu Ehren der Göttin verstanden werden. In Berlin

wird ein männliches Torsofragment aufbewahrt, das wohl ebenfalls zu dem Familienanathem gehörte und zu einem Flötenspieler, der bei Tanz und Kultmahl musizierte, ergänzt werden könnte.

Der Bildhauer Geneleos schuf das wahrscheinlich früheste Familienweihgeschenk der archaischen Kunst. Auch wenn die Figuren in ihrer Körperhaltung nicht aufeinander Bezug nehmen, sind sie formal – durch die Basis, die Rahmenfiguren der Thronenden und des Liegenden sowie die übereinstimmende Gewandbehandlung – zu einer Gruppe verbunden. Ihre enge inhaltliche Zusammengehörigkeit über die familiäre Beziehung hinaus kommt in der gemeinsamen Teilnahme an Kulthandlungen zu Ehren der Göttin Hera zum Ausdruck.

Literatur: H. Kyrieleis, Führer durch das Heraion von Samos (1981) 123 ff. mit Abb.; Fuchs – Floren, Griechische Plastik 345 ff. mit Abb. (J. Floren); Antikensammlung 1998, 126 ff. Nr. 68 (mit älterer Literatur) (H. Heres); K. Karakasi, Archaische Koren (2001) 13–20. 26–30 Taf. 26. 27; Bol, Frühgriechische Plastik 153. 156. 166 (D. Kreikenbom); 186 ff. 197 f. 200 ff. (P. Karanastassis); 313 mit Abb. – Zur Inschrift: Inscriptiones Graecae XII 6, 2, 559 E. – Vgl. auch Kiderlen – Strocka, Die Götter beschenken 70. 72 Nr. 18–20 (M. Kiderlen). Bre.

85 Raum 3

Thronende Göttin

2. Viertel 5. Jh. v. Chr.
Gefunden 1911 in Unteritalien. Als Fundort wird Tarent, aber auch Lokri genannt.
Marmor. Höhe: 151 cm.
Sk 1761

Die feierlich wirkende Statue, in der sich die Körperauffassung des beginnenden Strengen Stils mit der reichen dekorativen Kleidung und der Heiterkeit der spätarchaischen Kunst verbindet, hat viel Anlass zu Diskussionen gegeben. Schon ihr Fundort ist umstritten. Mit einiger Sicherheit kann man annehmen, dass sie ein Kultbild war: Aus Tarent stammt eine Terrakottaform zum Ausformen von Statuetten einer thronenden Göttin vom gleichen Typus, die in das Heiligtum der Göttin geweiht wurden. Die Statuette hält in der rechten Hand eine Spendeschale, der Gegenstand in ihrer linken ist nicht erkennbar. Eine Spendeschale kann auch die Statue gehalten haben.

Die feingliedrigen Beine des Thrones, die kunstvoll ausgesägte Elfenbein- oder Holzformen nachbilden, sind zum Teil weggebrochen. Die Last der Statue wurde auch nicht von den Thronbeinen getragen, sondern von einem unter dem Sitz verborgenen massiven Marmorwürfel. Um die große Statue besser verkaufen zu können, hatten Händler, in deren Hände die Statue bald nach ihrer Auffindung geraten war, den Kopf abgesägt und auch begonnen, den Körper von dem großen Stützkissen im Rücken abzutrennen. Während einer Restaurierung im Jahr 1996 konnte die Haltung des Kopfes dem Rest der Bruchfläche im Hals entsprechend korrigiert werden. Sie fügt sich nun kaum merklich dem Bewegungsrhythmus der Statue ein, in dem sich der klassische Kontrapost andeutet, die Darstellung von Anspannung und Entspannung im organischen Zusammenhang des Körpers. Die linke Seite der Gestalt mit dem vorgesetzten Fuß, der leicht gesenkten Schulter und dem gerade vorgestreckten Unterarm zeigt eine »Öffnung und Entspannung« gegenüber der rechten Seite mit dem »angespannten«, näher zum Thron herangezogenen Fuß und dem angehobenen Unterarm. Diese Bewegung teilt sich auch den reichen Gewändern mit, dem archaischen »Schrägmantel« über dem langen Untergewand aus feinem Stoff, dessen Zipfel mit gewellten Säumen über die Knie herabfallen, über dem linken Knie kürzer und weiter nach außen geschoben als rechts, und dem Tuch über Schultern und Armen, dessen Zipfel über die Seiten des Thrones herabfallen und durch die unterschiedliche Bewegung der Arme in ungleichem Maße mitgezogen werden.

Die Übernahme der archaischen Formen wird unterschiedlich erklärt: als Nachschleppen des archaischen Stils des Mutterlandes in der unteritalischen Kolonie oder – überzeugender – als bewusster Rückgriff auf alte Formen, die dem Kultbild besondere Würde verliehen. Von der Farbfassung der Statue zeugen nur geringe Spuren an der Rückseite des Thrones: ein hell gebliebenes Palmettenband, das einst durch Farbe gedeckt war, und ein Rautenmuster an der Oberkante der Lehne. Nach dem Vorbild der Statuen von der Akropolis in Athen muss man sich Thron und Gewand reich bemalt vorstellen, die Säume des Mantels vielleicht mit kräftigen Farben, die anderen Stoffpartien mit kleinen Kreuzen oder Blüten bestreut.

Im Gesicht ist das archaische Lächeln zurückgenommen. Das Stirnhaar ist jedoch noch gekräuselt wie bei den spätarchaischen Koren, und lange Locken fallen auf die Brust herab, deren symmetrische Anordnung durch die Bewegungen der Figur differenziert wird. Kleine Einlasslöcher im Diadem und in den Ohrläppchen zeigen, dass hier glänzender Metallschmuck angesetzt war. Es gibt keine sicheren Hinweise darauf, welche Göttin in dem Kultbild dargestellt ist.

Literatur: Blümel, Archaische Skulpturen Nr. 21 Abb. 55–61; H. Herdejürgen, Untersuchungen zur thronenden Göttin aus Tarent in Berlin und zur archaischen und archaistischen Schrägmanteltracht (1968); A. H. Borbein in: H. Büsing – F. Hiller (Hrsg.), Bathron. Heinrich Drerup zum 80. Geburtstag (1988) 93 ff.; C. Rolley in: G. Pugliese Carratelli (Hrsg.), The Western Greeks. Ausstellungskatalog Venedig 1996, 394 mit Abb. 697 Kat. Nr. 146; Bol, Frühgriechische Plastik 279 Abb. 363 (V. Brinkmann); 66 Meisterwerke 2005, 68 f. (A. Scholl). Her.

86

Raum 3

Grabrelief eines Mädchens

Parisch, um 460 v. Chr.
Sogenannte Stele Giustiniani, benannt nach dem einstigen Besitzer Giustiniani in Venedig; 1897 erworben.
Grauweißer großkristalliner Marmor. Höhe: 143 cm; Breite: 40–46 cm.
Sk 1482

Auf der schlanken, sich leicht nach oben verjüngenden Stele, die von einer prächtigen Volutenpalmette bekrönt wird, ist ein Mädchen dargestellt, das ernst und versunken auf ein Kästchen blickt, dem sie einen in Malerei ausgeführten Gegenstand oder Weihrauchkörner entnimmt. Zu ihren Füßen steht der Deckel des zylindrischen Behälters. In der Literatur und in Grabepigrammen wurde der Tod des dem Kindesalter entwachsenen, aber noch nicht verheirateten Mädchens besonders beklagt. So wird auch in den Grabreliefs die jugendliche Schönheit der Verstorbenen vor Augen geführt als Sinnbild des gerade erblühten, zu früh dahingegangenen Lebens.

Die reiche Gewandung der archaischen Zeit mit Chiton, Mäntelchen und Schleier ist nun einem schlichten und schweren Wollgewand, dem Peplos, gewichen. Unter den schweren Falten des Gewandes, das trotz der flachen Modellierung des Reliefs Raumtiefe suggeriert, zeichnet sich die Bewegung des Körpers in wenigen markanten Details ab, etwa in der eingezogenen Rückenlinie im seitlich offenen Peplos. Dieser wurde einst von einer bronzenen Fibel an der Schulter geziert und gehalten. Das Ohrläppchen des Mädchens ist durchbohrt und war mit einem Ohrring geschmückt. In der klassischen Körperbewegung der Ponderation, also in der Unterscheidung von belastetem Stand- und entlastetem Spielbein, in der darauf antwortenden leichten Körperdrehung und Kopfneigung, ist bereits deutlich der Strenge Stil der griechischen Klassik erreicht. Eine neue Stimmung und Gefühlsdimension ist den klassischen Werken eigen: Das Mädchen geht nachdenklich und ernst ihrer Beschäftigung, dem Anlegen des bräutlichen Schmucks oder der Weihrauchspende nach. Die Jungverstorbene ist nun eine Braut des Hades und bereitet sich in stiller Versunkenheit auf ihr neues Dasein vor. Da uns in Athen von etwa 500 bis 430 v. Chr. Grabreliefs fehlen – aufgrund erlassener Grabluxusgesetze oder anderer Motive –, wird das Relief in Ostgriechenland, wohl auf der Insel Paros, um 460 v. Chr. gearbeitet sein.

Literatur: Blümel, Klassische Skulpturen 12 ff. Nr. 2 Abb. 2. 4. 6. 9; H. Hiller, Ionische Grabreliefs in der ersten Hälfte des 5. Jh. (1975) 131. 175 ff. Nr. K 8 Taf. 17, 2; 30, 3; B. S. Bidgway, The Severe Style in Greek Sculpture (1970) 48 Abb. 67; E. Berger (Hrsg.), Antike Kunstwerke aus der Sammlung Ludwig Bd. 3, Skulpturen (1990) 53. 61 Beil. 7, 3; A. Stewart, Greek Sculpture (1990) 149 Abb. 305; 66 Meisterwerke 2005, 66 f. (A. Scholl).

Kun.

87 Raum 3

Aphrodite mit einer Schildkröte

Original oder Marmorkopie nach einem Original aus der Zeit um 430–420 v. Chr.
Wahrscheinlich aus Attika; im 17. Jh. nach Venedig gebracht; 1892 im Kunsthandel Venedig für Berlin erworben.
Pentelischer Marmor. Höhe: 158 cm.
Kleinere Teile des Mantels, das linke Knie und der linke Fuß mit der Schildkröte sind ergänzt.
Sk 1459

Die Forschungen zu der leicht überlebensgroßen Göttin haben sich seit Jahrzehnten vorrangig mit zwei Fragen beschäftigt. Die eine Frage zielt auf die Ergänzung der verlorenen Teile, so auch auf die Stütze, die unter ihrem linken Arm zu ergänzen ist, und damit auf die Deutung der Göttin. Die andere Frage lautet: Ist die Statue, die aus Venedig für Berlin erworben wurde, ein griechisches Original aus der Zeit der griechischen Hochklassik, also in unmittelbarer Nachfolge der Parthenongiebel geschaffen, und wenn nicht, ist sie eine zeitgenössische Werkstattwiederholung oder eine spätere, römische Kopie. Leider fehlen der Statue der Kopf – er war gesondert gearbeitet –, der Hals, die linke Schulter, der ganze rechte Arm und der linke Arm vom Ellenbogen an. Abgesehen von wenigen Ergänzungen von Faltenstegen des Mantels und des linken Knies ist leider auch der linke Fuß mit der Schildkröte neuzeitlich ergänzt, das einzige heute noch sichtbare Attribut. Erkennbar ist unter dem abgebrochenen linken Ellenbogen noch ein Ansatzstück für die Stütze.

Der aufragenden Gestalt mit den kräftig-weiblichen Körperformen, die durch die Gewänder mehr betont als verdeckt werden und so eine deutliche Sinnlichkeit ausstrahlen, wird man eine Deutung als Aphrodite nicht absprechen wollen. Sie ist bekleidet mit einem gegürteten Chiton mit kurzen, geknüpften Scheinärmeln und einem Mantel (Himation), der um den Unterkörper und die Oberschenkel gezogen ist: Vom linken Arm ausgehend umspannt er die Hüfte und fällt neben dem aufsetzenden linken Bein herab. Damit bekommt der vorgesetzte Fuß, der auf einer Erhöhung stand, einen kompositorischen Akzent. Dass der Ergänzer mit einer Schildkröte durchaus das

Richtige getroffen hat, können antike Quellen bestätigen, die berichten, Phidias habe eine Aphrodite Urania für Elis geschaffen, die einen Fuß auf eine Schildkröte setzte (Pausanias 6, 25, 1); eine weitere Aphrodite Urania stand auf dem Kolonos Agoraios in Athen (Pausanias 1, 14, 7). Aus anderen Aphroditedarstellungen mit der Schildkröte (etwa eine Statue in Kyrene oder ein Relief im Vatikan) können wir schließen, dass die Berliner Göttin sich auf eine weibliche Herme lehnte und nicht auf ein archaistisches Idol, wie man zunächst vorgeschlagen hatte.

Die schmalen Hüften, die breiten Schultern und die weit auseinanderstehenden Brüste haben immer wieder zu dem Vergleich mit den sogenannten sitzenden Tauschwestern des Parthenon oder einer Figur vom Fries des Erechtheions in Athen (heute im Akropolismuseum) geführt und zu der Frage, ob wir in der venezianischen Göttin eine griechische Originalplastik sehen dürfen. In den Venezianer Sammlungen befanden sich in der Tat einige griechische Originale, die aus Griechenland bereits im 17. Jahrhundert mitgenommen wurden. Vor allem aber ist es neben der erwähnten Gesamtanlage der Figur die ausgezeichnete Qualität der erhaltenen Details, insbesondere der Gewandung, die zu der immer wieder neu vermuteten Annahme geführt hat, in der Statue ein Original zu sehen. Doch gerade die deutlich erhaltene Arbeitsweise des Bildhauers, etwa des laufenden Bohrers in den Chitonfalten ihrer linken Seite, lassen erkennen, dass der Statue die Sorgfalt originaler attischer Werke fehlt, wozu auch die verwendeten Anstückungen der Arme, der Stütze und des Kopfs gehören. Es fehlt ihr schließlich die Lebendigkeit und Frische gerade in der erwähnten Gewandbildung, besonders am Himation. Sie dürfte wohl nach einer der in den Quellen erwähnten Aphroditen mit der Schildkröte gearbeitet sein.

Literatur: Blümel, Klassische Skulpturen 91 f. Nr. 109 Abb. 161–169; F. Croissant, BCH 95, 1971, 65 ff.; G. I. Despinis, Symboli sti meleti tou ergou tou Agorakritou (1971) 202; St. Hiller, AntK 19, 1976, 31 f. Taf. 7, 1; B. S. Ridgway, Fifth Century Styles in Greek Sculpture (1981) 217 Nr. 5; E. B. Harrison, Hesperia 53, 1984, 383 f.; 67; K. Stemmer (Hrsg.), »In den Gärten der Aphrodite«. Ausstellungskatalog Berlin 2001, 87 E 9; A. Scholl in: Jahrbuch Preußischer Kulturbesitz 38, 2001, 279–285 Abb. 1–3 (griechisches Original); Bol, Klassische Plastik 170 Abb. 96.

Kun.

88 ▷▷ Raum 3

Grabarchitektur und Grabbauten

Die Gräberbezirke lagen in der Antike immer außerhalb der Städte. In Athen, woher ein Teil unserer attischen Grabreliefs stammt, wurden in unmittelbarer Nähe des Töpferviertels (Kerameikos) an den aus der Stadt herausführenden Straßen Grabbezirke einzelner wohlhabender Familien gefunden. Sie säumten zu beiden Seiten die Straße und hoben sich zugleich durch einen aufgemauerten hohen Sockel vom Straßenniveau ab. In den ummauerten Grabbezirken einzelner Familien fanden im Laufe der Zeit verschiedene Grabdenkmäler ihre Aufstellung. Dieser Tatsache folgend ist in der Ausstellung eine solche Aufreihung von Grabstelen und -lekythen vorgenommen worden, die von unterschiedlicher Herkunft sind. Bestimmte Grabmalformen waren oft an spezielle Personengruppen gebunden. So wurden für Familienmitglieder, die im Alter verstarben, in der Regel Grabvasen aus Marmor (Lekythen) mit einem Reliefbild und Inschrift aufgestellt (links und rechts im Bild), jung verstorbene Mädchen oder Knaben erhielten einfigurige Stelen (zweite Abbildung von rechts: Grabstele des Hedylos). Hohe Palmettenstelen ohne Reliefbilder dagegen waren für männliche Familienoberhäupter die Regel, wurden gelegentlich aber auch für weibliche Angehörige verwendet (Abbildung in der Mitte: Stele der Demarchia). Seit dem 4. Jahrhundert v. Chr. traten die Grabreliefs mit einer architektonischen Rahmung hinzu, sogenannte Familiengruppen wie das Relief des Thraseas und der Euandria (zweites von links).

Literatur zu den einzelnen Grabmälern (von links nach rechts): Sk 1466: Blümel, Klassische Skulpturen 53 Nr. 57 Abb. 77–79; Clairmont, Tombstones Bd. 2, 463 ff. Nr. 2.289 d mit Abb. – Sk 738: Blümel, Klassische Skulpturen 34 f. Nr. 28 Abb. 39. 41. 45. 46; Clairmont, Tombstones Bd. 3, 332 f. Nr. 3.419 mit Abb.; Griechische Klassik 2002, 184 f. Nr. 77 (A. Scholl). – Sk 1707: Blümel, Klassische Skulpturen 46 f. Nr. 46 Abb. 71. 72. – Sk 1465: Blümel, Klassische Skulpturen 31 Nr. 23 Abb. 34; Clairmont, Tombstones Bd. 1, 162 Nr. 0.832 mit Abb. – Sk 1108: Blümel, Klassische Skulpturen 50 Nr. 51 Abb. 79. 85; Clairmont, Tombstones Bd. 3, 131 f. Nr. 3.302 mit Abb.

Kun.

89 Raum 3

Grabrelief des Sosias und Kephisodoros

Attisch, um 410 v. Chr.
1910 aus dem Pariser Kunsthandel erworben.
Pentelischer Marmor. Höhe: 105 cm; Breite: 84,5–83 cm (oben).
Sk 1708

Gegen Ende des Peloponnesischen Krieges (431–404 v. Chr.), der großen innergriechischen Auseinandersetzung zwischen Athen und Sparta, wird dieses Grabrelief entstanden sein. Zwei Soldaten, Bürger der Stadt Athen, gerüstet mit dem großen »argivischen« Rundschild, Lanze und einer kegelförmigen Kopfbedeckung, einem Piloshelm mit abgesetztem Rand, sind durch Handschlag verbunden. Links steht ein bärtiger Mann in einem langen, bis auf den Boden reichenden Gewand, das ihn als Priester charakterisiert. Die Reliefausführung des Bildhauers wurde vom Maler ergänzt: Die kurze Stoßlanze in der Hand des mittleren Soldaten wird sich nach oben in Malerei ausgeführt fortgesetzt haben. Zur typischen Kleidung und Rüstung eines Peltasten, dem Leichtbewaffneten, gehörten der einfache, kurzärmlige und gegürtete Chiton, wie die beiden Krieger ihn tragen, und halbhohe Stiefel oder Schuhe. Plastisch ausgearbeitet sind nur die Sohlen, das Übrige war gemalt. Der große Rundschild gehört aber noch zur Standardausrüstung eines Athener Hopliten, eines schwerbewaffneten Fußkämpfers.

Die kostspielige Hoplitenausrüstung des Athener Bürgerheeres, zu der vor allem auch der Panzer gehörte, samt der schwerfälligen Kampftechnik der Phalanx, hatte sich im Peloponnesischen Krieg als überholt herausgestellt: Eine Schlappe auf Seiten der Athener folgte der anderen. So verdrängten die mit Chiton bekleideten, leichtbewaffneten Soldaten, wie sie auf unserem Relief zu sehen sind, bald die schwerbewaffneten Hopliten, wenn auch deren Wiedergabe nicht aus der Darstellung der Grabreliefs verschwand, sondern vielmehr als konservatives Bild zur Bezeichnung der begüterten Klasse attischer Bürger noch im 4. Jahrhundert v. Chr. tradiert wurde.

Künstlerisch vertritt das Relief den Beginn des Reichen Stils der Klassik. Weich umspielt etwa das lange Gewand des linken Bärtigen den Körper. Die Profilansicht der mittleren Figur korrespondiert mit der Dreiviertelansicht der beiden anderen. Der rechte Soldat, der durch Handschlag mit dem mittleren verbunden ist, ist im Begriff sich abzuwenden. In seinem leicht geneigten Antlitz sind Züge der Trauer unverkennbar. Die Inschrift, die links mit ›Sosias‹ beginnt und sich mit ›Kephisodoros‹ fortsetzt, bezeichnet den Priester und den mittleren Krieger als Tote. Der rechte Krieger als Stifter des Reliefs nimmt also Abschied von den beiden Verstorbenen.

Literatur: Blümel, Klassische Skulpturen 25 f. Nr. 17 Abb. 25; R. Stupperich, Staatsbegräbnis und Privatgrabmal im klassischen Athen (1977) 113 mit Anm. 3; 127. 166. 168; A. G. Mantes, Pobleme der Ikonographie von Priesterinnen und Priestern in der griechischen Kunst (griech.) (1983) 104 Nr. 3; 111 Taf. 32 b; Clairmont, Tombstones Bd. 3, 73 ff. Nr. 3.192 mit Abb.; J. Bergemann, Demos und Thanatos (1997) 41–43. 45. 159 Naiskos 585 (CAT 3.192); Griechische Klassik 2002, 261 f. Nr. 160 (A. Scholl); Bol, Klassische Plastik 385 Abb. 171 – Zum Helmtyp: G. Waurick in: H. Pflug, Antike Helme (1988) 155 Abb. 8 Anm. 15.

Kun.

90 Raum 3

Grabstele eines Mannes

Parisch, um 440–430 v. Chr.
Aus Karystos auf Euböa; 1884 aus der Sammlung Sabouroff erworben.
Parischer Marmor. Höhe: 149 cm; Breite: 49 cm.
Sk 736

Die nur in der oberen Hälfte erhaltene Stele zeigt als Verstorbenen einen bärtigen Mann im Mantel. Unter der linken Achsel staut sich der Stoff, so als ob sich dort ein Stock verbirgt. Die halbgeöffnete rechte Hand ist zum Kinn erhoben. Mantel und Bart unterscheiden den Dargestellten von den weitaus zahlreicheren Stelen mit Jünglingen, jenen infolge von Krankheit oder Krieg zu früh Verstorbenen. Die Stelenform ist nicht neu. Schon vor 500 v. Chr. finden sich auf Stelen bärtige Männer mit Knotenstock und Hund oder sitzende bärtige Männer. Die schmale Stelenform erlaubte kaum mehr als eine bis zwei Figurendarstellungen. Erst als seit der zweiten Hälfte des 5. Jahrhunderts v. Chr. eine breitere Stelenform verwendet wurde und sich damit der Bildraum weitete, fanden zwei Figuren, Jünglinge oder Männer mit einem nackten Dienerknaben etwa, im lockeren Nebeneinander Platz.

Anders als an der Stele Giustiniani (Kat. Nr. 86) ist hier die aufsitzende Volutenpalmette separat gearbeitet worden. Ein Vergleich mit dem genannten Akroterion zeigt, dass Form und Stil der Bekrönung sehr verwandt sind. Auch diese Stele wird in einer parischen Werkstatt oder von einem parischen Künstler in den dreißiger Jahren des 5. Jahrhunderts v. Chr. gearbeitet worden sein. Ein Stelenfragment mit der Darstellung eines solchen Stockträgers, das sich stilistisch direkt anschließt, wurde kürzlich in Paros gefunden. Die lockere Haltung des Mannes, die gewählte Dreiviertelansicht und die Drapierung des bürgerlichen Mantels erinnern daran, dass wir uns in der Zeit der berühmten Parthenon-Friese von Athen bewegen.

Literatur: Blümel, Klassische Skulpturen 14 f. Nr. 3 Abb. 3. 5. 7; F. Hiller, Formgeschichtliche Untersuchungen zur griechischen Statue des späten 5. Jhs. v. Chr. (1971) 51. 72; K. Fittschen (Hrsg.), Griechische Porträts (1988) 258. 383 Taf. 20, 2; R. Özgan in: H. Kyrieleis (Hrsg.), Archaische und klassische griechische Plastik. Akten des internationalen Kolloquiums in Athen, 22. – 25. April 1985, Bd. 2 (1986) 32; E. Berger (Hrsg.), Antike Kunstwerke der Sammlung Ludwig Bd. 3, Skulpturen (1990) 61.
Kun.

91 Raum 3

Grabrelief einer Frau mit Dienerin, sogenanntes Sirenenrelief

Attisch, Anfang 4. Jh. v. Chr.
Aus Athen; durch Helbig in Paris aus der Sammlung Pourtalès erworben.
Weißer großkristalliner Marmor. Höhe: 77 cm; Breite: 44 cm.
Sk 755

Auf einem polsterbedeckten Stuhl sitzt eine junge Frau, die im Begriff ist, ein Armband anzulegen. Sie trägt einen dünnen Chiton mit langen geknüpften Scheinärmeln, die man am rechten Oberarm deutlich erkennt. Wie ein Schleier hat sie über den Kopf einen Mantel (Himation) gelegt, der über die rechte Schulter fällt, sich auf dem Schoß bauscht und auch die Beine bedeckt. Das Haar wird von einem Band gehalten, und die Ohren sind mit kreisrunden Ohrringen geschmückt. Die kurzhaarige, barfüßige Dienerin vor ihr trägt über einem dünnen Chiton mit Scheinärmeln einen Peplos, der untergürtet ist. Sie hält in der linken Hand ein Kästchen mit geöffnetem Deckel und in der erhobenen Rechten einen runden Spiegel. Unter dem Stuhl steht ein viereckiger Kasten im Dreiviertelprofil.

Das Motiv der sich Schmuck anlegenden Verstorbenen, der von einer Dienerin assistiert wird, kehrt an mehreren attischen Grabreliefs wieder. Dieses alltägliche Motiv hat aber durch die stille Gebärdensprache und die auf die Unterwelt, den Hades, vorausweisenden Wesen, wie hier die Sirenen, eine abgehobene Bedeutung erlangt: Es ist ein Schmücken vor dem Aufbruch und damit ein Abschiednehmen im vertrauten Kreis der Hinterbliebenen. Symbolisch wird damit eine letzte Handlung ins Bild gesetzt, wie sie auch noch rund zweihundert Jahre später in der Abschiedsszene der Mutter des Telephos, Auge, die dem Meer und damit einem Ungewissen Schicksal übergeben wird, am kleinen Fries des Pergamonaltars verstanden wird (Kat. Nr. 157.24).

Über der Giebelleiste des Reliefs sind zwei Vögel mit menschlichen Oberkörpern dargestellt, also zwei Sirenen. Die linke spielt auf einer Kithara, die rechte auf einer Doppelflöte. Musizierende Sirenen oder klagende, sich an Brust und Kopf schlagende Gestalten mit einem Vogelleib wurden bei Homer im Hades lokalisiert. Die Töne der »Hadessirenen« galten als abschreckend oder zum Tode verführend. Mit den sich ändernden Jenseitsvorstellungen in der

Zeit der griechischen Klassik wandelten sie sich allmählich zu Seelengeleiterinnen, deren bezaubernder Gesang eine Vorfreude auf das Elysium zu geben vermochte.

Literatur: Blümel, Klassische Skulpturen 26 Nr. 18 Abb. 27; R. Stupperich, Staatsbegräbnis und Privatgrabmal im klassischen Athen (1977) 108. 124. 127; D. Woysch-Meantis, La représentation des animaux et des êtres fabuleux sur les monuments funéraires grecs (1982) 140 Nr. 434; U. Vedder, Untersuchungen zur plastischen Ausstattung attischer Grabanlagen des 4. Jhs. v. Chr. (1985) 242 Nr. F33; E. Hofstetter, Sirenen im archaischen und klassischen Griechenland (1990) 171 ff. Nr. A268; Clairmont, Tombstones Bd. 2, 142 f. Nr. 2.208 mit Abb.; J. Bergemann, Demos und Thanatos (1997) 53 Anm. 193; 160 Naiskos 60 (CAT 2.208); Griechische Klassik 2002, 307 Nr. 198 (S. Moraw). Kun.

92 Raum 3

Weihrelief für einen Wagensieg

Attisch, Anfang 4. Jh. v. Chr.
Gefunden 1835 bei Skala Oropou; 1884 aus der Sammlung Sabouroff erworben.
Kalksteinähnlicher grauer Marmor mit bräunlichem Sinterüberzug.
Höhe: 81 cm; 72 cm (ohne Zapfen); Breite: 97,8 cm.
Sk 725)

Das Weihrelief für einen Wagensieg wurde bei Skala Oropou gefunden, wo es lange über einer Tür eingemauert war. Dargestellt ist in einem architektonischen Rahmen (seitliche Antenpfeiler, Architrav und Antefixe) ein Wagenrennen besonderer Art. Auf einem leichten Wagen, dessen Räder ursprünglich gemalt waren und der von vier Pferden gezogen wird, steht der bärtige Wagenlenker, dessen Hände die ebenfalls in Malerei ausgeführten und nicht mehr erhaltenen Zügel halten. Neben ihm befindet sich ein unbekleideter behelmter Jüngling mit einem Schild in der Linken. Er hält sich nur noch mit der rechten Hand am Wagenrand fest und ist im Begriff, von dem in voller Fahrt befindlichen Wagen abzuspringen, um dann das Rennen zu Fuß zu einem vorgesteckten Ziel fortzusetzen. Links oben befindet sich hinter dem vordersten Pferdekopf eine leere Votivtafel in flachem Relief, die wohl ebenfalls bemalt oder beschrieben war. Die Form der Tafel mit dem Einlasszapfen entspricht in der Form unserem Relief.

Das dargestellte Apobatenspiel (griechisch für ›abspringen‹) war bei den Panathenäen in Athen und vor allem den Spielen zu Ehren des Amphiaraos in Oropos zwischen Attika und Böotien üblich. Amphiaraos war eine alte lokale Erdgottheit, die später mit einem Heros aus dem thebanischen Sagenkreis verschmolz. Dem Mythos zufolge soll dieser Held mit seinem Viergespann bei Oropos von der Erde verschlungen worden sein. Dort genoss Amphiaraos nach seinem Tode kultische Verehrung. Das Amphiareion war sowohl Orakelstätte (die Mythen berichten von der Sehergabe des Heros) als auch Heilanstalt, wo der vergöttlichte Held den Kranken und Ratsuchenden im Traum erschienen sein soll. Pausanias (1, 34, 5) überliefert die Vorschriften, die an diesem Ort galten: Nach dreitägiger Enthaltsamkeit vom Wein und eintägigem Fasten sowie einem Widderopfer schlief der Hilfsbedürftige auf der Haut des Opfertieres. Nach erfolgter Heilung sollten die Abbilder der betreffenden Körperteile dem Gott geweiht werden. Die Tempelordnung schrieb ferner eine Kurtaxe von 1–1½ Drachmen vor. Das vorliegende Relief war, wie der Ort der Auffindung zeigt, sicher auch Amphiaraos geweiht, vielleicht als Bitte, wahrscheinlicher aber als Dank für einen Sieg im Apobatenrennen zu seinen Ehren.

Literatur: Blümel, Klassische Skulpturen 72 Nr. 85 Abb. 121; A. H. Borbein, Campanareliefs (1968) 128 ff.; M. Meyer, Die griechischen Urkundenreliefs, 13. Beiheft AM (1989) 122 Anm. 803; LIMC I s. v. Amphiaraos Nr. 67 (I. Krauskopf); E. Vikela, Attische Weihreliefs, AM 112, 1997, 219 Taf. 29, 1.

U. Kä.

93 Raum 3

Weihrelief an Hermes und die Nymphen

Um 400 v. Chr.
Gefunden in Rom auf dem Quirinal; 1889 erworben.
Weißgrauer Marmor. Höhe: 57 cm; Breite: 78 cm.
Sk 709 a

Das klassische Weihrelief ist in Attika zu Hause, nur wenige außerattische Beispiele sind bekannt. In der Regel haben sie die Form von niedrigen Rechtecken mit einer Dach- oder Traufleiste als Oberkante, die oft mit Palmettenantefixen geschmückt ist. Sie wurden in den Heiligtümern auf Pfeilern aufgestellt, in welche sie mit einem Zapfen, wie er uns am Relief aus Oropos (Kat. Nr. 92) erhalten ist, eingelassen wurden.

Oft gelten diese Weihreliefs Flussgöttern und dabei vornehmlich Acheloos in Gestalt eines menschenköpfigen Stiers; in den Reliefs ist er wiedergegeben als Maske (vgl. Kat. Nr. 97) oder durch die Darstellung seines Vorderteils, wie auf unserem Relief rechts unten. Zu den Flussgöttern gesellten sich gern ländliche Gottheiten wie Pan, der hier am Rande einer Felsgrotte oberhalb von Acheloos sich noch an beiden Bocksbeinen zu erkennen gibt. Er wird zum Tanz auf seiner Syrinx geblasen haben. Acheloos gilt auch als Herr der Nymphen, von denen hier drei von Hermes angeführt werden. Die Sterblichen wurden in kleinem Maßstab als Stifter dargestellt. Auf unserem Relief ist es ein bärtiger Mann, der mit erhobener Rechten sich dem Götterzug als Beter nähert.

Hermes ist nur mit einer Chlamys, einem kurzen Mantel bekleidet, der auf der rechten Schulter geheftet ist und über den linken Arm herunterfällt. Im Nacken ist ein Hut erkennbar; die Schuhe waren in Malerei ausgeführt, vielleicht auch das Kerykeion (Heroldsstab) in der rechten Hand. Er fasst eine Nymphe am Handgelenk, und in dieser Weise folgen auch die anderen Göttinnen. Das Tanzmotiv wird erkennbar durch die verbundenen Hände, die stark bewegten Kopfhaltungen und die flatternden Gewänder. Die vordere Gestalt hat ihre Haare hochgebunden, während die folgende sie unter einer Haube verbirgt. Die Variation setzt sich in den Körperhaltungen fort: Die Schrittstellungen der drei Figuren sind ebenso wie ihre Kopfhaltungen unterschiedlich. Nur die mittlere Nymphe korrespondiert auffällig mit der Hermesfigur: Beide blicken auch aus dem

Relief heraus. Die feine rhythmische Bewegung, die durch die Körper der Figuren geht, das Wechselspiel zwischen Körpern und Gewändern, die in einer fast kalligraphischen Art den Bewegungsrhythmus unterstreichen, und die Klarheit der Komposition führen das Werk durchaus an die Qualität der großplastischen Werke um 400 v. Chr. heran. Der ungewöhnliche Fundort, der Quirinal in Rom, hat zu zahlreichen Vermutungen Anlass gegeben. Aus der kalligraphischen Art der Gewandbehandlung, die weit über das hinausgeht, was wir von den attischen Werken kennen, hat man schließen wollen, dass das Relief in Unteritalien gefertigt wurde. Andere halten es für attisch: Ein Kunstliebhaber habe es mit nach Rom genommen.

Literatur: Blümel, Klassische Skulpturen 60 f. Nr. 69 Abb. 101; H. P. Isler, Acheloos (1970) 31 ff. Nr. 1; B. S. Ridgeway, The Severe Style in Greek Sculpture (1970) 210. 221; E. Mitropolou, Attic Votiv Reliefs of the 6th and 5th centuries B. C., Bd. 1 (1977) Nr. 105 Abb. 152; LIMC I s. v. Acheloos Nr. 166; M. Meyer, Die griechischen Urkundenreliefs, 13. Beiheft AM (1989) 171 Anm. 1177; G. Güntner, Göttervereine und Götterversammlungen auf attischen Weihreliefs. Untersuchungen zur Typologie und Bedeutung (1994) 10 ff. 123 A 31 Taf. 6; Bol, Klassische Plastik 200 Abb. 130. Kun.

94

Raum 3

Apulischer Kelchkrater: Befreiung des Prometheus

Rotfigurig mit aufgesetzten Farben, 350–325 v. Chr., Branca-Maler.
1969 erworben.
Ton. Höhe: 57 cm.
Inv. 1969.9

Die Vorderseite des großen Weinmischgefäßes wird bestimmt durch die zentrale Figur des Prometheus. Er steht frontal mit ausgebreiteten Armen an einen Felsen gefesselt. Lockiges Haar und ein dichter Bart rahmen das mit Stirnrunzeln sorgenvoll zur Seite gedrehte Gesicht. Das lange Gewand lässt den Oberköper weitgehend frei und zeigt die durch Binnenzeichnung angegebenen Muskeln. Rechts steht eine Frau, die wohl als Gaia, die Mutter des Titanen, anzusehen ist. Neben ihr sitzt ein Jüngling mit einem Lorbeerzweig auf seinem zusammengefalteten Mantel. Er wird als Apollon gedeutet. Von links kommt Herakles, kenntlich an dem Löwenfell, das lässig über die Schulter geworfen, seinen jugendlichen Körper eher betont als verhüllt, und an der Keule. Er berührt die rechte Hand von Prometheus. Diese Geste – zusammen mit dem Kranz, den die hinter Herakles sitzende Göttin Athena in der Hand hält – symbolisieren die Befreiung des Prometheus von seinen Qualen. Er war von Zeus bestraft worden, weil er den Menschen das Feuer brachte: Angekettet an einen Felsen musste er erdulden, dass der Adler des Zeus ihm die Leber aus dem Leib pickte. Da diese durch göttlichen Ratschluss immer wieder nachwuchs, war er dazu verdammt, ewig zu leiden. Der Adler ist im Bildregister unter Prometheus dargestellt. Zusammen mit der aus der Erde aufsteigenden und nur in Dreiviertelansicht wiedergegebenen Persephone mit der Kreuzfackel, der links sitzenden Demeter mit der Blume und der Erinys rechts ist hier offenbar die Unterwelt, der Hades, angegeben. Die Rückseite zeigt Dionysos begleitet von Mänaden und Eros.

Der alte Mythos von der Bestrafung des Prometheus (Hesiod, Theogonie 521–525) ist im 5. Jahrhundert v. Chr. von Aischylos zu einem Drama verarbeitet worden. Dort wird auch Prometheus als Sohn der Gaia benannt und somit genealogisch dem Zeus gleichgestellt. Unser Vasenbild geht offensichtlich auf diese Bühnenfassung zurück. Auch das ungewöhnliche lange Gewand des Gefesselten spricht für diese Annahme.

Bilder vom Leiden und der Erlösung, von den Qualen im Hades und einem glückseligen Leben im Jenseits gehören zu den neuen, in Unteritalien aufkommenden religiösen Lehren des Orphismus. Die Dualität der irdischen Leiden und der Freuden des Nachlebens zeigt dieser Krater, der sicher zu einer Grabausstattung gehört hat, in meisterhafter Weise.

Literatur: A. D. Trendall, JbBerlMus 12, 1970, 168 ff.; ders., Red-Figured Vases of Apulia. 1982, 476 Nr.18, 6; Antikenmuseum Berlin 1988, 161 Nr. 2; LIMC VII s. v. Prometheus Nr. 72 (J. R. Gisler); Griechische Klassik 2002, 107 Nr. 14 (Ch. Berns).

U. Kä.

95

Raum 3

Weihrelief an Kybele

Attisch, 380–370 v. Chr.
Angeblich in Piräus gefunden; 1877 erworben.
Pentelischer Marmor. Höhe: 56 cm; Breite: 43 cm.
Sk 691

Von dem Weihrelief an Kybele ist nur noch der linke untere Teil erhalten, und zwar etwa zur Hälfte wie der Zapfen unter der mit Zahneisenspuren versehenen Fußleiste zeigt. An der linken Reliefkante ist der Rest eines Antenpfeilers zu sehen, der jedoch gegenüber der bildlichen Darstellung zurücktritt bzw. von ihr überschnitten wird.

Auf einem reich verzierten Thron sitzt, nach rechts gewandt, die Göttin Kybele. In ihrer vorgestreckten Rechten hält sie eine Spendenschale, die Linke balanciert ein Tympanon. Die mit Diadem und Ohrringen geschmückte Göttin trägt einen ionischen Chiton mit Scheinärmeln und darüber einen Mantel, der wie ein Schleier über den Hinterkopf gezogen ist. Die prachtvolle Ausführung des Thrones – volutenverzierte Beine, Pinienzapfen auf der Rücklehne und von Sphingen getragene Armlehnen – sowie der Fußschemel unterstreichen die Feierlichkeit und Würde der Darstellung. Neben dem Thron liegt ein junger Löwe, das Begleittier der Kybele. Nach diesen Attributen lässt sich die Dargestellte als Göttermutter identifizieren, die im kleinasiatisch-phrygischen Raum sehr verehrt wurde. Mit dem Tympanon – einer Rahmentrommel – wurde von den Kybele-Priestern bei orgiastischen Feiern das Kommen der Göttin auf einem von Löwen und Panthern gezogenen Wagen angekündigt. Der Löwe ist ein Zeichen ihres orientalischen Ursprungs (Löwengöttin, zugleich auch ›Herrin der Tiere‹) und stellt die Verbindung zu verwandten Göttinnen wie Ischtar in Babylon und Astarte im phönizisch-assyrischen Raum her.

Vor der Göttin standen mehrere Figuren, von denen noch eine junge Göttin in Chiton und Mantel mit aufgebundenem Haarschopf und einer Fackel in den Händen sowie das rechte Bein und der rechte Arm eines Jünglings mit einer Kanne erhalten sind. Die jugendliche Göttin wird als Hekate oder Kore gedeutet, in dem Jüngling ist Hermes Kadmilos zu erkennen.

Im 5. Jahrhundert v. Chr. brachten Kaufleute und Sklaven den Kybele-Kult nach Griechenland. Das dazugehörige orgiastische Treiben mit sich selbst entmannenden Priestern, ekstatischen Tänzen und erregender Musik, die die Kultgemeinde in temporären Wahnsinn trieb, wurde von den obersten Schichten der griechischen Bevölkerung verachtet. Im Volke wurde Kybele jedoch sehr verehrt. Als Heilgöttin schützte sie besonders Wöchnerinnen und Kinder. Die große Faszination, die von dieser Göttin ausging, verbreitete sich besonders in hellenistischer Zeit, und im Jahr 204 v. Chr. wurde der Kult der nun als »Magna Mater« bezeichneten Göttin in Rom eingeführt. Unser Relief ist wahrscheinlich in Anlehnung an ein monumentales Kultbild, das Agorakritos für ihr Heiligtum in Athen gestaltet hatte, geschaffen worden.

Literatur: Blümel, Klassische Skulpturen 73 Nr. 86 Abb. 118; F. Naumann, Die Ikonographie der Kybele in der phrygischen und griechischen Kunst, IstMitt. Beih. 28 (1983) 169. 175 f. Nr. 135 Taf. 25; E. Simon, Griechische Muttergottheiten, in: Matronen und verwandte Gottheiten, 44. Beiheft BJb, 1987, 159; Masterpieces of the Museum Island, Berlin – Visions of the Divine in the Sanctuary of Art, Ausstellungskatalog Toyko 2005 (japan.), 100 Nr. 56.

U. Kä.

96 Raum 3

Weihrelief attischer Wäscher und Wäscherinnen

Attisch, nach der Mitte des 4. Jahrhunderts v. Chr.
Gefunden 1759 im Stadion von Athen; danach im Museum Nani in Venedig; 1841 für Berlin erworben.
Pentelischer Marmor. Höhe: 40,5 cm; Breite: 44 cm.
Sk 709

Im 4. Jahrhundert v. Chr. hatten die attischen Weihreliefs ihre größte Blüte und Verbreitung. Die Auftraggeber kamen häufig aus einer durch wirtschaftliche Krisen verarmten Mittelschicht (Handwerker, Gewerbetreibende und Kleinbauern), der auch Personen angehörten, die nicht die Vollbürgerschaft besaßen. Die Reliefweihungen richteten sich vor allem an Götter, denen die Fruchtbarkeit und das persönliche Wohlergehen anvertraut waren – an den Heilgott Asklepios, die Fruchtbarkeitsgöttinnen Demeter und Kore und an Naturgottheiten, wie die Segen und Fruchtbarkeit spendenden Nymphen.

Letztere besaßen in Athen und Attika viele Kultstätten. Ihre Verehrung war wie die des Pan, des Schutzgottes der Hirten und des Kleinviehs, besonders verbreitet. Diese Kultgemeinschaft schloss auch Hermes, den Vater des Pan, als Anführer des Nymphenreigens und Gott der Herden mit ein.

Das Weihrelief wird durch einen horizontalen Streifen, der die Weihinschrift trägt, in zwei Reliefzonen unterteilt:

> Die Wäscher weihten (dieses) aufgrund eines Gelübdes den Nymphen und allen Göttern: Zoagoras, (Sohn des) Zokypros, Zokypros, (Sohn des) Zoagoras, Thallos, Leuke, Sokrates, (Sohn des) Polykrates, Apollophanes, (Sohn des) Euporion, Sosistratos, Manes, Myrrhine, Sosias, Sosigenes, Midas.

Die in der Inschrift als Stifter des Reliefs genannten Wäscher und Wäscherinnen übten ihre Tätigkeit am Fluss Ilissos, der in Stadionnähe verlief, aus. Bei den Stifternamen fehlt das Demotikon (die Angabe des Heimatbezirks) durchgängig; die meisten geben auch den Vatersnamen nicht an, was nahe legt, dass es sich bei ihnen um Sklaven handelt.

Die Begrenzung des kleineren oberen Bildfeldes deutet eine Felsgrotte an, die den Kultort vergegenwärtigen soll. In ihr bewegt sich Hermes, einen Reigen von drei Nymphen anführend, auf den bärtigen, Stierhörner tragenden Kopf des Flussgottes Acheloos zu, der den Ort als Quellgrotte kennzeichnet. Sowohl der bis auf eine Chlamys nackte Hermes, in dessen erhobener rechter Hand wohl ein ursprünglich gemaltes Kerykeion zu ergänzen ist, als auch die Nymphen erscheinen nur als Halbfiguren. Den Abschluss der Szene bildet rechts der Syrinx blasende bocksbeinige Pan.

Das Zentrum des größeren unteren Bildfeldes nimmt ein übereck gestellter Altar ein. Diesem nähert sich von links ein bärtiger Mann, der ein Pferd am Zügel führt. Hinter dem Altar erwarten ihn zwei weibliche Gottheiten. Die sitzende matronale Gestalt, deren erhobene rechte Hand wahrscheinlich ein gemaltes Szepter trug, ist die Darstellung einer Muttergottheit (Demeter/Meter). Die jugendliche Göttin, die in beiden Händen eine Fackel hält, wird als Kore, die Tochter der Demeter, oder Artemis-Hekate, die Helferin der Meter und Beschützerin der Berufe, gedeutet. Die Benennung des mit einem kurzen gegürteten Chiton und einer Chlamys bekleideten Mannes ist unsicher. Es ist möglich, dass es sich um einen Heros handelt, sei es ein Lokalheros oder ein Schutzheros der Wäscherinnung, der als Fürsprecher der Stiftenden vor die Gottheiten tritt.

Das Übereinander der beiden Bildfelder hat man mit der topographischen Nähe zweier Kultstätten erklärt. Die Darstellung im oberen Bildfeld wurde mit einem bei Platon beschriebenen und am linken Ilissos-Ufer gelegenen Heiligtum des Pan, des Acheloos und der Nymphen in Verbindung gebracht. Ebenfalls am linken Ufer des Flusses befindet sich das Metroon von Agrai, in dem das Fest der Kleinen Mysterien – eine Vorbereitung auf die der Demeter und Kore geltenden Mysterien von Eleusis – stattfanden.

Literatur: Blümel, Klassische Skulpturen Nr. 90 Abb. 123. 124; G. Neumann, Probleme griechischer Weihreliefs (1979) 74; LIMC I s. v. Acheloos Nr. 202 (H. P. Isler); M. Meyer, Die griechischen Urkundenreliefs, 13. Beiheft AM, 1989, 206. 210. 233; G. Güntner, Göttervereine und Götterversammlungen auf attischen Weihreliefs (1994) 23 ff. – Zur Inschrift: Inscriptiones Graecae Bd. II/III^2 Nr. 2934 – Vgl. auch Bol, Klassische Plastik 226 ff. (D. Kreikenbom); 259 ff. (W. Geominy). Bre.

97

Raum 3

Maske des Flußgottes Acheloos

Um 470 v. Chr.
Aus Marathon; genauer Fundort unbekannt; 1848 erworben.
Marmor. Höhe: 32 cm; Breite: 21 cm.
Sk 100

Die Maske zeigt das ernste Antlitz eines bärtigen Gottes. Auffallend sind die großflächig und straff formulierten Partien der Stirn und der Wangen, in die die gerade Nase, die leicht geschwungenen Augenbrauen und die großen Augen gesetzt sind, die von breiten wulstartig gebildeten Lidern markant gerahmt werden. In ihrer klaren Aufteilung, der Augenbildung sowie dem ernsthaften Ausdruck des Gesichtes entspricht die Maske Köpfen der frühen Klassik, wenngleich die schematische Haaranlage an frühere Frisuren erinnert. So zerfällt der Bart mit Oberlippen-, Backenbart und ›Fliege‹ unter der Unterlippe in drei deutlich voneinander getrennte Teile und unterstreicht in seiner Oberflächengestaltung, die mit wellenförmig verlaufenden, parallelen Rillen fast ornamental aufgelegt wirkt, das Maskenhafte des Gesichtes.

Masken spielten in Griechenland zunächst vor allem in Kulten von Naturgöttern eine hervorragende Rolle. Die Götter selbst wurden in der Gestalt einer Maske verehrt, die ihrem dämonenhaften Charakter entsprach und den Betrachter in ihren Bann zog und erschreckte. Gleichzeitig dienten Masken aus Leinen oder Holz bei religiösen Festen den Festteilnehmern als Mittel der kultischen Vereinigung mit der Gottheit – ein Brauch, der seit dem späten 6. Jahrhundert v. Chr. auch in die Theateraufführungen übernommen wurde, indem die Schauspieler mittels Masken in die jeweilige Rolle schlüpften. Den religiösen Hintergrund bildete dabei die Sitte, dass auch Dionysos, dem die Aufführungen galten, seit archaischer Zeit als Gott der Natur und des Wachstums in Form einer an einen Pfeiler oder eine Säule befestigten Maske verehrt wurde.

Die Marmormaske aus Marathon wurde mehrfach als ein solches frühes Bild des Dionysos interpretiert, womit jedoch keine befriedigende Erklärung für die Dübellöcher an den Seiten der Stirn geboten wurde. Ergänzt man hier Stierohren und Hörner, die aus anderem Material angefügt gewesen sein müssen, so lässt sich eine Maske des Flussgottes Acheloos rekonstruieren, der gleichfalls zu den Naturgöttern zählend dem Dionysos eng verwandt war und ebenfalls in Form einer Maske verehrt wurde.

Uneinigkeit besteht hinsichtlich der antiken Aufstellung bzw. Anbringung der Maske. Während vor allem Carl Blümel aufgrund der keilförmigen Aussparung am Bart für die Anbringung der Maske auf einem Tisch plädierte, wie dies vergleichbar auf dem Relief mit einer Kultgrotte aus Megara (Kat. Nr. 98) für eine Acheloos-Maske belegt wird, dachten andere an eine Aufhängung der Maske an der Wand, wofür nicht nur das Dübelloch an der oberen Rückseite, sondern auch die auf Unteransicht gearbeiteten Gesichtszüge sprechen. In jedem Falle wird die Maske als Kultmal in einem entsprechenden Ambiente, vielleicht einer Grotte, wie sie auf dem megarischen Relief zu sehen ist, göttergleich verehrt worden sein.

Literatur: Blümel, Archaische Skulpturen 20 f. Nr. 12 Abb. 29–33; H. P. Isler, Acheloos (1970) 36. 106. 114. 131 Nr. 51; C. Blümel, AA 1971, 188 ff. Abb. 1–2; D. Willers, Die Anfänge der archaistischen Plastik in Griechenland, AM Beih. 4 (1975) 39 f. Taf. 22, 1–2; LIMC I s. v. Acheloos Nr. 80 (H. P. Isler); K. Stemmer (Hrsg.), Standorte. Kontext und Funktion antiker Skulptur. Ausstellungskatalog Berlin 1995, 195 f. Kat. Nr. B 52; Ch. P. Basileiu, Ho Marathōn (1995) 7 (griech). Ha.

98

Raum 3

Weihrelief mit Götterversammlung

380–370 v. Chr.
Aus Megara; 1884 aus der Sammlung Sabouroff erworben.
Marmor. Höhe: 42 cm; Breite: 49 cm.
Sk 679

Aus Megara stammt das Weihrelief, das sieben Gottheiten zeigt, die sich um eine Maske des Flussgottes Acheloos versammelt haben. Die Götter sind im Halbkreis um die Maske gruppiert, die in der unteren Bildmitte des Reliefs auf einem Tisch steht.

Als oberster der Götter thront Zeus unmittelbar über der Acheloosmaske im Zentrum der Runde. Rechts neben ihm steht mit zwei Fackeln in der Hand Kore (Persephone), gefolgt von dem sitzenden Pluto, der eine Schale und ein Füllhorn trägt. Links neben Zeus sitzt ein Jüngling, den die kurzen Hörnchen auf der Stirn und eine Wurfkeule als den Herdengott Pan ausweisen. Die übrigen Gottheiten, eine sitzende Frau und ein auf den Felsen gelagerter Mann links sowie eine thronende weibliche Gottheit rechts, lassen sich

aufgrund fehlender Attribute dagegen nicht zweifelsfrei identifizieren. Vielleicht handelt es sich bei ihnen um lokale Gottheiten.

Acheloos wurde als Gott des fruchtbaren und lebensspendenden Wassers an verschiedenen Orten Griechenlands in Gestalt eines stierköpfigen Mischwesens oder in Form einer Maske verehrt. Häufig waren seine Heiligtümer in Grotten und an Quellen angesiedelt, wo man dem Acheloos zusammen mit anderen Wasser- und Naturgottheiten, wie z. B. den Nymphen, huldigte.

Auf dem Berliner Relief wird der Ort des Geschehens durch den muschelförmigen Umriss des Reliefs mit seinem unregelmäßig gewellten Rand als ein solches Grottenheiligtum beschrieben. Dass in Megara, dem Fundort des Reliefs, ein Altar des Acheloos existierte, ist durch Pausanias (1, 41, 2) bezeugt. Schenkt man Pausanias Glauben, wurde er dem Flussgott bereits im 7. Jahrhundert v. Chr. von dem megarischen Tyrannen Theagenes errichtet.

Literatur: Blümel, Klassische Skulpturen Nr. 71 Abb. 103; F. Muthmann, Antk 11, 1968, 24 ff.; A. Effenberger, FuB 12, 1970, 77 ff.; P. Isler, Acheloos (1970) 31 ff. 128 Nr. 33; C. Blümel, AA 1971, 188 ff.; M. Meyer, Die griechischen Urkundenreliefs, AM Beih. 13 (1983) 72 Anm. 445; LIMC I s. v. Acheloos Nr. 198 (H.-P. Isler); K. Bemmann, Füllhörner in klassischer und hellenistischer Zeit (1994) 208 f. Nr. B 5; Masterpieces of the Museum Island, Berlin – Visions of the Divine in the Sanctuary of Art. Ausstellungskatalog Tokyo 2005, 101 Nr. 57 (A. Scholl); A. Backe, Die Stiere des Zeus (2006) 32. 45 Abb. 21 Nr. 21; Deuses Gregos 2006, 275.

Ha.

99 Raum 4

Attische Grabmonumente: Grablöwe, Darstellung eines Ehepaares, Figuren zweier Dienerinnen

Grabrelief: Attisch, um 320 v. Chr.
Aus Athen
Marmor. Höhe: 125 cm; Breite: 98 cm.
Sk 739

Löwe: Um 325 v. Chr. Wahrscheinlich aus Athen. 1891 in Venedig erworben.
Marmor. Höhe: 125 cm; Länge: 160 cm.
Sk 1452

Dienerinnen (s. Kat. Nr. 100).

Die attischen Grabmonumente werden zum Ende des 4. Jahrhunderts hin immer aufwändiger ausgestaltet. Neben die figürlichen Grabreliefs treten vollplastische Figuren, die häufig innerhalb von größeren Architekturen disponiert sind, wie z. B. in dem Familiengrab aus Kallithea bei Piräus vom Ende des 4. Jahrhunderts v. Chr., das dem Maussolleion in Halikarnass nachempfunden ist. Dieser große Aufwand, der mit Grabanlagen getrieben wurde, bot den Anlass für das Edikt des Gouverneurs Demetrios von Phaleron (317–307 v. Chr.), das den Grabluxus zu steuern versuchte und der Produktion der attischen Grabreliefs ein Ende setzte. Nicht nur die Verstorbenen und ihre Familie erscheinen vollplastisch, sondern auch ihre Bediensteten (siehe Kat. Nr. 100) sowie Tiere in symbolischer Bedeutung wie der Löwe, der an die archaische Ikonographie der Grabwächter anknüpft.

Das Grabrelief stammt wahrscheinlich vom Kerameikos oder einem der anderen großen Friedhöfe vor dem antiken Athen. Es war ursprünglich von einer Architektur mit einem Giebel und zwei Pfeilern eingefasst, die heute verloren sind.

Das Grabrelief zeigt im Vordergrund ein Ehepaar; der Mann hält in der Linken eine Strigilis und ein Ölgefäß, was ihn als Besucher der Palästra ausweist, die Frau sitzt auf einem Hocker und trägt eine luxuriöse Modefrisur, bei der die Haare zu einem Bausch über der Stirn zusammengesteckt sind; den Mantel hat sie wie einen Schleier über den Kopf gezogen. Im Hintergrund steht eine weitere verschleierte Verwandte und hinter der Sitzenden ihre Dienerin, die den Kopf in die Hand gestützt hat. Im Gegensatz zu römischen Grabdenkmälern interessiert sich die Darstellung der klassisch griechischen Grabreliefs weder für die individuelle Erscheinung der Verstorbenen noch für ihren politischen oder beruflichen Status, der auch in den Beischriften nur selten erwähnt wird. Im Gegenteil, das Generalthema ist das Idealbild der Intimität und Verbundenheit innerhalb der Familie, das den Tod einzelner Mitglieder überdauert. So ist häufig nicht einmal kenntlich, bei welchem der Dargestellten es sich um den Verstorbenen handelt. In der zweiten Hälfte des 4. Jahrhunderts v. Chr. wird ein immer reicheres formales Repertoire entwickelt, um diese Zusammenhänge, die Entrückung der Toten, die Trauer der Hinterbliebenen und die familiäre Solidarität differenziert ins Licht zu rücken. So dient hier die deutliche Unterscheidung zwischen Hinter- und Vordergrund der Hervorhebung der Hauptfiguren, die beide als Verstorbene dargestellt sind. Die Ehegatten sind durch einen intensiven Blickkontakt verbunden, die Verwandte hingegen schaut nur den Mann (ihren Bruder?) an, während die Dienerin, als solche durch die Kopfbedeckung ausgewiesen, die Hand in einem formellen Trauergestus in die Hand gestützt hat und den Blick unbestimmt aus dem Bild richtet (vgl. Kat. Nr. 100). Das Grabrelief ist von besonderem kunstgeschichtlichen Interesse. Im Gegensatz zu dem des Thraseas und der Euandria (Kat. Nr. 88) sind die Figuren nicht mehr in deutlich definierten, voneinander abgesetzten Reliefschichten angeordnet, und ihre Bewegungen verlaufen nicht mehr flächenparallel, sondern vor allem die männliche Figur entwickelt sich schräg nach hinten und die Hintergrundfiguren verschwimmen im Reliefgrund; dieser wird als feste hintere Begrenzung aufgehoben, und die Figuren entwickeln sich perspektivisch im Raum. Auch im Detail ist eine malerische Formgebung feststellbar, so in der polierten Behandlung der Fleischteile, die wirkungsvoll mit der rauhen, knittrigen Wiedergabe des Stoffes kontrastiert. Dasselbe gilt für die nervöse, kleinteilige Bewegtheit des Gesichtsreliefs des Mannes und die impressionistische Gestaltung der Haare, die nicht mehr realistisch in ihrer Umgrenzung wiedergegeben sind, sondern als unruhig gegliederte Oberfläche. Die Tendenz zur perspektivischen Anordnung der Figuren im Bildraum lässt sich an zeitlich fixierten Werken wie dem »Alexandersarkophag« aus Sidon feststellen. Der nächste und letzte Schritt in der Stilentwicklung der Grabreliefs bestand denn auch darin, die Figuren rundplastisch gegen den Grund freizustellen.

Literatur: Zum Grabrelief: Blümel, Klassische Skulpturen 41 Nr. 40 Abb. 40–43; Clairmont, Tombstones Bd. 4, 109 f. Nr. 4.438; N. Sojc,

Trauer auf attischen Grabreliefs (2005) 118 Anm. 485. – Zum »Alexandersarkophag«: W. Messerschmidt, Boreas 12, 1989, 64 ff. – Zur Ikonographie: N. Himmelmann, Attische Grabreliefs (1999) 9 ff. und passim. – Zum Löwen: Blümel a. O. 47 Nr. 47 Abb. 60; C. Vermeule, AJA 72, 1968, 100; U. Knigge, AM 91, 1976, 171; V.-M. Strocka in: Der Braunschweiger Burglöwe, Kolloquium Braunschweig 1983 (1985) 81 Abb. 23; 66 Meisterwerke 2005, 70 f. (A. Scholl). Hof.

100 Raum 4

Zwei Statuen trauernder Dienerinnen

Attisch, um 330–320 v. Chr.
Aus Menidi/Attika; 1884 aus der Sammlung Sabouroff erworben.
Marmor. Höhe: 98 cm bzw. 99 cm.
Sk 498; Sk 499

Die beiden Statuen stammen aus dem antiken Demos Acharnai nördlich von Athen und gehörten zu dem Grabbezirk einer wohlhabenden Familie, von dem wir weiter keine Überlieferung haben. Das Motiv ihrer Körperhaltung verhält sich spiegelsymmetrisch zueinander, sie flankierten das eigentliche Grabmal oder die Grabstatuen. Ihre Rückseite und die Seite des aufgestützten Arms ist nur oberflächlich ausgearbeitet; deswegen waren sie wahrscheinlich von einer größeren Grabarchitektur eingefasst.

Das zwanglose Sitzmotiv auf dem Felsen mit gekreuzten Beinen, die kurze Frisur sowie der gegürtete, am Oberkörper noch einmal mit einem Band fixierte Ärmelchiton, der so körperliche Arbeit ermöglichen sollte, erweisen die beiden Mädchen als Sklavinnen; der in den Arm gestützte Kopf und der sentimentale, ins unbestimmte gerichtete Blick ist der Trauergestus, mit dem sie ihre Teilnahme am Tod der Herrschaft bekunden. Wie auch auf Grabreliefs klassischer Zeit ist diese Art der formellen Anteilnahme allgemein den Dienerfiguren reserviert, während die anderen Familienmitglieder mimisch und gestisch ihre direkte Verbundenheit zu den Toten zum Ausdruck bringen (vgl. Kat. Nr. 99). Die Ausarbeitung der Statuen geht nicht ins Detail, ist aber keineswegs nachlässig. Im Gegenteil, die Wiedergabe der Einzelformen zielt auf eine impressionistische Wirkung: Die schwere, rauhe Struktur des Stoffes ist durch die grobe Bearbeitung mit kantigen Falten charakterisiert, die kurzen strähnigen Haare sind mit knappen Meißelhieben unterteilt. Im Gegensatz dazu ist das Gesichtsrelief auffällig glatt und in einer feinen, sensiblen Bewegung artikuliert, durch die der Ausdruck der Augen- und Mundpartie betont wird.

Literatur: Blümel, Klassische Skulpturen 44 ff. Nr. 45 Abb. 62–69; U. Vedder, Untersuchungen zur plastischen Ausstattung attischer Grabanlagen des 4. Jhs. v. Chr. (1985) 76 f. 280 Nr. S22. S23; J. Boardman, Griechische Plastik (1998) Abb. 117; 66 Meisterwerke 2005, 70 f. (A. Scholl). Hof.

101 Raum 4

Fragment vom Grabmal der Nikarete

Um 330 v. Chr.
Angeblich zwischen Athen und dem Piräus gefunden; 1820 durch den Grafen von Sack erworben.
Marmor. Höhe: 117 cm; Breite: 59 cm; Höhe Kopf: 35 cm.
Nase, Lippen und Mantel zu Seiten des Gesichts sind größtenteils ergänzt.
Sk 740

Die Bewohner der Dörfer Attikas kamen mehrfach im Jahr nach Athen, um ihre Produkte auf dem Markt zu verkaufen, um an gemeinsamen Festen teilzunehmen und um ihre politischen Rechte in der Volksversammlung wahrzunehmen. Unser Blick ist heute meist auf die Millionenstadt mit ihren herausragenden antiken Monumenten gerichtet, in den letzten Jahren haben aber archäologische Forschungen und Ausgrabungen die Aufmerksamkeit vermehrt auch auf die Landgemeinden Attikas gelenkt. Insbesondere an den Gräbern wurden dort Monumente errichtet, die diejenigen in der Stadt teilweise sogar übertreffen.

Das Fragment eines Grabmals, das eine sitzende Frau zeigt, ist zwischen Athen und dem Piräus gefunden worden. Die Frau sitzt auf einem Hocker und ist bekleidet mit einem Chiton, der an den Oberarmen zusammengeknöpft ist, und einem Himation, das sie über den Hinterkopf gelegt hat. Den leicht gesenkten Kopf wendet sie nach vorne. Kleine Löcher in den Ohrläppchen lassen erkennen, dass sie wohl metallenen Ohrschmuck getragen hat. Auf Grund von Vergleichen mit anderen Grabreliefs der Zeit kann angenommen werden, dass noch weitere Figuren zu ihrer Rechten dargestellt waren.

Den Namen der Frau überliefert die Inschrift auf einem Giebel, der angeblich zusammen mit dem Relieffragment gefunden worden ist und den Maßen nach auf dem Relief aufgesessen haben könnte. Die Verstorbene, der das Grabmal errichtet worden ist, war Nikarete, die Tochter des Ktesikles aus dem Demos Hagnous. Diese Namensbestandteile waren allgemein üblich: Bei Frauen wurde der Name des Vaters mit angegeben, Männer wurden durch die Angabe ihrer Gemeinde, ihres Demos, charakterisiert. Der Demos Hagnous lag in der westlichen Ebene Attikas am Nordostrand des Lauriongebirges. Nikarete war demnach weit entfernt von der Gemeinde ihres Vaters gestorben und begraben worden. Athen war mit der Hafenstadt Piräus durch die sogenannten Langen Mauern verbunden, die im 5. Jahrhundert v. Chr. angelegt worden waren, um den Zugang zum Meer auch im Krieg sicherstellen zu können. Im Bereich der Tore sind entlang dieser Mauern bei Ausgrabungen mehrere Grabbezirke zu Tage gekommen, darunter auch ein über 8 m hohes Grabmonument mit Relieffriesen und mehreren Statuen. Die Lage und die Ausgestaltung des Grabbezirkes, zu dem das Relief der Nikarete gehörte, können aber nicht mehr rekonstruiert werden.

Literatur: Blümel, Klassische Skulpturen 40 f. Nr. 39 Abb. 59. 61; Clairmont, Tombstones, Suppl. (1995) 85 f. Nr. 386 Abb. S. 165; D. Bergemann, Demos und Thanatos (1997) 175 Nr. 665. Kni.

102 Raum 4

Bärtiger Kopf vom Grabmal eines athenischen Offiziers

Attisch, um 330 v. Chr.
Sogenannter Kopf Lanckoronski, benannt nach dem einstigen Besitzer. Zu dem Kopf gehört der Torso eines Kriegers im Athener Nationalmuseum Inv. Nr. 3668, der 1928 in Athen gefunden wurde; 1972 erworben.
Marmor. Höhe: 35 cm.
Inv. 1972.15

Der Kopf ist das Werk eines vorzüglichen, schnell und überaus routiniert arbeitenden Bildhauers aus der Zeit des Übergangs von der späten Klassik zum frühen Hellenismus. Er passt, was Klaus Vierneisel schon 1977 erkannte, Bruch an Bruch auf die Grabstatue eines athenischen Soldaten mit voller Rüstung im Athener Nationalmuseum. Sowohl dort als auch in der Berliner Abguss-Sammlung sind Kopf und Körper mit Hilfe von Gipsabgüssen zusammengefügt und vermitteln so einen Eindruck von der großartigen Wirkung des vollständigen Bildwerks. Die Statue muss wie der berühmte, nur unwesentlich später entstandene Fußsoldat Aristonautes (ebenfalls im Athener Nationalmuseum) in einer tiefen, tempelartigen Nischenarchitektur (Naiskos) gestanden haben, wie sie für die letzten attischen Grabdenkmäler vor dem Luxusverbot von 317 v. Chr. charakteristisch ist. Das mindestens lebensgroße Format der Statue und der für das Grabmal insgesamt betriebene Aufwand lassen in dem Dargestellten einen hohen Offizier, vielleicht sogar einen Strategen des athenischen Heeres vermuten. Der Typus des Gepanzerten in voller Rüstung dürfte auf zeitgenössische Ehrenstatuen zurückgehen. Er hat vor allem in der römischen Kaiserzeit ein reiches Nachleben gefunden.

Literatur: K. Vierneisel, Bärtiger Männerkopf von einem attischen Grabmal, in: Die Meisterwerke aus dem Antikenmuseum Berlin (1980) 116 f. Nr. 51 (Abb.); H. Wrede, AM 97, 1982, 240 Anm. 33 Taf. 49, 3; Antikenmuseum Berlin 1988, 170 (Abb.); M. Pfanner, Antike Welt 35, Heft 1, 2004, 89–92 Abb. 1–5. – Zum zugehörigen Kriegertorso in Athen: N. E. Kaltsas, Sculpture in the National Archaeological Museum, Athens (2002) 267 Abb. 558. Sch.

103 Raum 4

Figürliches Salbgefäß: Aphrodite und Eroten

Attisch, 400–375 v. Chr.
Angeblich aus Atalante (Lokris), 1876 erworben.
Ton. Höhe: 26 cm.
F 2905

Das ungewöhnliche Gefäß vereinigt zwei antike Kunstgattungen: Die Vorderseite zeigt eine farbig gefasste Terrakottagruppe von drei Figuren, und die Rückseite entspricht mit der rofigurigen Palmettenbemalung und dem aufgesetzten Lekythenhals einer griechischen Vase.

Die Liebesgöttin Aphrodite sitzt zwischen zwei Eroten. Hinter ihr bauscht sich ihr Mantel, sie stützt sich mit ihrer Linken auf die Schulter eines kleinen Eroten, der neben einem Weihrauchständer, einem Thymiatherion, steht. Ihre Rechte hält ein geöffnetes Kästchen. Über ihr schwebt ein zweiter Eros mit geöffneten Flügeln, der mit weit ausgebreiteten Armen einen Mantel ausspannt. Plastische Rosetten umgeben die Gruppe. Diese erhebt sich wie eine Skulptur über einer profilierten Basis und einer blauen Erhöhung mit gewelltem Rand, die vielleicht das Meer andeuten soll. Pastellfarbene Blau- und Rottöne, Gelb, Weiß, Gold und Schwarz bilden die Bemalung der Figuren, die aus verschiedenen Formen gewonnen und zusammengesetzt wurden. An der halbrunden Rückseite, die manuell überarbeitet wurde, finden sich noch Fingerspuren des Töpfers. Die übereinander stehenden Palmetten mit dem dichten Rankenwerk über dem schmalen Eierstab entsprechen dem ornamentalen Dekorationsschema auf Vasen der ersten Hälfte des 4. Jahrhunderts v. Chr.

Mit dieser Kombination schufen athenische Handwerker eine neue Art von Gefäßen, die – nach den Fundorten – fast ausschließlich in Gegenden außerhalb Attikas exportiert wurden. Die Darstellung der Liebesgöttin mit Eroten lässt an ein Hochzeitsgeschenk denken und die empfindliche Bemalung auf die Verwendung als Grabbeigabe oder Weihgabe für Heiligtümer schließen. Zugleich sind diese figürlich ge-

stalteten Salbgefäße Zeugnis für die Werkstattgemeinschaft von Töpfern, Vasenmalern und Koroplasten.

Literatur: A. Furtwängler, Beschreibung der Vasensammlung im Antiquarium (1885) 805 f. Nr. 2905; M. Trumpf-Lyritzaki, Griechische Figurenvasen des reichen Stils und der späten Klassik (1969) 19 f.; FV 46, Taf. 9 b; E. Rohde, Griechische Terrakotten (1970) 44 Nr. 25; A. Borbein, Die bildende Kunst Athens im 5. und 4. Jh. v. Chr., in: W. Eder (Hrsg.), Die athenische Demokratie im 4. Jh. v. Chr. (1995) 442 Abb. 4; B. Cohen, The Colors of Clay. Special Techniques in Athenian Vases. Ausstellungskatalog Los Angeles 2006, 289 f. Nr. 89. U. Kä.

104 Raum 5

Statue der ›Aspasia‹ mit dem Porträtkopf einer römischen Dame

Römische Kopie der 2. Hälfte des 2. Jhs. n. Chr. nach einem verlorenen griechischen Original aus der Zeit um 470/60 v. Chr.
Angeblich in Aquino gefunden; 1900 im römischen Kunsthandel erworben.
Marmor. Höhe: 197 cm.
Die Statue war kurz über Kniehöhe durchgebrochen, linke Hand und linker Fuß fehlen, kleine Ergänzungen im Gewand.
Sk 1518

Die überlebensgroße Statue einer römischen Dame war wohl eine Grabfigur. Der Porträtkopf der Römerin kann auf Grund der Modefrisur, die sich an der Haartracht der weiblichen Mitglieder des antoninischen Kaiserhauses orientiert, in die zweite Hälfte des 2. Jahrhunderts n. Chr. datiert werden. Ihre Gestalt wird von einem weiten und schweren Mantel fast völlig verhüllt. Er bedeckt den Kopf, den gesamten Körper und beide Arme bis auf die linke Hand, die nach vorn gestreckt war. Ein unter dem Mantel getragener Chiton wird nur über den Füßen sichtbar. An den Füßen trägt die Frau Sandalen. Sie steht ponderiert, das entlastete rechte Bein ist leicht nach vorn gesetzt, beide Füße sind mit ganzer Sohle auf den Boden gestellt, der Kopf ist ein wenig zum Standbein gedreht. Die Komposition ist ausgesprochen blockhaft, die Gesamtwirkung kubisch, die Form fast abstrakt. Der Mantel mit den großen, scharf gebrochenen Dreieckflächen, die sich gegeneinander verkanten, erscheint wie ein stereometrisches Gebilde, dem der darunter liegende Körper mit rechter Hand und Knie nur wenige organische Akzente gibt. Die Figur wirkt streng

und ist mit den genannten Charakteristika auch ein Werk des ›Strengen Stils‹ innerhalb der griechischen Plastik.

Die römische Dame antoninischer Zeit ließ sich also in einem Statuentypus darstellen, der sehr viel früher, in frühklassischer Zeit in Griechenland entstanden war. Sie war allerdings nicht die Einzige, denn für zahlreiche Römerinnen fand der Statuentypus der ›Aspasia‹ (s. Kat. Nr. 105) als Grabfigur Verwendung. Dessen strenge Erscheinung mit dem Mantel, der in der Verhüllung alle Körperteile eng an den Körper bindet, führte auch Werte der römischen Gesellschaft vor Augen: Die im Typus der ›Aspasia‹ dargestellten Römerinnen präsentierten sich der Nachwelt in *pudicitia* (Schamhaftigkeit) und *dignitas* (Würde).

Literatur: Antikensammlung 1998, 158 f. Nr. 89 (mit älterer Literatur) (M. Kunze). – Zum Typus zuletzt: Bol, Klassische Plastik 21 Abb. 27 a–c (P. C. Bol).
Gra.

105 Raum 5

Kopf der ›Aspasia‹

Römische Kopie aus der 1. Hälfte des 2. Jhs. n. Chr. eines griechischen Originals der Zeit um 470/60 v. Chr.
Aus älterem königlichem Besitz.
Marmor. Höhe: 29,5 cm.
Ein großes Stück des Mantels über dem Kopf und die Nase sind ergänzt.
Sk 605

Der weibliche Kopf gehörte ursprünglich zu einer Gewandstatue im Typus der ›Aspasia‹ (s. Kat. Nr. 104). Namensgebend für den Typus ist der Kopf, von dem sich eine Replik auf einer Herme in den Vatikanischen Museen erhalten hat, die die Inschrift ›Aspasia‹ trägt. Eine Statuenreplik in Neapel überliefert schließlich Kopf- und Körpertypus als zusammengehörend.

Wie der Körpertypus zeigt auch der Kopftypus die charakteristischen Merkmale der Zeit des ›Strengen Stils‹: einen ovalen Kopfumriss mit einer niedrigen, von den Haaren trapezförmig gerahmten Stirn und mandelförmige, von schweren Lidern umschlossene Augen, die in die Höhlen eingebettet sind; ferner einen geschlossenen Mund mit vollen Lippen und leicht heruntergezogenen Mundwinkeln, die dem Gesicht einen etwas mürrischen Ausdruck verleihen, sowie große, leere, glatte Wangenflächen, die in ein schweres Kinn einlaufen. Die Frisur ist schlicht, die Haare sind von einem Mittelscheitel aus in großen Wellen über die Ohren nach hinten genommen.

Ob das Original, auf das die römischen Kopien zurückgehen, tatsächlich Aspasia, die Frau des Perikles, darstellte, ist ungewiss. Eine Statuettenreplik in New York trägt die Inschrift ›Europe‹, weshalb die Statue als Darstellung der Göttin Demeter Europe gedeutet wurde. Ein anderer Vorschlag verbindet den Typus mit einer schriftlich überlieferten Aphrodite Sosandra des Bildhauers Kalamis (Pausanias 1, 23, 2; Lukian, Eikones 4, 6).

Literatur: Antikensammlung 1998, 160 Nr. 90 (mit älterer Literatur) (M. Kunze). – Zum Typus zuletzt: Bol, Klassische Plastik 21 Abb. 27 a–c (P. C. Bol).
Gra.

106 Raum 5

Statue eines Mädchens im Peplos

Römische Kopie um Christi Geburt eines griechischen Original um 440/30 v. Chr.
Der Körper wurde 1971, der Kopf 1981 aus dem Kunsthandel erworben.
Marmor. Höhe: 148 cm.
Kopf gebrochen, es fehlen der angestückte Oberkopf, der angestückte linke Unterarm und die rechte Hand. Der rechte Unterarm war mit schrägem Schnitt angedübelt.
Inv. 1971.1

Der getrennt vom Körper im Kunsthandel angebotene Kopf wurde von B. Kaeser als zugehörig erkannt. Eine schlechter erhaltene Umbildung desselben Originals, die einen Chiton unter dem Peplos trägt, befindet sich in Frankfurt/Main im Liebieghaus.

Die Berliner Statue ist eine hervorragende Kopie der frühen römischen Kaiserzeit, die als solche einige Besonderheiten aufweist. Die Materialökonomie des mit schrägem Schnitt angestückten Oberkopfes und linken Unterarms findet sich selten bei Kopien, meist wurden Gewand- und Fleischteile getrennt gearbeitet und dann zusammengefügt. Diese Technik wurde jedoch recht häufig seit dem späten Hellenismus auf den griechischen Inseln angewandt; für diese Herkunft spricht auch der parische

Marmor, aus dem die Statue gearbeitet ist. Unerklärlich, möglicherweise eine Zutat des Kopisten ist die geflochtene Haarpartie auf dem rechten Hinterkopf über dem Band.

Die schlichte Peplostracht aus schwerem Wollstoff verdrängte nach dem Stilwandel zur Klassik um 480 v. Chr. auch bei Darstellungen junger Mädchen den vorher beliebten Chiton, der aufwändiger verziert war und den Körper stärker zur Geltung brachte. Von den wenigen in Original oder Kopie überlieferten Peplosstatuen Strengen Stils unterscheidet sich die Berliner Figur jedoch durch die lebhaftere und abwechslungsreichere Faltengebung, die in ein spannungsvolles Wechselspiel zum Körper tritt. Die Dynamik der Gewandes ist von der ausgeprägten Ponderation des rechten Spielbeins und dem vorgestreckte rechten Unterarm strukturiert. Der Abstand zum Strengen Stil zeigt sich deutlich im Vergleich zum älteren Grabrelief Giustiniani (Kat. Nr. 86) mit seiner zurückhaltenden Bewegung und den großflächigen, einheitlich behandelten Stoffpartien. Auch der Kopf ist nur in der Frisur dem Strengen Stil verpflichtet, bei der die Haare um ein Band herum frisiert sind und im Nacken einen Bausch bilden. Die wohlgeordnete, streng parallele Führung der Haarsträhnen ist jedoch einer unruhigen und bewegten Anlage gewichen, die die Haare sich unter- und übereinander verschlingen und ineinander verlaufen lässt. Das Gesicht ist füllig und schwellend, die Einzelteile verfließen weich ineinander. Darin steht der Kopf bereits den Figuren des Parthenon-Ostfrieses nahe. Eine untere zeitliche Grenze markieren die Mädchen aus der Prozession, deren Gewänder jedoch noch differenzierter und von Licht- und Schatteneffekten geprägt sind und deren Stofflichkeit sich dem Körper anpasst. Dieser Anachronismus von Kopf- und Gewanddarstellung ist aber nicht, wie ein Bearbeiter meinte, dem klassizistischen Geschmack des römischen Kopisten geschuldet, sondern wohl dem künstlerischen Milieu des Originals. Dafür müssen wir also nicht das innovative Athen, sondern wie im Fall der Kopie die ein wenig abseits gelegenen griechischen Inseln vermuten.

Literatur: K. Vierneisel, JbBerlMus 15, 1973, 8 ff.; B. Kaeser, Berichte aus den Staatlichen Museen Preuß. Kulturbesitz 25, 1982, 2 f.; R. Toelle-Kastenbein, AntPl 20 (1986) 67 ff.; H. G. Martin in: Kaiser Augustus und die verlorene Republik. Ausstellungskatalog Berlin 1988, 344 f. 348 Nr. 195; K. Vierneisel, JbBerlMus 32, 1990, 7 ff. Hof.

107 Raum 5

Hermaphrodit

Um 120–140 n. Chr.
Um 1750 für die Slg. des Comte de Caylus erworben und bald darauf durch den Händler Méry St. Vincent für Berlin erworben.
Marmor. Höhe ohne Basis: 157 cm; Höhe der Basis: 15 cm.
Ergänzt sind Teile der Nase und der Lippen, der linke Arm bis zum Schulteransatz, der rechte bis zum Ellenbogen sowie der rechte Fuß und Unterschenkel und das Genital. Der Ansatz des Thyrosstabes in der rechten Hand ist ebenfalls nachträglich eingefügt. Einige Gesichtspartien und Haare sind nachantik mit dem Meißel überarbeitet worden.
Sk 193

Die Kombination von weiblichen und männlichen Geschlechtsmerkmalen sowie der Venusring identifiziert die Statue als die eines Hermaphroditen, also einer Zwittergestalt, welche dem Umfeld des Dionysos zuzuordnen ist. Insbesondere die fehlende Körperbehaarung und die geringe Körpergröße zeigen, dass hier ein knabenhaftes jugendliches Ideal mit weiblichen Kennzeichen verschmolzen wurde. Die Figur steht im Kontrapost mit belastetem linkem Bein und gegen die Hüftlinie verschobener Schulter. Der rechte Arme mit dem sicher zutreffend ergänzten Thyrsosstab ist erhoben, der linke Arm neben den Körper geführt. Der Kopf ist nach links und unten geneigt und vermittelt durch diese Haltung auch aufgrund seiner ernsthaften Mimik den Eindruck einer gewissen Abkehr von seiner Umgebung. Die Gestaltung der Haare setzt die Vermischung beider Geschlechter fort: Lange Haarsträhnen sind über der Stirn gescheitelt und an den Kopfseiten nach hinten geführt, gleichzeitig fallen hinter dem Ohr weitere Locken den Nacken herab. Ein Kopftuch bedeckt den größten Teil der Haare und bezeugt ein weiteres Mal die Vielfältigkeit der Geschlechterbezüge als ein sowohl von Frauenbildern als auch Darstellungen des dionysischen Kreises bekanntes Attribut. Die zurückhaltende Verwendung des Bohrers weist auf eine Entstehung in der Regierungszeit des Hadrian, auch das hier verwendete Statuenschema ist damals neu geschaffen worden.

Diese Statue war bereits zwei Restaurierungen (eine vor dem Erwerb im 18. Jahrhundert durch Caylus und eine in seinem Auftrag durch den Bildhauer Vassé) unterzogen worden, als Karl Friedrich Schinkel sie 1826 beim Bildhauer Cortot in Paris sehen konnte.

Als Basis für diese Statue wurde eine stadtrömische Grabinschrift eines kaiserlichen Gardereiters erst im Barock umgearbeitet (s. Abbildung unten). Diese entstand um 200 n. Chr. und war zusammen mit anderen Monumenten der Equites Singulares und ihrem Friedhof auf Befehl Kaiser Konstantins im Jahre 312 zerstört und u. a. in Kirchenfundamenten verbaut worden.

Literatur: Conze, Skulpturen 82 f. Nr. 193; K. Stemmer (Hrsg.), »In den Gärten der Aphrodite«. Ausstellungskatalog Berlin 2001, 154 ff. K 15 (M. Kühn); S. Oehmke, Das Weib im Manne. Winckelmann-Institut der Humboldt-Universität 4, 2004, 77 ff. Nr. 7. – Zur Inschrift s. M. P. Speidel, Die Denkmäler der Kaiserreiter. 50. Beih. BJb 1994, 357 Nr. 662 nach CIL VI 32800a (»verschollen«). Dah.

Abbildung Statue ▷▷

108 Raum 5

Torso des Doryphoros des Polyklet

Römische Kopie der frühen Kaiserzeit eines verlorenen Originals aus der Mitte des 5. Jhs. v. Chr.
Aus der Sammlung des Grafen Pourtalès durch W. Helbig erworben. In der deutschen Botschaft in St. Petersburg aufgestellt, 1914 bei der Plünderung beschädigt, 1926 für Berlin erworben.
Marmor. Höhe: 131 cm.
Sk 1789

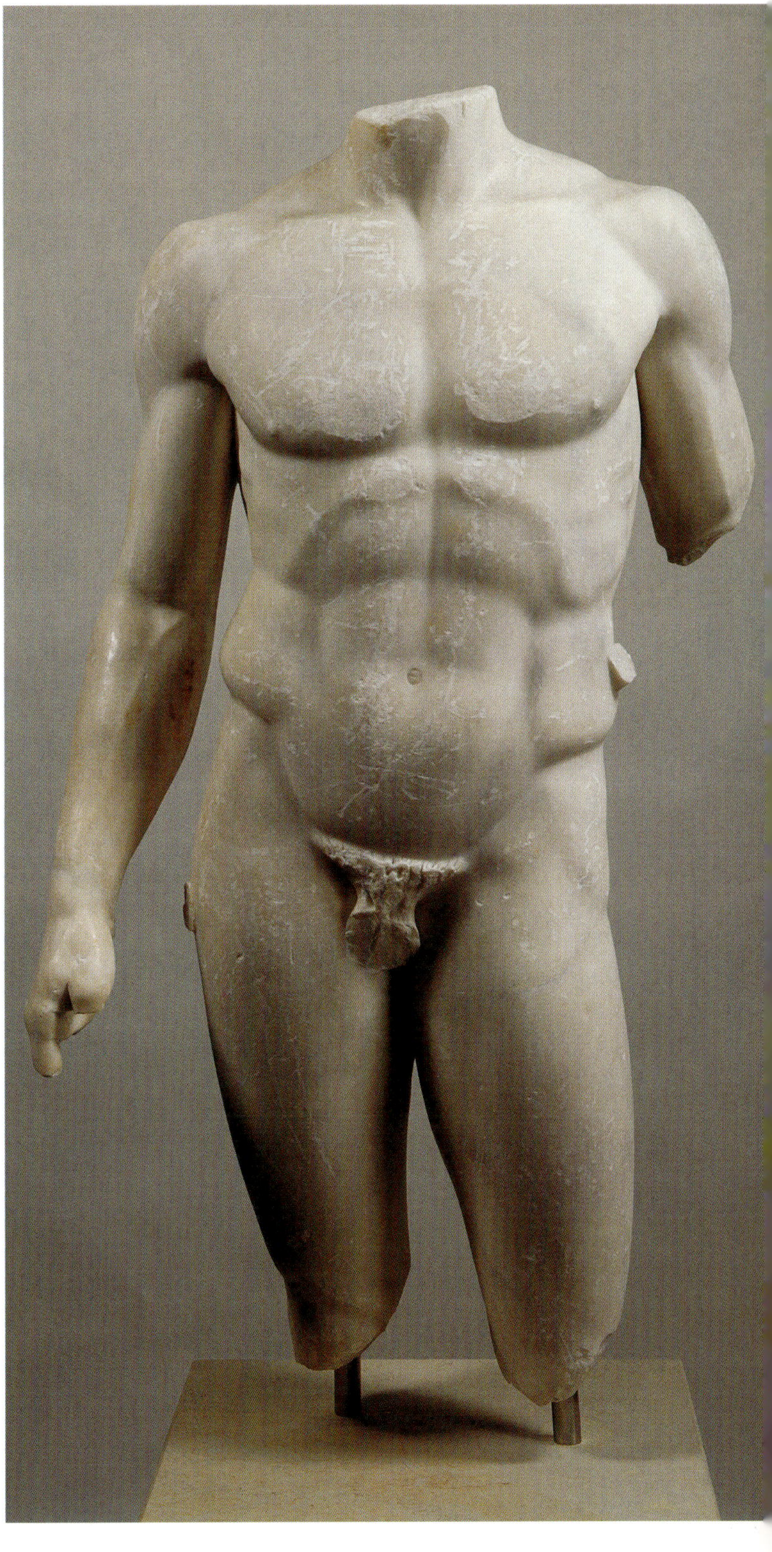

Erhalten ist der Oberkörper mit Oberschenkeln und rechtem Arm des Speerträgers (Doryphoros) des hochklassichen Bildhauers Polyklet, einer Statue, die als das ›klassische‹ Kunstwerk schlechthin gilt. Polyklet verfasste auch eine als »Kanon« bezeichnete Schrift zu seinem Werk, in der er die Proportionen des menschlichen Körpers in Zahlenverhältnissen festlegte. Als Maßeinheit dienten die Einheiten des Körpers selbst, etwa das Verhältnis von einem Finger zum anderen, zur Hand, zum Unterarm, zum ganzen Arm usw.

Im Doryphoros sind die Prinzipien des »Kanon« besonders klar demonstriert. Die Statue wurde deswegen berühmt und sehr häufig relativ genau reproduziert, das Original bestand aus Bronze. Beim Doryphoros ist die Ponderation – die Unterscheidung von tragenden und entlasteten Teilen bei einem der Schwerkraft unterworfenen Körper – zum ›Kontrapost‹ weiterentwickelt: Der entlastete Fuß war weit zurückgenommen und nur mit dem Ballen aufgesetzt. Der Stand wird dadurch sehr labil. Hüfte und *linea alba* sind gegenüber der Waagerechten und der Senkrechten extrem stark verschoben, werden aber durch sich überkreuzende Querbezüge (Chiasmus) zum Ausgleich gebracht: Auf der belasteten Seite hängt der Arm entspannt am Körper herab, auf der Spielbeinseite ist der Arm, der den Speer trug, aktiv angewinkelt. Die Schräge des Beckens wird durch die Gegenschräge der Schultern ausgeglichen. Der Kopf war, der Körperschwingung folgend, zum belasteten Bein gewandt. Kräfte und Gegenkräfte sind damit zu einer rational gestalteten Harmonie, dem ›Kontrapost‹, verbunden. Die ausgeprägte Blockform des Körpers – von der antiken Kunstkritik als viereckig, vierschrötig bezeichnet (*quadratus*) – führt auch diesen als gegliedertes Funktionsgefüge vor.

Literatur: Antikensammlung 1998, 163 f. Nr. 93 (mit älterer Literatur) (M. Kunze); Griechische Klassik 2002, 354–363 Nr. 241 (A. H. Borbein). – Zum Typus zuletzt: Bol, Klassische Plastik 127–129 mit Textabb 38. 39; S. 505. 558 Abb. 80. 81 (P. C. Bol). Gra.

109 Raum 5

Kopf des polykletischen Diskophoros

Marmorkopie nach einem griechischen Original um 460 v. Chr.
1930 aus dem Kunsthandel erworben.
Marmor. Höhe: 24,8 cm.
Sk 1833

Das Original der Statue eines Diskusträgers des Bildhauers Polyklet war in Bronze gearbeitet. Die Berliner Kopie, die zu einer Statue gehörte und am Hals abgebrochen ist, zählt zu einer Gruppe von Kopien römischer Zeit, die, wie man deutlich erkennt, den Bronzestil des Originals nachahmte. So sind die scharfkantigen Inskriptionen der Gesichtspartie zu verstehen: Der Lippenrand imitiert den in der Bronzeplastik an dieser Stelle üblichen Übergang zu den Kupfereinlagen auf den Lippen, und die Ritzungen der Iris weisen auf die Einlegearbeiten der Augäpfel hin. Auch Augenlider und Brauenbögen, die durch Kupfereinlagen gewöhnlich hervorgehoben wurden, sind entsprechend scharfgratig wiedergegeben. Dazu kommt die Metalltechnik imitierende Haarbehandlung in ihrer feinen, ziselierenden Art. Dennoch hat der römische Künstler, der in hadrianischer Zeit das polykletische Original kopierte, eine Umdeutung vorgenommen. Die Kopfflügel sind eine Zutat des Kopisten, der die Statue zu Hermes oder Hypnos umfunktionierte. Die Benennung der Figur als einen Diskusträger gründet sich auf eine zuverlässige Kopie in Rom, Museo Torlonia, die einen stehenden Athleten mit einem Diskus in der linken Hand zeigt. Im Gegensatz zu dem bereits in der Antike gerühmten Diskuswerfer des Myron, der in dem Moment des Emporschnellens zum Wurf gezeigt wird, ist hier das Hauptthema Polyklets, als dessen Frühwerk der Diskophoros gelten kann, bereits deutlich formuliert: die Darstellung des Athleten in seiner nackten und ruhigen Erscheinung.

Den Kopf zeichnen ein klar gegliedertes Gerüst aus Vertikalen aus und eine straffe, aber große Wölbung der Wangenpartie; die Partie vom Mund bis zu den Augen liegt eng zusammen, Mund, Nase und Augen sind noch nicht wie an den Köpfen des zwei Jahrzehnte später entstandenen Doryphoros (Kat. Nr. 108) in den durch klare Proportionen zusammengefassten Gesichtsaufbau eingebunden. Die Haarbildung, die sich später beim Doryphoros von einem Zentrum her entwickelt und für die die sogenannte Spinne am Hinterkopf charakteristisch wird, ist durch ein reiches Formenspiel bestimmt. Die Haarkalotte schmiegt sich an den Kopf an und entwickelt sich besonders zu den Schläfen hin voluminös. Wie Ziegel schieben sich die meist sichelförmigen, in sich gedrehten Locken aufeinander. Im Gegensatz zu anderen Repliken des Kopfes ist die »Zange« über der Stirn nur sehr klein ausgebildet, man spürt das Bemühen des Bildhauers, bei der Formulierung des Stirn- und Schläfenhaars Wiederholungen und spiegelbildliche Entsprechungen zu vermeiden.

Literatur: Blümel, Kopien des 5. Jhs., Nr. K 146 Taf. 28. 29; H. Heres in: H. Beck u. a. (Hrsg.), Polyklet. Ausstellungskatalog Frankfurt/Main 1990, 528 Nr. 30; D. Kreikenbom, Bildwerke nach Polyklet (1990) 41. 155 Nr. 145 Taf. 65–66; LIMC V s. v. Hermes Nr. 934 (G. Siebert). Kun.

110

Raum 5

Verwundete Amazone

Römische Kopie der frühen Kaiserzeit eines verlorenen Originals der Zeit um 430 v. Chr.
Gefunden auf dem Quirinal in Rom (1868); erworben 1869.
Marmor. Höhe (mit Plinthe): 202 cm; (ohne Plinthe): 184 cm.
Plinthe, Pfeiler, beide Füße, rechter Arm und linker Unterarm sind ergänzt; der Kopf ist zugehörig, war aber gebrochen, die Nase ist ergänzt.
Sk 7

Die Amazone ist verwundet und hat sich in ein Heiligtum der Artemis geflüchtet. Die Stelle, an der sie verletzt wurde, ist unter dem erhobenen rechten Arm neben ihrer Brust zu erkennen, unterhalb der Wunde sind einzelne Blutstropfen plastisch angegeben. Mit dem linken Arm stützt sie sich auf einen Pfeiler. Sie ist waffenlos und barfuß, ihre Haltung drückt Erschöpfung aus. Sie hat den Kopf zur verletzten Körperseite hin geneigt und den erhobenen Arm auf den Kopf gelegt. Trotz fehlender Waffen ist sie als Amazone zu erkennen: Sie trägt das dünne Gewand (Chiton) wie ein Krieger hochgerafft, um beim Kampf Bewegungsfreiheit zu haben. Zudem lässt ihr Gewand, wie bei Amazonen üblich, die linke Brust frei, während die teilweise Entblößung ihrer rechten Brust eine Folge der Verwundung ist. Unterhalb des linken Knöchels ist noch der Rest eines Bandes, einer Halterung für Sporen, zu erkennen. Eine Replik desselben Amazonen-Typus, des ›Typus Sciarra‹, in Kopenhagen zeigt diese Sporenhalter an beiden Füßen. Sie kennzeichnen die Amazone als Reiterin.

Das nicht erhaltene Bronzeoriginal, auf das die Berliner und die Kopenhagener Amazone sowie eine Reihe weiterer

Repliken zurückgehen, und wenigstens zwei weitere Amazonenstatuen, die ebenfalls in Repliken überliefert sind, entstanden im Rahmen eines Wettbewerbs zwischen den berühmtesten Künstlern der Hochklassik. Zu diesen Künstlern gehörten Phidias, Polyklet, Kresilas und wohl noch zwei weitere Meister. Der römische Autor Plinius der Ältere setzt uns in seinem Buch über Bronzen (*nat. hist.* 34, 53) über diesen Wettstreit in Kenntnis. Als schönste galt jene Statue, die alle Künstler nach ihrer eigenen als zweitbeste beurteilt hatten. Es war die des Polyklet, die zuletzt wieder mit dem Typus der Berliner Amazone verbunden wurde. Von Plinius wissen wir auch, dass diese Amazonenstatuen ins Artemision von Ephesos geweiht wurden. Die Amazonen galten als die mythischen Gründerinnen des Artemisheiligtums und als Stifterinnen des Kultbildes der Göttin. Außerdem hatten sie auf ihrer Flucht vor Dionysos und Herakles Asyl im Artemision gefunden. Die Weihung der Bronzeoriginale der Amazonenstatuen in das Artemision von Ephesos ist daher zugleich bildlicher Ausdruck des Asylrechts des Heiligtums.

Literatur: Antikensammlung 1998, 166 f. Nr. 95 (mit älterer Literatur) (M. Miller); R. Bol, Amazones Volneratae (1998) 133 f. 173 f. Nr. I 2 Taf. 2. 3. 22. 23; 66 Meisterwerke 2005, 72 f. (A. Scholl). – Zusammenfassend Bol, Klassische Plastik 145–158 Abb. 50; 507. 559 Abb. 97–106 (R. Bol).
Gra.

Statue des ›Narkissos‹

Kopie des frühen 2. Jhs. n. Chr. (Körper), Mitte 2. Jh. n. Chr. (Kopf) eines verlorenen Originals der Zeit um 410–400 v. Chr.
Erworben in Rom (vor 1768).
Marmor. Höhe: 68 cm.
Kopf und Körper sind zwar beide antik und gehören zum gleichen Statuentypus, doch ursprünglich nicht zum selben Stück. Sie wurden erst im 20. Jahrhundert in Berlin zu einer Statue zusammengesetzt. Im 18. Jahrhundert war der Kopf einem Satyrn aufgesetzt, der Körper dagegen war in Rom in der Werkstatt des Antikenrestaurators Bartolomeo Cavaceppi zu einem Apollo ergänzt worden.
Sk 224

Der sehr junge Mann, noch ein Knabe (*melléphebos/pais*), steht mit stark ausschwingender rechter Hüfte, weit nach links geschobenem Oberkörper und gesenktem Kopf. Der Blick ist nach links unten gerichtet. Das Standmotiv mit dem nach links verlagerten Körperschwerpunkt erfordert eine Stütze neben dem entlasteten linken Bein. Diese war ursprünglich auch vorhanden, wie der Marmorrest am linken Oberschenkel zeigt. Eine nahezu vollständig erhaltene Replik des Knaben im Musée du Louvre in Paris gibt ihn mit durchgedrücktem linken Arm auf einen niedrigen Pfeiler gestützt wieder. Die Hand zeigt dabei nach hinten, von vorn ist nur die Handwurzel zu sehen. Durch das Aufstützen ist die linke Schulter stark hochgeschoben, jedoch verläuft dort, wegen der weiten Neigung des Oberkörpers zur Seite, die Schulterlinie fast waagerecht. Dem entlasteten linken Bein entspricht – chiastisch – der inaktive rechte Arm, dessen Hand mit dem Rücken locker auf dem Glutäus liegt. Diese wechselseitige Be- und Entlastung der Körperteile setzt die Kenntnis des ›Kontraposts‹ der Figuren des Polyklet voraus (vgl. Kat. Nr. 108), die Verlagerung des Körperschwerpunktes nach außen überwindet jedoch das ausbalancierte Gleichgewicht polykletischer Figuren. Auch die Formen des trainierten Knabenkörpers und die Kurzhaarfrisur stehen in der Tradition von Werken Polyklets (vgl. Kat. Nr. 109).

Erst in der Neuzeit wurde die Figur als Narkissos gedeutet, der sein Spiegelbild im Wasser erblickt und sich in dieses Bild verliebt. Vorgeschlagen wurde aber auch eine Deutung als Hyakinthos oder als Knabensieger.

Literatur: Antikensammlung 1998, 170 Nr. 97 (mit älterer Literatur) (M. Kunze); St. F. Schröder, Katalog der antiken Skulpturen des Museo del Prado in Madrid Bd. 2. Idealplastik (2004) 74–79 Nr. 105 (Lit.). – Allgemein zum Typus: Bol, Klassische Plastik 245 f. 521 Abb. 182 a. b (D. Kreikenbom).
Gra.

Männlicher Gewandtorso

Marmorkopie nach einem griechischen Original um 440–420 v. Chr.
Angeblich aus Kleinasien; 1841 von E. Gerhard erworben.
Weißer (pentelischer?) Marmor. Höhe: 113 cm.
Sk 526

Der arg geschundene Torso einer männlichen Figur galt bis zur Entdeckung einer weiteren Replik in Salerno, Palazzo d'Avossa, Anfang der dreißiger Jahre des 20. Jahrhunderts als griechisches Original. Immerhin wissen wir seitdem, dass beide Repliken auf ein berühmtes griechisches Vorbild aus dem Beginn des Reichen Stils der Klassik zurückgehen, das noch in römischer Zeit geschätzt wurde.

Die Statue in Salerno ist von einem Restaurator des 17. oder 18. Jahrhunderts zu einem stehenden Dionysos ergänzt worden, und er dürfte damit vielleicht sogar Recht haben. Zu erkennen ist eine männliche Figur mit einem kurzen, bis zu den Knien reichenden Chiton. Die linke, leicht durchschwingende Hüfte deutet die Standbeinseite an, das rechte Spielbein war zur Seite gestellt und etwas nach außen gewinkelt. Auf dem Oberschenkel des Spielbeins spannt sich das Gewand und ist in kleinen geschwungenen Falten herumgeführt, es unterstreicht so die Plastizität des Schenkels. Am linken Bein presst sich das Gewand vorn gegen den Oberschenkel, schwingt an der Seite weit aus und suggeriert damit einen Windstoß von vorn. Aus den schmalen Hüften entwickelten sich ein kräftiger Brustkorb und breitere Schultern, als sie am Berliner Torso durch die Fragmentierung erscheinen. Der Überschlag des Chitons fällt über die Hüfte herab und markierte wie der breite Gürtel und die Schulterlinie deutliche, leicht aus der Horizontalen verschobene Akzente. Den Gürtel hat man sich wohl aus Leder mit Metallbeschlag vorzustellen, der vorn, wie die Salerner Replik zeigt, mit einem Gorgoneion geschmückt war.

Die alte Interpretation als Dionysos durch den offenbar kenntnisreichen Restaurator in Salerno hat viel für sich. Wir kennen aus der Vasenmalerei Darstellungen des Dionysos in einem solchen kurzen Chiton, mit Thyrsosstab und Kantharos in den Händen. Da auf der Brust und im Nacken keine Reste von Haardarstellung zu erkennen sind, müssen wir einen unbärtigen Gott annehmen. Fraglich muss deshalb die vorgeschlagene Benennung als Dionysos aus Tanagra von der Hand des Kaiamis bleiben.

Literatur: Blümel, Kopien des 5. Jhs., 51 Nachtrag zu Nr. K4; J. Dörig, JdI 80, 1965, 177 ff.; B. Vierneisel-Schlörb, Glyptothek München. Katalog der Skulpuren Bd. 2, Klassische Skulpturen des 5. und 4. Jhs. v. Chr. (1979) 98 Anm. 50; LIMC III s. v. Dionysos Nr. 82 b (C. Gasparri); H.-U. Cain (Hrsg.), Dionysos: »Die Locken lang, ein halbes Weib?« Ausstellungskatalog München 1997/98, Taf. 2. Kun.

113

Raum 5

Bildnis des Dichters Anakreon

Römische Kopie nach einem griechischen Original um 450/440 v. Chr.
Angeblich aus den Magazinen der Villa Borghese; 1892 im Florentiner Kunsthandel erworben.
Marmor. Höhe: 37 cm.
Sk 1455

Liebe und Wein hat der Dichter Anakreon aus Teos, der im 6. Jahrhundert v. Chr. lebte und auch am Hof des Tyrannen Hipparchos von Athen gewirkt hat, vor allem besungen. Er galt daher über seinen Tod hinaus als Inbegriff der Lebensfreude und des Genusses. Eine Statue, deren Kopf durch zahlreiche römische Kopien überliefert ist, war Jahrzehnte nach seinem Tod, zur Zeit der Demokratie, auf der Akropolis von Athen aufgestellt worden. Der Kopf ist nach oben gewendet, der Mund geöffnet, und das Haar, das über der Stirn von einer Binde zusammengehalten wird, rahmt das Gesicht mit bewegten Locken. Den Gesamteindruck bestimmen jedoch die glatten Formen der Wangen und der hohen Stirn, die durch die gleichmäßige Augenpartie begrenzt wird. Die Kopfbewegung ist motiviert durch das Erscheinungsbild der Statue, zu der er gehörte. Eine Marmorkopie der gesamten Figur in Kopenhagen belegt, dass der mit einem kurzen Mäntelchen bekleidete Anakreon auf einer Leier spielte. Er war damit als Komast dargestellt, als ein Zecher, der nach dem Gelage zusammen mit den Gefährten in ausgelassener Stimmung bei Fackelschein durch die Straßen der Stadt zieht. Die Wendung des Kopfes und der geöffnete Mund lassen dies auch im Porträt erkennen.

Zügellose Trunkenheit kennzeichnet aber weder den Kopf noch die Statue. Den Normen der Klassik entsprechend spiegeln die Gesichtszüge nicht spontane Stimmungen und Emotionen wider – vielmehr wird wie mit formelhaften Zeichen eine Aussage thematisiert. Selbst bei dramatischen Szenen wie bei der sich aufstützenden verwundeten Amazone (Kat. Nr. 110) wurden keine pathetischen Formen gewählt. Die Kunstformen der Klassik visualisieren das damalige Ideal der Besonnenheit und Selbstbeherrschung.

Für den Aufstellungsort der Statue wäre die Evozierung einer privaten Atmosphäre auch keineswegs angemessen gewesen. Nicht nur, dass sie auf der Akropolis und damit an einem öffentlichen Ort stand, sondern insbesondere die unmittelbare Nachbarschaft zur Statue des Xanthippos, des Vaters von Perikles, widerspricht einer Errichtung allein aus nostalgischer Erinnerung an einen großen Dichter. Die Zusammenstellung des Feldherrn und des Dichters führte programmatisch den Anspruch der Athener vor Augen, nicht nur wegen ihrer militärischen Erfolge eine Vorrangstellung innezuhaben, sondern auch im Bereich der Künste anderen Städten überlegen zu sein.

Literatur: Blümel, Kopien des 5. Jhs., 2 f. Nr. K 124 Taf. 5; P. Zanker, Die Maske des Sokrates (1995) 29ff; N. Himmelmann, BJb 195, 1995, 654 ff. Kni.

114 ▷▷ Raum 5

Medea und die Töchter des Pelias

Römische Kopie nach einem griechischen Original um 420–410 v. Chr.
Um 1550 im Besitz des Kardinals Ridolfi, später im Palazzo Strozzi in Rom und im Palazzo Niccolini in Florenz, 1842 im römischen Kunsthandel erworben.
Pentelischer Marmor. Höhe: 116,5 cm; Breite: 89–96 cm.
Sk 925

Das seit der Renaissance bekannte und stark überarbeitete Relief schildert die Sage von Medea und den Töchtern des Pelias. Medea, göttlicher Herkunft und Königstochter im fernen Kolchis jenseits des Schwarzen Meeres, half mit ihren Zauberkräften den Argonauten bei der Gewinnung des Goldenen Vlieses und verliebte sich in deren Anführer Jason. Nach Iolkos zurückgekehrt, überreichte der Held seinem Onkel Pelias das Goldene Vlies, der ihm aber dennoch sein königliches Erbe vorenthielt. Medea übernahm die Rache: in Gegenwart von Pelias' Töchtern zerschnitt sie einen alten Widder, kochte ihn in Zauberkräutern und verjüngte ihn so zu einem Lamm. Sie überredete die Mädchen, es ebenso mit ihrem Vater zu machen. Sie zerstückelten und kochten ihn, dann aber versagte ihnen Medea die Zaubermittel. Das Dreifigurenrelief zeigt Medea am linken Rand; zur Mitte gewandt steht sie unbewegt, bekleidet mit einem plissierten Chiton und einem Mantel, dessen Ärmel seitlich herabhängt; dieses und die merkwürdige Kopfbedeckung über dem Diadem, eine Tiara, sowie die festen Schuhe kennzeichnen Medea als Ausländerin, als Barbarin. Ihre linke Hand umfasst eine runde Dose, die sie mit der rechten zu öffnen vorgibt. Von rechts schleppt eine jüngere Tochter des Pelias den schweren Dreifußkessel heran; sie ist mit einem Peplos bekleidet, der ihr unter der Mühe von der rechten Schulter gerutscht ist. Sinnend über das Ungeheuerliche des Vorhabens den Kopf auf die Hand geneigt, steht am rechten Bildrand frontal die ältere Tochter; sie trägt einen doppelt gegürteten Peplos, dessen Überschlag über den quer vor den Leib gelegten linken Arm fällt; die Hand hielt die Scheide des Schwertes, die neuzeitlich ebenso abgearbeitet worden ist wie das Schwert selbst, das sie in der Hand des aufgestützten rechten Armes hielt: Es wurde in einen kürzeren Olivenzweig neutralisiert.

Neben diesen Überarbeitungen und der Ergänzung des dreieckigen Streifens links unten nach einer Replik in den Vatikanischen Museen, 1814 in Rom gefunden, weist das Relief weitere »Korrekturen« besonders im Bereich der Gewänder auf. Dennoch überliefert es eine qualitätvolle neuattische Kopie um 100 v. Chr. von einem griechischen Relief aus der Blüte Athens. Bereits vor 70 Jahren wurde die Übereinstimmung dieses Dreifigurenreliefs in Trapezform, Maßen und Proportionen, im kompositionellen Konzept der Gruppierungen und in der gemeinsamen Formensprache mit drei weiteren Reliefs festgestellt, die ebenfalls in römischen Kopien erhalten sind: Orpheus versucht mit Hilfe von Hermes, Eurydike aus der Unterwelt zurückzuholen; Theseus muss seinen Freund Peirithoos in der Unterwelt zurücklassen, da Herakles nur einen der beiden befreien kann; Herakles verlässt die Hesperiden, die in Liebe zu ihm entbrannt sind, nachdem er ihnen die Äpfel der Unsterblichkeit entwendet hat. Alle vier Reliefs müssen ursprünglich zu einem Denkmal gehört haben, vermutlich zum Unterbau eines monumentalen Grabmals, da alle Bilder der Bezug zum Jenseits verbindet, die Hoffnung auf Unsterblichkeit. Gemeinsam ist ihnen aber auch die Situation der persönlichen Entscheidung und damit der unausweichlichen Verstrickung, wie sie in den attischen Tragödien dieser Zeit von Sophokles und Euripides gefasst wurden; beide Dichter haben sich mit dem tragischen Schicksal von Medea und Jason beschäftigt, das noch auf römischen Sarkophagen der Kaiserzeit Todesangst und Jenseitshoffnung zum Ausdruck bringt (s. Kat. Nr. 150).

Literatur: Blümel, Kopien des 5. Jhs., 46 Nr. K186 Taf. 78; H. Götze, RM 53, 1938, 189 ff. 201 Nr. 2; 231 ff.; J. Raeder, AA 1994, 383 ff.; LIMC VII s. v. Peliaden Nr. 11 (E. Simon); Bol, Klassische Plastik 178 f. Abb. 67 a. Pla.

Athena mit der ›Kreuzbandaegis‹

Um 150 v. Chr.
Gefunden in Pergamon, Athenaheiligtum, westlichster Raum hinter der Nordhalle (1880).
Marmor. Höhe: 186 cm.
Rechter Arm und Finger der linken Hand (Daumen, Zeigefinger) fehlen; Kopf, Hals und oberer Teil des Rückens heute in Gips ergänzt.
AvP VII 22

Die Göttin Athena steht, wirkt aber dennoch bewegt. Sie hat den linken Unterschenkel weit zurückgesetzt und den Fuß nach außen gedreht, die linke Schulter stark angehoben und den Arm vom Körper abgespreizt. Ihre Bewegung wird durch die Lage der Gewandfalten über linkem Fuß und Oberschenkel unterstrichen, das Gewand (Peplos) in der Taille durch einen Gürtel aus Schlangen zusammengehalten. Schlangen säumen auch die unteren Ränder des Brustschutzes (Aegis). Sehr ungewöhnlich ist, dass die Aegis hier aus zwei sich im Rücken und über der Brust kreuzenden Bändern besteht (›Kreuzbandaegis‹). Das Unheil abwehrende Gorgoneion wirkt wie eine Brosche, die die Bänder über der Brust zusammenhält.

Der Kopf war als Einsatzkopf gearbeitet. Er war nicht unmittelbar, sondern über ein Einsatzteil mit dem Körper verbunden, das zusammen mit dem Körper gefunden wurde. Das Einsatzteil fügt sich exakt in die Aussparung am Hals ein und gehört damit sicher zur Statue. Fraglich ist allerdings die Zugehörigkeit des Kopfes zum Körper. Der Kopf mit der oberen Halspartie wurde erst später als der Körper und darüber hinaus in einem anderen Raum entdeckt. Erst in Berlin wurden Kopf und Körper zusammengefügt. Die beiden gleichmäßig hervortretenden Halsnicker am Einsatzteil sprechen jedoch gegen einen Kopf, der, wie der nachträglich aufgesetzte, nach rechts gewendet ist. Heute sind Kopf und Einsatzteil in Russland verschollen und an der Statue in Gips ergänzt.

Fraglich sind auch die bisherigen Vorschläge für die weiteren Attribute der Göttin. Am herabgeführten linken Arm ist ein Gegenstand zu ergänzen, den sie gerade anhebt. Auszuschließen sind aber Lanze oder Helm. Die Lanze hielt sie vielleicht – eher als eine Nike – in der nach vorn genommenen rechten Hand. Farbspuren eines aufgemalten Wellenbandes sind an den Sohlen ihrer Sandalen erhalten.

Die ›Kreuzbandaegis‹ kennzeichnet die Athena aus Pergamon als junges, aktives Mädchen. Als einfache Bänder

dienten solche Kreuzband-Schnürungen normalerweise der Fixierung von langen, weiten Gewändern. Sie sollten im Fall schneller oder wilder Bewegung ein Verrutschen des Gewandes verhindern. In klassischer Zeit gehörten diese Kreuzbänder zur Tracht junger Mädchen. Zu einer jungen, aktiven Athena passen ihre bewegte Haltung und ihre kräftige Gestalt, die mit breiten Schultern und schmalen Hüften an männlichen Figuren orientierte Proportionen aufweist. Athena ist hier als männergleiche, mit physischer Kraft und Energie begabte kämpferische Jungfrau dargestellt. Dabei ist sie gleichzeitig Parthenos und Pallas, das starke, kraftvolle und edle junge Mädchen.

Literatur: AvP VII 1 13–25 Nr. 22 Taf. 2–5; Antikensammlung 1998, 178 f. Nr. 102 (mit weiterer Literatur) (M. Kunze); A. Villing, Kestos, Zoster and Athena's Crossband Aegis: Anatomy of a Classical Attribute, in: G. R. Tsetskhladze – J. Prag – A. Snodgrass (Hrsg.), Periplous. Papers on Classical Art and Archaeology presented to Sir John Boardman (2000) 361–370; Deuses Gregos 2006, 217 (Abb.) (D. Grassinger). Gra.

116 Raum 5

Antinoos

Kopf des Antinoos auf Statue des Dionysos oder Agathodaimon.
Späthadrianisch, 130–140 n. Chr.
Marmor. Höhe gesamt: 237 cm, Höhe Kopf (Kinn-Scheitel): 29 cm.
Sk 361

Antinoos wurde am 27. November zwischen 111 und 115 n. Chr. in Bithynion-Claudiopolis in der Provinz Bithynien im Nordwesten Kleinasiens (heutige Türkei) geboren. Sein genaues Geburtsjahr ist nicht bekannt. Auch über Einzelheiten seines Lebens weiß die Forschung wenig. Der römische Kaiser Hadrian (reg. 117–138 n. Chr.) hatte den Jüngling im Jahr 121 oder 123/24 n. Chr. auf einer seiner zahlreichen Reisen im griechischen Osten kennengelernt. Angetan von der Schönheit des Antinoos, erkor Hadrian ihn zu seinem Favoriten und ständigen Begleiter.

Während einer Ägyptenreise kam es dann zum tragischen Unfall: Wohl am oder kurz vor dem 30. Oktober 130 n. Chr. fiel der junge Mann in den Nil und ertrank. Die römischen Geschichtsschreiber Cassius Dio (um 200 n. Chr.) und Aurelius Victor (4. Jh. n. Chr.) überliefern, dass

Antinoos unter ungeklärten Umständen zu Tode kam: So sei der Bithynier nach dem Zeugnis Hadrians Opfer eines Unfalls geworden, während er sich tatsächlich für den väterlichen Freund geopfert habe, um diesem dadurch ein langes und glückliches Leben zu sichern. Die Historia Augusta (um 400 n. Chr.) überliefert dagegen, Antinoos habe sich durch seinen Freitod der unmäßigen kaiserlichen Begierde entziehen wollen.

Antinoos wurde nach seinem Tod als Gott verehrt und in der Kunst in Angleichung an zahlreiche Gottheiten wie z. B. Dionysos dargestellt. Eine Verschmelzung fand auch mit Osiris statt, wobei diese Ausprägung v. a. für den ägyptischen Antinoos-Kult von Bedeutung war. Typische Züge des Antinoos-Porträts sind die idealisierten und zugleich schweren Gesichtsformen, der kleine Mund mit vollen Lippen, der Schwung der Augenbrauen, der elegische Ausdruck und die schwellenden Körperformen.

In der Berliner Statue erkennt der Betrachter Antinoos in Angleichung an Dionysos oder einen Segen spenden Dämon – freilich ist der junge Bithynier nur im Kopf dargestellt, der einer Götterstatue aufgesetzt wurde. Diese Zusammenfügung wurde wohl im Atelier von Bartolomeo Cavaceppi vorgenommen, von dem in den 1760er Jahren dann Friedrich II. von Preußen die Statue erwarb.

Im Rahmen einer sehr bewegten Sammlungsgeschichte wurde die Antinoos-Statue 1945 als ›Beutegut‹ ins russische Leningrad verbracht. Nach ihrer Rückführung 1958 wurde sie für Jahrzehnte magaziniert. In einer einjährigen Restaurierung wurden jüngst die beträchtlichen Verschmutzungen beseitigt und die statischen Gefährdungen behoben. Der vergöttlichte Jüngling tritt dem Betrachter nunmehr in neuem Glanz gegenüber.

Literatur: H. Meyer, Antinoos. Die archäologischen Denkmäler unter Einbeziehung des numismatischen und epigraphischen Materials sowie der literarischen Nachrichten. Ein Beitrag zur Kunst- und Kulturgeschichte der hadrianisch-frühantoninischen Zeit (1991) 33 f. Nr. I 11 Taf. 9 (mit älterer Literatur); A. Backe, Antinoos – Geliebter und Gott. Begleitbroschüre Ausstellung Berlin 2005, 25 Nr. 1 und passim; A. Scholl – A. Backe, Antinoos, Geliebter und Gott – des Kaisers Favorit in neuer Schönheit, Jahrbuch Preußischer Kulturbesitz 61, 2005, 303–317. Ba.

117

Raum 5

Statuengruppe mit Dionysos und Satyr

Römisch (160/170 n. Chr.).
Aus Milet, Faustinathermen, Tepidarium. Gefunden 1906 während der Grabung der Berliner Museen.
Marmor. Höhe: 230 cm.
Sk 1797

Die Statuengruppe zeigt den Weingott Dionysos in Begleitung eines jungen Satyrn seines Gefolges. Dionysos steht in frontaler Position, den rechten Arm über den Kopf geführt, den linken Arm auf die Schultern seines zu ihm aufblickenden Begleiters aufgestützt, in der linken Hand seinen charakteristischen Weinbecher (Kantharos) haltend. An den Statuenstützen sind Trabanten bzw. Attribute der beiden Gestalten zu erkennen: Ein Panther neben dem rechten Bein des Dionysos, eine Hirtenflöte (Syrinx) neben dem linken Knie des Satyrs.

Die Gruppe kam in den 164/65 n. Chr. gestifteten Faustinathermen in der kleinasiatischen Stadt Milet zutage. Bei ihrer Auffindung lag sie im Bassin des Tepidariums (Raum mit mäßig warmer Luft), in das sie vom ihrem Sockel am Beckenrand herabgestürzt war. Ursprünglich stand das Bildwerk prominent in der Blickachse des langgestreckten Raumes.

Die Komposition geht auf Vorbilder des späten Hellenismus zurück und wurde in der römischen Kaiserzeit häufig kopiert, zuweilen auch in abgewandelter Form. Unsere Gruppe ist stilistisch in die antoninische Zeit zu datieren – etwa zwischen 160 und 170 n. Chr. – und könnte somit eigens für die Skulpturenausstattung der prächtigen Badeanlage gearbeitet worden sein; es ist jedoch nicht ausgeschlossen, dass man – wie in anderen Räumen der Thermen – zu einem späteren Zeitpunkt die Ausstattung ergänzte und hierfür bereits existierende Statuen verwendete.

Der Kopf des Weingottes und sein rechter Unterarm sind nach einer eng verwandten Skulptur in den Vatikanischen Museen in Gips ergänzt. Die Geschlechtsteile beider Statuen wurden in der Spätantike sorgfältig abgemeißelt, wie auch bei drei anderen nackten männlichen Statuen aus den Faustinathermen (heute im Archäologischen Museum von Istanbul). Dies geschah offenkundig, um die Bildwerke einem unter christlichem Einfluss gewandelten Zeitgeschmack anzupassen.

Eine erste moderne Restaurierung erfolgte in Berlin um 1920, nach 1930 wurde die Gruppe im linken Tordurchgang des Markttors von Milet aufgestellt. In der Nachkriegszeit verblieb sie jahrzehntelang im Depot, bevor sie 2001/02 gründlich restauriert und dem Publikum wieder zurückgegeben wurde.

Literatur: Th. Wiegand – K. A. Neugebauer, Die Skulpturen, in: A. von Gerkan – F. Krischen, Thermen und Palaestren. Milet I 9 (1928) 118–121 Kat. Nr. 15 Taf. 35; H. Manderscheid, Die Skulpturenausstattung der kaiserzeitlichen Thermenanlagen (1981) 93 f. Kat. Nr. 210 Taf. 30; St. F. Schröder, Römische Bacchusbilder in der Tradition des Apollon Lykeios, Archaeologica 77 (1989) 148–149 Kat. Nr. N 4 Taf. 15, 4; E. Pochmarski, Dionysische Gruppen (1990) 205–207. 360–363 Kat. Nr. P 26. Maisch./Sch.

118 Raum 5

Statue des Meleager

Römische Kopie des 1. Jhs. n. Chr. nach einer Bronzestatue um 340–330 v. Chr.
Gefunden 1838 in einer antiken Villa beim Kastell von Santa Marinella bei Civitavecchia. Erworben 1841.
Marmor. Höhe: 209 cm.
Sk 215

Nur der Torso, bis unterhalb der Knie erhalten, und mit ihm der linke Arm, Teile der Lanze und kleine Reste vom Kopf des Hundes wurden in der römischen Villenanlage gefunden. Durch die Einwirkung von Mineralien im Erdboden ist die Oberfläche teilweise dunkel verfärbt. Die Villa wurde bis in das 4. Jahrhundert n. Chr. wiederholt umgebaut. Im 3. Jahrhundert gehörte sie dem berühmten Juristen Ulpian. Die Statue des Meleager war zuletzt in einem mit Marmorinkrustation prachtvoll ausgestatteten Saal aufgestellt, anscheinend als einziger plastischer Schmuck des Raumes und als »altes Kunstwerk«; denn sie wurde in der Antike schon einmal restauriert. Der Bildhauer Emil Wolff ergänzte in Rom nach dem Ankauf für die Berliner Museen den Torso nach der Replik im Vatikan. Kopf, rechter Arm, Unterschenkel, Basis und Hund sind im Wesentlichen sein Werk. In der Modellierung der Ergänzungen, besonders des Kopfes hat er versucht, die weiche, sensible Körperauffassung des Torsos aufzunehmen. Die erhaltenen Fragmente boten noch genügend Anhaltspunkte, aus denen hervorging, dass die

Statue aus Santa Marinella nicht in allen Zügen der vatikanischen Statue glich. Die erhaltenen antiken Kopien des Originals zeigen erhebliche Unterschiede in Körperhaltung und Beiwerk. Wolffs Ergänzungen sind von großer Qualität und kommen den verlorenen antiken Teilen so nahe als möglich. Sie wurden daher auch bei der erneuten Restaurierung 1995/6 wieder angefügt.

Der Rest einer Inschrift auf dem Sockel, auf dem die Statue in der Villa stand, spricht für eine Deutung des Jägers als Meleager. Nach der Sage tötete er, zusammen mit anderen Helden, einen gewaltigen Eber, der die Fluren Ätoliens verwüstete. Im Streit um die Jagdbeute, das Fell des Ebers, ermordete Meleager seine Onkel. Seine Mutter Althea rächte ihre Brüder, indem sie ein Holzscheit, das auf magische Weise mit dem Leben des Sohnes verbunden war, verbrannte.

Der Held ist stehend dargestellt in einer Pose des Ausruhens. Sein rechter Arm ist zurückgebogen, so dass die Hand auf dem Rücken liegt. An der linken Schulter lehnt der Jagdspieß und wird von der locker herabhängenden Hand nur leicht berührt. Ohne wirkliche Stützfunktion bildet er ein optisches Gegengewicht zur kraftvollen Aufwärtsbewegung des Körpers; wie die vom Körper wegbewegten Arme unterstützt er die Breitenausdehnung der Statue, die dem Betrachter wie ein ›Schaubild‹ gegenübersteht.

Eine literarische Überlieferung über den Schöpfer der Statue existiert nicht. Das griechische Vorbild wurde auf Grund stilistischer Übereinstimmungen mit dem Werk des parischen Bildhauers Skopas verbunden. Er schuf auch die Giebelfiguren für den Tempel der Athena Alea in Tegea, auf dessen Ostseite die Jagd auf den kalydonischen Eber dargestellt war.

Literatur: Blümel, Kopien des 4. Jhs., Nr. K 235 Taf. 48; R. Neudecker, Die Skulpturenausstattung römischer Villen in Italien (1988) 47. 100. 217–218 Nr. 58, 1; Ch. Vorster, Vatikanische Museen. Museo Gregoriano Profano ex Lateranense. Katalog der Skulpturen II I (1993) 63 ff. mit Anm. 14. 22; H. Heres – G. Kunze – S. Röhl in: Restauratorenfachverband e. V. (Hrsg.), Beiträge zur Erhaltung von Kunstwerken, Heft 7 (1997) 101 ff. – Zum Statuentypus vgl. Bol, Klassische Plastik 340 f. Abb. 309–311 (C. Maderna). Her.

›Einschenkender Satyr‹

Römische Kopie der Mitte des 2. Jhs. n. Chr. nach einem griechischen Original der Zeit um 370/350 v. Chr.
Gefunden 1826 bei Ausgrabungen einer römischen Villa am Monte Calvo in Sabina (Italien) und sofort von Ch. K. v. Bunsen erworben.
Großkörniger Marmor. Höhe: 156 cm.
Die in zehn Teile gebrochene Statue wurde noch in Rom von dem Bildhauer Emil Wolff zusammengesetzt und ergänzt (Kopf, Basis, kleinere Stücke an Fingern und beiden Gefäßen). Nach 1929 wurde der ergänzte Kopf entfernt und durch den Abguss (Gips) eines Kopfes einer Replik des Statuentypus in Dresden ersetzt.
Sk 257

Ein nackter junger Mann, ein Knabe noch, an der Schwelle zum Erwachsen werden (*melléphebos/pais*), gießt aus einer Kanne in seiner hoch erhobenen rechten Hand in ein Trinkhorn in seiner linken. Mit leicht gesenktem Kopf, den Blick auf seine linke Hand gerichtet, ist er völlig auf sein Tun konzentriert. Trotz des weit zurückgesetzten rechten Fußes steht er ruhig, wobei die Figur selbst jedoch ein großer Schwung durchzieht: vom stark zurückgenommenen Spielbeinfuß über die ausgebogene Standbeinhüfte, den Bogen des linken Armes und schließlich über den erhobenen rechten Arm zurück zum Kopf.

Die Berliner Statue gehört zu einer Reihe von Repliken eines verlorenen Originals, das als ein Frühwerk des Bildhauers Praxiteles gilt. Folgen wir Pausanias (1, 20, 2), so stand dieser *satyros pais* als Mundschenk des Dionysos zusammen mit einer Statue dieses Gottes an der ›Tripodenstrasse‹ in Athen. Als Satyr, als Mischwesen aus Mensch und Pferd, ist die Berliner Statue allerdings zunächst nicht zu erkennen. Der übliche Rückenschwanz fehlt, animalische Züge sind weitgehend zurückgenommen. Nur die spitzen Tierohren und die kurzen, leicht struppigen Haare am – ergänzten – Kopf weisen auf die eigentlich wilde Natur eines Satyrn hin. Und auch die Palmbaumstütze an der linken Seite der Figur lässt nicht unbedingt auf einen Begleiter des Dionysos schließen. Christian Karl von Bunsen und Emil Wolff hielten den nackten, kopflosen Knaben mit der Siegespalmbaumstütze denn auch für einen ›Athleten‹, einen ›Sieger in den circensischen Spielen, der nach vollbrachtem Kampfe opfert‹, und Wolff ergänzte einen entsprechenden Kopf mit kurzen, leicht gelockten Haaren. Der eigentlich mit dem Statuentypus verbundene Satyrkopf trägt ein schmales Stirnband und einen Korymbenkranz mit dicken Dolden als Kennzeichen seiner Zugehörigkeit zu Dionysos.

Das Trinkhorn des Berliner Satyrn ist eine Abänderung des römischen Kopisten, das Original des Praxiteles wird mit einem Becher oder einer Schale in der linken Hand rekonstruiert.

Die Berliner Statue wurde im Bereich einer römischen Villa, die den Bruttii Praesentes gehörte, gefunden. Dort war er Teil eines Wasserspiels, denn der Krug, aus dem er gießt, ist für ein Wasserrohr durchbohrt, das allerdings quer durch den Gefäßkörper lief. Das Plätschern des Wassers machte jedoch das Einschenken hörbar, so dass sich Bruttius Praesens und seine Gäste, von einem Satyrknaben als Mundschenk bedient, wie Dionysos selbst fühlen konnten.

Literatur: Antikensammlung 1998, 179 Nr. 104 (mit älterer Literatur) (M. Kunze); S. Brusini, La decorazione sculturea della villa Romana di Monte Calvo, RIA 55, 2001, 225–237 Nr. 13 Abb. 136–144. – Zum Typus zuletzt: J. Raeder, Die antiken Skulpturen in Petworth House (2000) Nr. 8 Taf. 14, 2; Bol, Klassische Plastik 291 f. 297. 527 f. Abb. 251. 252 (W. Geominy). – Zur Restaurierung s. W. Maßmann, JbBerlMus 39, 1997, 181–185.

Gra.

120 Raum 6

Apollon Lykeios

Römische Kopie eines griechischen Originals um 330 v. Chr.
Fundort nicht bekannt; 1766 durch Bianconi in Rom erworben, einst vor dem Neuen Palais in Potsdam aufgestellt.
Marmor. Höhe gesamt: 237 cm
Sk 44

In voller Schönheit präsentiert sich der Gott Apollon dem Betrachter, unbekleidet, mit s-förmigem Körperschwung, den rechten Arm entspannt über den Kopf gelegt, den Blick in die Ferne gerichtet. Die Linke hält die große (neuzeitlich ergänzte) *kithara*, die neben ihm auf dem Baumstamm ruht. Die überlebensgroße Statue ist ganz auf Vorderansicht konzipiert. Das Gewicht ruht auf dem rechten Bein, das linke Bein ist leicht zur Seite gestellt bei voll aufgesetzter Sohle. Die Körperformen sind kräftig, das Inkarnat ist gleichwohl weich gebildet. Die Taille über den nicht zu schmalen Hüften ist recht klar akzentuiert, der Oberkörper wirkt insgesamt leicht gestaucht.

Kopf und Körper gehören freilich nicht zusammen, obgleich beide Elemente unzweifelhaft Apoll darstellen. Die

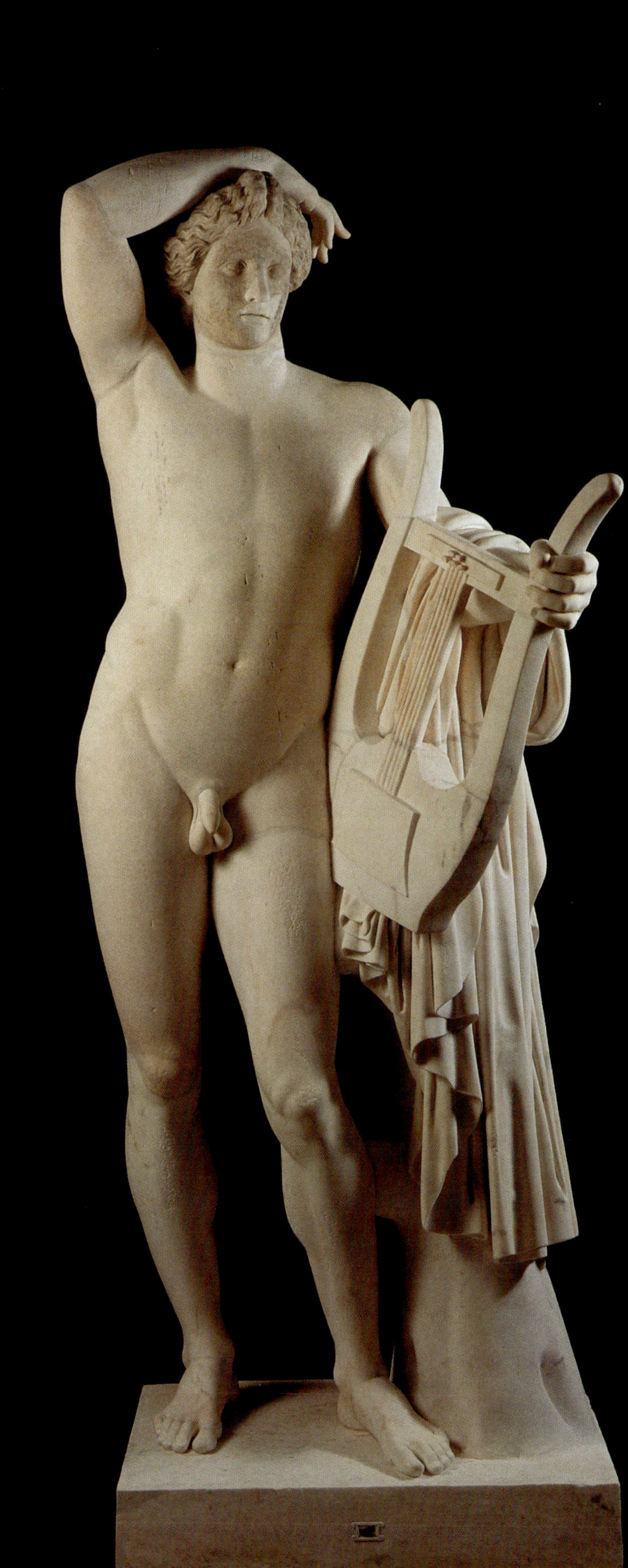

beiden Teile wurden aus zwei verschiedenen Marmorsorten gefertigt und haben unterschiedliche Verwitterungsgrade. Mit einem Zwischenstück wurden sie in der Neuzeit zusammengesetzt. Der Kopf zeigt Apollon mit charakteristisch langem Haar, das am Oberkopf durch eine Binde zusammengehalten wird und im Nacken in einem Schopf endet.

Der Körper gibt den Gott der Musik im sogenannten Lykeios-Typ wieder, der in zahlreichen statuarischen Repliken wie Münzbildern vorliegt. Dem Namen nach ist Apollon hier als ›der Strahlende‹ wiedergegeben: Lukian (Anarchasis 7) berichtet von einer Statue dieses Typs im Lykeion (Heiligtum für Apollon und Gymnasion) in Athen, die Apollon freilich mit einem Bogen in der linken Hand zeigte.

In der Forschung wurde meist Praxiteles als Schöpfer des Originals angesprochen bzw. ein nicht näher benannter Künstler aus seiner Umgebung. Zumeist wurde eine Datierung um 340/30 v. Chr. angenommen. Das Stützmotiv des linken Armes sowie die Frisurmotive zeigen tatsächlich Anleihen an die Skulpturen des Praxiteles. Der Vorschlag, das Original in die Mitte des 2. Jahrhunderts v. Chr. zu datieren und das Werk als hochhellenistische Umformung praxitelischen Formguts zu bewerten, konnte sich nicht durchsetzen.

Literatur: M. Nagele, ÖJh 55, 1984, 83 Nr. 11; J. Schröder, AM 101, 1986, 184 Nr. 11; ders., Römische Bacchusbilder in der Tradition des Apollon Lykeios (1983) 1989, passim; Ch. Vorster, Vatikanische Museen, Museo Gregoriano Profano ex Lateranense. Katalog der Skulpturen II 1 (1993) 58 ff. zu Nr. 23. Ba.

121 Raum 6

Bildnis des Platon

Marmorkopie nach einem griechischem Original um die Mitte des 4. Jhs. v. Chr.
1932 aus Wiener Privatbesitz erworben.
Pentelischer Marmor. Höhe: 35 cm.
Sk 1854

Über viele Jahrhunderte genoss der große Philosoph Platon (428–349 v. Chr.) hohes Ansehen. Er stammte aus einer vornehmen Athener Familie, war Schüler des Sokrates acht Jahre lang bis zu dessen Tod im Jahre 399 v. Chr., stellte auch in seinem Werk Sokrates als Dialogfigur immer in den Mittelpunkt. Zwischen 388 und 385 v. Chr. begründete Platon eine eigene Philosophenschule in Athen, die berühmt gewordene Akademie, die eine geistige Gemeinschaft zwischen Lehrern und Schülern anstrebte. Erst auf Beschluss des Kaisers Justinian wurde sie 529 n. Chr. geschlossen. Es wird berichtet, dass Platon in der Akademie im Alter von etwa 80 Jahren gestorben war und auch dort begraben wurde. Der Erzgießer Silanion soll, offenbar aber erst nach dem Tod des Philosophen, eine Statue zur Aufstellung in der Akademie gearbeitet haben, die A. Hekler als Sitzstatue aus einer kleinen, heute wieder verlorenen Figur in den dreißiger Jahren des 20. Jahrhunderts rekonstruieren konnte. Namensgebend für die bekannten etwa 17 Repliken ist die Berliner Herme mit einer Inschrift, die in der Ausstellung im Alten Museum zu sehen ist.

Das gezeigte Berliner Kopffragment besticht durch seine klare Gesamtgliederung, die ausgeglichene weiche Formgebung und die Konzentration des Ausdrucks. Würdevoll umrahmt ein dichter, langer Bart das Gesicht, der kleine Mund mit den fest geschlossenen Lippen und die zusammengezogenen Brauen über der Nasenwurzel beherrschen als Formeln für geistige Konzentration und Entschlossenheit den Ausdruck des Kopfes.

Das Berliner Kopffragment aus der ersten Hälfte des 1. Jahrhunderts n. Chr. gehört sicherlich zu den eindrucksvollsten erhaltenen Bildnissen des Philosophen, das seine heutige konzentrierte Wirkung freilich auch dem fragmentarischen und verschliffenen Zustand verdankt.

Literatur: Blümel, Kopien des 4. Jhs., 2 f. Nr. K193 Taf. 5; G. M. A. Richter, The Greek Portraits Bd. 2 (1965) 166 Nr. 11; dies., The Portraits of the Greeks, hrsg. von R. R .R. Smith (1984) 181 ff.; A. Stewart, Greek Sculpture (1990) 28. 179 f. 288 f. Abb. 513; P. Zanker, Die Maske des Sokrates (1995) 70 ff. – Zur Rekonstruktion der Statue: A. Hekler, Praktika 9, 1934, 80 ff. Taf. 2.

Kun.

122

Raum 6

Doppelherme des Sokrates und Seneca

1. Hälfte 3. Jh. n. Chr.
Gefunden 1813 in der Nähe der Kirche S. Maria in Domenica auf dem Gelände der Villa Mattei in Rom, 1878 in Rom erworben.
Marmor. Höhe: 28 cm.
Kleinere Ergänzungen an beiden Köpfen, u. a. auch die vordere Hälfte der Nase beim Sokrates.
Sk 391

Die Berliner Herme, die ursprünglich wahrscheinlich zur repräsentativen Skulpturenausstattung einer römischen Villa gehörte, vereint die Porträts zweier herausragender antiker Denker aus griechischer und römischer Zeit. Sie wurden offenbar aufgrund ihres ähnlich gewaltsamen Lebensendes zu einem Doppelbildnis zusammengefasst: Auf der einen Seite der griechische Philosoph Sokrates, von einem Gericht Athens 399 v. Chr. dazu verurteilt, den Schierlingsbecher zu trinken, auf der anderen der römische Staatsmann, Philosoph und Dramatiker Seneca, der 65 n. Chr. auf Geheiß seines ehemaligen Schülers Nero Selbstmord beging.

Die beiden Köpfe der Herme sind nur sehr flüchtig gearbeitet, was insbesondere an den ungleichmäßig gestalteten Gesichtern auffällt. Dennoch handelt es sich um ein bedeutendes Stück, da mit ihm das einzige, inschriftlich gesicherte Porträt des Seneca erhalten ist. Das Bildnis zeigt den Kopf eines Mannes mit deutlichen Altersmerkmalen, einem kantigen Schädel, hoher, kahler Stirn, Glatze, hochgezogenen Augenbrauen, kurz geschnittenem Seitenhaar, faltigem Untergesicht, kleinem Mund und Doppelkinn. Bekleidet ist er nach griechischer Sitte nur mit einem über seine linke Schulter gelegten Mantel. Der Name des Seneca ist links unten auf der Büste eingeschrieben. Im Vergleich zur vorangegangenen iulisch-claudischen Zeit fallen die lebensnahen Gesichtszüge auf, wie sie auch den Porträts

Neros eigen sind. Das Urbild wird daher nach der Mitte des 1. Jahrhunderts n. Chr. und vielleicht sogar noch zu Lebzeiten des Seneca entstanden sein. Die mit dem Hermenkopf vorliegende Kopie stammt hingegen aus der ersten Hälfte des 3. Jahrhunderts n. Chr., wo sich für die Wiedergabe des Haares mit einzelnen langen Kerben insbesondere bei Kaiserköpfen vor der Jahrhundertmitte (Gordian I–III) die besten Vergleiche finden lassen.

Das Porträt des Sokrates ist durch zahlreiche weitere Wiederholungen gut bekannt. Es folgt einem statuarischen Vorbild, das dem Bildhauer Lysipp aus Sikyon (Schaffenszeit ca. 370–310 v. Chr.) zugeschrieben wird und bei dem die satyrhaften Züge eines wenig älteren Bildnistyps abgemildert waren. Sokrates ist ebenfalls als alter Mann gezeigt, mit langsträhnigem, unten spitz zulaufendem Voll-, einem Oberlippenbart und hoher kahler, knöcherner Stirn. Das Seitenhaar ist leicht aufgebauscht und lässt die Ohren frei. Ungewöhnlich für Bildnisse des Sokrates ist, dass er zu dem Mantel noch ein Untergewand trägt; auf diesem steht unten mittig mit griechischen Buchstaben sein Name.

Literatur: Conze, Skulpturen 390 f.; Blümel, Römische Bildnisse R 106 Taf. 71; L. A. Scatozza Höricht, Il volto die filosofi antichi (1986) 213–216 Abb. 89–91; I. Scheibler (Hrsg.), Sokrates. Ausstellungskatalog München 1989, 77 Nr. 11; Antikensammlung 1992, 215 Nr. 105 (M. Kunze); H. Born – K. Stemmer, Damnatio memoriae (1996) 98; 105 Abb. 93; K. Schefold, Die Bildnisse der antiken Dichter, Redner und Denker (1997[2]) 376 Abb. 244; F. Fless – K. Moede – K. Stemmer (Hrsg.), Schau mir in die Augen … Das antike Porträt. Ausstellungskatalog Berlin 2006, 148 Nr. 390 (M. Siedlaczek). Von.

123 Raum 7

Statue einer Frau aus Magnesia

Hellenistisch, Anfang 1. Jh. v. Chr.; gefunden im Säulenhof des Prytaneions von Magnesia.
Weißlichgrauer Marmor. Höhe: 204 cm.
Sk 1904

Die überlebensgroße Marmorstatue wurde im Prytaneion von Magnesia in Kleinasien gefunden, einem Gebäude, das von seiner Funktion her unserem Rathaus entspricht. Es ist die Ehrenstatue einer Frau. Auf der heute verlorenen Basis war der Name vermerkt, vielleicht auch der Grund für die Ehrung und die Kosten für die Errichtung des Denkmals. Solche Ehrenstatuen spielten im Hellenismus eine wichtige Rolle für das öffentliche Leben. Um das Funktionieren des Gemeinwesens zu sichern, mussten die wohlhabenden Bürger Ehrenämter übernehmen, die mit großen finanziellen Lasten verbunden waren. Durch das Aufstellen einer Statue wurde das Verdienst sichtbar gemacht, und gleichzeitig verkörperte das Porträt ein Vorbild bürgerlicher Pflichterfüllung. Tausende solcher Statuen in griechischen Städten stabilisierten auf diese Weise die bürgerliche Ideologie.

Unsere Statue ist von hervorragender Qualität. Das feine Untergewand fällt in großen Falten über das leicht zur Seite gestellte Spielbein, der Mantel ist eng um den Körper geschlungen und über den Kopf gezogen. Die heute verlorene rechte Hand griff in diesen Schleier und verlieh der

Gestalt eine nachdenkliche, versammelte Stimmung. Das Faltenspiel des Gewandes zeugt von einer ungeheuren bildhauerischen Finesse. Die so geehrte Frau hat dem Bildhauer nicht Modell gestanden. Der Typus der Statue war schon lange bekannt und ist zum Beispiel bei Tonfiguren überliefert. Er verkörpert eine bestimmte Aussage und weist in diesem Fall vielleicht darauf hin, dass die Geehrte als Priesterin eine wichtige Rolle im städtischen Leben von Magnesia spielte.

Literatur: K. Watzinger in: C. Humann (Hrsg.), Magnesia am Mäander (1904) 200; D. Pinkwart, AntPl 12 (1973) 153 ff. Nr. 4; A. Linfert, Kunstzentren hellenistischer Zeit (1976) 41; R. Özgan in: Akten des XIII. Internationalen Kongresses für Klassische Archäologie 1988 (1990) 159; G. Zimmer in: Bürgerwelten 20. 22 Abb. 4; O. Bingöl, Magnesia am Mäander (1998) Abb. 69; J. C. Eule, Hellenistische Bürgerinnen aus Kleinasien (2001) 88. 171 Nr. 21 Abb. 15; 66 Meisterwerke 2005, 78 f. (A. Scholl).

Zim.

Grabrelief einer Frau

Hellenistisch, 2. Hälfte des 2. Jhs. v. Chr.
Gefunden in Smyrna (Karawanenbrücke); 1878 erworben.
Großkörniger, graubläulich-weißer Marmor.
Höhe: 155,4 cm; Breite: 66 cm.
Sk 767

Das Hochrelief ist von einer prächtigen Architektur eingefasst: Über einem profilierten Sockel erheben sich zwei schlanke korinthische Säulen, die ein Gebälk aus Architrav und Zahnschnitt tragen. Darauf lagert eine Attika, beidseitig von zwei Rosetten und in der Mitte von einem Kranz geschmückt. Die Attika wird von einem mit Zahnschnitt und Akroterien versehenen Giebel abgeschlossen.

Das Relief, das die Figuren vor dem Reliefgrund fast freiplastisch hervortreten lässt, wird beherrscht von der weiblichen Gestalt der Verstorbenen, die in reicher Gewandung und im Redegestus mit erhobener, auswärts geöffneter Hand im mittleren Bildfeld erscheint. Über dem langen Ärmelchiton trägt sie einen Mantel, der über die linke Schulter gelegt ist, sich vor dem Körper kreuzt und vorn einen vom linken Arm gehaltenen Bausch bildet. Diese reiche Draperie, zu der auch der Saum am Halsausschnitt des Chitons gehört, entspricht ganz dem hellenistischen Zeitgeschmack des 2. Jahrhunderts v. Chr. und kehrt so auch an pergamenischen Frauenfiguren wieder.

In der linken Hand hält die Dargestellte einen Mohnkopf. Die Gesichtszüge der Frau sind deutlich mit Altersmerkmalen versehen. Rechts und links zu ihren Füßen, die mit Sandalen bekleidet sind und unter dem Gewand hervorschauen, sieht man zwei Mädchen, in der Tradition klassischer Grabreliefs verkleinert, doch hier extrem klein dargestellt. Das linke Mädchen hält mit beiden Händen eine riesige Fackel, das andere vor ihrer Brust eine kleine Kanne. Hinter diesem Mädchen erkennt man einen Pfeiler, auf dem ein Füllhorn, mit zahlreichen Früchten gefüllt, liegt. Fackel und Mohnkopf deuten auf den Kult der Demeter-Kore hin, doch möglicherweise auch das Füllhorn. Es ist vermutet worden, dass ein Kultbildpaar mit Demeter und Kore in Athen die Kore mit großer Fackel und kleinem Füllhorn darstellte und damit den segensreichen Aspekt der Göttin betonte, die mit ihrer jährlichen Rückkehr auf die Erde Blüte und Aussaat des Getreides brachte. Die hier dargestellte Verstorbene, eine angesehene Bürgerin, bedient sich allerdings nur dieser Symbolik und Gedankenwelt. Typologisch dürfte die Darstellung sich an eine Ehrenstatue der Demeterpriesterin in Smyrna angelehnt haben.

Literatur: A. Linfert, Kunstzentren hellenistischer Zeit (1976) 107 Anm. 395 a; E. Pfuhl – H. Möbius, Die ostgriechischen Grabreliefs Bd. 1 (1977) 136 Nr. 405 Taf. 66; B. Schmaltz, Griechische Grabreliefs (1983) 230 f. Taf. 25, 2; K. Bemmann, Füllhörner in klassischer und hellenistischer Zeit (1994) 238 Nr. B43 Abb. 52; A. Filges, Standbilder jugendlicher Göttinnen (1997) 195. 303; Antikensammlung 1998, 185 f. Nr. 110 mit weiterer Literatur (M. Kunze). Kun.

125 Raum 7

Grabrelief mit heroisiertem Toten

Kleinasiatisch, um 150 v. Chr.
Gefunden in Smyrna; von F. W. Spiegelthal 1873 geschenkt.
Grobkörniger Marmor. Höhe: 88 cm; Breite: 21 cm.
Sk 809

In einem von seitlichen Anten und einem Gebälk abgeschlossenen tiefen Relief steht ein junger, nur mit einer auf seiner Linken über Schulter und Arm fallenden Chlamys bekleideter Mann, der seinem Pferd in die Zügel greift. Das wegdrängende Pferd hatte die linke Vorderhand erhoben, und der Kopf ist zum Heros zurückgewandt. Es ist mit zwei Pantherfellen gesattelt, die den Rücken des Tieres bedecken, um seinen Hals geführt sind und vor dem Hals mit den Pantherköpfen eine Krempe bildeten, die aber weggebrochen ist. Von links greift ein Knabe, mit einem kurzen Chiton bekleidet, ebenfalls in die Zügel. Er trägt einen viel zu großen Helm mit dreifachem Busch, der offensichtlich dem Mann gehört. Dass der Mann trotz der »heroischen Nacktheit« als Soldat gekennzeichnet ist, zeigt auf der rechten Seite ein weiterer Knabe, der eine große Lanze hält. Er streichelt einen aufspringenden Hund, ein zweiter schnüffelt am Boden. Im Hintergrund ragt ein Baumstamm empor, von dem ein Ast mit Blättern und Früchten in das Bildfeld hineinragt. Eine Schlange windet sich darin, und am Stamm hängt ein erjagter Hase.
Das Werk gehört zu einer Gruppe von Grabreliefs, die in Smyrna und Umgebung zum Vorschein gekommen sind, und im mittleren wie späteren 2. Jahrhundert v. Chr. wohl in einer führenden Werkstatt in Kyzikos entstanden waren. Im Zentrum dieser Reliefs steht der »Heros« mit seinem Pferd, der als Krieger oder in bürgerlicher Draperie dargestellt ist. Das Motiv des unbekannten Heros der Vorzeit ist schon in klassischer Zeit aus den Votivreliefs auf das Grabrelief übertragen worden; deshalb lässt sich manchmal nicht eindeutig entscheiden, ob die Reliefs als Votiv- oder Grabreliefs gedient haben. Die Bildmotive allein geben darüber wenig Auskunft: So dient der Baum mit der Schlange zur Kennzeichnung des heiligen Bezirks des »Heros«, die Diener können den sozialen Rang und den gehobenen Lebensstandard des dargestellten Verstorbenen versinnbildlichen, sind aber ebenso dem »Heroen« angemessen. Da an unserem Relief aber Adorantenfiguren fehlen, dürfen wir von der Funktion als Grabrelief ausgehen.

Literatur: E. Pfuhl – H. Möbius, Die ostgriechischen Grabreliefs Bd. 2 (1977) 341 Nr. 1439 Taf. 210; E. Berger (Hrsg.), Antike Kunstwerke aus der Sammlung Ludwig Bd. 3, Skulpturen (1990) 251 ff.; R. R. R. Smith, Hellenistic Sculpture (1991) Abb. 223; P. Zanker in: A. Bulloch u. a. (Hrsg.), Images and Ideologies. Self-definition in the Hellenistic World, Papers presented at a Conference, Berkeley 7. – 8. 4. 1988 (1993) 228 Abb. 29; LIMC VI s. v. Heros Equitans Nr. 26 (A. Cermonanović-Kazmannović u. a.). Kun.

126 Raum 7

Kolossalkopf, Attalos I. (?)

Um 200 v. Chr.
Gefunden in Pergamon, in einer späteren Vermauerung am Südhang des Burgberges.
Marmor. Höhe: 39,5 cm.
Der umlaufende Haarkranz ist in sieben Teilen gesondert gearbeitet und angesetzt.
AvP VII 130

Der überlebensgroße Kopf von der Statue eines Herrschers ist wegen seiner Qualität und technischen Ausarbeitung von herausragender Bedeutung und stellt die Interpretation vor nicht wenige Probleme. Das geringste ist noch das seiner kunstgeschichtlichen Einordnung. Das muskulöse, bewegte Inkarnat, das sich gegen das Skelett verschiebt, die stark herausgearbeitete Stirnpartie, die tief verschatteten und pathetisch erhobenen Augen und nicht zuletzt das über der Stirn gesträubte, in eindrucksvollen Licht-Schatteneffekten gearbeitete Haar lassen keinen Zweifel, dass der Kopf den Bildhauern des Großen Frieses des Pergamonaltars zugeschrieben werden muss. Die Unterschiede, eine bei den Köpfen des Götter-Gigantenkampfes noch stärkere Bewegung und Betonung der expressiven Werte, sind nicht nur dem anderen Sujet, sondern wohl auch einer geringfügig früheren Zeitstellung des Herrscherkopfes geschuldet, so dass wir diesen an das Ende des 3. oder an den Anfang des 2. Jahrhunderts v. Chr. datieren müssen. Ungeklärt ist immer noch, warum dem Kopf nachträglich Haarteile angesetzt wurden. In seinem ursprünglichen Zustand verfügte er über eine schlichtere Frisur ebenfalls mit einem Herrscherdiadem, das vor allem über der Stirn sichtbar war; in dem zweiten Zustand ist es dort von einem mächtigen Haarwirbel, der »Anastole« vollkommen überdeckt, während das aufgebauschte Haar den Kopf effektvoll umrahmt. Arbeits- oder Materialökonomie erklärt diese Anstückung nicht, da die Haarteile der Rundung des Kopfes angepasst und über den Ohren sorgfältig unterschnitten sind, der technische Arbeitsaufwand also sehr viel größer war, als wenn er aus einem Stück gearbeitet worden wäre. Auch die Reparatur einer Beschädigung hätte weniger aufwändig erfolgen können.

Da der Kopf auch in seinem ersten Zustand die Herrscherbinde trug, kann die Umarbeitung nicht mit der Annahme des Königstitels durch Attalos I. im Jahr 229 v. Chr. in Zusammenhang gebracht werden. Nachträgliche Eingriffe in die Physiognomie sind nicht festzustellen, und so ist ebenfalls auszuschließen, dass der Kopf auf einen anderen Dargestellten umgewidmet wurde. Als Erklärung bleibt also nur, dass der neue pathetische Ausdruckswert der angesetzten Haare die Umarbeitung motiviert haben muss. Diese wäre dann erfolgt, um den Dargestellten der charakteristischen Erscheinung Alexanders des Großen anzugleichen, von dem alle hellenistischen Monarchen ihre Legitimation ableiteten; die genauere Intention und Bedeutung der Veränderung bleiben aber nach wie vor im Dunkeln. Ebenso wie die Identifikation. Dass, wie vor kurzem vorgeschlagen, Seleukos I. von Syrien mit einem derart aufwändigen Denkmal um die Wende vom 3. zum 2. Jahrhundert v. Chr. in Pergamon geehrt worden wäre, ist unwahrscheinlich angesichts der Tatsache, dass das Einvernehmen zwischen Pergamon und Syrien zu dieser Zeit nicht das Beste war. Von den Herrschern Pergamons kommen Philetairos und Eumenes I. nicht in Frage, weil sie keinen Königstitel trugen, Eumenes II. scheidet aus physiognomischen, Attalos II. und III. aus chronologischen Gründen aus, so dass der häufig geäußerte Vorschlag auf Attalos I. (241–197 v. Chr.) weiterhin die größte Wahrscheinlichkeit besitzt.

Literatur: J. P. Niemeier, Kopien und Nachahmungen im Hellenismus (1985) 64 f.; N. Himmelmann in: Herrscher und Athlet. Ausstellungskatalog Bonn 1989, 140. 210 Nr. 6; R. Fleischer, Studien aur seleukidischen Kunst Bd. 1. Herrscherbildnisse (1991) 10 ff. Taf. 3–6; R. Dreyfus – E. Schraudolph (Hrsg.), Pergamon, The Telephos Frieze from the Great Altar. Ausstellungskatalog New York/San Francisco 1996, Bd. I, Nr. 19. H. Schwarzer, IstMitt 49, 1999, 276 f.; F. Queyrel, Les portraits des Attalides. Fonction et représentation (2003) 96 ff. Taf. 12–14.

Hof.

127

Raum 7

›Schöner Kopf‹ aus Pergamon

Hellenistisch, um 160–140 v. Chr.
Gefunden 1879 in einer Zisterne der südöstlichen Ecke des Altarbezirks.
Weißer Marmor. Höhe: 30 cm.
AvP VII 90

Der schwärmerisch bewegte Ausdruck des weiblichen Kopfes und die künstlerische Qualität haben dazu beigetragen, dass der Kopf seit seiner Entdeckung zu den meistbewunderten Werken pergamenischer Kunst gehörte und in die Literatur als der ›Schöne Kopf‹ einging. In der ersten Veröffentlichung wurde er wegen seiner künstlerischen Qualität über die Altarskulpturen gesetzt. 1895 fand ein vom deutschen Kaiserhaus angeregter Wettbewerb für Künstler zur Ergänzung der einstmals angestückten rechten Lockenpartie statt. Es gab und gibt Versuche, den Kopf wegen seines Fundorts auf der pergamenischen Altarterrasse dem Großen Fries zuzuordnen. Schon die Ausgräber hatten eine Zugehörigkeit zum Fries erwogen, diesen Gedanken jedoch auf Grund des Unterschieds im Marmor (parisch) wieder verworfen. In den sechziger Jahren des 20. Jahrhunderts durchgeführte Anpassungsversuche blieben erfolglos. Der ›Schöne Kopf‹ gehört offensichtlich zu einer Freiplastik, die zeitlich in unmittelbarer Folge des Pergamonaltars steht. Der Halsansatz zeigt, dass der Kopf vorgestreckt und in einer Seitwärtswendung begriffen war. Diese Drehung bestätigt sich auch in der unterschiedlichen Ausarbeitung: Rechts, wo die Anstückung aufsaß, war das Haar weitaus sorgfältiger als links ausgearbeitet, wo es nur skizzenhaft angedeutet ist. Auch die Asymmetrien des Kopfes deuten auf eine rechte Dreiviertelansicht hin. Eine Zuordnung zu einem bekannten statuarischen Typ ist indes auch nicht gelungen, und so muss die Deutung – man dachte an eine Göttin, eine Heroin oder eine Muse – offenbleiben.

Die malerisch empfundene Behandlung der Einzelformen vermischt sich mit einer klassizistischen Beruhigung im Gesichtsaufbau, so dass eine Datierung nach dem großen Fries des Altars wahrscheinlich ist. Bestimmend ist aber der barocke Gestaltungswille wie der leicht geöffnete Mund mit den vollen Lippen in dem ovalen Gesicht.

Literatur: R. Horn, RM 52, 1937, 82 f. Taf. 14, 1; Antikensammlung 1998, 190 Nr. 113 mit älterer Literatur (M. Kunze); K. Stemmer (Hrsg.), »In den Gärten der Aphrodite«. Ausstellungskatalog Berlin 2001, 168 f. L 17 (A. Wagner-Schwarz); B. Andreae, Skulptur des Hellenismus (2001) 172 Taf. 162. Kun.

128

Raum 7

Die ›Berliner Tänzerin‹

Römische Kopie des 2. Jhs. n. Chr. eines Originals des späten 2. Jhs. v. Chr.
Erworben in Rom (1874) aus dem Besitz des Bildhauers Michael Spiess, der die in mehreren Bruchstücken erhaltene Statue zusammengesetzt hatte. Weitere Teile wurden in Berlin von Eduard August Lürssen in Gips ergänzt.
Marmor. Höhe: 125 cm.
Sk 208

Die junge Frau tanzt. Sie wird in einer wirbelnden Drehbewegung gezeigt – ihre Füße berühren kaum den Boden, der zurückgesetzte rechte nur mit den Zehen, der linke nur mit dem Ballen. Die linke Hüfte ist stark ausgebogen, der Oberkörper nach hinten gelehnt und gleichzeitig schraubenförmig über die Seite des vorgesetzten Beines gedreht. Arm- und Kopfhaltung unterstrichen ursprünglich die Bewegung des Oberkörpers: Der rechte Arm war erhoben, der Unterarm in die Drehung nach links mit hineingenommen; der linke Oberarm war zur Seite gestreckt, der Unterarm wohl vor den Oberkörper gewinkelt. Ein Steg am linken Schlüsselbein (Ansatz erhalten) stützte vermutlich eine der beiden Hände. Durch die Bewegung hat sich das hauchdünne Gewand, das gegürtet und auf beiden Schultern zusammengehalten wurde, gelöst, so dass es nun die rechte Brust frei lässt. Vom Wirbel der Drehung erfasst, flattert es außerdem nach den Seiten und nach hinten weg. Gleich-

zeitig wird es aber auch so dicht an den Körper gepresst, dass dieser fast nackt erscheint. Die wenigen, dünnen Faltenstränge, die ihn überziehen, unterstreichen den Körperschwung. Folgt man diesem, wird erst beim Umschreiten der Figur deutlich, dass sich beim Drehen auch hinten die linke Gesäßhälfte der Tanzenden enthüllt. Die Tänzerin ist also nicht auf eine Ansicht festgelegt, sondern sollte von allen Seiten betrachtet werden. Ganz im Gegensatz zum Gewand haben sich aber offenbar die Haare der jungen Frau beim Tanzen nicht gelöst. Da sich keine Haarsträhnen auf Rücken oder Schultern erhalten haben, muss sie eine Aufsteckfrisur getragen haben.

Die ›Berliner Tänzerin‹ gehört zu einer Reihe von Repliken eines Originals, das wohl in Bronze gearbeitet war. Die Deutung der Figur – Tänzerin, Musikantin oder Mänade – ist bis heute umstritten. Der römische Kopist, der die Berliner Figur schuf, sah in ihr jedenfalls eine Mänade, denn er bereicherte die Baumstammstütze, die seine Marmorkopie stabilisiert, durch Schallbecken (*Kymbala*), die an einem Aststrunk aufgehängt sind. Solche Schallbecken gehören zum Equipment von Satyrn und Mänaden im Gefolge des Weingottes Dionysos/Bacchus.

Literatur: K. Stemmer (Hrsg.), Standorte. Ausstellungskatalog Berlin 1995,418 f.Nr. D12(Chr. Löhr);R. Cittadiniin:P. Moreno(Hrsg.),Lisippo. L'Arte e la Fortuna. Ausstellungskatalog Rom 1995, 208 ff. Nr. 4, 31, 1; Antikensammlung 1998, 192 f. Nr. 114 (mit weiterer Literatur) (H. Heres); Deuses Gregos 2006, 344 f. (Abb.) (D. Grassinger). Gra.

129 Raum 7

Statue der Hera aus Samos

Hellenistisch, Mitte des 2. Jhs. v. Chr.
Gefunden zwischen 1911 und 1914 im Heraheiligtum vor der Ostfront des großen Tempels.
Pentelischer Marmor. Höhe: 172 cm.
Sk 1725

Die kopflose Statue wurde im Heraheiligtum von Samos gefunden. Vieles spricht dafür, dass sie keine Darstellung einer Sterblichen, sondern ein Kultbild war. So ist sie auch ganz auf die Frontansicht hin konzipiert und wirkt feierlich-streng. Man wird sie sich mit einem Szepter in der seitlich erhobenen rechten Hand und einer Schale in der

Linken ergänzen können. Die Arme wie der Kopf waren separat gearbeitet. Hera trägt wie die klassischen Götterbilder des 5. Jahrhunderts v. Chr. einen dorischen Peplos mit Überschlag und über die Gürtung gezogenem Bausch. Der darüber gelegte Mantel ist wie eine Schärpe von der rechten Schulter zum linken Arm geführt. Den klassischen Götterbildern entspricht auch das Standmotiv: Die Statue ist frontal ausgerichtet mit vorgestelltem linken Spielbein; die übrige Körperbewegung entspricht dem klassischen Kontrapost.

Die Durcharbeitung und das Faltenspiel der Gewänder zeigt aber, dass der Künstler diese Statue zwar im Sinne der Klassik konzipierte, doch im Detail mit Elementen arbeitete, die dem ausgehenden 4. Jahrundert v. Chr. und dem Hochhellenismus eigen sind. Die Oberfläche des Gewandes ist in einer Weise differenziert und fast artistisch durchgearbeitet, wie man es aus der Zeit des Großen Frieses des Pergamonaltars kennt. Gut erkennt man solche Partien am gebauschten Rand des Peplos, wie er durch die Gürtung entsteht. Dort bildet sich ein komplizierter und plastisch durchgefeilter Faltenrand. Auch wie sich darüber der Überschlag des Peplos anschmiegt, weist auf die Zeit des Hochhellenismus, ebenso der schärpenartig getragene, wie zufällig zusammengedrehte Mantel.

Es wird der Auftrag der Erneuerung eines Kultbildes im Heraheiligtum von Samos gewesen sein, der den Künstler veranlasste, eine klassische Göttergestalt als Vorbild zu wählen, sie aber doch im Stil der eigenen Zeit zu formen.

Literatur: M. Schede, 2. Vorläufiger Bericht über die Ausgrabungen auf Samos (1929) 24; G. Kleiner, Tanagrafiguren, JdI Ergh. 15 (1942) 121. 142; R. Horn, Hellenistische Bildwerke auf Samos, Samos 12 (1972) 1 ff. 77 ff. Nr. 1 Taf. 1–4. 10, 1; M. Gernand, AM 90, 1975, 11 ff. Taf. 3; A. Linfert, Kunstzentren hellenistischer Zeit (1976) 18 mit Anm. 8; 124; J. P. Niemeier, Kopien und Nachahmungen im Hellenismus (1985) 68 f. 123 f. 128; LIMC IV s. v. Hera Nr. 108 (A. Kossatz-Deissmann); J. Boardman, Griechische Plastik (1998) Abb. 50. Kun.

130

Raum 7

Der Dornauszieher

Aus der Villa Aldobrandini; 1826 durch C. von Bunsen in Rom erworben.
Römische Kopie nach einem griechischen Original des späten 3. Jhs. v. Chr.
Parischer (?) Marmor. Höhe 82,5 cm.
Sk 485

Von der Marmorstatue ist nur der Torso antik. Kopf, Arme, Beine, Fels und Basis sind durch den Bildhauer Emil Wolff nach einer frühaugusteischen Bronzefigur im Konservatorenpalast in Rom ergänzt worden. Dieser *Spinario* war anscheinend nie unter die Erde gekommen, sondern wurde bereits im 12. Jahrhundert erwähnt und ist eine der seit der Renaissance gerühmten, oft gezeichneten und kopierten antiken Statuen. Dargestellt ist ein Knabe, der auf einem Felsblock sitzt und den linken Fuß auf den rechten Oberschenkel gelegt hat. Er beugt sich vor, umfasst den Rist mit der linken Hand und bemüht sich, mit Daumen und Zeigefinger der Rechten einen Dorn aus der Fußsohle zu ziehen. Die Komposition lenkt den Blick auf die Aktion der Hände am verletzten Fuß. Im Gegensatz zu der natürlichen Bewegung des nackten Jungen hängt das lange Haar der Bronze- und Marmorfiguren nicht herunter, sondern es ist kunstvoll frisiert mit eingedrehten Locken und einem doppelten Knoten über der Stirn. Der Kopf mit dem ›klassischen‹ Profil gehört nicht zu diesem Knabenkörper, sondern der römische Kopist hat die hellenistische Figur mit dem Kopf eines stehenden Knaben von einem griechischen Original um 460 v. Chr. veredelt – ein Stilbruch, der häufig an römischen Nachbildungen griechischer Statuen zu beobachten ist.

Eine römische Marmorkopie des Dornausziehers aus der Mitte des 1. Jahrhunderts n. Chr. im British Museum London, 1874 in Rom gefunden und aus der Sammlung Castellani erworben, überliefert das hellenistische Vorbild bruchlos mit einem jungenhaften, kurzgelockten Kopf und kindlichen Zügen, den Mund in der Anspannung leicht geöffnet, auf einem stärker bewegten und gedrehten Körper. Wie vorbildlich diese Darstellung eines einfachen Hirtenjungen bereits bald nach seiner Erfindung gewirkt hat, zeigt eine ins Groteske übersteigerte Tonfigur aus Priene, die in einem ›Herrenzimmer‹ (*andron*) des 2. Jahrhunderts v. Chr. gefunden worden ist. Wie bei der Statue des alten Fischers (Kat. Nr. 131) wird nicht die Idylle vom »fröhlichen Landleben« geschildert, sondern die beschwerliche Wirklichkeit harter körperlicher Arbeit. Ein barfüßiger Hirtenjunge hat sich auf einen Felsbrocken gesetzt, um einen schmerzhaften Dorn aus dem Fuß zu ziehen.

Von all dem sind die römischen Kopien unberührt: ob der frühkaiserzeitliche Torso in Berlin nun wie die eklektisch-klassizistische Variante des »Spinario« oder wie die hellenistische des Dornausziehers Castellani zu ergänzen ist, in jedem Fall diente er wie die anderen Statuenkopien als Dekoration vermutlich im Garten der Villa eines römischen Kunstkenners.

Literatur: P. Zanker, Klassizistische Statuen (1974) 71 ff. Nr. 5 Taf. 58, 4. 6; 66 Meisterwerke 2005, 76 (A. Scholl); R. Amedick in: C. Landwehr, Die Skulpturen von Caesarea Mauretania 3 (2006) 19–24 Nr. 188; Deuses Gregos 2006, 297–299 (D. Grassinger). – Zur Ergänzung durch E. Wolff: H. Heres, JbBerlMus 34, 1992, 13. – Zum »Spinario« im Konservatorenpalast: Zanker a. O. Nr. 1. – Zum Dornauszieher Castellani im British Museum: Zanker a. O. Nr. 2. – Zum Dornauszieher aus Priene in Berlin (TC 8626): J. Raeder, Priene. Funde aus einer griechischen Stadt (1983) 23 f. Nr. 36 Abb. 14; Zanker a. O. 73 Anm. 14; D'après l'antique. Paris, Musée du Louvre 2000, 200 ff. 208 Nr. 50; F. Rumscheid, Die figürlichen Terrakotten von Priene. Fundkontexte, Ikonographie und Funktion in Wohnhäusern und Heiligtümern im Licht antiker Parallelbefunde (2006) 294 ff. Nr. 278.

Pla.

157.

131

Raum 7

Der alte Fischer

Römische Kopie nach einem griechischen Original um 200 v. Chr.
1904 angeblich in den Thermen von Aphrodisias gefunden, 1905 im Kunsthandel in Smyrna erworben.
Weißer großkristalliner Marmor. Höhe: 66 cm.
Sk 1630

Erhalten ist der lebensgroße Rumpf eines hageren alten Mannes mit gebeugtem Oberkörper und beschädigtem Lendenschurz, der gleichwohl das Genital unbedeckt ließ. Die angespannten Muskeln und Sehnen am Hals und die schräge Bruchfläche zeigen, dass der Kopf vorgereckt war. Dieser wurde 1989 bei Grabungen in Aphrodisias gefunden, und zwar nicht in den hadrianischen Thermen, wie angeblich der Berliner Torso, sondern in einem großen Wasserbecken (*Kanopus*). Der hier als Gipsabguss aufgesetzte Kopf zeigt das angespannte Gesicht eines alten Mannes mit hoher Glatze und gefurchter Stirn, ungepflegten Haaren, wirrem Schnurr- und Backenbart; sein Mund ist wie sprechend geöffnet und lässt die Zähne sehen; die Bohrung der Pupillen verstärkt den Eindruck, als starre er auf den Betrachter. Dank zahlreicher römischer Kopien in Statuen- und Statuettenformat lässt sich die ganze Figur ergänzen: ein alter Angelfischer steht mit gekrümmtem Rücken und eingeknickten Knien breitbeinig schwer auf dem Boden, den Kopf ruckartig vorgereckt; das schmale Lendentuch ist vorn geknotet, aber die Tuchzipfel lassen die Scham unbedeckt; hinten ist es so weit hochgerutscht, dass auch das Gesäß nackt bleibt; in der gesenkten Linken trug er einen Korb für die Fische; der rechte Arm war leicht gewinkelt und vorgestreckt, die Hand hielt wohl eine Angelrute. Diese Kopien zeigen die Altersmerkmale des Greises deutlicher: ledrige und schlaff hängende Haut an Brust und Bauch, Doppelfalten über dem Nabel, hervortretende Sehnen und Adern, knochige Schultern und sperriger Brustkorb charakterisieren den von lebenslanger schwerer Arbeit abgenutzten Körper. Dies ist unübersehbar provozierend vorgetragen durch das Fixieren des Betrachters.

Am Rande des langgestreckten Wasserbeckens von Aphrodisias aufgestellt, diente unsere Statue mit Dutzenden anderen der prachtvollen Ausstattung einer aufwändigen Architektur. Diese wurde erst in der zweiten Hälfte des 3. Jahrhunderts n. Chr. geschaffen, also mehr als vierhundert Jahre nach der Erfindung des Originals. Dass dieses aus Bronze bestand, belegt – neben unterschiedlichen Stützelementen – der für einige Steinkopien verwendete schwarze oder graue Marmor bzw. Basalt. Namengebend für den Typus war eine Kopie im Louvre, die seit dem 16. Jahrhundert als Darstellung des sterbenden römischen Dichters Seneca galt.

Das originale Vorbild aber gehörte zu einer Gruppe hellenistischer Skulpturen, die Fischer, Hirten, Bauern, Marktfrauen, Bettler oder Krüppel in schamloser Haltung und in ihrem körperlichen Verfall darstellten – ein unerhörter Kontrast zur ›klassischen‹ Schönheit der allenthalben in Heiligtümern und auf Plätzen zu bewundernden Götter- und Heldenbilder. Die bildende Kunst erhob das Hässliche zu einer eigenen ästhetischen Kategorie, bis hin zur Karikatur und Groteske. In einer Zeit politischer und sozialer Umwälzungen schärfte sich auch in den bürgerlichen Schichten der Blick für die ›kleinen Leute‹, ihre durch schwere Arbeit, Krankheit und Alter verunstalteten Körper. Zugleich ist dies aber auch Ausdruck einer beunruhigten Beschäftigung mit der Hinfälligkeit des eigenen Körpers, eine stellvertretende Frage nach dem Sinn des Lebens, vorgetragen an den Ausgegrenzten der Gesellschaft. So wird das Original unseres Torsos, die ursprüngliche Statue eines alten Fischers, als Weihgeschenk eines reichen Stifters vielleicht in einem Heiligtum in Alexandria aufgestellt, auch als eindringliches *memento mori* für den Betrachter zu deuten sein.

Literatur: Th. Wiegand, Torso eines Fischers aus Aphrodisias, Jahrbuch der königlich preußischen Kunstsammlungen 37, 1916, I ff.; H. P. Laubscher, Fischer und Landleute. Studien zur hellenistischen Genreplastik (1982) 14. 85. 100 f. Nr. I c Taf. 4; E. Bayer, Fischerbilder in der hellenistischen Plastik (1983) 28 f. 251 Nr. G 9; P. Zanker, Die Trunkene Alte. Das Lachen der Verhöhnten (1989) 67 f. – Nach Fund und Anpassung des Kopfes durch K. T. Krim wurden im Depot von Aphrodisias die rechte Hand sowie Basis, Unterschenkel und ein Stück des linken Oberschenkels entdeckt, die die Verbindung zum Torso sichern; s. R.R.R. Smith in: XIV. Kazi Sonuglari Toplantisi Bd. 2, Ankara 25. – 29. Mai 1992 (1993) 378 f. Fig. 6–7. Zur Statue des Fischers s. P. Moreno, Scultura ellenistica (1994) 345 ff., 348 Abb. 439; M. Bergmann, Chiragan, Aphrodisias, Konstantinopel, in: Palilia 7 (1999) 15. 55. 74 Taf. 19, 2; C. Kunze, Zum Greifen nah. Stilphänomene in der hellenistischen Skulptur (2002) 80 ff.; K. Stähler, Bildthema und Bildbedeutung. Zum sog. Alten Fischer, Hephaistos 23, 2005, 179 ff.

Pla.

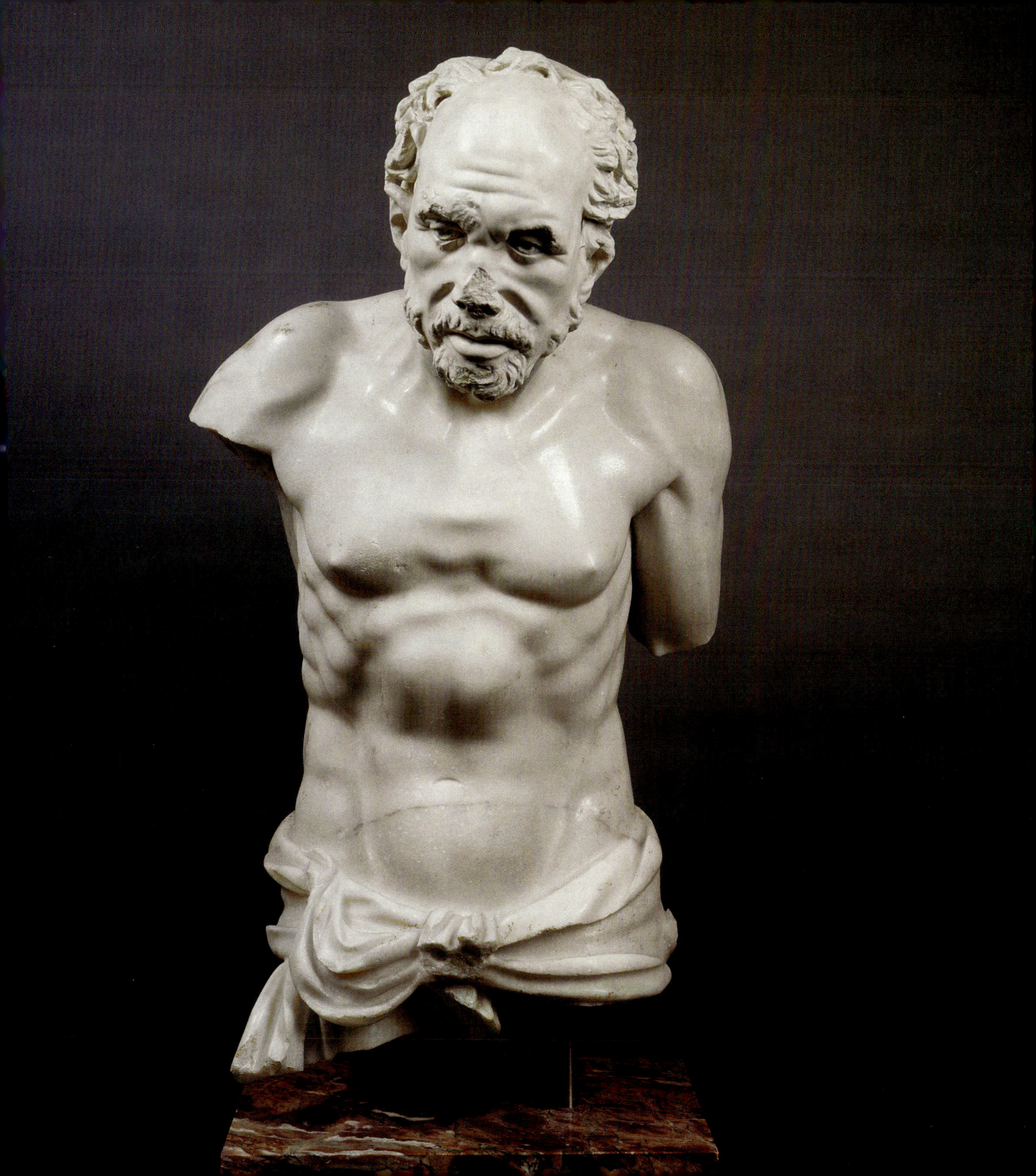

59.

132

Raum 7

Knöchelspielendes Mädchen

Um 200 n. Chr.
1730 auf dem Caelius in Rom gefunden; 1742 aus der Slg. Polignac erworben.
Marmor. Höhe gesamt: 70 cm.
Sk 494

Ganz in sein Spiel versunken sitzt das junge Mädchen mit halb angezogenen Beinen am Boden und stützt sich mit der linken Hand auf. In dieser hält es zwei Spielknöchel, während die Rechte soeben ein paar Knöchelchen geworfen hat. Der Kopf ist leicht geneigt, die Züge sind entspannt. Bekleidet ist das Mädchen mit einem *chiton* mit Knöpfärmeln, der von der linken Schulter rutscht und die sich gerade entwickelnde Brust entblößt. Der Statuentyp der Knöchelspielerin vom Typ Colonna ist eine hellenistische Schöpfung, die in der römischen Kunst des öfteren kopiert wurde. Das von der Schulter gleitende Gewand ist schon in der griechischen Kunst als ikonographische Formel für die Liebesgöttin Aphrodite belegt und sollte deren physische Schönheit versinnbildlichen. Diese Formel wird in gleicher Aussageabsicht dann in der römischen Kunst auf weibliche Porträts übertragen.
Die Verbindung des Sitzmotivs mit dem Spielgestus ist wohl nicht direkt dem griechischen Vorbild entlehnt, sondern als römische Schöpfung anzusprechen. Aus der Reihe der Repliken ist aber nur das Berliner Stück sicher als Knöchelspielerin zu bezeichnen, da die Spielgeräte antike Ansatzspuren haben. An anderen Stücken fehlen die Knöchel bzw. wurden neuzeitlich auf der Plinthe ergänzt.

Das Spiel mit den Sprunggelenken des Schafes (*astragal/talus*) war sehr beliebt, wie die zahlreichen Darstellungen schon auf griechischen Vasen und bei hellenistischen Terrakotten sowie in der römischen Plastik, der Wandmalerei und der Sarkophagkunst belegen. Die Knöchelchen wurden auch in anderen Materialien wie Ton, Marmor, Bronze und sogar Gold nachgebildet. Verstorbenen Kindern wurden Astragale auch oft als Beigaben mit ins Grab gelegt.

Die Datierung der römischen Kopie leitet sich vom jeweiligen Porträttkopf her, mit dem die griechische Vorlage kombiniert wurde. Im vorliegenden Fall trägt das Mädchen eine Melonenfrisur, aus der zwei einzelne, sich an den Schläfen kringelnde Strähnen gelöst sind, und ein flaches Nest am Hinterkopf. Das Gesicht hat ausgewogene, beruhigte Züge. Unter der gerundeten Stirn und den weitgespannten, plastischen Brauen liegen runde Augen mit recht tiefer, runder Pupillenbohrung und weich gebildeten Lidern. Der Mund ist klein mit geschwungenen Lippen, das Kinn deutlich akzentuiert. Der Bildniskopf lässt sich aufgrund der genannten Merkmale, darunter der deutlichen Betonung der Augenpartie, in severische Zeit datieren. Er wurde umgearbeitet und vertritt damit eine spätere Zeitstufe als der Körper, der frühantoninisch datiert wird. Wahrscheinlich wurde die Berliner Statue als Grabstatue für ein frühverstorbenes Mädchen gefertigt.

Literatur: K. Schade, JbBerlMus 40, 1998, 187–198; dies., AntK 27, 2000, 91–110 Nr. 1 Taf. 50–55 (mit älterer Literatur); Antikensammlung 1998, 198 f. Nr. 118 (H. Heres); Dominique-Vivant Denon, l'œil de Napoléon. Ausstellungskatalog Paris 1999, 197 f. Nr. 197 (D. Gallo); A. Dostert – F. de Polignac, Journal des savants, janvier–juin 2001, 105 ff. Nr. 10 Abb. 2; A. Backe-Dahmen, *Innocentissima aetas* – Römische Kindheit im Spiegel literarischer, rechtlicher und archäologischer Quellen des 1. bis 4. Jhs. n. Chr. (2006) 193 f. Nr. F 80 Taf. 76–77. Ba.

133

Raum 7

Metopenrelief des Sonnengottes Helios vom Athenatempels in Troja

Hellenistisch, nach 300 v. Chr.
Vom Nordhang des Burghügels von Troja (Hissarlik).
Marmor. Höhe: 85,8 cm; Breite des Triglypheneckblockes: 201,2 cm; Breite der Metope: 86,3 cm.
L 21.1 (Leihgabe des Museums für Vor- und Frühgeschichte; Sch 9582)

Troja, bei Homer die Stadt des Ilos und danach von den Griechen Ilion genannt, war bereits in antiker Zeit ein Ort von mythisch-denkmalhafter Bedeutung. Einen Wunsch Alexanders des Großen aufgreifend ließ der König von Thrakien und Makedonien, Lysimachos, zu Beginn des 3. Jahrhunderts v. Chr. einen neuen dorischen Marmortempel für die Stadtgöttin Athena errichten, der später von dem römischen Kaiser Augustus renoviert und mit einer Weihinschrift versehen wurde.

Der ausgestellte Eckblock des Metopen-Triglyphen-Fieses gehörte zur Nordostecke des hellenistischen Tempels und wurde 1872 von Heinrich Schliemann zu Beginn seiner berühmten Troja-Grabung gefunden. Mit dem Relief

der aus dem Meer aufsteigenden Quadriga des Helios begann die Reihe der Metopenbilder auf der Nordseite des Athenatempels.

Das Heliosrelief zitierte ein Bildmotiv der klassischen griechischen Kunst. Seit etwa 500 v. Chr. begannen griechische Künstler, die Darstellungen olympischer Götter mit einem daseinsnahen »Naturhintergrund« zu verbinden. Am Parthenon in Athen rahmten das aufsteigende Heliosgespann und die versinkende Selene (Mondgöttin) die Geburt der Athena im Ostgiebel. Reliefs mit Darstellungen der Kämpfe um Troja auf den Nordmetopen des Parthenon wurden ebenfalls von derartigen Darstellungen eingefasst. Szenen der Trojakämpfe sind wahrscheinlich auch auf weiteren Metopen des Athenatempels in Ilion anzunehmen.

Das fast quadratische Relief der Metope in Berlin stellt das Viergespann des Sonnengottes gemäß den klassischen Vorbildern gerade in dem Moment dar, als es aus dem Ozean auftaucht. Die Hinterläufe der in diagonaler Staffelung das Bildfeld beherrschenden Pferde finden gerade noch Halt auf einer Felsklippe, während die Vorderleiber mit bewegten Köpfen und weit ausgreifenden Hufen sich aufbäumen und in ihrer Dynamik den architektonischen Rahmen zu sprengen scheinen. Hinter den Pferden steht in langem wehendem Gewand der Wagenlenker Helios, dessen jugendliches Haupt mit wallenden Locken und Nimbus im doppelten Strahlenkranz das Kopfband der Metope überschneidet. Ergänzen muss man neben den frei gearbeiteten und beim Absturz des Blockes verloren gegangenen Reliefteilen die antike Bemalung, die neben einer farblichen Fassung auch zur Angabe von Wagen, Pferdegeschirr und Zügeln diente.

Literatur: H. Schmidt, Heinrich Schliemanns Sammlung Trojanischer Altertümer (1902) 312 Nr. 9582; F. W. Goethert – H. Schleif, Der Athenatempel von Ilion (1962); B. Mills Holden, The Metopes of the Temple of Athena at Ilion (1964); B. S. Ridgway, Hellenistic Sculpture Bd. 1 (1990) 151 ff. Taf. 70; A. Stewart, Greek Sculpture (1990) 204 Taf. 650; B. Schmidt-Doumas, IstMitt 41, 1991, 363 ff. Taf. 46, 1; P. A. Webb, Hellenistic Architectural Sculpture (1996) 47 ff.; D. Hertel, Eine Stadt als Zeugnis ihrer Geschichte: Troia/Ilion in griechischer und hellenistisch-römischer Zeit, Habilitationsschrift Köln 1996, 235 ff. 279 ff.; Ch. B. Rose, The Temple of Athena at Ilion, in Studia Troica 13, 2003, 27–88; D. Hertel, Die Mauern von Troia. Mythos und Geschichte im antiken Ilion (2003).

V. Kä.

134 Raum 8

Bronzestatue eines Bacchus

Römisch, 2. Jh. n. Chr.
Aus Dalmatien; 1880 erworben.
Bronze. Höhe: 58 cm.
Misc. 7469

Von der unterlebensgroßen Statue eines Dionysos, des römischen Bacchus, sind nur Kopf und Oberkörper erhalten. Die üppigen Haare werden von einem Band zusammengehalten, einzelne Locken sind auf die Schulter geglitten. Efeuranken mit Blättern und Früchten (Korymben) kennzeichnen zusammen mit den weichen Körperformen den Gott des Weines. Dieser Typus des Gottes war beliebt, eine lebensgroße Wiederholung stammt aus dem Tiber und steht im Nationalmuseum in Rom. Statuen des Dionysos waren als Schmuck römischer Villen beliebt, verkörperten sie doch in besonderem Maße den Aspekt des »Otium«, der von den Amtsgeschäften freien Zeit der römischen Oberschicht, wenn man mit Freunden beim Mahl die Gelegenheit zum Gespräch nutzen konnte.

Bronzestatuen waren in der Antike unter anderem deshalb geschätzt, weil sich mit diesem Material eine naturalistischere Wirkung erzielen ließ als mit Marmor. Die Künstler machten sich dabei geschickt die Farbwirkung der unterschiedlichen Metalle zu nutze. So ist das Band im Haar des Dionysos aus reinem Kupfer eingelegt, ebenso Lippen und Brustwarzen. Damit verlieh der Künstler dem Gott eine künstliche Lebendigkeit. Schriftquellen berichten uns sogar von einem Bronzegießer, welcher der Bronze Silber beimischte, um eine bleiche Hautfarbe darzustellen. Die Wirkung der Statuen wurde noch durch eine tadellose Oberfläche erhöht. Um sie zu erreichen, wurden Dutzende von kleinen Poren oder Gussfehlern mit Hilfe von Plättchen verschlossen, eine Arbeit, die sehr viel Zeit und Geschick erforderte, mussten die Flickungen doch aus farblichen Gründen mit demselben Material vorgenommen werden. Diese Technik lässt sich bei unserem Dionysos gut beobachten; denn bei der Zerstörung traten starke Spannungen auf, durch die einzelne Plättchen aus ihrem Sitz gedrückt wurden. Der Fundort in Dalmatien lässt ahnen, wie gleichmäßig und weit der Wohnluxus im römischen Reich verbreitet war.

Literatur: K. A. Neugebauer, Staatliche Museen zu Berlin, Führer durch das Antiquarium Bd. 1, Bronzen (1924) 20; U. Rohnstock, Göttin und Bacchus: zwei römische Bronzen der Antikensammlung Berlin, in: A. Giumlia-Mair (Hrsg.), I bronzi antichi: produzione e tecnologia. Atti del XV congresso sui bronzi antichi, Grado-Aquileia 2001 (2002) 221–232. – Zum Dionysos aus dem Tiber: W.-D. Heilmeyer, Der Knabe von Salamis (1996) 54 ff.

Zim.

135

Raum 8

Kopf einer Göttin

Römisch, 2. Jh. n. Chr.
Erworben 1842 in Neapel.
Bronze, vergoldet. Höhe: 33,5 cm.
Sk 6

Der lebensgroße Kopf mit idealen Gesichtszügen gehörte vielleicht zur Statue einer Göttin. Da neben den Resten eines Helmes keine Attribute erhalten sind, muss eine Benennung offen bleiben. Der Kopf ist sehr gut erhalten, an vielen Stellen der Oberfläche zeigen sich Reste der Vergoldung.

Die Vergoldung von Bronzestatuen war vor allem bei den Römern beliebt. Bekannteste Beispiele sind die Pferde von San Marco. Plinius der Ältere berichtet, dass Nero sogar ein Werk des Lysipp nachträglich vergolden ließ. Besonders verbreitet war diese Technik bei Statuen des Kaisers. Die Vergoldung erforderte ein kompliziertes und aufwändiges Verfahren, dessen Ausübung einen eigenen Berufsstand hervorbrachte, den *aurator* (Vergolder). Ausführliche Untersuchungen bei der Restaurierung von vergoldeten Statuen haben hier zur Klärung geführt. Nach der traditionellen Methode wurden Goldplättchen zwischen Lederstreifen hauchdünn gehämmert und mit Eiweiß oder anderen organischen Stoffen angeklebt. Eine Verbesserung stellte die Nutzung von Quecksilber als Bindemittel dar, nach dessen Verdunstung die Goldplättchen besser hafteten. Bei beiden Methoden ist bei genauem Hinsehen immer die quadratische oder rechteckige Grundstruktur der Plättchen zu sehen. Einen technologischen Sprung stellt die Feuervergoldung dar, die seit dem 2. Jahrhundert n. Chr. nachweisbar ist. Bei ihr wurde Goldstaub mit Quecksilber vermischt, aufgetragen und erhitzt. Dadurch wurde eine gleichmäßige, festhaftende Goldschicht erreicht, wie sie bei dem Kopf der Göttin zu beobachten ist.

Literatur: Conze, Skulpturen 8 Nr. 6; U. Rohnstock, Göttin und Bacchus: zwei römische Bronzen der Antikensammlung Berlin, in: A. Giumlia-Mair (Hrsg.), I bronzi antichi: produzione e tecnologia. Atti del XV congresso sui bronzi antichi, Grado-Aquileia 2001 (2002) 221–232. – Zur Vergoldung: V. Galliazzo, I Cavalli di San Marco (1981) 144 ff.; W. A. Oddy – L. Borelli Vlad – N. D. Meeks in: L. Borelli Vlad u. a., Die Pferde von San Marco. Ausstellungskatalog Berlin 1982, 107–111; P. Fiorentino, Bronze Gilding, in: S. Melucco Vaccaro – A. Mura Sommella (Hrsg.), Marcus Aurelius. History of a Monument and its Restoration (1989) 263 ff.

Zim.

136

Raum 8

Mänadenbüste

Kleinasiatisch, 1. Jh. v. Chr. Aus Kleinasien.
Bronze. Höhe: 28,6 cm.
Inv. 1967.5

Die Bronzebüste war mit Nieten – drei davon stecken noch in den Nietlöchern – auf einer ebenen Unterlage befestigt. Es handelt sich also um eine sogenannte Attasche, wie man sie als Teil aufwändig verzierter Prunkmöbel kennt. Für einen gewöhnlichen Möbelbeschlag ist das Stück mit fast 30 cm Höhe jedoch zu groß, so dass seine ursprüngliche Funktion unsicher bleibt.

Die Tracht kennzeichnet die dargestellte junge Frau als Mänade, eine Figur aus dem mythischen Gefolge des Weingottes Dionysos. Sie ist mit einem dünnen, von der Schulter den Oberarm hinab geknöpften Untergewand, dem Chiton, bekleidet, der ihr links von der Schulter geglitten ist. Nur die verrutschte Kleidung weist bei der sonst ruhigen Figur auf den ekstatischen Tanz der Begleiterinnen des Weingottes. Über dem Chiton trägt sie die Nebris, ein schräg über die Brust gezogenes und auf der rechten Schulter mit den Läufen verknotetes Rehfell, die charakteristische Tracht der Mänaden. Auf der Brust ist der Kopf des Rehs zu erkennen, ein Zipfel ist hinten um den Hals geschlungen, und links und rechts vom Hals hängt je ein Lauf herab. Auf dem Kopf trägt die Frau zwei Kränze: einen aus Weinlaub und Trauben, dem Gewächs des Weingottes, und einen zweiten aus den Blättern des Efeus und seinen Früchten, den Korymben. Der Efeu als immergrünes Gewächs konnte in Jahreszeiten ohne Wein diesen ersetzen. So ist auch er ein fester Bestandteil des Dionysoskultes. Laub und Früchte beider Kränze vermischen sich in lebendiger Variation, sie sind aufwändig plastisch frei geformt und zeigen sorgfältig gearbeitete Details. Auf dem Scheitel ist das Haar zu einer kleinen Schleife zusammengebunden, vom Nacken fällt es in offenen Strähnen auf die Schultern herab. Einzelne Strähnen fallen in die Stirn und treten vor den Ohren unter dem Kranz hervor. Bei der Darstellung einer Mänade, zu deren Wesenszügen als Begleiterin des Dionysos die Raserei und ekstatische Verzückung gehören, fällt auch im Vergleich mit anderen Bronzearbeiten die ruhige, fast würdevoll zu nennende Haltung des Kopfes auf. Hellenistische Vorbilder, die das dionysische Wesen derartiger Figuren expressiv veranschaulichten, sind hier neu interpretiert und im Ausdruck gemildert. Dazu passt auch, dass die Formgebung des Kopfes mit der breiten Stirn und den tiefliegenden Augen sich an der idealen Schönheit klassischer Frauenköpfe orientiert. Derartige idealisierende Umstilisierungen sind charakteristisch für die späthellenistische Kunst, in deren letzter Phase die Mänadenbüste auch aufgrund der – trotz weicher Formen des Gesichts – knappen Kühle der Modellierung einzuordnen ist.

Literatur: A. Greifenhagen, RA 1968, 2, 257 ff.; B. Barr-Sharrar, The Hellenistic and Early Imperial Decorative Bust (1987) 96, Nr. C.142 Taf. 43; Antikenmuseum Berlin 1988, 238 Nr. 18, 3, 23. Hein.

137 Raum 8

Statue eines Spielgebers

Um 250 n. Chr.
1918 aus Schloss Klein-Glienicke in die Antikensammlung überführt.
Marmor. Gesamthöhe mit Plinthe: 1,88 m, Statue (Scheitel-Fuß): 1,70 m.
Sk 1764

Diese Statue ist bis auf den fehlenden rechten Arm und wenige Bestoßungen vollständig erhalten; der zugehörige und abgebrochene Kopf wurde wieder angesetzt. Unten fehlen Teile der mitsamt der Statue aus einem Stück gefertigten Plinthe.

Dargestellt ist ein Mann im Mantel (lateinisch *pallium* bzw. griechisch *himation*), der in beruhigter Haltung neben einem kleinen Pfeiler zu seiner Rechten steht, auf dem ein Kranz liegt. Auf dem Kopf trägt er einen Lorbeerkranz. In seiner erhaltenen linken Hand hält er einen weiteren, diesmal mit einem zentralen Medaillon verzierten Kranz. Wäh-

rend der Kopfschmuck die Person und Handlung in einen kultischen Zusammenhang verlegt, geben die beiden anderen Kränze genauer Auskunft über das Geschehen. Dargestellt ist sehr wahrscheinlich ein Spielgeber (Agonothet), der – meist in seiner Eigenschaft als städtischer oder provinzialer Beamter – Wettkämpfe (Agone) ausrichtete bzw. ihnen vorstand und sich häufig persönlich auch an den entstehenden Kosten beteiligte. Solche Statuen sind deshalb häufig von den Gemeinden und Städten zu Ehren dieser Amtsträger und ihrer Leistungen für das Gemeinwohl errichtet worden.
Vergleichbare Darstellungen zeigen diesen entweder mit einem Tuch (*mappa*) in der erhobenen Hand, wie er das Signal zum Beginn der Wettspiele gibt, oder aber nach den Spielen bei der Verleihung der Siegeskränze an die erfolgreichen Athleten bzw. Teilnehmer. Die Agone konnten u. a. musische, gymnische oder hippische Disziplinen umfassen.
Die Zeitstellung der Berliner Statue wird durch das sehr eingängige und ausdrucksstarke Porträt bestimmt: Die tiefen Gesichtsfalten, die nur sehr knappe, graphische Gestaltung der Physiognomie sowie der Bart- und Kopfhaare verweisen in die Zeit des Kaisers Traianus Decius (reg. 249–251 n. Chr.). Die Statue selbst ist auf eine Betrachtung in der Vorderansicht angelegt, und die Seitenansicht führt die mangelnde Tiefe des Statuenkörpers deutlich vor Augen. Die Rückseite ist nur schematisch angegeben.

Literatur: M. Bergemann, Studien zum Porträt des 3. Jhs. n. Chr. (1977) 169 f. 172 Taf. 50, 2; 52, 3; J. Meischner, Eine römische Porträtstatue der Antikensammlung, Forschungen und Berichte 18, 1977, 67–80 Taf. 15–18; S. Wood, Roman Portrait Sculpture 217–260 A. D. (1986) 78–80. 118 Abb. 43. 45; H. Nehls in: D. Rößler –V. Stürmer (Hrsg.), Modus in Rebus. Gedenkschrift für Wolfgang Schindler (1995) 163–169 Taf. 49, 1.
Dah.

138

Raum 8

Grabrelief eines römischen Ehepaares

Römisch, um 30/20 v. Chr.
Gefunden in Rom an der Via Appia; 1866 erworben.
Weißer Marmor. Höhe: 64 cm; Breite: 99 cm.
Sk 840

An ›Gräberstrassen‹, in der Nähe von Stadttoren und Straßenkreuzungen in- und außerhalb Roms trifft man auf charakteristische, in die Grabfassade eingemauerte Reliefs. Typisch für sie ist die kastenförmige Rahmung, welche die Oberkörperausschnitte der Verstorbenen umgibt. Meist sind Ehepaare dargestellt, manchmal auch mit ihren Kindern.

Etwa 125 solcher Reliefs sind allein aus Rom und seiner unmittelbaren Umgebung bekannt. Auf vielen von ihnen befindet sich eine Inschrift, aus der hervorgeht, dass es sich vorwiegend um Freigelassene (Libertini) bzw. Nachkommen von Freigelassenen handelt.

Auch auf unserem Relief verkünden große, sorgfältig eingemeißelte Buchstaben die Namen der Dargestellten: Publius Aiedius Amphio, Freigelassener des Publius, und Aiedia Fausta Melior, Freigelassene des Publius. Kein Blickkontakt, nur eine leichte Kopfwendung und ihr Händedruck verbindet sie miteinander. Verglichen mit den detailliert und schonungslos wiedergegebenen Altersmerkmalen im Gesicht des Mannes und seiner sorgfältig drapierten Toga wirken die ineinander gelegten Hände von Mann und Frau eher unbeholfen. Die linke Hand der jugendlich dargestellten Frau, mit der sie in ihr Gewand greift, schmücken zwei deutlich zu erkennende Ringe.

Es waren fast ausschließlich einer sozialen Mittelschicht angehörende Freigelassene, die diese Form der Grabdenkmäler in spätrepublikanischer Zeit und den ersten Jahrzehnten des 1. Jahrhunderts n. Chr. bevorzugten. Die ikonographischen Besonderheiten des Reliefs erklären sich durch diese spezielle Gruppe von Auftraggebern und deren Intentionen: Bildliche Darstellung und Inschrift der Grabreliefs sind ganz darauf ausgerichtet, jedem den Erfolg, das römische Bürgerrecht erworben zu haben, deutlich vor Augen zu führen. Der Nennung des römischen Namens kam dabei große Bedeutung zu. Sklaven besaßen nur einen, meist griechischen Namen. Nach ihrer Freilassung übernahmen sie den Vor- und Gentilnamen ihres Patrons; ihr Sklavenname, wie hier Amphio, wurde ihr Beiname. Auch Aiedia trägt als Cognomen ihren ehemaligen Sklavennamen Fausta Melior. Die Toga, die öffentliche Tracht des römischen Bürgers, war ebenfalls ein Statussymbol, das auf den Reliefs entsprechend vorgeführt wird. Die unverhältnismäßig große Hand des Aiedius, die er seiner Frau reicht, unterstreicht die Bedeutung, die der Geste zukommt. Das Ineinanderlegen der Hände (*dextrarum iunctio*) war Bestandteil des römischen Hochzeitrituals. Das Bildzeichen ›Händedruck‹ veranschaulicht die Rechtmäßigkeit der Eheschließung. Wirklichkeitsnah, mit tiefen Falten, schlaff herabhängender Gesichtshaut und Warzen im Gesicht, wollte sich Aiedius dargestellt sehen. Die ungeschminkte Angabe von Alter und körperlichem Verfall entspricht zwar einer Stilrichtung spätrepublikanischer Porträtplastik, ist bei den Freigelassenenbildnissen wohl aber auch als bewusste Anlehnung an die altehrwürdige römische Tradition der Ahnenbildnisse der vornehmen stadtrömischen Familien zu verstehen: Die Falten konnten so als Zeichen von hochgeschätzten römischen Tugenden wie Würde (*dignitas*) und Tüchtigkeit (*virtus*) aufgefasst werden. Dieser Tüchtigkeit war es zu verdanken, dass man sich einen gewissen Wohlstand erarbeitet hatte, auf den stolz mit dem demonstrativen Vorzeigen der Ringe verwiesen wird.

Durch die Wahl des Standortes für das Grabmal an ›Gräberstraßen‹, bei denen es sich ja um belebte Überlandstrassen handelte, oder einem anderen stark frequentierten Platz war die beste Voraussetzung gegeben, für seine Grabrepräsentation das größtmögliche Publikum zu erreichen. Wie *in situ* erhaltene Reliefs zeigen, blickten die Dargestellten aus ihrem kastenförmigen Rahmen in der Frontseite der Grabbauten wie Bewohner eines Hauses aus einem Fenster auf die Vorübergehenden herab und konnten von diesen ebenfalls gesehen werden.

Literatur: Blümel, Römische Bildnisse 3 Nr. R 7 Taf. 4; P. Zanker, Grabreliefs römischer Freigelassener, JdI 90, 1975, 284. 288. 311 f. Abb. 16. 51; H. G. Frenz, Untersuchungen zu den frühen römischen Grabreliefs (1977) 135 f. Nr. C12; K. Vierneisel – P. Zanker (Hrsg.), Die Bildnisse des Augustus. Herrscherbild und Politik im kaiserlichen Rom. Ausstellungskatalog München 1978/1979, 88 f. Nr. 9. 2; H. Heres, Römische Porträts. Ausstellungskatalog Berlin 1981, 6 f. Nr. 3; V. Kockel, Porträtreliefs römischer Grabbauten (1993) 149 f. Nr. I 1., Taf. 56 d. 62 a. b (mit ausführl. Literaturangaben); Chr. Brockhaus (Hrsg.), Altersbildnisse in der abendländischen Skulptur (1996) 73 f. Abb. 8; Antikensammlung 1998, 206 f. Nr. 124 (M. Kunze). – Zur Inschrift: Corpus Inscriptionum Latinarum Bd. VI 11284/85; H. Solin, Die stadtrömischen Sklavennamen. Ein Namenbuch (1996) 325 (Amphio); 84 (Fausta Melior) (Hinweis M. Dohnicht).

Bre.

P·AIEDIVS·P·L
AMPHIO
AIEDIA·P·L
FAVSTA·MELIOR

139 Raum 8

Statue des sogenannten Xantener Knaben

Römisch, Mitte 1. Jh. n. Chr.
Gefunden 1858 am rechten Ufer des Rheins bei Lüttingen unweit von Xanten am Niederrhein.
Bronze. Höhe: 154 cm.
Sk 4

Ihren Namen hat die Statue von ihrem Fundort erhalten, denn sie wurde 1858 von Fischern bei Xanten im Rhein entdeckt. Das Werk war sehr gut erhalten, nur der rechte Arm ist unterhalb der Schulter abgebrochen und verloren.

Die Statue zeigt die Altersmerkmale eines Knaben von etwa zwölf Jahren mit weichen Körperformen und einem noch etwas kindlichen, runden Gesicht. Auch die Frisur mit den Locken und einem von der Stirn zum Hinterkopf geführten Zöpfchen steht in der Tradition des hellenistischen Kinderbildes. Das Haar schmückt ein Kranz aus Früchten, von denen Eicheln, Ähren, Trauben, Mohn, Pinienzapfen und ein Granatapfel zu erkennen sind, dazu Blumen. Die leicht geöffnete linke Hand zeigt an, dass der Knabe ein Tablett, ein sogenanntes Ferculum gehalten hat. Er gehört somit in die Gattung der »stummen Diener«, wie sie in römischer Zeit das vornehme Gastmahl gerahmt haben. Wir dürfen uns auf dem Tablett kostbare silberne Gefäße vorstellen.

Die römische Aristokratie hatte seit dem 1. Jahrhundert v. Chr. einen großen Bedarf an solchen stummen Dienern. Weil ein Teil von ihnen Lampen hielt, hat man sie unter dem Begriff der Lychnouchoi (Lampenträger) zusammengefasst. Meist wurden Jünglingsfiguren gewählt, die sich in ihrem ruhigen Standschema an spätklassischen Vorbildern orientierten. Der Xantener Knabe dagegen mit der Kinderfrisur und der starken Bewegung schließt an Werke des Hellenismus an, wie wir sie aus dem Schiffsfund von Mahdia kennen.

Entstanden ist die Bronze um die Mitte des 1. Jahrhunderts n. Chr. in der Regierungszeit des Kaisers Claudius. Sie wird deshalb wohl aus dem Legionslager Vetera I bei Xanten stammen, welches in der Nähe des Fundortes lag. In den Rhein mag sie gelangt sein, als das Lager 70 n. Chr. am Ende der Bataverschlacht geplündert wurde. Vielleicht ist ein Kahn beim überstürzten Abtransport der Beute gesunken.

Literatur: H. G. Horn (Hrsg.), Die Römer in Nordrhein-Westfalen (1987) 650; H. Hiller, Zum Xantener Bronzeknaben, in: Akten der 10. Internationalen Tagung über antike Bronzen, Freiburg 18. – 22. Juli 1988 (1994) 201–210; W.-D. Heilmeyer, Der Jüngling von Salamis (1996) 40 ff.; K. Parlasca, BJb 197, 1997, 25–35; 66 Meisterwerke 2005, 80 f. (W.-D. Heilmeyer).

Zim.

379.

380.

140

Raum 8

Dionysos-Hermen

1. Jh. v. Chr.
Nach A. Conze in der Nähe von Herculaneum gefunden; aus Slg. Bayreuth.
Weißer italischer Marmor. Höhe: jeweils 161 cm.
Sk 115 und 116

An den ins 1. Jahrhundert v. Chr. datierenden Hermen fallen sogleich die hochgeschwungenen Augenbrauen und der geöffnete Mund mit dem starr und verzerrt wirkenden Lächeln als archaisierende Formelemente auf. Der hier dargestellte Weingott Dionysos trägt *chiton* und Mantel mit ebenfalls archaistisch-stilisiertem Faltenwurf.

Ein auffälliges, v. a. aus der Ikonographie des Fruchtbarkeitsgottes Priapos bekanntes Element ist das erigierte Genital, das sich an den Schäften beider Hermenfiguren durch den Mantelstoff abzeichnet und durch den Faltenverlauf zusätzlich betont wird.

Das sorgfältig drapierte Haupthaar, dem ein Diadem mit (heute weggebrochenen) Rosetten und Palmetten aufsitzt, fällt in breiter Masse auf den Rücken. Je eine lockige Strähne ist zu den Seiten bzw. nach vorn über die Schultern geführt, je eine kurze Locke befindet sich über jedem Ohr. Das Gesicht wird durch kürzere stilisierte Rundlocken gerahmt.

Gleichfalls schematisch angeordnet ist auch das Barthaar, das in einem kunstvoll gebundenen Knoten auf der Brust endet. Den Gesichtsausdruck prägen nachhaltig die Augen, die (wohl neuzeitlich) mit Quarzsteinen eingelegt sind, die die Augensterne durch vertiefte Linien plastisch angeben.

Die Ausarbeitungen an den Seiten und der Rückseite lassen vermuten, dass die Stücke eine dekorative Zweitverwendung als Zaunhermen gefunden haben. Der heutige Betrachter muss sich die Hermen einst bemalt denken – tatsächlich fanden sich (trotz der neuzeitlichen Überarbeitung) an den Hermenschäften noch Reste von roter Farbe.

Der Begriff Archaismus wurde bereits in der Antike verwendet und bezeichnet die Übernahme altertümlicher Stilelemente in Literatur und Kunst in der nacharchaischen Zeit, namentlich des 5. und 4. Jahrhunderts v. Chr. In der bildenden Kunst werden besonders häufig Götter wie Dionysos oder auch Heroen in archaistischer Erscheinung dargestellt, um deren Würde und Erhabenheit zum Ausdruck zu bringen.

In römischer Zeit ist es dann Kaiser Augustus, der gezielt archaistische und klassizistische Formelemente verbindet und mit der so entstandenen Kunst der Zitate in propagandistischer Manier die eigene Herrschaft und das von ihm begründete ›Goldene Zeitalter‹ sakral überhöht und verklärt.

Literatur: Conze, Skulpturen Nr. 115–116; W. Klein, Vom antiken Rokoko (1921) 25; S. Harksen, Friedrich Wilhelm von Erdmannsdorffs Ankäufe von Skulpturen für Berlin und Potsdam, FuB 18, 1977, 135 f.; M. Kunze, Künstler, Kenner und Sammler. Anmerkungen zur Geschichte der pompejanischen Funde in der Berliner Antikensammlung, FuB 27, 1989, 180 Nr. 110; S. Schöne – M. Kunze in: Italienische Reise. Ausstellungskatalog Pompeji 1989, 394 ff. Nr. 187–188; M. Kunze, Herculanische Erwerbungen der Wilhelmine von Bayreuth in der Berliner Antikensammlung, in: L. Franchi dell'Orto, Ercolano 1738–1988. 250 anni di ricerche archeologica. Atti del Convegno Internazionale Ravello-Ercolano-Napoli-Pompei, 30 ottobre – 5 novembre 1988 (1993) 43 f. Nr. 5–6 Taf. V 1–2; LIMC VIII Suppl. s. v. Priapos Nr. 130 (W.-R. Megow); Die letzten Stunden von Herculaneum. Ausstellungskatalog Haltern/Berlin/Bremen 2005/2006, 340 f. Nr. 10. 1–2 (A. Backe).

Ba.

141

Raum 8

Bunte Gläser

Römisch, Ende 1. Jh. v. Chr. – frühes 1. Jh. n. Chr.
1913 Geschenk F.L. von Gans; 1917 in Jerusalem erworben; 1961 Kunsthandel.
Glas, formgeschmolzen, abgesenkt oder geblasen.
Inv. 30219, 108. 110. 112. 200. 213; Inv. 30666; Inv. 1961.5

Bunte Gläser gehörten zu den Luxusartikeln der Antike. Neben dem formgeschmolzenen Klarglas (s. Kat.Nr. 58) kamen im Laufe des 2. Jahrhunderts v. Chr. kostbare Gefäße aus Mosaik-, Achat- und Goldbandglas auf. Noch war ihre exklusive Produktion ein gut gehütetes Geheimnis weniger Werkstätten in der Levante und in Alexandria. Die weite Verbreitung der Funde aus dem 1. Jahrhundert v. Chr. im ganzen Mittelmeergebiet bis zum Schwarzen Meer lässt jedoch auf eine bruchlose Fortsetzung der Technik infolge des expandierenden römischen Weltreiches schließen. Um die Zeitenwende scheinen sich auch in Ober- und Mittelitalien führende Werkstätten etabliert zu haben.

Die hohe Wertschätzung dieser Gläser in der römischen Nobilität beruhte zum einen auf dem nachahmenden Effekt von Gefäßen aus Edelstein, zunehmend aber auf ihrer aufwändigen Herstellung und der Kunst, die Pracht der Natur zu übertreffen. Für unsere beiden großen Schalen – links ein grüngrundiges *Millefiori*-Glas (Durchmesser 17,5 cm) mit Blumen aus roten Blättern und gelben Stängeln, rechts ein blaugrundiges Achatglas (Durchmesser 20,5 cm) mit weißen Bändern – wurden erst Stäbchen zu Bündeln aneinander geschmolzen und in Scheiben oder Streifen geschnitten, dann in oder über einer Tonform ausgelegt, verschmolzen und nach dem Erkalten z. T. noch mit Schliffrillen verziert. Die beiden zylindrischen Dosen sind noch raffinierter gestaltet: Die kleinere rechts (Höhe 5,6 cm, Durchmesser 5,7 cm) besteht aus blauen und grünen Wellenbändern, die mit Goldfolie unterlegtes Klarglas rahmen und um aubergine-farbene Flecken mit weißen Rändern gelegt sind. Der konische Knauf des genau eingepassten Deckels wurde vermutlich auf der Drehbank aus der Masse gefräst, das Ganze abschließend poliert. Die linke Dose (Höhe 6,1 cm, Durchmesser 6,6 cm) wurde aus doppelspiraligen weißen Fäden, eingebettet in entfärbtes Klarglas, hergestellt, der passgenaue Deckel zusätzlich mit Schliffrillen verziert. Dieses seltene Fadennetzglas (*Reticella*), gefunden »in der Nähe der Grotte der Sibylle bei Cumae, wahrscheinlich in einem Grab«, lässt die Produktion dieser zarten Gespinste in Mittelitalien vermuten. Die kleine ziegelrote Tasse (Durchmesser 9,2 cm, Höhe 4 cm) ist die kostbare Ausgabe einer in der frühen römischen Kaiserzeit gebräuchlichen Keramikform aus Terra Sigillata: Die Mischung des ›Blutglases‹ aus Kupferoxid mit der farblosen Grundmasse schildert schon Plinius der Ältere (nat. hist. 36, 193).

Die Erfindung des Glasblasens um 75 v. Chr. in Palästina und die folgende Entwicklung der metallenen Glaspfeife veränderten die Glasproduktion vom kostspieligen Einzelstück zur preiswerten Massenware. Bis etwa 50 n. Chr. aber blieben die intensiv farbigen Gläser – ob formgeschmolzen oder geblasen – hoch geschätzt. Die kleine, tiefblaue Flasche (Höhe 5,4 cm) trägt um den Hals eine goldene

Schlange. Sie diente wohl ebenso wie die zarte Spitzamphora aus lavendelblauem Opakglas (Höhe 13 cm) der Aufbewahrung von Parfüm.

Diese Auswahl sei auch ein Hinweis auf die einst ca. 2.700 Gläser umfassende Berliner Sammlung, von denen etwa die Hälfte seit 1945 verschollen ist, darunter die wertvollsten Diatret-, Schliff- und Schlangenfadengläser sowie die komplette Sammlung Maria vom Rath aus Köln.

Literatur: G. Platz-Horster, Antike Gläser. Antikenmuseum Berlin 1976, Nr. 28–30. 32. 38–39; E. Rohde, Antikes Glas, in: Forschungen und Berichte 20/21, 1980, 147 ff., 181 Nr. 89. – Vgl.: Der Neue Pauly 4 (1998) Sp. 1082–1085 s. v. Glas (G. Platz-Horster); A. von Saldern, Antikes Glas. Handbuch der Archäologie (2004) 161 ff. 168 ff. 179 ff. 218 ff. 564 ff. Pla.

142 Raum 8

Kopf des älteren Drusus

Um 25–50 n. Chr.
Aus Athen. 1884 aus der Sammlung Sabouroff erworben.
Weißer Marmor. Höhe: 34,5 cm.
Ergänzt sind Ohrränder sowie Teile der Augen und Brauen.
Sk 392

Nero Claudius Drusus (Drusus maior) war der jüngere Bruder des Tiberius, damit Stiefsohn des Augustus und Vater des Claudius. Nachdem er eine Reihe öffentlicher Ämter und Kommandos innegehabt hatte, starb Drusus Maior knapp dreissigjährig an den durch einen Sturz vom Pferde erlittenen Verletzungen während eines Feldzuges 9 v. Chr. in Germanien.

Rund ein dutzend Bildnisse, sämtliche aus der Zeit des Tiberius bzw. Claudius und damit postum, vereinigen sich aufgrund ihrer gleichartigen Frisuranordnung und Physiognomie zu einer Gruppe, der auch dieses Bildnis angehört. Die Gesichtszüge zeigen wenig überraschend Ähnlichkeit zu denen des Tiberius und auch die Strähnengestaltung der Haare weist auf die Zugehörigkeit zur iulisch-claudischen Dynastie hin. Der Vergleich mit ebenfalls erst claudischen Münzbildnissen und einem durch seinen Aufstellungskontext benennbaren Porträt aus Rusellae in Italien sichern die Identifizierung als Drusus maior. Das Erscheinen dieser rundplastischen Bildnisse und Münzdarstellungen vor allem in claudischer Zeit zeigt zudem die Bedeutung des Drusus maior für die Selbstdarstellung seines Sohnes und damaligen Kaisers Claudius (reg. 41–54 n. Chr.).

Anders als die Mehrzahl der aus Italien stammenden Repliken zeichnet sich das Berliner Stück durch eine Kopfwendung nach links aus. Auch der hier anzutreffende Kranz aus zwei am Hinterkopf zusammengebundenen Lorbeer(?)-blättern gehört zu den seltener anzutreffenden Attributen von steinernen Bildnissen. Der Kopfschmuck weist dabei entweder auf die Feldherrnwürde des Drusus maior, ein Amt oder Ehrungen hin. Diese beiden Abweichungen vom üblichen Erscheinugsbild können in einer angesichts der Blickwendung besonderen Aufstellungssituation und auch der Herkunft aus einer griechischen und nicht stadtrömischen Werkstatt begründet ein.

Literatur: Blümel, Römische Bildnisse 9 f. R 20 Taf. 12; Kat. 1992, 206 f. Nr. 96; Fittschen – Zanker I 27 f. Nr. 22 Replik 1. Dah.

143 Raum 8

Relief mit der Darstellung eines Legionärs

Römisch, Anfang des 2. Jhs. n. Chr.
Gefunden um 1800 in Pozzuoli; 1830 in Rom erworben.
Marmor. Höhe: 159 cm; Breite: 86 cm.
Sk 887

Das Relief zeigt einen jungen Soldaten, der sich auf eine Lanze stützt. Über einer kurzen gegürteten *tunica* trägt er einen knielangen Umhang, die *paenula*, ein typisches Soldatengewand aus schwerem Leinen, dessen eines Ende er über die linke Schulter nach hinten geschlagen hat. Seine Bewaffnung besteht außer der Lanze aus einem Schwert, das in einer rankenverzierten Scheide an seiner rechten Flanke herabhängt, sowie aus einem kleinen Ovalschild, den er unter seinem linken Arm hält.

Das muldenförmig eingetiefte Relieffeld wird an den Seiten jeweils von einer Profilleiste gerahmt, die jedoch am linken Rand neuzeitlich ergänzt ist. Tritt der Betrachter hier zur Seite und blickt hinter die Ergänzung, so kann er entdecken, dass sich das Relief im rechten Winkel fortsetzte und dass eine weitere Figur folgte, von der heute nur noch der Rest eines Armes zu sehen ist. Das Soldatenrelief gehörte folglich zu einem größeren Monument, das umschritten werden sollte.

Glücklicherweise wurde die hier unmittelbar anschließende Reliefplatte zu Beginn des 20. Jahrhunderts ebenfalls in Pozzuoli ausgegraben. Sie befindet sich heute in Philadelphia und zeigt einen zweiten, der unsrigen Figur sehr ähnlichen bärtigen Soldaten sowie, in flacherem Relief, die Reste zweier nach links laufender Militärs, die aufgrund von Attributen als Vertreter der kaiserlichen Elitetruppe, der Prätorianer, identifiziert werden können. Maße, Zurichtung und Stil beider Reliefs sprechen dafür, dass die Soldatendarstellungen zu einem Ehrenbogen gehörten, der dem Kaiser Trajan (reg. 98–117 n. Chr.) zu Beginn des 2. Jahrhunderts n. Chr. in Pozzuoli errichtet wurde. Weitere Architekturteile des Baus haben sich leider nicht erhalten, so dass dessen Aussehen – ebenso wie der Anlass und das Datum der Weihung – nicht mehr genau bestimmt werden kann.

Gesichert ist jedoch der *terminus post quem* für die Errichtung des Monumentes, denn bei dem Relief in Philadelphia handelt es sich ganz offensichtlich um eine Zweitverwendung. Ursprünglich trug diese Marmorplatte eine

Inschrift, die sich heute noch auf der Rückseite des Reliefs mühsam entziffern lässt. In der Inschrift danken die Bürger von Puteoli dem Vorgänger des Trajan, dem Kaiser Domitian (reg. 81–96 n. Chr.), für eine Wohltat. Als Domitian im Jahr 96 n. Chr. ermordet und sein Andenken mit der *damnatio memoriae* belegt wurde, tilgte man nicht nur die Inschrift, sondern löste wenig später auch das gesamte zugehörige Monument auf. Damals drehte man die Platte um und verbaute sie, nunmehr geschmückt mit den Soldatenreliefs, an dem Bogen für den neuen Kaiser.

Literatur: H. Kähler in: G. E. Mylonas (Hrsg.), Studies presented to D. M. Robinson Bd. 1 (1951) 430–439; C. C. Vermeule, Greek and Roman Sculpture in America (1981) 231 Nr. 192; S. de Maria, Gli archi onorari di Roma e dell'Italia romana (1988) 256 f. Taf. 36; D. E. E. Kleiner, Roman Sculpture (1992) 229 f. Abb. 194. Ha.

144 Raum 8

Kopf eines römischen Soldaten

Anfang 2. Jh. n. Chr.
Von einem trajanischen Relief; aus Venedig (?), um 1840 dem Museum von v. Steinbüchel geschenkt.
Marmor. Höhe: 31,5 cm, Gesichtshöhe: 20 cm.
Sk 960

Das von einem eng anliegenden Helm umschlossene Gesicht eines römischen Soldaten ist äußerst kraftvoll modelliert. Besonders auffällig ist dies im Bereich der Stirnpartie mit den fleischigen Falten über der Nasenwurzel, den nahezu holzschnittartig angegebenen Grübchen über den Augenbrauen und der scharf eingeschriebenen, waagerecht verlaufenden Falte in Stirnmitte. Hinzu kommen eine breite Nase und ein schweres Kinn. Die leicht geöffneten Lippen werden von einem Oberlippen- und Kinnbart gerahmt, während vom Kopfhaar nur einzelne Locken unter dem Helm hervortreten. Der Kopfschutz trägt reichen Dekor mit einem Lorbeerkranz auf der Kalotte, einem Rankenornament am Stirnbügel und einem Skorpion auf der Wangenklappe. Schließlich bekrönte einst ein Helmbusch den Helm des attischen Typs, der seit der römischen Kaiserzeit nur noch auf bildlichen Darstellungen überliefert ist und offenbar nicht mehr zum Ausrüstungsrepertoire des römischen Militärs gehörte.

Der Kopf stammt von einem Relief, wie die große Bruchfläche auf der rechten Seite erkennen lässt. Sehr wahrscheinlich ist er einer umfangreichen Arbeit zuzuweisen, die unter dem Namen ›Großer trajanischer Fries‹ in die Forschung eingegangen ist und von der sich acht Platten durch ihre Wiederverwendung am Konstantinsbogen am Forum Romanum in Rom nahezu vollständig erhalten haben. Sie zeigen einzelne Episoden aus dem zweiten Feldzug des römischen Kaisers Trajan (reg. 98–117 n. Chr.) gegen die Daker 105 v. Chr. Die erhaltenen Köpfe der römischen Soldaten in den Kampfszenen folgen alle einem grundlegenden Entwurf, für den der konzentrierte Gesichtsausdruck als Zeichen von Energie und Tatkraft, die lockengesäumte Stirn und die reiche Helmzier verbindlich sind. Auch in den Maßen stimmt der Berliner Kopf exakt

384

mit denen von den Friesplatten überein, und Varianten mit Bart lassen sich auf den trajanischen Reliefs vom Konstantinsbogen ebenfalls nachweisen. Da sich der Kopf in der Antikensammlung keinem der erhaltenen Reliefs sicher zuordnen lässt, dürfte er wohl von einer inzwischen verloren gegangenen Platte stammen.

Literatur: Conze, Skulpturen 390 f.; M. Durry, Les cohortes prétoriennes (1938) 214 f.; M. Pallottino, BullCom 66, 1938, 25–31; F. W. Goethert in: Mélanges A. M. Mansel (1974) 585–587; Antikensammlung Bd. 1, 84 Nr. 94; G. M. Koeppel in: BJb 185, 1985, 192 Nr. 15 Abb. 23–24; A.-M. Leander Touati, The Great Trajanic Frieze (1987) 97 f. A; D. Richter, Das römische Heer auf der Trajanssäule (2004) 357. Von.

145 Raum 8

Büste des Kaisers Caracalla

212–217 n. Chr.
1875 mit der Herkunftsangabe Rom erworben.
Weißer Marmor. Höhe: 57 cm.
Geringfügige Ergänzungen an Nasenspitze, Unterlippe, Ohren und Bart.
Sk 384

Marcus Aurelius Severus Antoninus, schon zeitgenössisch mit dem Spitznamen Caracalla (nach dem gallischen Kapuzenmantel) bedacht, gelangte nach dem Tode seines Vaters Septimius Severus (reg. 193–211) zusammen mit seinem jüngeren Bruder Geta an die Herrschaft. Die gemeinsame Regierung endete schnell mit der Tötung des Geta und vieler seiner Anhänger auf Befehl des Caracalla im Jahre 212. Der Kaiser selbst wurde nach fünf Jahren der Alleinherrschaft am 8. April 217 in Mesopotamien ermordet.

Caracallas großes Vorbild war Alexander der Große, den er durch sein Verhalten und sein Äußeres nachzuahmen suchte: »Er war ein so leidenschaftlicher Verehrer Alexanders, dass er sich gewisser Waffen und Trinkgefäße bediente, von dener er glaubte, dass sie einmal jenem gehört hätten; außerdem ließ er viele Bildnisse von ihm aufstellen...« (Cass. Dio 78, 7, 1). Auch soll er in seinen Gesten und Mimik den Makedonen nachgeahmt haben.

Das Berliner Porträt zeigt das Bildnis des Caracalla zusammen mit einem den gesamten Oberkörper umfassenden Büstenausschnitt, wie er seit dem 2. Jahrhundert n. Chr. in Mode gekommen war. Bis auf den über die linke Schulter geworfenen Feldherrnmantel (*paludamentum*) und den Schwertgurt (*balteus*) ist der Kaiser unbekleidet. Neben militärischen Qualitäten wird damit auch eine heroische, dem alltäglichen Leben enthobene Sphäre formuliert.

Der Kopf ist in einer heftigen Bewegung zur linken Schulter gedreht. Der Schädel ist gedrungen und rundlich; die Haare liegen, in knotenartigen Erhebungen aufgelockert, eng am Kopf an. Über der Stirnmitte sind die einzelnen Locken stärker zusammengefasst und nach oben hin aufgebauscht. Dieses Haarmotiv kann als eine Anspielung auf die Frisur Alexanders des Großen verstanden werden (›Anastolé‹). Desweiteren trägt Caracalla einen kurzen Schnurr- und Wangenbart. Besonders markant ist die lebendige Darstellung der Gesichtszüge. Auf der Stirn und am Ansatz des Nasenbeins befinden sich zahlreiche horizontale und vertikale Falten, welche als zusammengehöriges System die energische Bewegung und Erregtheit der gesamten Physiognomie ausdrücken. Auch die Zeichnung des ausrasierten Kinns und des kleinen, nicht ganz geschlossenen Mundes unterstützt diesen Gesamteindruck. Neben der Nachahmung Alexanders wird sein Bildnis auch von Zitaten des Athletenbildes bestimmt.

Diese Bildnisfassung – der sogenannte erste Alleinherrschertypus – löst im Jahre 212 ältere des jugendlichen Thronfolgers Caracalla ab und bleibt bis zum Jahre 217 gültig. Mit diesem Porträt präsentiert sich der Kaiser in völliger Abkehr zur Darstellungsweise seiner Vorgänger als energischer, dem athletischen und militärischen Ideal verpflichteter Autokrat (›Selbstherrscher‹).

Literatur: Blümel, Römische Bildnisse 39 f. R 96 Taf. 59–60; Antikensammlung 1998, 212 f. Nr. 128 (mit älterer Literatur); Fittschen – Zanker I 105 ff. Nr. 91 Replik 1 (Lit.). Dah.

146 Raum 8

Panzerstatue und Kopf des Kaisers Marcus Aurelius

Mitte bis Ende 1. Jh. (Statuenkörper) bzw. um 150 n. Chr. (Kopf). 1791 durch von Erdmannsdorf aus der Villa Negroni in Rom erworben. Danach im Königlichen Schloss zu Berlin.
Weißer Marmor. Gesamthöhe: 208 cm.
Körper und Kopf neuzeitlich zusammengefügt, ergänzt sind u. a. der Hals und Teile des Statuenkörpers sowie Arme und das rechte Bein.
Sk 368

Marcus Aurelius (geb. 121, reg. 161–180 n. Chr.) war schon früh für das Kaiseramt vorgesehen. Bereits der designierte Nachfolger Hadrians, Antoninus Pius, nahm Marcus Aurelius im Jahre 138 n. Chr. anlässlich seiner eigenen Adoption durch den Kaiser an Sohnes statt an. Spätestens zu diesem Zeitpunkt sind auch erste Bildnisse des neuen Kronprinzen entstanden. Neben einer frühen kindlich-jugendlichen Fassung ist wohl anlässlich der Ernennung zum Consul 140 n. Chr. ein Porträttypus des mittlerweile achtzehnjährigen Kronprinzen geschaffen worden, der bis zu seinem Regierungsantritt 20 Jahre später gültig blieb und dem jeweiligen Lebensalter des Dargestellten angepasst wurde. So zeigen Münzen der Jahre um 147–151 n. Chr. ein Bildnis des Marcus Aurelius, welches dem Berliner Kopf entspricht: Das voluminöse Kopfhaar ist in lebendige Lockenkompartimente gegliedert, zu deren Ausarbeitung im Stirnbereich bereits ein laufender Bohrer verwendet wurde. Charakteristisch für den Typus ist zudem ein markantes Lockenbündel über der Stirnmitte. Ein eingeritzter Schnurrbart sowie plastisch ausgearbeiteter Kinn- und Wangenbart geben nähere Auskunft über das Alter des Dargestellten und die Datierung des Bildnisses um das Jahr 150 n. Chr.

Erst in der Neuzeit wurde dieses Bildnis des Kaisers mit einer restaurierten Panzerstatue kombiniert. Deren Bildschmuck – unterhalb eines Medusenkopfes streuen zwei Siegesgöttinen Weihrauch auf ein sogenanntes Thymiaterion (Räucherständer) – hätte in römischer Zeit durchaus zur Darstellung von Angehörigen des Kaiserhauses, aber auch eines jeden anderen Amtsinhabers genutzt werden können. Formuliert wird hier, losgelöst von einer bestimmten Person, die gottgewollte und immerwährende Sieghaftigkeit Roms.

Literatur: Blümel, Römische Bildnisse 33 R 79 Taf. 51; K. Stemmer, Untersuchungen zur Typologie, Chronologie und Ikonographie der Panzerstatuen (1978) 60 f. V 8 Taf. 36, 4; K. Fittschen, Prinzenbildnisse (1999) 24 B 15 Taf. 35 a–d. Dah.

147 Raum 8

Porträt des Constantius Chlorus

293–306 n. Chr.
Erworben 1909 aus dem römischen Kunsthandel.
Marmor. Höhe mit Halsstück: 38 cm; Höhe Kinn-Scheitel: 24,5 cm.
Unterhalb des Kinns nach hinten ansteigend gebrochen, Hals in anderem Marmormaterial angesetzt und nicht zugehörig. Nase abgebrochen, die rechte Ohrmuschel fehlt. Möglicherweise aus einem älteren Bildnis umgearbeitet.
Sk 1663

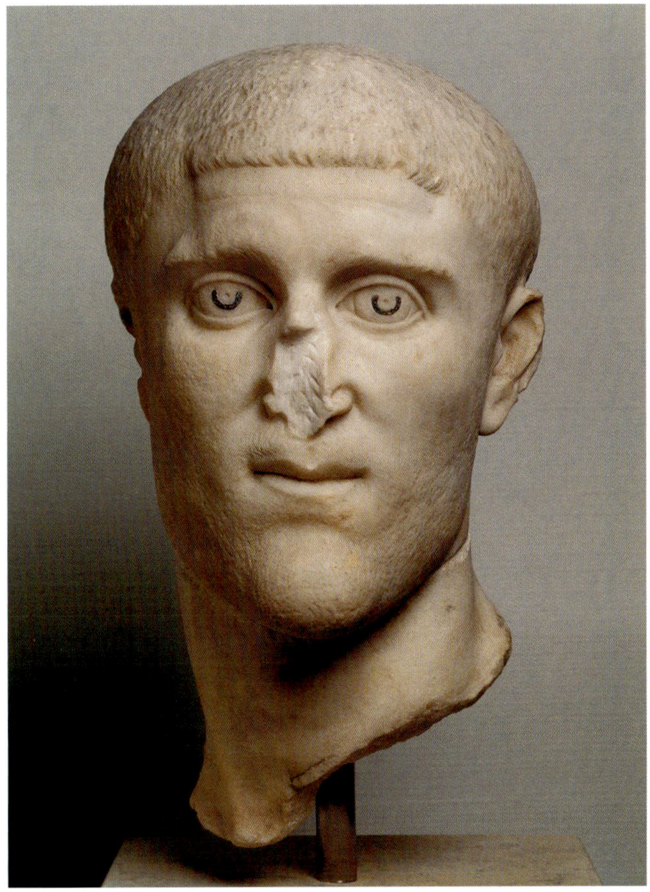

Constantius, der Vater des späteren Kaiser Konstantin, wurde an einem 31. März um 250 n. Chr. in Illyrien geboren. Er machte Karriere im Militär und wurde vom Oberkaiser des Westens, Maximianus, am 1. März 293 zum Caesar erhoben. Constantius war damit einer von vier Herrschern der sogenannten Ersten Tetrarchie (293–305). Mit dem Rückzug der beiden Seniores Augusti rückte Constantius am 1. Mai 305 zusammen mit seinem Kollegen im Osten, Galerius, zum Kaiser im Range eines Augustus auf. Er starb am 25. Juli 306 n. Chr. während eines Feldzuges in York. Constantius, dessen Beinamen Chlorus (der Blasse) erst byzantinischen Ursprungs ist, lebte zuerst mit Helena, der Mutter Konstantins zusammen, und heiratete spätestens 289 n. Chr. die Theodora, eine Tochter des Maximianus, mit der er ebenfalls Kinder hatte.

Der lebensgroße Berliner Porträtkopf besitzt eine Entsprechung in einem weiteren Bildniskopf in Kopenhagen, zu dem er in einem Replikenverhältnis steht. Insbesondere das mächtige Kinn, die einstmals markant vorspringende, hier nur noch im Ansatz erhaltene Nase und der Vergleich mit Münzbildnissen der Prägestätten aus seinem Herrschaftsbereich sprechen in Anbetracht der Kopenhagener Replik für eine Identifizierung des Berliner Kopfes als Constantius I. Das Bildnis vereinigt Kennzeichen des militärischen Porträts der Soldatenkaiser wie die knappe Haar- und Barttracht mit dem expressiven Stilempfinden tetrarchischer Zeit, welche sich in der Überlängung der Kopfform, den hervorstehenden Wangenknochen und den durch die mittels Blei eingelegten Irishalbbögen noch gesteigerten Blick zu erkennen gibt. Kinn- und Nasenform sowie die vorspringende Stirnwulst spiegeln dagegen wohl individuelle Züge wider. Letztere dienten später auch bei frühen Bildnissen Konstantins dazu, die literarisch überlieferte Familienähnlichkeit im Sinne dynastischer Kontinuität und Legitimation zum Ausdruck zu bringen. Obwohl Constantius zum Zeitpunkt der Entstehung dieser Bildnisse zwischen 40 und 50 Jahre alt war, scheint das Bildnis doch ein jüngeres Alter des Herrschers zu formulieren. Möglicherweise spiegelt sich hier eine Eigenart des Tetrarchenbildnisses wider, bei dem der Caesar ungeachtet seines Alters im Vergleich zum jeweiligen Augustus als der jüngere der beiden Herrscher dargestellt wurde. Trifft dies hier zu, so ist der Berliner Bildniskopf in die Jahre 293–305 zu datieren.

Literatur: Blümel, Römische Bildnisse 50–51 R 121 Taf. 78–79; M. Bergmann, Studien zum römischen Porträt des 3. Jahrhunderts n. Chr. (1977) 144–148. 178–179 Taf. 41, 6; 42, 5; H. P. L'Orange, Das spätantike Herrscherbild von Diokletian bis zu den Konstantinssöhnen. Das Römische Herrscherbild III 4 (1984) 30–31. 110 Taf. 24 (mit älterer Literatur); M. Bergmann in: A. Donati – G. Gentili (Hrsg.), Costantino il Grande. Ausstellungskatalog Rimini 2005, 205 f. Nr. 3 mit Abb. Dah.

148 Raum 8

Togastatue aus Porphyr

Römisch, um 300 n. Chr.
Aus Venedig, vermutlich aus dem Osten dorthin gelangt.
Roter Porphyr aus der östlichen Wüste Ägyptens (Mons Porphyrites).
Höhe: 140 cm.
Sk 527

Offizielles Staatsgewand des Römers war die Toga. Stoffreich um den Körper gehüllt war dieses Gewand bis in spätantike Zeit nicht nur einfaches Kleidungsstück, sondern durch die farbliche Ausgestaltung der Toga wurde auf den ersten Blick auch die soziale und politische Stellung ihres jeweiligen Trägers sichtbar. So bestand die einfache Toga aus Wolle und war weiß, diejenige des römischen Beamten wurde von Purpurstreifen eingefasst (*toga praetexta*), wohingegen die Toga des Triumphators ebenso wie das Festgewand der Ritter (*trabea*) purpurfarben ausfielen.

Die repräsentative Ausstrahlung des Staatsgewandes wird noch heute in der Vielzahl rundplastischer Statuen sichtbar, welche römische Bürger in der Toga zeigen. Der großen Zahl der Bildnisse aus weißem Marmor steht dabei eine kleine Gruppe von Werken gegenüber, die aus ägyptischem Porphyr gefertigt sind. Während bei den frühen Porphyrwerken, die in Rom gefunden wurden und alle aus spättrajanisch-hadrianischer Zeit stammen, vermutet wurde, dass die Farbwahl des Steins auch eine besondere Farbgebung der Toga wie z. B. das purpurne Prachtgewand des Triumphators widerspiegeln sollte, zählt der Berliner Togatus zu einer kleinen Gruppe tetrarchischer Werke aus Porphyr. Blockhaft im Aufbau und gekennzeichnet durch eine ornamentale, unstoffliche Faltenanlage, bei der die einzelnen Faltengrate wie Schnüre auf dem Gewand aufliegen, schließen sich diese Figuren nicht nur stilistisch, sondern auch durch ihre Herkunft aus dem Osten eng zusammen. Die Togati zeugen neben Architekturteilen, Wannen, Thronsesseln und Sarkophagen von der herausragenden Rolle, die der purpurne Stein in der ersten Hälfte des 4. Jahrhunderts n. Chr. spielte und die unter Diocletian ihren Höhepunkt erreichte, als in den ägyptischen Brüchen die höchste Ausbeute erzielt wurde. Als Inbegriff der Königsfarbe blieben purpurne Säulen nunmehr den königlichen Palästen, Sarkophage und Statuen aus Porphyr den Herrschern vorbehalten.

Literatur: H. R. Goette, Studien zu römischen Togadarstellungen (1990) 45 ff. Nr. Bb 180 Taf. 27, 1; Antikensammlung 1998, 216 Nr. 131 (mit älterer Literatur) (N. Hackländer); Aurea Roma. Ausstellungskatalog

Rom 2000, 563 Nr. 219 (L. Faedo); V. A. Maxfield, Stone quarrying in the Eastern Desert with particular reference to Mons Claudianus and Mons Porphyrites, in: D. J. Mattingly – J. Salmon (Hrsg.), Economies beyond agriculture in the Classical World (2001) 143–170; V. Maxfield – D. Peacock, The Roman Imperial Quarries: Survey and Excavation at Mons Porphyrites 1994–1998, Bd. 1. Topography and Quarries. Egypt Exploration Society, Excavation Memoirs 67 (2001). Ha.

149 Raum 8

Girlandensarkophag mit Masken

Stadtrömisch, um 120–130 n. Chr.
1841 in Rom erworben.
Prokonnesischer Marmor. Höhe: 72 cm; Breite: 120 cm.
Zusammengesetzt aus mehreren Fragmenten, Teile im oberen Rand sind ergänzt.
Sk 857

Das Relief mit den beiden Theatermasken in einem Girlandenbogen gehörte ursprünglich zu einem Sarkophagkasten, dessen vordere Langseite mit zwei Girlanden und jeweils zwei Masken in deren Bögen verziert war. Die Girlanden wurden von drei Eroten getragen, von denen der mittlere Träger noch erhalten ist. Es ist ein kindlicher Eros/Amor, der als solcher an den Flügeln im Rücken zu erkennen ist. Der Flügel des rechten Girlandenträgers ist am rechten Bruchrand noch erhalten. Der Eros, der ursprünglich die Mitte der Kastenvorderseite einnahm, schultert die mit großen Schleifen zusammengebundenen Enden der beiden dicken Fruchtgirlanden und hat seine linke Hand auf die Manschette der vorderen Girlande gelegt. Außerdem quält er, offenbar vollkommen unbewusst, einen Panther, den er am Schwanz mit sich zieht. Im erhaltenen Girlandenbogen sind zwei Masken in felsigem Gelände aufgestellt. Die bärtige linke Maske ist, wegen des Löwenskalps als Kopfbedeckung, die des Herakles. Er wird hier durch den Bart als älterer, gereifter Mann charakterisiert. Außerdem

sind Bart und Haare in einer altertümlichen (archaistischen) Form gestaltet: die Haare als steife Korkenzieherlocken, der krause Bart und die Haare über der Stirn als ornamentale Buckellocken. Die rechte Maske mit dem hohen Haaraufbau (*Onkos*) aus langen, welligen Haarsträhnen ist eine Frauenmaske. Von einer weiteren Maske im links anschließenden Girlandenbogen sind noch zwei lange Korkenzieherlocken erhalten. Alle Masken zeigen traditionelle Typen der Tragödie. Der Panther, den Eros/Amor hinter sich herzieht, zählt zum Theatergott Dionysos/Bacchus.

Girlandensarkophage gehören zu den frühesten Exemplaren der sehr umfangreichen Produktion reliefverzierter Sarkophage, die im frühen 2. Jahrhundert n. Chr. in Rom einsetzt. Vorangegangen waren den Girlandensarkophagen der ›Hauptproduktion‹ wenige Einzelstücke wie der ›Sarkophag Caffarelli‹ (s. Kat. Nr. 73) und zahlreiche marmorne Grabaltäre und Aschenurnen mit Girlandendekor. Auf Altären, Urnen und Sarkophagen sind die steinernen Girlanden ein permanenter, unvergänglicher festlicher Grabschmuck.

Literatur: H. Herdejürgen, Stadtrömische und italische Girlandensarkophage Fasz. 1, Die antiken Sarkophagreliefs IV 2 (1996) 129 Nr. 82 Taf. 56, 4; Antikensammlung 1998, 217 Nr. 132 (mit älterer Literatur) (M. Kunze); 66 Meisterwerke 2005, 83 (A. Scholl). Gra.

150 Raum 8

Medea-Sarkophag

Stadtrömisch, um 140–150 n. Chr.
1887 vor der Porta S. Lorenzo in Rom gefunden; 1890 erworben.
Griechischer Marmor. Höhe: 65 cm; Breite: 227 cm.
Sk 843 b

Nach der Rache an Pelias (s. Kat. Nr. 114) fliehen Medea und Jason an den Hof des Königs Kreon in Korinth. Dort leben sie über zehn Jahre mit ihren beiden Söhnen, bis Jason Medea verstößt, um die Königstochter Kreusa (Glauke) zu heiraten. Kreon will nun die unheimliche Fremde mit den Kindern aus Korinth verbannen. Zutiefst verletzt über diese Entehrung und über den Treuebruch des Jason, der ihrer Zauberkraft die Gewinnung des Goldenen Vlieses verdankte, ersinnt Medea tödliche Rache. Den Fortgang schildert der Medea-Sarkophag in vier Szenen:

Medea schickt der Braut durch ihre Söhne ein goldenes Diadem und ein kostbares Gewand zur Hochzeit; Kreusa empfängt die Kinder anmutig auf dem Thron des geschmückten Palastes, den drei tuskanische Säulen andeuten; Medeas alte Amme begleitet die Kinder, im Hintergrund der Brautführer mit Mohnkapseln; links betrachtet Jason gelassen die Übergabe der Geschenke. Die Verknüpfung zur nächsten Szene bilden die Hände des Brautpaares: die aufgestützte der Kreusa und die locker herabhängende des in der Mitte des Reliefs stehenden Jason, der – von einem Speerträger begleitet, Helm und Schild am Boden – auf die entsetzliche Wirkung der Geschenke blickt. Kaum hat Kreusa die vergifteten Gaben angelegt, schießen Flammen aus dem Diadem hervor und verbrennen die vergeblich vom Podest ihres Bettes Fliehende lebendigen Leibes; ihr herbeieilender Vater Kreon rauft sich die Haare. Ein Vorhang im Hintergrund fasst die Szene im Brautgemach zusammen. Rechts folgt der nächste Mord: Die beiden Knaben tollen arglos beim Ballspiel, während ihre Mutter Medea hinter ihnen bereits das Schwert gezückt hat, um ihre geliebten Kinder zu töten und so ihre Rache an Jason zu vollenden. In der letzten Szene besteigt die göttliche Königstochter Medea den Drachenwagen des Helios, der sie mit den Leichen ihrer Kinder in den Himmel entrücken wird; einen Knaben hat sie geschultert, die Beine des anderen hängen aus dem Wagen.

Die beiden Schmalseiten des Sarkophags zeigen – flüchtig in Flachrelief gemeißelt – Jason bei der Bändigung des Stiers in Kolchis und Jason mit einem bärtigen Argonauten. Der Berliner Medea-Sarkophag gehört zu einer Gruppe von 16 inhaltlich und zeitlich zusammengehörenden Exemplaren, die kompositorisch alle demselben Schema folgen. Sie schildern die 432 v. Chr. in Athen aufgeführte Tragödie des Euripides in vier »Akten«; der griechische Dichter hatte eine alte Sage aufgegriffen und mit seiner »Medeia« eine der eindrucksvollsten Frauenfiguren der Weltliteratur geschaffen. Die vorbildliche Bedeutung der griechischen Sagen für die römische Kunst wird besonders in den Reliefs der Sarkophage greifbar. Die mythologischen Sarkophage bilden die größte Gruppe in einer Gattung, die erst im frühen 2. Jahrhundert n. Chr. mit der Körperbestattung begann. Zuvor hatte man in Rom während der Republik und der frühen Kaiserzeit die Toten verbrannt und in Aschenurnen beigesetzt.

Hochzeit und Tod, entsetzlicher Schmerz im glücklichsten Augenblick einer jungen Frau: Am mythischen Gleichnis der griechischen Tragödie wurde dem römischen Betrachter 600 Jahre später das tragische Schicksal der Bestatteten vor Augen geführt. Der Mythos diente als Lebenshilfe für die Hinterbliebenen, als Hoffnung auf Entrückung jenseits von irdischem Leiden und Todesangst.

Literatur: G. Koch – H. Sichtermann, Römische Sarkophage. Handbuch der Archäologie (1982) 159 ff.; LIMC VI s. v. Kreousa Nr. 3. 19; LIMC VI s. v. Medeia Nr. 51 (M. Schmidt); H. Schulze, Ammen und Pädagogen (1998) 82, 114 A S 26 Taf. 38, 1. 2; 41. 1; P. Zanker – B. C. Ewald, Mit Mythen leben. Die Bilderwelt der römischen Sarkophage (2004) 82–84. 115. 336 ff. Nr. 20; 66 Meisterwerke 2005, 84 (G. Platz-Horster).

Pla.

151 Raum 8

Vorderseite eines Musensarkophages

Stadtrömisch, Ende 2. Jh. n. Chr.
Gefunden an der Via Appia bei Rom; 1846 erworben.
Weißer Marmor. Höhe: 51 cm; Länge: 205,3 cm.
Der untere Teil mit sämtlichen Füßen der Figuren, die Seitenteile, die beiden mittleren Musen und größere Partien des Deckels sind ergänzt.
Sk 844

Auf dem Friessarkophag mit zugehörigem Deckel erscheinen vor einem im Hintergrund aufgespannten Vorhang in lockerer Reihung neun Musen, die von Apollon und Athena begleitet werden. Der Fries beginnt links mit Apollon, der, nur mit einem Schultermantel bekleidet, im statuarischen Motiv des Apollon Lykeios dargestellt ist, für den das Auflegen der rechten Hand auf den Kopf bezeichnend ist. In der linken Hand hält Apollon eine Kithara, unter welcher sich ein Löwengreif befindet. Ihm zugeordnet ist die Krone eines Lorbeerbaumes, aus der ein Rabe hervorschaut. Auch Athena in ihrer üblichen kriegerischen Tracht mit schräg über der Brust liegender Ägis und korinthischem Helm wendet sich Apollon zu. Es schließen sich die abwechslungsreich gewandeten Musen an, die als Töchter des Zeus galten. Spätestens seit römischer Zeit wurden ihnen jeweils bestimmte Kunstgattungen zugewiesen und durch entsprechende Attribute gekennzeichnet. Daher ist die Benennung der einzelnen Musen anhand ihrer Attribute und der verschiedenen, ihrem Tun entsprechenden Körperhaltungen weitgehend möglich. Die Leier spielt Erato, die Muse der Liebesdichtung, daneben dürfte Kalliope stehen, die durch die Gestik der Arme und Hände als Redende

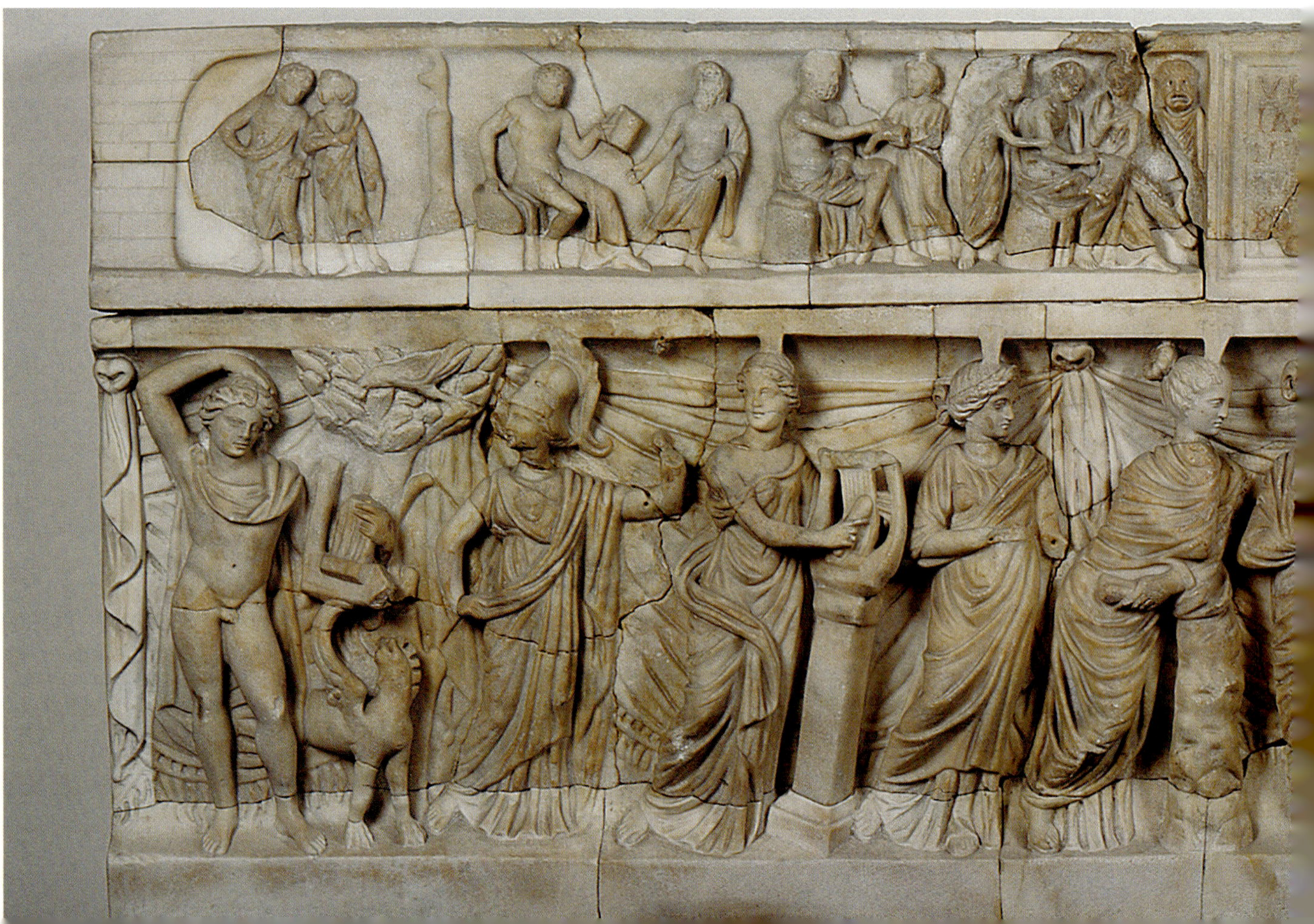

gekennzeichnet ist. Ganz in ihr Gewand gehüllt, stützt sich Polyhymnia, die u. a. für die Geometrie zuständig war, auf einen Felsen. Daneben folgt Urania, die in der rechten Hand einen Zeigestift hält und in der anderen die Weltkugel. Die beiden sich anschließenden Musen sind vollständig ergänzt. Der Bildhauer Emil Wolff hat die im Musenreigen noch fehlende Euterpe mit den beiden Flöten und Klio mit Schriftrollen eingefügt. In frontaler Haltung mit hoch gegürtetem Gewand stützt sich Melpomene auf die Keule und trägt in der linken Hand eine tragische Maske, während ihre Nachbarin Thalia eine komische Maske hält, unter welcher eine weitere auf einem Podest liegt. Den Abschluss bildet Terpsichore, die – eine große Leier spielend – die chorische Lyrik vertritt. Die Musen tragen als diademartigen Haarschmuck hoch aufgerichtete Federn, die sie den Sirenen im Wettstreit um das bessere Singen und Musizieren als Siegerinnen abgerungen haben. Der Deckel ist in Thematik und Allegorie auf die Darstellung der Sarkophagfront bezogen. Zu beiden Seiten der Inschrifttabula sind Szenen mit Philosophen und Dichtern, Musen und Schülern in ungewöhnlicher Breite dargestellt. Drei der insgesamt acht Szenen spielen sich in einem Innenraum ab, während die übrigen durch Sonnenuhr und Felsensitz als Außenraum und durch das Mauerwerk als Halle oder Hof gekennzeichnet sind. Die Szenen veranschaulichen die gelehrte Diskussion, die Rezitation, das Diktat, das Schreiben und die Meditation; der Ort der Handlung ist kein privater Bereich, eher eine Akademie oder ein Unterrichtsgelände. Durch die beiden Masken zu Seiten der Tabula, die auf den musischen Bereich der Dichtkunst (Tragödie und Komödie) verweisen, sowie durch die Anwesenheit der drei federgeschmückten Musen werden die Lehrszenen über die alltägliche Sphäre hinausgehoben. Im sepulkralen Kontext können Musenreliefs sowohl eine diesseits- als auch jenseitsbezogene Bedeutung aufweisen.

So konnte man mit der Darstellung der Musen repräsentativ auf die eigene Bildung verweisen oder aber die Hoffnung zum Ausdruck bringen, im Jenseits in den Reigen der Musen aufgenommen zu werden. Die Berechtigung hierfür könnten die Verstorbenen in ihrem Streben nach Wissen und ethischen Werten, wie sie in den Szenen des Deckels illustriert werden, erworben haben. Aus der Inschrift der Tabula geht hervor, dass Ulpia Eutychia ihren verstorbenen Eltern diesen Sarkophag gewidmet hat.

Musensarkophage waren sehr verbreitet; mehr als zweihundert Exemplare sind erhalten, deren zeitliche Verteilung von der Mitte des 2. bis ins späte 3. Jahrhundert n. Chr. reicht.

Literatur: H.-I. Marrou, Mousikos aner. Étude sur les scènes de la vie intellectuelle figurant sur les monuments funeraires romains (1964[2]) 152 f. Kat. Nr. 197 Abb. 19; M. Wegner, Die Musensarkophage, Die antiken Sarkophagreliefs V 3 (1966) 16 Taf. 22; G.. Koch – H. Sichtermann, Römische Sarkophage. Handbuch der Archäologie (1982) 198; K. Stemmer (Hrsg.), Kaiser Marc Aurel und seine Zeit. Ausstellungskatalog Berlin 1988, 184 Kat. L 4 (K. Junker); L. Faedo, I sarcofagi romani con Muse, ANRW 2, 12, 2 (1985), 81 f. Anm. 47; 97; B. C. Ewald, Der Philosoph als Leitbild. Ikonographische Untersuchungen an römischen Sarkophagreliefs, RM Ergh. 34 (1999) 214 f. Taf. 99, 1–3; 101, 1. Dos.

152 Raum 8

Aschenurne aus ägyptischem Alabaster

1. Jh. n. Chr.
Erworben 1790 von F. W. von Erdmannsdorff in Rom wohl bei dem Antikenhändler Th. Jenkins, zusammen mit einem Säulenschaft aus ›Alabastro fiorito‹.
Ägyptischer Alabaster. Höhe: 76 cm.
Beide Henkel waren gebrochen, der eine wurde wieder angesetzt, der obere Teil des zweiten in anderem Alabaster ergänzt; es fehlt der obere Teil des Deckelknaufes.
Sk 1100

Die prachtvolle Alabasterurne hat die Form eines Vorratsgefäßes, einer Amphora, mit einem ovalen Gefäßkörper, kurzem Hals, ohrenförmigen Henkeln, die den Gefäßrand überragen, und einem Deckel. Der niedrige, glockenförmige Fuß war separat gearbeitet und ist angesetzt. Die Henkel sind leicht profiliert und laufen kurz unterhalb der Gefäßschulter auf dem Bauch blattförmig aus. Auf der Gefäßschulter ist, auf jeder Seite mittig zwischen den Henkeln, eine Theatermaske als Relief ausgearbeitet. In Vorderansicht dargestellt, ist die weite Mundöffnung der Maske zu sehen. Die breite, flach gedrückte Nase kennzeichnet sie als eine Maske der neuen Komödie.

Honigfarbener, in Wirbeln gefleckter und nicht durchscheinender *alabastrites* (Alabasterstein) wird von Plinius dem Älteren in seinem Buch über die Steine (nat. hist. 36, 12, 61) als die am meisten geschätzte Sorte dieser Steinart bezeichnet. Und er fährt fort: »Fehlerhaft … ist eine hornähnliche oder weiße Färbung und alles, was den Eindruck von Glas erweckt.« Auf der Berliner Urne wirken die Wirbel leicht wolkig. Sie wurden hier so eingesetzt, dass die Zeichnung des Steins die ovale Form des Vasenkörpers wiederholt und betont. Auch andere hohe, bauchige Alabastergefäße zeigen diese Form der Steinzeichnung, während die fleckigen Wirbel bei flachen, breiten Gefäßen so gedreht wurden, dass sie den Gefäßkörper als Querstreifen überziehen.

Plinius erwähnt Amphoren aus Alabaster als Behältnisse für Wein (nat. hist. 36, 12, 59). Funde belegen eine letzte Verwendung dieser kostbaren Gefäße als Aschenurnen für Bestattungen. Außer Amphoren haben auch Weinkanne (Oinochoe) und Trinkgefäß (Kantharos) als Aschenurnen gedient, die flachen, breiten Vasen wurden bereits erwähnt. Die Größen dieser Urnen sind unterschiedlich, die Berliner Vase hat eine mittlere Größe, Weinkanne und Trinkgefäß sind etwa halb so hoch, wohingegen eine monumentale Prachtamphora, die vermutlich die Asche der Livilla, der Tochter des Germanicus (Stiefenkel des Kaisers Augustus) barg, fast doppelt so groß wie die Berliner Vase ist. Aber nicht nur Mitglieder des Kaiserhauses konnten sich solche Gefäße leisten, Weinkanne und Trinkgefäß wurden auch im Grab einer Familie von Freigelassenen gefunden.

Literatur: Conze, Skulpturen 431 f. Nr. 1100; S.-G. Gröschel, Der Skulpturenankauf Erdmannsdorffs in Rom, in: Friedrich Wilhelm II. und die Künste. Ausstellungskatalog Berlin/Potsdam 1997, 330 f. – Allgemein: P. C. Bol (Hrsg.), Forschungen zur Villa Albani. Katalog der Bildwerke 1 (1989) 207–211 Nr. 66. 67 Taf. 116 (C. Gasparri). Gra.

Die Säle der antiken Architektur

153 Saal 1

Nordhalle der Agora von Priene

Hellenistisch, 2. Jh. v. Chr.
Westwand mit Architekturen aus Priene. Von links nach rechts: Säulenjoch und Mittelsäule der Heiligen Halle, Säulenjoch, Kapitell (links davon) und Gebälk des Athenatempels, Abschnitt mit Säulenjoch vom Athenaaltar und Gebälk des Asklepiostempels.

In der zweiten Hälfte des 4. Jahrhunderts v. Chr. wurde die Stadt Priene auf einem Felsplateau über der Mäanderebene am Fuße des Mykale-Gebirges (Samsun Dag) neu gegründet. Bei der Einteilung des Areals in Wohnquartiere und der Anlage des regelmäßigen Straßennetzes (Hauptstraßen in Ostwest-Richtung und senkrecht dazu verlaufende Treppengassen) wurde südöstlich des Athenaheiligtums für den Marktplatz ein quadratisches Areal freigehalten. In hellenistischer Zeit erhielt diese Agora im Süden eine umlaufende dorische Hallenanlage. Auf der höher liegenden Terrasse nördlich der durchgehenden Hauptstraße (»Westtorstraße«) ersetzte man nach einem Stadtbrand eine ältere Halle im dritten Viertel des 2. Jahrhunderts v. Chr. durch einen großzügigen Neubau. Nach den Resten einer Weihinschrift auf dem Frontarchitrav wurde diese Halle von einem kappadokischen Herrscher (Ariarathes VI. oder Orophernes) gestiftet. Die über 116 m lange Halle erstreckte sich im Osten auch auf das angrenzende Grundstück, wo sie sich vor das ältere Rathaus und das Prytaneion legte. Im Westen öffnete sich die Rückwand meist mit Türen zu einer Reihe von 15 Kammern. Die zweite, neunte und letzte Kammer öffneten sich in ganzer Breite zur Halle. Die neunte Kammer trug auf ihrem Eingangspfosten Verordnungen römischer Statthalter und wurde vermutlich für den Kult der Göttin Roma eingerichtet. Wahrscheinlich wurde die Nordhalle deshalb bereits im 1. Jahrhundert v. Chr. als »Heilige Halle« bezeichnet.

Zwei von den ehemals 49 dorischen Säulen der Hallenfront wurden im Museum wieder aufgestellt. Sie tragen ein Gebälk, in dem der dorische Triglyphenfries mit einem ionischen Zahnschnitt kombiniert wurde. Rechts daneben steht eine der 24 ionischen Innensäulen, die den Firstbalken des offenen Dachstuhles trugen. Das untere Drittel der Säule blieb glatt und unkanneliert – eine Eigenart hellenistischer Säulen, die besonders häufig auch an pergamenischen Hallen zu beobachten ist. Der Typus der zugehörigen attischen Basis entstammt der klassischen Baukunst Athens und verdrängte im 2. Jahrhundert v. Chr. in Kleinasien ältere Basisformen der ionischen Ordnung.

Die Giebelwände der Nordhalle waren außen mit Schildreliefs geschmückt und auf den Innenseiten mit Inschriften, meist langatmigen Ehrendekreten, bedeckt. Diese Urkunden lassen erkennen, dass die »Heilige Halle« seit etwa 130 v. Chr. den Athenatempel als Stadtarchiv ablöste. Auch danach war die Nordhalle kaum für den allgemeinen Marktbetrieb bestimmt, sondern vielmehr ein Ort für kultische und öffentliche Einrichtungen oder bildete den Schauplatz für städtische Ehrungen und Feste.

Literatur: Th. Wiegand – H. Schrader, Priene (1904) 192 ff.; F. Hiller von Gaertringen, Inschriften von Priene (1906) 80 ff. Nr. 105–130; F. Krischen, JdI 31, 1916, 306 ff.; M. Schede, JdI 49, 1939, 106 ff.; ders., Die Ruinen von Priene (19642) 49 ff.; J. J. Coulton, The Architectural Development of the Greek Stoa (1976) 277 f.; H. Schaaf, Untersuchungen zu Gebäudestiftungen in hellenistischer Zeit (1992) 121 ff.; W. Koenigs, IstMitt 43, 1993, 381 ff. (Agora von Priene); F. Rumscheid, Priene. Führer durch das »Pompeji Kleinasiens« (1998); A. v. Kienlin, Das Stadtzentrum von Priene als Monument bürgerlicher Selbstdarstellung, in: Macht der Architektur, Architektur der Macht (2004) 114–120.

V. Kä.

Abb. 9 Sogenannte Heilige Halle von Priene (nach F. Krischen)

154

Saal 1

Tempel der Athena Polias in Priene und Tempel der Artemis Leukophryene in Magnesia am Mäander

Ostwand mit Bauten aus Pergamon und Magnesia am Mäander. Von links nach rechts: Athenatempel aus Pergamon, Relief vom Artemisaltar aus Magnesia a. M., Gebälk, Säulenjoch, Kapitell und Cellafries vom Artemistempel aus Magnesia a. M.

Die beiden an den Langseiten des Saales in originaler Größe rekonstruierten Säulenjoche (Westwand s. Abb. zu Kat. Nr. 153) gehören zu Tempelbauten, die die Entwicklung der ionischen Ordnung in Kleinasien in der Zeit der »ionischen Renaissance« (4. Jh. v. Chr.) und in der hellenistischen Epoche (3. Jh. v. Chr.) entscheidend geprägt haben. Die Architekten dieser Tempel, Pytheos und Hermogenes, hatten außerdem Traktate verfasst, in denen sie die ihren Bauwerken zugrunde liegenden architekturtheoretischen Gedanken darstellten. Der römische Architekt Vitruv hatte diese Schriften in seinem zur Zeit des Kaisers Augustus verfassten Buch über die Architektur zitiert, dem einzigen Werk dieser Art, das uns aus der Antike überliefert ist. So besteht bei diesen beiden Tempeln die einzigartige Möglichkeit, antike Bauwerke mit den von Virtuv überlieferten zeitgenössischen architekturtheoretischen Gedanken zu vergleichen.

Pytheos versuchte nach dem Vorbild der klassischen Bauten des griechischen Mutterlandes bei seinen Entwürfen zum Maussolleion von Halikarnassos und besonders zum Athenatempel in Priene die ungebundene archaische Variationsfreude der ionischen Baukunst in eine strenge Ordnung umzuwandeln (s. Abb. zu Kat. Nr. 153). Der aufgrund des attischen Fußmaßes (1 attischer Fuß entspricht 29,4 cm) entwickelte Grundriss des Athenatempels mit 6 × 11 Säulen über einem dreistufigen Unterbau beruhte auf einem klaren quadratischen Rasternetz, das besonders in der Reihung der 6 × 6 Fuß großen Stylobatplatten der Ringhalle deutlich wurde. Das Säulenjoch war einheitlich 12 Fuß breit, die Säulenhöhe betrug wahrscheinlich 44 Fuß (aus den Wandschichten wurde eine Säulenhöhe von 12,93 m errechnet; bei der Museumsrekonstruktion beträgt sie 12,86 m), mit dem Gebälk etwas über 51 Fuß. Die auf das Säulenjoch bezogene Decke der Ringhalle bestand aus mehrschichtigen Kassetten mit abschließenden Reliefplatten, die Giganten- und Amazonenkämpfe darstellten. Auch die Länge des Naos (Kernbau mit nahezu quadratischer Vorhalle, Kultbildraum und schmalem Opisthodom nach mutterländischem Vorbild) zeigte mit einer Länge von 102 Fuß ein annähernd rundes Maß. Einfache, klare Maßverhältnisse wurden offenbar im Entwurf angestrebt, in der Baupraxis – nicht zuletzt wegen Ausführungsungenauigkeiten – aber nie exakt eingehalten. Die Bauornamente lassen außerdem erkennen, dass mehrere Jahrhunderte vergingen, bis die kleine Landstadt Priene ihr ehrgeiziges Bauprojekt vollenden konnte. Die Cella wurde noch im 4. Jahrhundert v. Chr. mit Hilfe Alexanders des Großen (Inschrift an einer Ante der Vorhalle) vollendet. Im 2. Jahrhundert v. Chr. belohnte der Kappadokier Orophernes Priene für treue Dienste durch die Stiftung eines kolossalen Kultbildes nach dem Vorbild der Athena Parthenos. Doch der Bau der Ringhalle wurde erst mit Zuwendungen des römischen Kaisers Augustus beendet. In der endgültigen Weihinschrift auf dem Frontarchitrav wurde deshalb Augustus neben der Athena Polias als »Mitinhaber« des Heiligtums genannt.

In den letzten Jahrzehnten des 3. Jahrhunderts v. Chr. hat Hermogenes von Alabanda die von Pytheos eingeführten Entwurfsprinzipien im Sinne des auf räumliche Wirkung bedachten hellenistischen Stils weiterentwickelt zu einem geschlossenen System der Symmetrien. Die verschiedenen »Arten der Tempel« wurden danach durch differenzierte, aber auch miteinander kombinierbare Säulenabstände bestimmt, was eine freizügige und dennoch streng konsequente Ausbildung von Achsen und Raumfluchten ermöglichte. Das Hauptwerk des Hermogenes war der Tempel der Artemis Leukophryene in Magnesia am Mäander – ein Pseudodipteros, d. h. ein Bau in den Abmessungen eines Tempels mit doppelter Ringhalle, dessen innerer Säulenkranz zugunsten eines breiteren Umganges entfiel.

Eine Epiphanie der Göttin lieferte in Magnesia im späten 3. Jahrhundert v. Chr. den Anlass, neue Festspiele für die Göttin Artemis einzurichten und das alte Heiligtum durch den Neubau von Altar und Tempel umzugestalten. Über einem siebenstufigen Unterbau (dieser etwa 1,61 m hohe Stufensockel fehlt bei der Rekonstruktion im Museum), der die Reste des archaischen Tempels ummantelte, erhob sich eine Ringhalle mit 8 × 15 Säulen. Der Grundriss bildete ein Raster, das auf einem Joch von 12 dorischen Fuß (1 dorischer Fuß entspricht 32,8 cm) beruhte. Mit einer Erweiterung des frontalen Mitteljoches auf 16 Fuß folgte Her-

mogenes wieder einer altionischen Tradition. Aber durch die konsequente Anwendung der sich daraus ergebenden Bauachsen auf den gesamten Bau vergrößerte sich der Kultraum, und es ergab sich ein harmonischeres Verhältnis der Seitenlängen der Ringhalle. Ebenso waren die Säulen mit einer Höhe von 12,40 m (nach den Berechnungen von Clerget, der offenbar noch eine vollständige Säule in der Ruine messen konnte; Höhe im Museum dagegen 13,40 m) relativ gedrungen proportioniert und bei einer Jochweite von 3,94 m relativ eng gestellt, um die Kolonnaden der weiten Ringhalle enger zusammenzuschließen. Die Säulen ruhten auf attischen Basen, wobei die oberen Tori der Außensäulen mit einem Blattkranzrelief und die der Säulen im Pronaos und Opisthodom mit einem Flechtband ge-

Abb. 10 Kapitell vom Athenatempel in Priene

schmückt waren. Verschiedene Schilf- und Akanthusblätter zierten die Polsterseiten der äußeren Volutenkapitelle, in besonders üppiger Form diejenigen der Kapitelle an den Giebelfronten. Die Polster der inneren Kapitelle blieben dagegen bis auf kleine Blättchensäume beiderseits des ornamentalen Mittelbandes glatt. Außerdem wurde die Dekoration der Säulen und Wände im Innenraum nach der Überführung des Kultbildes gegen 130 v. Chr. nicht mehr vollendet.

Das ionische Gebälk erweiterte Hermogenes nach attischem Vorbild um einen figürlichen Fries mit Amazonenkämpfen (Abb. 11). Ein weiterer ornamentaler Fries mit Rankenfrauen (Friesblock im Foyer des Pergamonmuseums) gehörte neben einem Reliefmäander über dem Sockel zum Schmuck der Außenwände. Diese zumeist lässig und eigentümlich grob ausgeführte Bauornamentik des Hermogenes war ebenso wie der Amazonenfries auf Fernsicht gearbeitet und auf die belebende Wirkung von Licht und Schatten berechnet.

Gegen Ende des 1. Jahrhunderts v. Chr. verschloss man Pronaos und Opisthodom des Tempels nachträglich mit steinernen Schranken. Zum Gesims der Opisthodomschranke gehörte der rechts vom Säulenkapitell an der Saalwand angebrachte Girlandenfries mit den Köpfen von Hirschkühen, den heiligen Tieren der Jägerin Artemis. Der Artemistempel von Magnesia hat die zeitgenössischen Baumeister offenbar stark beeindruckt, so dass sich Einflüsse der hermogenischen Architektur auch noch bis weit in die römische Kaiserzeit hinein an kleinasiatischen Tempeln feststellen lassen.

Literatur: Zu Priene: siehe Kat. Nr. 153 sowie W. Koenigs, IstMitt 33, 1983, 134 ff.; J. Coleman Carter, The Sculpture of the Sanctuary of the Athena Polias at Priene (1983); F. Rumscheid, Untersuchungen zur kleinasiatischen Bauornamentik des Hellenismus (1994); P. A. Webb, Hellenistic Architectural Sculpture (1996), 99 ff. – Zu Magnesia: C. Humann u. a., Magnesia am Mäander (1904); A. Yaylali, Der Fries des Artemisions von Magnesia, IstMitt. Beih. 15 (1976); A. Davesne, La frise du temple d'Artemis à Magnesie du Meandre, Catalogue des fragments du Musee du Louvre (1982); W. Hoepfner – E. L. Schwandner (Hrsg.), Hermogenes und die hochhellenistische Architektur, Internationales Kolloquium in Berlin 26. – 29. 7. 1988 (1990), passim; F. Rumscheid a. O.; .A. Webb a. O. 89 ff.

V. Kä.

Abb. 11 Gebälk und Fries vom Artemistempel in Magnesia

155 Saal 1

Tempel des Zeus Sosipolis von Magnesia am Mäander

Hellenistisch, zwischen 221 und 180 v. Chr. Rekonstruktion der Westfront mit eingefügten originalen Säulen-, Anten- und Gebälkteilen aus Marmor, davor Statue der Athena Parthenos und Hephaistion-Mosaik aus Pergamon (Mos. 70).

In den letzten Jahrzehnten des 3. Jahrhunderts v. Chr. begann man in Magnesia, den »Staatsmarkt« mit zweischiffigen Hallen einzufassen. In der Südhälfte der neuen Agora, die westlich an das Artemisheiligtum anschloss, aber nach dem regulären Straßengitter der um 400 v. Chr. neu angelegten Stadt ausgerichtet war, wurde ein kleiner Tempel für Zeus Sosipolis erbaut. Die prostyle Westfront dieses im Stylobat 7,38 × 15,82 m messenden Sanktuars konnte an der Rückwand des hellenistischen Saales unter Verwendung einiger Originalteile wieder vollständig nachgebildet werden. Über der linken Giebelecke wurde auch der Abguss einer Inschrift von einer Akroterbasis der Rückseite eingefügt, nach der das Akroterion von einem Priester des Demos namens Theophilos gestiftet worden war.

Die Tempelruine dagegen fiel nach der deutschen Ausgrabung dem Steinraub zum Opfer, und ihr Unterbau ist heute wieder unter dem Schwemmsand des in der Nähe vorbeifließenden Lethaios verschwunden. Der Zeustempel bestand aus einer tiefen, im Grundriss quadratischen Vorhalle, die sich mit vier ionischen Säulen nach Westen öffnete, einem ebenfalls quadratischen Kultraum und einem schmalen Opisthodom mit zwei Säulen *in antis* im Osten, das nachträglich mit Bronzegittern verschlossen wurde. Vom kolossalen Kultbild des thronenden Zeus, das den Innenraum der Cella fast zu sprengen drohte, ist ein zweiteiliger Marmortorso erhalten, der sich nach der Fundteilung jetzt ebenfalls in Berlin befindet.

Den Tempelentwurf zeichnet ein bei aller Ausgewogenheit etwas kühl wirkendes Proportionssystem aus. Die Front ergab bei einer Achsweite der gleichmäßig gereihten vier Säulen von 6,35 m und einer Säulenhöhe von 6,30 m ein Quadrat, das dem Grundriss der Vorhalle entsprach. Der Baukörper verhielt sich in den Achsen der Säulen und Wände wie 3 : 7, der Stylobat wie 7 : 15. In der gedrungenen Proportionierung der Säulen, dem attisch profilierten Wandfuß und der Übernahme eines glatten Frieses im Gebälk äußerte sich auch hier der Einfluss der mutterländisch-griechischen Baukunst. Neu war die Einführung des Zahnschnittes unter den Schrägen des Giebelgeisons – ein Merkmal, das im 2. Jahrhundert v. Chr. für pergamenische Bauten charakteristisch werden sollte. Wegen der auf Licht-Schatten-Wirkung hin konzipierten Vorhalle, der klaren Proportionen des Baukörpers und besonders des ›eustylen‹ Verhältnisses von Säulendurchmesser zum Interkolumnium (1 : 2,25) wurde der Zeustempel ebenfalls dem Architekten Hermogenes zugeschrieben. Dem widerspricht allerdings die fehlende Erweiterung des mittleren Frontjoches, die nach Vitruv ein wesentliches Merkmal des hermogenischen Eustylos darstellt, die Verwendung kleinasiatischer Säulenbasen und nicht zuletzt die zart und spröde wirkende Bauornamentik, die sich vom Bauschmuck der Hermogenesbauten unterscheidet.

Literatur: Siehe Kat. Nr. 154 (zu Magnesia). V. Kä.

Abb. 12 Tempel des Zeus Sosipolis in Magnesia. Rekonstruktionszeichnung (nach J. Kohte)

Abb. 13 Ausschnitt aus dem Hephaistion-Mosaik (vgl. Kat. Nr. 158)

156 Saal 1

Propylon zum Athenaheiligtum von Pergamon

Hellenistisch, nach 188 v. Chr.
Rekonstruktion mit eingefügten originalen Architekturfragmenten aus Marmor.

Das im hellenistischen Architektursaal aufgerichtete zweistöckige Propylon (Torbau) bildete den Haupteingang zum Athena-Polias-Heiligtum an der Südwestecke der pergamenischen Burg.

Das Athenaheiligtum gehörte zu den ältesten Kultbezirken Pergamons und wurde in hellenistischer Zeit unter den Herrschern der Attalidendynastie ausgebaut sowie mit zahlreichen Weihgaben ausgeschmückt. Auf die älteren Kultbauten lassen sich wenige Streufunde wie Fragmente einer archaischen Tonsima (Dachrand) und Architektur-Ornamente aus Andesit und Tuffstein beziehen. Im späteren 4. Jahrhundert v. Chr. entstand wahrscheinlich als Stiftung der Barsine, einer persischen Konkubine Alexanders des Großen, und ihres gemeinsamen Sohnes Herakles ein kleiner dorischer Ringhallentempel aus Andesit, von dem auf der Athenaterrasse noch der Unterbau erhalten ist. Von seiner Peristasis (rekonstruierbar mit 6 × 10 Säulen) wurde in der rechten hinteren Ecke des hellenistischen Saales ein Säulenjoch aus Originalteilen aufgebaut (vgl. die Abb. zu Kat. Nr. 154).

König Eumenes II. (197–159 v. Chr.), der in einem groß angelegten Bauprogramm Pergamon zur Residenzstadt umgestaltete, ließ im Norden und Osten des Temenos zweistöckige Hallen aus Marmor errichten. Das Untergeschoss war in der dorischen Ordnung und das Obergeschoss in ionischen Formen, aber mit einem dorischen Triglyphenfries gestaltet. Zum Obergeschoss der Hallenfronten gehörten Balustradenreliefs mit Waffendarstellungen (ausgestellt beiderseits des Propylons und im Nordflügel des Museums), die von den Ausgräbern in Sturzlage unmittelbar vor der Nordhalle gefunden wurden. Diese Reliefs und die Weihinschrift für die siegbringende Athena am Propylon charakterisieren die Hallenbauten als Siegesdenkmal für die militärischen Erfolge Eumenes' II. in den ersten beiden Jahrzehnten seiner Regierungszeit. Die glatten Innensäulen vom Obergeschoss der zweischiffigen Nordhalle bestanden aus bläulichem Marmor und trugen Palmblattkapitelle (s. Abb. zu Kat. Nr. 155, Säule ganz rechts). In der Rückwand des Hallenobergeschosses befanden sich die Zugänge für anschließende Räume, in denen auch die berühmte Bibliothek von Pergamon untergebracht war. Im großen Ostraum stand die kolossale hellenistische Nachbildung der Athena Parthenos (s. Abb. zu Kat. Nr. 155), die jetzt in der Saalmitte steht. Der Eingang zu diesem Raum wurde mit einer dreijochigen Pfeilerstellung rekonstruiert (Aufbau links neben der Säule mit dem Palmblattkapitell; s. Abb. zu Kat. Nr. 155). Funde weiterer Skulpturen im Raumkomplex hinter der Nordhalle (z. B. die Athena mit der »Kreuzbandägis«, Kat. Nr. 115) und von Künstlerinschriften auf Marmorsockeln wurden außerdem als Zeugnisse einer Kunstsammlung der pergamenischen Könige gedeutet.

Das Propylon zu diesem für die Kulturpolitik der Attaliden so wichtigen Ort ist an der Eingangswand des Saales rekonstruiert worden. Es ist wie die anschließenden Hallen zweigeschossig und wie diese unten dorisch, oben jedoch ionisch gestaltet. Am Architrav des Untergeschosses trägt es die genannte Weihinschrift. Den Fries des Obergeschosses schmücken Girlanden aus Eichenlaub und Olivenzweigen, die an Adlern und Stierköpfen hängen. Die Felder über den Blattgewinden füllen Sternphialen und Eulen. Die Tier- und Pflanzenmotive weisen also schon symbolisch auf Athena und Zeus hin. Außerdem sind die Balustraden am Propylon wahrscheinlich nicht, wie hier im Museum, mit Waffenreliefs, sondern mit figürlichen Szenen zu ergänzen, die Athena in bedeutsamen mythologischen Bildern zeigten: Auf der Burg gefundene Balustradenreliefs, die in den Abmessungen und der technischen Zurichtung ganz den Waffendarstellungen entsprachen, gehören zu einer Gigantomachie, dem Bau des Trojanischen Pferdes und einer unbekannten mythologischen Szene (ausgestellt im Nordflügel des Museums).

Literatur: R. Bohn, AvP II; E. Ohlemutz, Die Kulte und Heiligtümer der Götter in Pergamon (1940, 1968[2]) 16 ff.; A. Schober, Die Kunst von Pergamon (1951) 111 ff.; P. Jaeckel, Pergamenische Waffenreliefs, in: Waffen- und Kostümkunde (1965) 94 ff.; J. J. Coulton, The Architectural Development of the Greek Stoa (1976) 275 f.; H.-J. Schalles, Untersuchungen zur Kulturpolitik der pergamenischen Herrscher im 3. Jh. v. Chr., IstForsch 36 (1985) 5 ff.; H. Lauter, Die Architektur des Hellenismus (1986) 204. 248 Taf. 24; W. Radt, Pergamon. Geschichte und Bauten, Funde und Erforschung einer antiken Metropole (1988) 179 ff.; P. A. Webb, Hellenistic Architectural Sculpture (1996) 57 ff.; V. Kästner, Klassisches Vorbild und hellenistische Form. Die Rekonstruktion des Athena-Nikephoros-Propylons auf der pergamenischen Burg, in: Macht der Architektur – Architektur der Macht (2004) 132–143.

V. Kä.

Abb. 14 Modell der Akropolis von Pergamon

157 Saal 2

Der Große Altar von Pergamon

Hellenistisch, 2. Viertel 2. Jh. v. Chr.
Rekonstruktion der Westfront mit Friesplatten der Gigantomachie und originalen Architekturteilen; die übrigen Platten des Gigantomachiefrieses an den gegenüberliegenden Saalwänden; im Saal über der Freitreppe Aufstellung des Telephosfrieses und Architekturproben vom Opferaltar; rechts neben der Altarfront und im Gang unter dem Altar Akroterfiguren (Götter, Pferde und Greif). Dokumentation zur Friesrestaurierung und Forschungsgeschichte im Gang unter der rekonstruierten Altarfront.

◁◁ *157.1 Der Pergamonaltar.*
Gesamtansicht der Rekonstruktion im Pergamonmuseum (2006)

Antike Überlieferung

Der Große Altar von Pergamon gehört seit seiner Wiederauffindung im 19. Jahrhundert und dank einer großzügigen, die antiken Verhältnisse teilweise nachgestaltenden Aufstellung im 1930 eröffneten Pergamonmuseum zu den bekanntesten Monumenten auf der Berliner Museumsinsel. Dem besonderen Rang dieses einzigartigen Gesamtkunstwerkes aus der Spätzeit der griechischen Kunst, der historischen Epoche des Hellenismus, entspricht die Tatsache, dass der Architekt des Museumsbaues, Alfred Messel, diesem Monument den zentralen Hauptraum seines Neubauprojektes einräumte. Die moderne Bezeichnung »Pergamonaltar« hat schließlich auch dazu geführt, das ihn beherbergende Gebäude einfach als »Pergamonmuseum« zu bezeichnen – obwohl sich hier von Anfang an noch andere bedeutende Kunstwerke und Sammlungen befanden.

157.2 Nördlicher Risalit (Westseite)

Es stellt sich nun durchaus die Frage, ob dieser späteren Wertschätzung des historischen Kunstwerkes eine entsprechende antike Überlieferung entspricht. Zeitgenössische Nachrichten über die Erbauung des Altares besitzen wir nicht, und auch in den traditionellen, bis in das 2. Jahrhundert v. Chr. zurückreichenden Listen der »Sieben Weltwunder« wurde er nicht aufgeführt. In der erhaltenen hellenistisch-römischen Kunstgeschichtsschreibung wurde der pergamenische Altarbau ebenfalls nicht erwähnt. Dies kann aber daran liegen, dass gerade diese antiken Schriftsteller eine Kunstauffassung vertraten, die in den klassischen Werken des 5. und 4. Jahrhunderts v. Chr. den eigentlichen Höhepunkt der griechischen Kunst sah und die nachfolgende hellenistische Phase für wenig erwähnenswert hielt. So berichtete der römische Universalgelehrte Plinius, dass die griechische Kunst im ausgehenden 3. Jahrhundert v. Chr. untergegangen und erst nach der Mitte des 2. Jahrhunderts v. Chr. wieder aufgeblüht sei. Das verpflichtende Vorbild der klassischen Kunst Athens war seitdem bis in die römische Kaiserzeit der unangefochtene Maßstab für Künstler und Kunstkenner. Da diese Auffassung auch die Anfänge der modernen Altertumskunde im 18. Jahrhundert tiefgreifend geprägt hatte, kam die Auffindung der pergamenischen Altarfriese fast der Neuentdeckung einer ganzen, in Vergessenheit geratenen Kunstepoche gleich.

Die älteste Nachricht, die vielleicht mit dem Altarbau verbunden werden könnte, steht in der Offenbarung des Johannes, die um 95 n. Chr. verfasst worden ist. Dort wendet sich der Autor des vierten Evangeliums an die Gemeinden Kleinasiens und bezeichnet Pergamon als einen Ort, »wo der Thron Satans ist« bzw. »wo der Satan wohnt« (Apokalypse 2, 12 f.). Eindeutiger scheint der Vergleich des Zeusaltars in Olympia mit einem Altar in Pergamon zu sein, der in der Reisebeschreibung des Pausanias (5, 13, 8)

157.3 Gesims vom Opferherd

Abb. 15 Rückseite einer Bronzemünze aus der Zeit des Septimius Severus mit Darstellung des Altars. Staatliche Museen zu Berlin, Münzkabinett

zu finden ist. Pausanias verfasste dieses Werk zwischen 160 und 180 n. Chr. und urteilte als Kleinasiate auch aus eigener Ortskenntnis. Sicheren Boden betreten wir jedoch erst mit der Erwähnung eines großen Altars im *liber memorialis* des Lucius Ampelius. Im achten Kapitel nennt er unter den Weltwundern in Pergamon einen 40 Fuß hohen Marmoraltar mit zahlreichen Bildwerken und der besonders hervorgehobenen Darstellung einer Gigantomachie, also sicher den »Pergamonaltar«. Problematisch sind hier aber die Person des Ampelius, dessen Lebenszeit schwer zu bestimmen ist, sowie Alter und Charakter der Quellen, aus denen er sein Büchlein kompiliert hat. Schließlich ist aus der Zeit des Kaisers Septimius Severus (193–211 n. Chr.) eine pergamenische Bronzemünze erhalten, deren Rückseite die Westfront des Altars wiedergibt (Abb. 15). In frühbyzantinischer Zeit wurde der Altar zusammen mit anderen Bauten der pergamenischen Akropolis zerstört, um Material für eine mächtige Befestigungsmauer unterhalb der Burg im Bereich des Oberen Marktes zu gewinnen. Diesen Mauerbau hat man mit den Arabereinfällen des 7. und 8. Jahrhunderts n. Chr. verbunden. So wäre der Altar vor der Eroberung Pergamons durch den arabischen Feldherrn Maslama im Frühjahr 717 n. Chr. planmäßig abgetragen worden. Die Befestigungsmauer wurde jedoch nicht vollendet. Die Ausgräber fanden unmittelbar im Norden und Osten der Altarruine noch herabgestürztes Abbruchmaterial. Einen Teil davon hat man in späterer Zeit in Häusern auf der Altarterrasse oder im tieferliegenden Gebiet der byzantinischen Wohnstadt vermauert.

Ausgrabung, Erforschung und Wiederaufbau im Museum

Die bei Abbrucharbeiten an der frühbyzantinischen Mauer durch Kalkbrenner im 19. Jahrhundert zutage getretenen Skulpturenfragmente veranlassten schließlich Grabungen der Berliner Museen unter Carl Humann und Alexander Conze in den Jahren 1878 bis 1886. Sie lieferten nicht nur umfangreiche Reste des Reliefschmuckes und der Marmorarchitektur des großen Altares, sondern führten auch zur Auffindung des Fundamentes aus Tuffstein, das in kürzester Zeit vollständig freigelegt werden konnte. Vom Aufbau des Altares wurden jedoch nur noch zwei Stufenblöcke aus

Abb. 16 Fundament des Altars nach der Ausgrabung im 19. Jahrhundert

Marmor an der Ostseite *in situ* angetroffen. Die Ergebnisse dieser Grabungen konnten in ersten Vorberichten 1880 bis 1888 mit in wesentlichen Zügen zutreffenden Rekonstruktionsversuchen des Altares durch den Architekten Richard Bohn vorgelegt werden.

Richard Bohns Aufzeichnungen bildeten zusammen mit den Studien von Otto Puchstein zur Anordnung des großen Frieses (1888–1889) die Grundlage für eine erste museale Rekonstruktion des Bauwerkes mit seinem großen Sockelfries im alten »pergamenischen Museum« (1901–1909). Dafür waren die nach den Fundteilungen mit den türkischen Behörden nach Berlin transportierten Fragmente der Altarreliefs seit 1880 in mehrjähriger Restaurierungsarbeit durch die italienischen Bildhauer Antonio Freres und Temistocle Possenti wieder zusammengesetzt und zu Platten ergänzt worden. Nach dem frühen Tod Richard Bohns übernahm Jakob Schrammen die abschließende Publikation der Altararchitektur in den »Altertümern von Pergamon«, die im Jahre 1906 erschien und der in der gleichen Reihe ein Band über die Altarfriese von Herrmann

Winnefeld im Jahre 1910 nachfolgte. Diese Darstellungen fassten die damaligen Forschungsergebnisse zusammen und ergänzten sie um eigene Beobachtungen, die sich bei Nachuntersuchungen auf dem Burgberg und nach der Demontage des alten »pergamenischen Museums« ergaben. Schrammens Darstellung bildete auch die Grundlage für weitere Modifikationen der Altarrekonstruktion in einem unveröffentlichten Gutachten von Wilhelm Dörpfeld aus dem Jahr 1919 und in den Ausführungsplänen, die Armin von Gerkan für eine Rekonstruktion des Altares im 1930 eröffneten Neubau des Pergamonmuseums anfertigte. Die kriegsbedingte Auslagerung der Altarfriese 1941 bot in begrenztem Maße weitere Möglichkeiten für technische Beobachtungen von Friedrich Krauss, dessen Unterlagen auch Heinz Kähler für seine wichtige, erst 1948 veröffentlichte Abhandlung über den Großen Fries benutzte. Am Ende des Zweiten Weltkrieges wurden die Altarfriese zusammen mit anderen Kunstwerken der Berliner Museen von der Roten Armee nach Leningrad (St. Petersburg) abtransportiert. Bei der mit großer Eile von 1958 bis 1959 durchgeführten Wiederaufstellung der nach Berlin zurückgekehrten Altarfriese waren wissenschaftliche Studien kaum möglich, allerdings wurden kleinere Änderungen in der Plattenfolge – die sich aus den Studien von H. Kähler ergeben hatten – bei der sonst unveränderten Einrichtung des Altarsaales berücksichtigt. Weitere Ergänzungen der Gigantomachiereliefs ergaben sich in den folgenden Jahren durch die Ergänzung einer Schlange der Beißergruppe im Nordfries (1963 von Elisabeth Rohde) und eines Abgusses des »Worksop-Reliefs« im Südfries. Das »Worksop-Relief« gehörte ebenso wie der »Fawley-Court-Gigant« zu der berühmten englischen Antikensammlung von Thomas Howard, dem 2nd Earl of Arundel (1580–1646). Die beiden Reliefs wurden von dem als Kunstagent in die Türkei geschickten Kaplan William Petty 1625 für die Arundel-Collection erworben und erst in den sechziger bzw. siebziger Jahren des 20. Jahrhunderts von Denys Haynes als Fragmente des Gigantomachie-Frieses wieder entdeckt. Im Altarsaal sind außerdem seit den siebziger bzw. achtziger Jahren vier überlebensgroße Marmorstatuen thronender bzw. stehender weiblicher

157.4 Dachaufsatzfigur: Poseidon

Gewandstatuen, die in der Umgebung des Altares gefunden wurden (Kat. Nr. 157.6), sowie einige kleinere Marmorskulpturen – Pferde, ein Greif, ein Löwe und Götterfiguren, die als Akrotere zum Dachschmuck des Altares gehörten (Kat. Nr. 157.4; 157.5) – aufgestellt worden.

Schäden an den Friesreliefs, die infolge von Alterungsprozessen an den im 19. Jahrhundert verwendeten Restaurierungsmaterialien und durch die Transporte besonders am Kriegsende aufgetreten waren, haben seit 1994 neue umfassende Restaurierungsarbeiten erfordert. Erste Ergebnisse dieser Maßnahmen zeigte der nach einer gründlichen Wiederherstellung im Jahre 1997 neu geordnete Telephos-Fries im oberen Altarsaal. Die bereits 1996 begonnenen Restaurierungsarbeiten am großen Fries erwiesen sich hingegen erwartungsgemäß als wesentlich schwieriger und zeitraubender. Für die Arbeiten an den Altarfriesen – das größte Restaurierungsprojekt der Antikensammlung seit der Einrichtung des Pergamonmuseums – war die Werkstatt von Silvano Bertolin verpflichtet worden, die über langjährige Erfahrungen in der Restaurierung antiker Plastik verfügte. Im Sommer 2004 wurde das Projekt erfolgreich abgeschlossen. Die begleitenden wissenschaftlichen Studien ermöglichten dabei Neuanpassungen und Verbesserungen in der Plattenanordnung besonders im Nord- und Ostfries der Gigantomachie. Weitere zukünftige Restaurierungsmaßnahmen sind in Zusammenhang mit der geplanten Gebäudesanierung vorgesehen, um auch die Schäden am architektonischen Aufbau der Westfassade des Altares zu beheben.

157.5 Dachaufsatzfiguren: Pferde und Greif

Die Architektur des Altares

Für die Anlage des Altares wurde das bereits bebaute felsige Gelände am Südhang des Burgberges unterhalb des Athenaheiligtums zu einer großflächigen Terrasse umgestaltet (Ostwestausdehnung 92,50 m bzw. 77 m; Nordsüdbreite 69 m). Dazu musste im Norden der anstehende Felsen weggesprengt werden, wobei das anfallende Gestein gleichzeitig als Füllmaterial für den Unterbau des Altares diente. Im Westen erweiterte man das Terrain über die alte Burgmauer hinaus durch Substruktionen, im Süden wurde es aufgefüllt und mit einer neuen Stützmauer eingefasst. Im Osten folgte die Temenosmauer dem alten schräg aufsteigenden Burgweg, von dem offenbar eine kurze Rampe als Hauptzugang abzweigte. Am Nordrand der Terrasse wurden vor einer hohen Stützmauer die Reste eines 68 m langen Podiums gefunden, auf dem vielleicht Skulpturen aufgestellt waren. Westlich schlossen sich Reste weiterer kleinerer Monumente und ein Treppenaufgang an. Ein Plattenpflaster wie im Athenaheiligtum wurde nicht gefunden, auch wenn das Gelände für ein einheitliches Hofniveau hergerichtet war. Innerhalb dieses Areals war das Altarfundament so orientiert, dass seine Westfront mit der westlichen Langseite des alten Athenatempels fluchtete. Der Neubau stand also in einer beabsichtigten Korrespondenz zum alten Burgheiligtum, wobei der Giebel des über der Terrasse liegenden Athenatempels beim Betreten des Altarbezirkes von Osten her sichtbar war (Abb. 14; 16).

Vom Altar selbst ist am Ort der Fundamentrost aus Tuffquadern erhalten geblieben, der bei einer Grundfläche von 36,80 × 34,20 m heute noch etwa 2,80 m über die erhaltenen Marmorblöcke der untersten Stufe aufragt (Abb. 17). Das Fundament ruht im Süden auf den Mauern eines hellenistischen Hauses und schließt neben einem stehen ge-

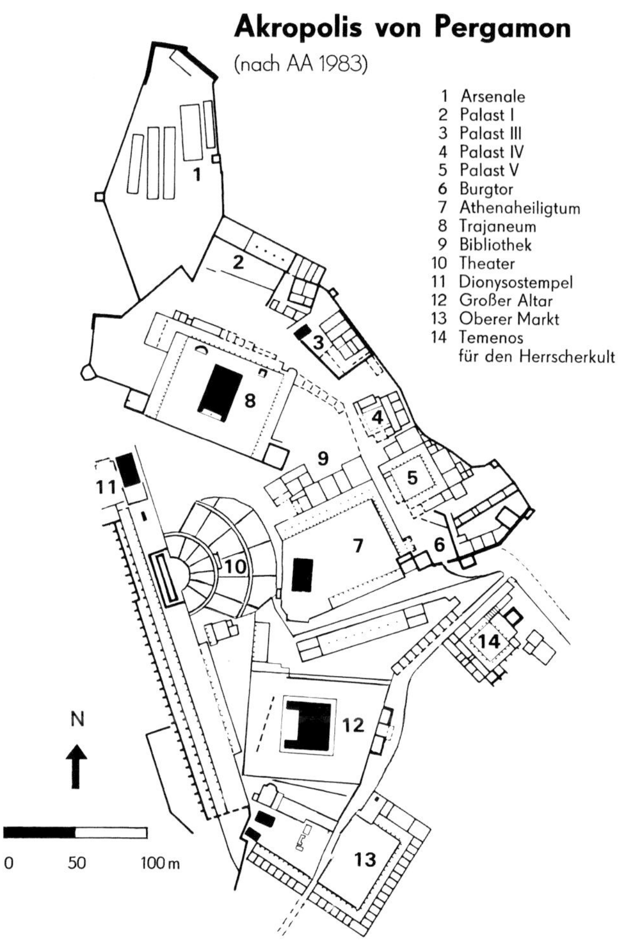

Abb. 17 Plan der Akropolis von Pergamon

bliebenen Felsklotz Reste eines Kultbaues mit ein, der bis auf seinen halbrunden Ostabschluss abgerissen wurde. Man hat diesen Vorgängerbau bisher entweder als Zeusheiligtum, als Heroon des Telephos oder als Nymphaion gedeutet, ohne dass dafür jedoch sichere Anhaltspunkte vorlägen.

Über einem Kern, für den das am Ort anstehende Gestein (Tuff und Andesit) und Abbruchmaterial zur Verfügung stand, wurde die aufgehende Architektur des Altars aus weißem, teilweise grau gebändertem und dunkelblaugrauem Marmor errichtet. Er musste aus weit entfernten Steinbrüchen auf dem Seeweg über den Hafen Elaia nahe der Kaikosmündung nach Pergamon gebracht und dann zum Bauplatz auf dem 335 m hohen Burgberg transportiert werden, da in der unmittelbaren Nähe von Pergamon kein geeigneter Marmor zu finden war. Neuere Forschungen haben ergeben, dass der für die Altarfriese verwendete weiße bis hellgraue Marmor von der Insel Marmara (antiker Name: Prokonnesos) stammt. Die ›Marmorinsel‹ gehörte zum Herrschaftsgebiet der antiken Stadt Kyzikos, die enge und freundschaftliche Beziehungen zum pergamenischen Herrscherhaus unterhielt. Die auch heute noch in großem Umfang ausgebeuteten Marmorvorkommen wurden bereits in der Antike geschätzt und stellten neben dem blaugrauen Marmor von der nahen Insel Lesbos die wichtigste Rohstoffquelle für die Prachtbauten der hellenistischen Residenzstadt Pergamon dar. Durch die langen Transportwege war Marmor ein kostbares Baumaterial, dessen Einsatz genau geplant wurde. Aus Sparsamkeit hat man häufig auch umgearbeitete Werkstücke älterer Bauten wieder verwendet. Alle Werkstücke aus Marmor erhielten Versatzmarken (eine Kennzeichnung mit griechischen Buchstaben), die eine bessere Kalkulation des Materialbedarfs, eine Vorrichtung im Steinbruch zur Verringerung der Transportleistungen und den richtigen Versatz am Bauplatz ermöglichten. So haben Untersuchungen ergeben, dass für einen großen Hallenbau, den der pergamenische König Eumenes II. in Athen südlich der Akropolis stiftete, Bauglieder in Kleinasien vorgefertigt und nach dem Transport mit Hilfe der Versatzmarken zusammengesetzt wurden. Umgekehrt erleichtern erhaltene Versatzmarken die Rekonstruktion zerstörter Bauwerke. Otto Puchstein konnte mit Hilfe der Versatzmarken die Anordnung der Deckgesimsplatten des großen Altarfrieses wieder erschließen, die mit ihren Götternamen andererseits die entscheidenden Kriterien für die Wiederherstellung des Frieses selbst lieferten.

Der insgesamt 5,92 m hohe Unterbau des Altares bestand über einer annähernd quadratischen Grundfläche wahrscheinlich aus einem vierstufigen Unterbau (Krepis), einem niedrigen profilgesäumten Podium und dem 2,30 m hohen Götter-Giganten-Fries, der seinerseits auf einem komplizierten Fußprofil stand und mit einem weit vorkragenden ionischen Deckgesims abgeschlossen wurde. An

157.6 Weibliche Gewandfiguren (Priesterinnen?) aus der Umgebung des Großen Altars

der Westseite führte eine in den Unterbau einschneidende, über 20 m breite Freitreppe auf den hochgelegenen Innenhof des Altares. Die Friesreliefs umgaben auch die Risalite, die durch diesen Einschnitt entstanden waren, und liefen dann gegen die Stufen der Freitreppe (Kat. Nr. 157.1). Die einzelnen Platten des insgesamt etwa 113 m langen Sockelfrieses waren meist 0,70 bis 1,10 m breit. Sie wurden als etwa 50 cm dicke Rohblöcke mit glatt geschliffenen Stoßflächen versetzt, bevor man den Kern des Unterbaues mit Andesit- und Tuffquadern auffüllte. Die Reliefs wurden – wie in der Antike üblich – erst nach dem Versatz der Rohblöcke ausgeführt. Die Verbindung der Marmorblöcke untereinander und mit der Hintermauerung erfolgte mit eisernen Dübeln und Klammern, die mit Blei vergossen wurden. Später bei der Ausarbeitung der fast rundplastischen Friesfiguren wurden häufig Dübellöcher in den Standflächen angeschnitten und die Löcher in den Oberseiten, die zur Befestigung der Hebewerkzeuge dienten, fast vollständig zerstört.

Die Profile, die das Reliefband säumten, trugen Inschriften; die Standplatten nannten die ausführenden Bildhauer sowie die Namen der Giganten, und in den Kehlen

157.7 Ostfries: Zeusgruppe

der Deckgesimse waren die Namen der Götter verzeichnet. An den Treppenwangen, wo das Fußprofil fehlte, findet man einen Gigantennamen auf dem Reliefgrund (Südrisalit: Bro[nteas]) und eine Künstlerinschrift auf dem Geison (Theorretos), ausnahmsweise erscheint auch der Name der Mutter der Giganten, Ge, auf dem Reliefgrund des Ostfrieses.

Auf den Deckgesimsplatten des Gigantenfrieses, aber um 62,5 cm eingerückt, erhob sich der Oberbau über einer zweistufigen Krepis mit einer dreiseitigen Hofwand, der außen eine ionische Säulenhalle vorgeblendet war. Im Westen wurden die Hofwände bis zu den Risaliten vorgezogen. Der Säulenkranz lief um diese Risalitmauern herum und schloss mit einer querliegenden Kolonnade über der Freitreppe. Hinter dieser Säulenhalle befand sich eine Reihe von Säulenpfeilern zwischen Anten, die durch kurze Zungenmauern mit der Hofwand verbunden waren. Sie bildeten den Zugang zum Innenhof der Altarplattform. Die winkelförmig gestalteten Antenpfeiler zeigten an, dass im Hof ein Peristyl aus Säulenpfeilern geplant war, das jedoch nicht mehr ausgeführt wurde. Die Wände des Innenhofes waren mit dem Telephosfries geschmückt, einer durchlaufenden Folge von Reliefszenen, die das Leben des mythischen Gründers von Pergamon erzählte. Auch die 1,58 m hohen und 0,67 bis 1,05 m breiten Platten dieses sogenannten kleinen Frieses waren als maximal 40 cm dicke Rohblöcke auf dem Wandsockel aufgereiht worden, bevor man die äußere Wandschale aus dunkelblauen Marmorquadern aufführte und die Reliefs herausarbeitete. Beide Wandschalen wurden mit Deckplatten verklammert, die gleichzeitig als Auflager der Hallendecken dienen sollten. Da die inneren Hallen nicht ausgeführt wurden, sind die Oberseiten der Deckplatten hofseitig verwittert. Schließlich stand im Hof, der mit Marmorplatten gepflastert war, der mit einem reich verzierten Gebälk bekrönte Brandopferaltar, die eigentliche Opferstätte.

Die äußeren Säulenhallen besaßen ein friesloses ionisches Gebälk und eine aus Marmorplatten gefügte Kassettendecke. Die leicht nach außen geneigten Oberflächen der Kassettensteine bildeten gleichzeitig das Altardach. Diese Architekturordnung wirkte insgesamt eher konservativ in ihrem traditionell kleinasiatischen Habitus. Belebt wurde sie vor allem durch die verschiedenartige Gestaltung der ionischen Kapitelle, deren Polster teils das alte

157.8 Ostfries: Athenagruppe

kleinasiatische Kehlen-Schema, teils Schuppenbänder mit Akanthuskränzen und ausstreichenden »Pfeifen« zeigten. Bemerkenswert sind ein Kapitell mit stilisierten Blitzbündeln, dem Attribut des Wettergottes Zeus, sowie die Eckkapitelle mit diagonal angeordneten Voluten. Noch zierlicher erscheinen die im Durchgang zum Altarhof auf Postamenten (Säulenstühlen) stehenden ionischen Säulenpfeiler, eine pergamenische Fassung von Bauelementen der zeitgenössischen makedonischen Paläste. Insgesamt gab sich diese Architektur weniger monumental als kleinteilig und intim, sie charakterisierte den Altar als kostbaren Schrein. Dem entsprach auch der figurale Dachschmuck, denn die Dächer der Säulenhallen trugen auf den Risalitfronten, im Osten, Süden und Norden nach dem severischen Münzbild (Abb. 15) sowie den auf einigen Platten noch erkennbaren Standspuren figürliche Akrotere. Zahlreiche Fragmente derartiger unterlebensgroßer Statuen – Fabelwesen (Tritone, Greifen, Kentauren), Götterfiguren (Poseidon, Apollon, Athena) und besonders Pferdeleiber, die sich zu Viergespannen gruppieren lassen – wurden bei der Ausgrabung im Norden und Osten des Altarfundamentes geborgen (Kat. Nr. 157.4; 157.5).

Die Kultstätte

Beim Abriss der Türme des mittelalterlichen Burgtores wurden auch Architravbrocken mit Resten der Weihinschrift des Altars gefunden. Sie befand sich wahrscheinlich auf der Ostseite des Bauwerks, die beim Betreten des Heiligtums zuerst sichtbar wurde, und lässt sich leider nur schwer ergänzen. Auf den Fragmenten können jedoch die wichtigen Worte »(der) Königin« und »(für) … Wohltat(en)« sicher gelesen werden. Geht man weiter davon aus, dass – was inzwischen nicht mehr bezweifelt wird – der Altarbau aus historischen und archäologischen Gründen nur während der Regierungszeit des pergamenischen Königs Eumenes II. (197–159 v. Chr.) möglich war, dann kann im Vergleich mit anderen pergamenischen Weihinschriften der Wortlaut doch mit großer Wahrscheinlichkeit erschlossen werden. Es ergäbe sich eine über etwa 9 Säulenjoche reichende Inschrift, nach der König Eumenes, Sohn des Königs Attalos und der Königin Apollinis den Altar für erwiesene Wohltaten dem Zeus und der siegbringenden Athena geweiht hätte. Hypothetisch sind hier eigentlich nur die Götternamen. Aber die Ausrichtung des Altares

157.9 *Ostfries: Porphyrion, der Zeusgegner*

nach dem Athenatempel und die besonders herausragenden Kampfgruppen von Zeus und Athena im Ostfries legen die Übernahme dieser Adressatenformel, die auch auf Weihinschriften im Athenabezirk häufig zu lesen ist, doch sehr nahe – wenn man nicht gar an eine Weihung denken will, die alle Götter einschloss.

Der Opferplatz im Innenhof des Altares war der kultische Mittelpunkt des Bauwerkes. Er bestand aus einem langrechteckigen Opferpodium, das an drei Seiten von Wangen, die als Windschutz dienten, eingerahmt wurde. Von der Bekrönung dieser Wangen sind zahlreiche Werkstücke erhalten, die sich zu einem reich verzierten ionischen Gebälk mit Lotos-Palmetten-Fries und Zahnschnitt zusammenfügen lassen (Kat. Nr. 157.3). Die abschließenden Geisonblöcke sind wie die Sima eines Tempels mit Löwenköpfen zwischen Rankenwerk verziert. Auf ihrer Oberseite sind außerdem rechteckig eingetiefte Bettungen mit Dübellöchern erkennbar, die von weiteren nicht mehr erhaltenen Aufsätzen herrühren. Das erwähnte kaiserzeitliche Münzbild zeigt über diesem Opferplatz sogar einen gewölbten von Säulen getragenen Baldachin, von dem aber ebenfalls nichts mehr vorhanden ist.

Der große Fries

Den Gesamteindruck des Altares bestimmte der monumentale Sockelfries mit dem großformatigen Hochrelief der Gigantomachie. Daneben befand sich im Innenhof ein zweiter, kleinformatiger Reliefzyklus, der in einzelnen Szenen die Lebensgeschichte von Telephos erzählte, dem mythischen Gründer der Stadt und Urahn der pergamenischen Königsdynastie. Den oberen Abschluss des Bauwerkes bildete schließlich eine Gruppierung unterlebensgroßer Skulpturen. Sie wiederholten – gleichsam als bekräftigendes Zitat aus dem großen Fries – noch einmal die wichtigsten Götter zusammen mit beigeordneten Pferdegespannen, Tieren (Löwen?) und Fabelwesen (Kentauren, Tritone und Greifen). Gegenüber diesem reichen Fries- und Skulpturenschmuck trat die zierliche Architektur zurück und erfüllte eine eher dienende Funktion.

Der große Sockelfries gehört zu den Meisterwerken der griechischen Kunst. Plastische Wirkung und eine barocke Dynamik in der bewegten Wiedergabe seiner Kampfszenen charakterisieren ihn als ein Werk des Hochhellenismus.

Während Friesdarstellungen in der griechischen Kunst bisher als integrale Bestandteile fest in ein architektonisches Gerüst eingebunden waren, erhielt der Sockelfries am pergamenischen Altar eine besonders herausragende Bedeutung. Das raumgreifende Kampfgetümmel vor einem bühnenartig zurücktretenden Hintergrund wurde zum selbständigen Teil des Aufbaues und Träger

157.10 Ostfries: Leto und Apollon

dynamischer Architekturkräfte. Die dramatisch gestalteten Reliefs erzeugten das allegorische Bild eines allumfassenden kosmischen Geschehens, in dem die Olympier, unterstützt von den Göttern des Tages und der Nacht, des Schicksals und des Meeres einen überlegenen Sieg über die Kräfte des Chaos in Gestalt der Giganten, den rebellierenden Abkömmlingen der Erdmutter Ge und des Tartaros, erringen. Die Erbarmungslosigkeit des Kampfes spiegelt sich im Pathos einer bis an die Grenzen der antiken Form gesteigerten Bildersprache. Während die Götter zumeist in Bildnissen von klassischer Idealität wiedergegeben werden – Zeus und Athena erinnern an die Komposition des Parthenon-Westgiebels, Apollon an ein spätklassisches Werk des Leochares – sind die dämonischen Kräfte der Giganten durch Schlangenbeine, Tierköpfe und gewaltige Flügel als ganz und gar unmenschlich charakterisiert. Unmenschlich grausam wird auch das Leid der Besiegten gestaltet, das besonders im Antlitz des sterbenden Athenagegners Alkyoneus unmittelbar zu uns spricht. Darstellungen vom Elend der Besiegten schienen überhaupt eine zentrale Position in der hellenistischen Kunst von Pergamon einzunehmen, sei es wie hier im mythologischen Gewand oder in den durch römische Kopien überlieferten Siegesdenkmalen mit den Bildnissen der im Kampf unterlegenen Kelten, die ganz direkt damals aktuelles historisches Geschehen widerspiegelten. Es scheinen die Erfahrungen in einer unruhigen Zeit des Umbruchs gewesen zu sein, geprägt von den Wechselfällen der Politik und mit äußerster Härte geführten mili-

APHRODITE EROS DIONE PHOBOS DEIMOS ENYO M

HEKATE ARTEMIS LETO APOLLON DEMETER HERA

RHEA-KYBELE NYX (?) EOS HELIOS THEIA

TRITON AMPHITRITE

NEREUS UND DORIS OKEANOS UND TETHYS

Abb. 18 Der große Fries des Pergamonaltars

Lachesis, Atropos) Gorgonen (Medusa, Euryale, Stheno) Poseidon

Vier Winde Herakles Zeus Athena Nike Ares

Selene Hermera (?) Aither Uranos Themis Phoibe Asteria

Nymphai (?)

Satyroi Dionysos Semele

157.11 Ostfries: Hekate und Klytios

tärischen Auseinandersetzungen um die Machtpositionen im zerfallenen Alexanderreich, die hellenistische Künstler dazu brachte, in ihren Werken bis zu den Grenzen menschlicher Existenz vorzudringen.

Der Mythos vom Kampf der Götter gegen die Giganten war ein altes und wichtiges Thema in der griechischen Kunst. Es hatte eine grundsätzliche sittliche Bedeutung als Sinnbild für den Sieg von Ordnung und Vernunft in Gestalt der olympischen Götter und des sterblichen Helden Herakles gegenüber dem ungeordneten Chaos, der rohen Natur und dem frevelhaften Übermut der erdgeborenen Giganten. Eine von Göttern und Dämonen erfüllte Welt schilderte bereits der Dichter Hesiod, dessen Götterlehre letztlich auch die pergamenische Gigantomachie verpflichtet war.

Die pergamenischen Reliefs zeigen jedoch, dass die Götter nicht mehr nur im Kult, sondern als naturbewegende Kräfte im Sinne eines stoischen Pantheismus erfahren wurden. Zweifellos lag dieser Friesdarstellung – schon wegen der großen Anzahl der neu auszuwählenden und ikonographisch zu definierenden Gestalten – ein gelehrtes hellenistisches Konzept zugrunde. Man hat dabei an eine pergamenische Gelehrtenschule gedacht, die zusammen mit der von den Attalidenkönigen gegründeten berühmten Bibliothek entstanden war. Als Leiter dieser Bibliothek hatte

157.12 Ostfries: Gigant zu Füßen der Artemis

157.13 Ostfries: Hekate und Artemis

Eumenes II. den Gelehrten Krates von Mallos aus Kilikien nach Pergamon berufen. Von ihm ist bekannt, dass er sich eingehend mit den Epen von Homer und Hesiod beschäftigt hat und als Stoiker auch zur allegorischen Auslegung dieser Dichtungen neigte. Erika Simon versuchte daher, die stoische Auffassung von der Vierteilung der Welt mit der Verteilung der Götter am Altarsockel zu vergleichen und schrieb auch die Interpretation der Titanen als mit den Olympiern verbündete kosmische Mächte stoischem Gedankengut zu. Etwas von diesem gelehrten Hintergrund äußert sich auch in den bruchstückhaft erhaltenen Inschriften, die auf den rahmenden Profilen die Namen der dargestellten Figuren angaben. Interessant sind die zahlreichen und oft neu erfundenen Gigantennamen, die entweder als Beschreibung der rohen und gewalttätigen Natur (Bronteas oder Bromos, Eurybias, Molodros, Maimaches, Obrimos, Ochthaios, Palamneus, Peloreus, Sthenaros und Styphelos) oder als Hinweis auf die Erdverbundenheit (Charadreus, Chthonios, Chthonophylos, Erysichthon, Mimas, Pharangeus und Udaios) dieser Wesen zu verstehen sind. Aufgrund der Inschriften ist der beabsichtigte Kontrast noch an einer Szene des Südfrieses nachvollziehbar, wo sich Themis, die Bewahrerin des Rechts und der göttlichen Ordnung, und der Gigant Maimaches (»Wüterich«, »Sturmmann«) gegenüberstehen.

Seit der Entdeckung des großen Altares hat es nicht an Versuchen gefehlt, aus der Interpretation antiker Quellen und der Deutung stilistischer Befunde die Herkunft, wenn nicht gar den Namen des Bildhauers zu ermitteln, der dieses bedeutende Werk entworfen hat. Fragmente von Inschriften und den Reliefs ablesbare stilistische Merkmale beweisen, dass die Kampfgruppen des großen Frieses ab-

157.14 Südfries: Aither und Uranos

schnittsweise zur Ausarbeitung an eine größere Anzahl von Bildhauern vergeben wurde. Die Namen Theorretos an der Treppenseite sowie Dionysiades und Menekrates an der Front des Südrisalits, schließlich Orestes am Nordfries sind noch lesbar. Außerdem lassen sich Herkunftsbezeichnungen wie Athen und Pergamon erkennen. Man glaubt zudem im Stil der Reliefs die ›Handschriften‹ unterschiedlich begabter, älterer und jüngerer Meister erkennen zu können. Aber es wird auch ein das ganze Werk umfassender Drang nach Variation sowohl in der Komposition immer wiederkehrender gleichartiger Kampfsituationen als auch in den sorgfältig ausgestalteten Details spürbar.

Einer abwechslungsreichen Darstellung dienlich ist auch die große Zahl der weiblichen Gottheiten, die mit ihren kunstvoll aufrauschenden Gewändern in wirkungsvollem Kontrast zu den stets männlichen Giganten stehen. Unter den letzteren sind es wiederum die abwechselnd auftauchenden Schlangenbeiner, die mit ihren gewundenen und züngelnden Beinschlangen die einzelnen Szenen miteinander verklammern. Zweifellos zeigt sich hier der geniale Entwurf eines überragenden Künstlers, der es verstand, die Stilmittel seiner Zeit wirkungsvoll auszuschöpfen und die vielfältigen Begabungen der einzelnen Bildhauer sinnvoll zu organisieren.

Aufgrund stilkritischer Untersuchungen wurden Verbindungen der Altarwerkstatt zur rhodischen ›Bildhauerschule‹ angenommen, die so berühmte Gruppen wie den Laokoon und den Farnesischen Stier hervorgebracht hatte. Arnold von Salis versuchte sogar, den in einem spätantiken Gedicht, der »Mosella« des Ausonius, in einer Liste berühmter Architekten genannten Menekrates aus Rhodos, der wohl zugleich der Adoptivvater der Bildhauer Apollonios und

157.15 Südfries: Phoibe und Asteria

Tauriskos von Tralles war, mit dem inschriftlich am Altar genannten gleichnamigen Künstler zu identifizieren und als Architekt des gesamten Altars zu erweisen. Schließlich unternahm Bernard Andreae den großangelegten Versuch, das Werk eines attischen Erzgießers Phyromachos zu rekonstruieren, der nach der Überlieferung ein berühmtes Asklepiosbildnis für Pergamon schuf, und in ihm den Schöpfer des hochhellenistisch-pergamenischen Altarstils zu bestimmen. Aufgrund des fragmentarischen Charakters der antiken Überlieferung werden diese Versuche meist Hypothesen bleiben, aber sie tragen wesentlich dazu bei, unsere Kenntnisse zu vervollständigen und den Altar als Kunstwerk besser zu verstehen.

Der Ostfries des Altars

Betrat man die Altarterrasse durch den Haupteingang am Burgweg, so fiel der Blick auf den Ostfries des Altars. Hier im Zentrum des Kampfgeschehens eröffneten die olympischen Götter zusammen mit Herakles die Gigantenschlacht. In der Mitte des Frieses lenkte wahrscheinlich die Götterbotin Iris, von der nur ein mächtiger Flügel erhalten ist, das Viergespann des Zeus heran. Mit ihr zusammen in der Mitte kämpft die Göttin Hera. Von den nach rechts stürmenden Pferden, in denen wir die nützlichen Winde des Wettergottes Zeus – Euros, Boreas, Zephyros und Notos – verkörpert sehen, werden die Giganten zu Boden geworfen und niedergestampft. Das Ornament auf dem Rundschild eines Giganten unter den Pferdehufen erinnert an den Stern der makedonischen Könige – gleichsam ein Zitat aus den sieg-

157.16 Südfries: Eos

reich bestandenen Kämpfen historischer Zeit. Das Gespann leitet den Blick weiter über Herakles, dessen Position nur durch die erhaltene Inschrift am Gesims erschlossen werden kann, zu den wichtigsten Göttern des Frieses, Zeus und Athena (Kat. Nr. 157.7; 157.8). In auseinanderstrebenden, aber symmetrisch aufeinander bezogenen und ausgreifenden Bewegungen bilden sie den ideellen Mittelpunkt des Kampfgetümmels. Zwischen zwei bereits am Boden liegenden jugendlichen Gegnern holt Zeus mit seiner Rechten aus, um den mächtigen Anführer der Giganten, den schlangenbeinigen und glutäugigen Porphyrion (Kat. Nr. 157.9), mit seinem Blitz niederzustrecken. Gleichzeitig attackiert der Adler des Zeus die emporzüngelnden Beinschlangen des Giganten. Ein rücklings gestürzter und nur noch in den Umrissen erkennbarer Gegner, der nach einem Inschriftfragment als Tartaros – nach Hygin der Vater des Gigantengeschlechtes – benannt werden kann, leitet über zur Athenagruppe. Athena, die Tochter des Zeus, stürmt nach rechts und greift zurückgewandt in das Haupthaar des Alkyoneus, um ihn von der Kraft und Schutz spendenden Erde zu lösen. Gleichzeitig setzt die von der Göttin gesandte Schlange zum tödlichen Biss an der Brust des Giganten an. Vergeblich fleht zu ihren Füßen die Erdmutter Ge um das Leben ihres Sohnes. Von rechts schwebt bereits die Siegesgöttin heran, um Athena zu bekränzen (Kat. Nr. 157.8). Hinter ihr folgt das sich vor einem stürzenden geflügelten Giganten aufbäumende Zweigespann des Kriegsgottes Ares. Damit endet dieser Friesabschnitt an der Nordostecke des Altars. Inhaltlich setzt sich jedoch das Geschehen ohne Unterbrechung mit der ebenfalls zu den Olympiern gehörigen und mit Ares verbundenen Aphrodite auf dem anschließenden Nordfries weiter fort.

157.17 Südfries: Helios

Die Komposition der Hauptgruppen des Ostfrieses erinnert an den Westgiebel des Parthenon, wo Poseidon und Athena um das attische Land streiten. Die Konfiguration der auseinanderstrebenden, aber in ihren Aktionen aufeinander bezogenen Hauptgestalten zwischen Pferdegespannen erweist sich somit als Zitat aus der vorbildhaften klassischen Kunst Athens.

Nike und Iris bilden mit ihren mächtigen Flügeln einen weiteren Rahmen, der das zentrale Geschehen um Hera, Herakles, Zeus und Athena hervorhebt. Die Platten links der Hera sind nicht erhalten. In dieser Frieslücke muss eine Kampfgruppe mit der Göttin Demeter ergänzt werden. Die Anwesenheit der Demeter kann aus der inzwischen leider verschollenen Inschrift ihres literarisch überlieferten Gegners Erysichthon erschlossen werden. Dieser Gruppe können Kopf und Rücken eines von Flammen getroffenen gestürzten Giganten, der mit seiner rechten Hand eine Fackel abwehrt sowie Bruchstücke einer mit zwei Fackeln angreifenden Göttin zugeordnet werden. Der Archäologe Wilhelm von Massow hatte bereits in den zwanziger Jahren bei der Einrichtung des Pergamonmuseums vor allem mit diesen Fragmenten eine verlorene Friesgruppe zu rekonstruieren versucht, die jedoch nicht völlig überzeugte.

Auf die mit der neu konzipierten Demetergruppe aufgefüllte Lücke folgt links Apollon, von dem ein schöner nackter Torso erhalten ist (Kat. Nr. 157.10), der offenbar nach dem Vorbild einer Statue des Leochares gestaltet wurde. Dieser um 330 v. Chr. geschaffene Bronzeguss ist durch die berühmte römische Marmorkopie des Apoll im Belvedere des Vatikan überliefert. Apollon zu Füßen liegt der von einem Pfeil getroffene Udaios (»der auf der Erde ist«). Der Gott ist im Begriff, einen weiteren Pfeil aus seinem Köcher zu ziehen, während er den Bogen in seiner Rechten bereits auf einen weiteren, schlangenbeinigen Gegner richtet. Vielleicht war es der überlieferte Ephialtes? Dieser versuchte wohl, den Gott mit einem über den Kopf geschwungenen Felsblock zu treffen. Der bei der letzten Restaurierung um weitere zugehörige Fragmente ergänzte bärtige Gigant besitzt einen besonders eindrucksvoll gestalteten Kopf.

Neben Apollon richtet seine Mutter Leto eine Fackel auf einen gestürzten geflügelten Gegner mit Vogelkrallen und Schlangenschwanz (Kat. Nr. 157.10). Hinter ihr stürmt ihre Tochter, die Jägerin Artemis, mit Pfeil und Bogen über den toten Styphelos hinweg nach links (Kat. Nr. 157.13). Ihr Blick ist auf einen nackten, jugendlichen, mit Rundschild und Helm gewappneten Giganten (Otos?) gerichtet, während ihr Jagdhund einem weiteren bärtigen Schlangenfüßer ins Genick beißt (Kat. Nr. 157.12). Die dreigestaltige Titanin Hekate, die zauberkundige und spukumwitterte Göttin der Wege, beschließt den Ostfries an seinem südlichen Ende. Sie kämpft geschützt durch einen Rundschild mit Fackel, Lanze und Schwert gegen den muskulösen schlangenbeinigen Klytios. Der Gigant hält einen Felsblock über seinem Kopf empor, um ihn der Hekate entgegenzuschleudern, während ein Molosserhund der Göttin sich in seinem Oberschenkel verbeißt (Kat. Nr. 157.11). Auch hier bilden der einen Stein schleudernde Klytios zusammen mit seinem Pendant, dem ebenfalls einen Stein hochstemmenden Apollongegner, in der Komposition des Frieses einen die Gruppe der apollinischen Gottheiten hervorhebenden Rahmen.

Der Südfries des Altars

Der Südfries setzt inhaltlich-genealogisch über die Südostecke des Altars hinweg die Reihe der Göttinnen der Ostseite fort. Hier erscheint Asteria, die Mutter der Hekate und Schwester der Leto (Kat. Nr. 157.15). Sie eröffnet zusammen mit ihrer Mutter Phoibe die Folge der Licht- und Tagesgottheiten aus dem Geschlecht der Titanen. Asteria reißt mit festem Griff den Kopf eines schlangenbeinigen Giganten zurück, um ihm ihr Schwert in die Brust zu stoßen. Der zurücksinkende und außerdem von einem Hund angegriffene Gigant nimmt auch rein formal die ausholende Armbewegung des Klytios über die Ecke hinweg auf und leitet den Fluss der Darstellung ununterbrochen hinüber auf die Südseite des Altars. Im Rücken ihrer Tochter schwingt Phoibe die langgeschäftete Fackel gegen einen nach links zurückweichenden menschengestaltigen Giganten mit wildem Haupthaar, spitzen Ohren und schuppigen Hörnern, dessen Flügel eine eigenartige Vermischung von akanthusartigen Blättern und Federn darstellen. Hinter ihm versucht ein niedergesunkener jugendlicher Schlangenbeiner den tödlichen Pfeil aus der Brust zu ziehen. Es folgt eine aus den Inschriften zu erschließende Gruppe: Von der nach rechts stürmenden Göttin zeugen nur noch einige Gewandteile, während von ihrem gestürzten Gegner der Rückentorso mit dem rechten Arm erhalten blieb. Themis, die Hüterin des göttlichen Rechts, kämpft hier gegen den sonst unbekannten Gigant Maimaches, dessen Namen mit »Wüterich« zu übersetzen ist und der damit etwa an Maimakterion erinnert, den Monat der Herbststürme in Attika. Dies zeigt, wie im Entwurf des Frieses für die große Zahl der Figuren bewusst neue Gegensätze erdacht, personifiziert und in eindrucksvolle Bilder umgesetzt wurden.

Hinter Themis erscheint eine mächtige Gestalt mit ausgebreiteten Flügeln, in deren Gefieder Eulenmasken verborgen sind. In ihr glaubt man Uranos, den Vater der Titanen und Gott des nachtschwarzen Firmaments zu erkennen. Mit einem gewaltigen Schwerthieb wird er einen Gegner niederstrecken, der bereits in die Knie gesunken ist und vergeblich zum Schutz die fellumwickelte Faust hochhält (Kat. Nr. 157.14). Die nächste Gruppe zeigt dann einen jugendlichen Gott (Aither?), der mit einem löwenköpfigen Schlangenbeiner ringt. In der nur unvollständig erhaltenen Mittelzone sind noch Fragmente einer geflügelten Göttin (Hemera?) und die rittlings auf einem Maultier nach links reitende Mondgöttin Selene zu erkennen, vor der ein mit Helm und Lanze wohlgerüsteter jugendlicher Gigant der Titanin Theia (?) entgegenzieht. Eine zusammenhängende Plattenreihe ergibt sich dann wieder für das westliche Drittel des Südfrieses. Hier wirft das Viergespann des Helios zwei Giganten nieder (Kat. Nr. 157.17). Vor dem Gespann reitet Eos im Damensitz (Kat. Nr. 157.16; 157.19). Wahrscheinlich richtete sie eine Fackel gegen den links vorstoßenden schlangenfüßigen und stiernackigen Giganten. Dieses mächtige mit Stierhörnern bewehrte Ungeheuer wird gleich von mehreren Göttern und Göttinnen angegriffen. Von der linken Friesecke reitet, begleitet vom Adler des Zeus, Rhea-Kybele, die große kleinasiatische Muttergöttin, auf ihrem Löwen mit Pfeil und Bogen in den Kampf (Kat. Nr. 157.18). Vor ihr eilt mit segelartig geblähtem Mantel eine Göttin herbei, die vielleicht als Nyx, die Göttin der Nacht, zu deuten ist. Die rechts vor ihr einen Hammer über den Kopf schwingende muskulöse Gestalt wurde bisher als Hephaistos gedeutet. Wahrscheinlich stellt sie aber einen weiteren Giganten dar, der dem Stierköpfigen im Kampf mit der göttlichen Übermacht beisteht. Von rechts stößt schließlich ein kniender älterer Gott (Abguss des ›Worksop-Reliefs‹; vielleicht Tithonos), der dem Betrachter seinen muskulösen Rücken zukehrt, einen Spieß in den Leib des stierköpfigen Gegners.

157.19 Südfries: Eos

157.18 Südfries: Rhea-Kybele und Gruppe um den stiernackigen Giganten

Die Westseite des Altars: der Fries am Südrisalit

Auf der Stirnseite des Südrisalits kämpfen Dionysos, der Gott des Weines und der Fruchtbarkeit, und seine Mutter Semele, eine Geliebte des Zeus, gegen zwei Giganten, die zwar fast vollständig verloren, aber durch Inschriften benennbar sind. Rechts wird der Gigant Peloreus (»Ungetüm«) vom Löwen der Göttin niedergeworfen, und links stürmt Dionysos mit seinem Panther und zwei knabenhaften Satyrn gegen den Giganten Palamneus (»Mörder«). Hier und auf der anschließenden Treppenseite des Frieses sind auch die Künstlerinschriften erhalten: für die Front signierten Dionysiades und Menekrates, (Sohn) des Menekrates, und an der auslaufenden Treppenflanke der vielleicht aus Pergamon stammende Theorretos. Die wenigen hier eingeordneten Fragmente gehören zu drei Göttinnen, wohl den Nymphen, aus dem Gefolge des Dionysos. Gut erhalten ist nur die letzte Platte mit einem geflügelten Giganten (Bro[nteas] – »Donnerer« oder Bro[mos] – »Lärmer«), dessen rechte Beinschlange einen Zeusadler angreift. Geschickt hat der Bildhauer hierbei die Freitreppe in die Darstellung einbezogen, so dass man den Eindruck gewinnt, der auf den Stufen zurückweichende Gigant würde förmlich von einer fackeltragenden Gegnerin in die Enge getrieben.

Der Nordfries des Altars

An der Nordostecke tritt Aphrodite mit ihrem rechten Fuß auf den Kopf eines toten Giganten, um die Lanze aus seinem Leib zu ziehen (Kat. Nr. 157.20). Die Brutalität dieser Szene steht in einem auffallenden Kontrast zum Wesen der Liebesgöttin, die als Gemahlin des Ares die Reihe der olympischen Götter über die Ecke auf dem Nordfries fortsetzt. Es folgt ein schlangenfüßiger Gigant, der von ihrer Mutter Dione angegriffen wird. Von links oben schwebt Eros, der Sohn der Aphrodite, herab, um Dione zu unterstützen. Die nächsten beiden Kämpferpaare stellen wahrscheinlich die Ares-Söhne Phobos und Deimos dar, die Furcht und Schrecken des Krieges verkörpern. Vom Namen des Phobos sind

157.20 Nordfries: Aphrodite und der Gegner der Dione

geringe Inschriftenreste am Deckgesims des Frieses erhalten. Phobos hat einen Giganten in die Knie gezwungen und eilt Deimos zu Hilfe, der von einem Schlangenbeiner umklammert und in den rechten Oberarm gebissen wird (Kat. Nr. 157.21). Die nach rechts züngelnde Beinschlange des bärtigen »Beißers« konnte 1963 von Elisabeth Rohde mit Fragmenten aus dem Depot des Museums komplettiert werden. Es folgen drei Gruppen, deren Götter unbekannt sind. Links holt ein Gott mit einem Baumstamm zum Schlag aus. Zwischen ihm und seinem Gegner wurde ein Abguss des kopfüber zusammengebrochenen Giganten aus der Arundel-Collection (›Fawley-Court-Relief‹) eingefügt. Rechts schließt ein weiterer schlangenbeiniger Gigant an, dem eine geflügelte Göttin von hinten ihr Schwert in die Brust stößt. Ihr lässt sich das Inschrift-Fragment mit dem Namen der Enyo, einer Kriegsgöttin, zuweisen. Zu dieser Gruppe könnte die Künstlerinschrift des Pergameners Orestes gehören. Weitere derartige Fragmente mit der Inschrift des Sohnes eines Athenaios aus Athen gehörten zu einem Friesabschnitt weiter rechts, lassen sich aber nicht mehr genauer lokalisieren. Hinter der Flügelgöttin schwingt ein Kämpfer mit einem großen Rundschild seine Waffe gegen einen Giganten im Brustpanzer. Zwischen beiden ist wiederum ein am Boden kauernder besiegter Gigant zu erkennen. Im Zentrum des Nordfrieses stürmt eine jugendliche Göttin mit hochgesteckten Haaren und

157.21 Nordfries: Sogenannte Beißergruppe

wehendem Gewand nach rechts. Sie schleudert einen Schlangentopf auf ihren bereits stürzenden Gegner. Man hat diese herausragende Gestalt bisher als Nyx, die Göttin der Nacht, oder als Unterweltsgöttin Persephone gedeutet (Kat. Nr. 157.22). Mit ihr beginnt eine Reihe von sechs weiblichen Gottheiten.

Die ersten drei Göttinnen – einschließlich der sogenannten Nyx – können als Schicksalsgöttinnen (Moiren) Klotho, Lachesis und Atropos interpretiert werden. Von der Klotho wurde im Norden des Altars auch ein Inschriftfragment gefunden. Von der zweiten Moire, die mit einer Lanze auf einen Schlangenbeiner einstach, sind nur die Füße mit den Sandalen und von ihrem Gegner zwei Beinschlangen mit nach rechts züngelnden Köpfen erhalten. Die dritte Moire trägt einen Pfeilköcher und war wohl mit einem Bogen bewaffnet. Sie wendet den Kopf nach rechts zurück zu drei weiteren Göttinnen mit prächtigem langem auf die Schulter herabwallendem Haupthaar, die einheitlich in schwere faltenreiche Gewänder gehüllt sind. Wir können in ihnen die Gorgonen Medusa, Stheno und Euryale erkennen, dämonische Töchter der uralten Meeresgötter Phorkys und Keto. Sie leiten über zu Poseidon mit seinem Gefolge auf den anschließenden Reliefs des Nordrisalts. Die erste Gorgone hat einen fliehenden zurückgewandten Schlangenfüßer am Kopf gepackt und holt mit dem Schwert zum vernichtenden Schlag aus, während die zweite ihren Spieß

157.22 Nordfries: Sogenannte Nyx

in den Brust eines am Boden liegenden Gegners bohrt. Ihr eilt mit festem Schritt die dritte Gorgone entgegen, eine eindrucksvolle lanzenschwingende Gestalt, die von einem Löwen begleitet wird. Die „Löwengöttin" kämpft gegen einen mächtigen Giganten mit geschuppten Flügeln und Schlangenbeinen, der den auf ihn gerichteten spitzen Lanzenschuh wegzudrücken versucht, während der Löwe seinen Kameraden anfällt und sich in seinem linken Arm verbeißt (Kat. Nr. 157.23). Im Rücken der »Löwengöttin« ragt ein nach rechts geneigter riesiger Gigant auf, dessen rechtes Bein auf einem auftauchenden Fisch ruhte. Gegen ihn wendet sich das nach links heransprengende Hippokampen-Gespann des Beherrschers der Meere. Poseidon, von dem nur geringe Reste eines Armes mit darüber springenden Delphin und Rudimenten des hoch geschwungenen Dreizackserhalten sind, wird unterstützt von zwei Seeschlangen. In den krokodilartigen Kopf eines geschuppten so genannten Ketos verbeißt sich die linke Beinschlange des geflügelten Widersachers der vorgenannten Gorgone. Von Poseidon, mit dem der Nordfries im Westen endet, ist außerdem noch ein Bruchstück der Inschrift mit seinem Namenszug erhalten geblieben.

157.23 Nordfries: Gorgone (»Löwengöttin«) und Poseidongegner

Die Westseite des Altars: der Fries am Nordrisalit (vgl. Abb. Kat. Nr. 157.2)

Auf der Stirnseite des Nordrisalits wird die Schar der Meeresgötter fortgesetzt mit dem Sohn des Poseidon, dem aus Seeschlange, Pferdebrust und Menschenleib gebildeten Fabelwesen Triton und seiner Mutter Amphitrite. Auf der anschließenden Treppenwange folgen ihr Vater Nereus, bekleidet mit langem Chiton, doppelt gelegtem Mantel sowie einer Haube aus Fischhaut, und seine Gattin, die Okeanide Doris. Auch sie trägt lange Gewänder und außerdem Stiefel aus Fischhaut. Ihren rechten Fuß setzt sie auf das Schlangenbein eines Giganten, um mit der linken Hand dessen Kopf für den Todesstoß zurückzureißen. Vor ihr erscheint die kräftige, bärtige Gestalt des Titanen Okeanos, der vielleicht ein Ruder als Waffe schwang. Hinter ihm sind noch schwach die Reste einer mit einem Baumstamm bewaffneten Göttin erkennbar. Es wird die Titanin Tethys, die Mutter der Doris sein. Das Paar wendet sich gegen zwei auf die Treppe gestürzte Giganten. Der zweite Gigant besitzt wieder Schlangenbeine, die im Treppenzwickel – wie auch auf dem gegenüberliegenden Friesabschluss – mit einem Zeusadler kämpfen. V. Kä.

Der Telephosfries

Der Fries an den Hofwänden des Altares wurde wie der Gigantenfries erst nach dem Versetzen der Platten am Bau ausgearbeitet. Die Bauarbeiten waren schon in einem fortgeschrittenen Stadium, die Terrasse für den Altar und der Unterbau vollendet, ehe man die Platten für den Fries im Obergeschoss versetzen und mit der Ausarbeitung der Reliefs beginnen konnte, vermutlich in den späteren sechziger Jahren des 2. Jahrhunderts v. Chr. Die 158 cm hohen Friesplatten waren Teil der Wandkonstruktion. Sie standen auf einem Sockel, der oben von einer 25 cm hohen Steinlage aus dunkelblauem Marmor abgeschlossen wurde. Diese bildete einen farbigen Kontrast zu den Friesplatten aus lichtgrauem, dunkelgeädertem Marmor. Einige unfertige Platten zeigen, dass der Telephosfries vom vorzeitigen Abbruch der Bauarbeiten betroffen war. So wurde vermutlich auch die Farbfassung des Frieses nicht mehr ausgeführt. Auch die Säulen der Hofhallen, in denen entlanggehend man den Fries an der Rückwand betrachten sollte, blieben unvollendet.

Der Telephosfries bietet den denkbar größten Gegensatz zum Gigantenfries. Dem Ereignis der großen mythischen Gigantenschlacht in der Einheit von Zeit und Ort steht die Darstellung eines Lebensablaufes gegenüber; die Schicksale des Helden, in dem man den Gründerheros von Pergamon und den Ahnherrn des Königshauses sah, sind in zeitlicher Abfolge und an wechselnden Schauplätzen geschildert. Auf den gewaltigen Kampf am Sockel des Bauwerkes folgt am Fries im Hof eine verhaltene, zum Idyllischen und Stimmungshaften neigende, differenziert charakterisierende Darstellungsweise. An den beiden Friesen zeigen sich die vielfältigen und teilweise konträren Möglichkeiten der griechischen Kunst am Ende des Hochhellenismus.

Das Leben des Telephos von seiner Geburt in Arkadien bis zu seinem Königtum in Mysien und der Heroisierung am Ende des Lebens ist in wunderbarer Weise von den Göttern geleitet, aber auch von ihrem Zorn getroffen worden. Alle seine Taten, die heldenhaften Verteidigungskriege, mit denen er die Herrschaft über Mysien behauptete, und der Dienst für die Götter durch Gründung und Pflege ihrer Kulte, werden in die Abfolge seines Lebens einbezogen. Am Telephosfries ist uns zum ersten Mal in der griechischen Plastik eine derartige kontinuierende Erzählweise erhalten.

Von dem Fries ist nur noch etwa die Hälfte der Platten vorhanden und auch diese zum Teil nur bruchstückhaft. Nur in wenigen Fällen stehen vollständige Szenen zur Verfügung, aus denen man Schlüsse auf die Kompositionsweise der Bilder ziehen kann. Für die Anordnung der Friesreste ist die literarische Überlieferung des Telephosmythos die wichtigste Quelle. Dennoch ist die Deutung und Abfolge nicht in allen Fällen gesichert. Viele der Szenen und Figuren lassen unterschiedliche Erklärungen zu. Sechs Platten, die in drei einspringende Ecken des Hofes gehören, bieten immerhin ein Gerüst. Hinweise auf einen Ortswechsel in der Erzählung geben Darstellungen von Schiffsreisen, Ankunft und Begrüßung. Die Friesplatten enden am oberen Rand in einer Hohlkehle, die zum Abschlussprofil überleitet. So entsteht ein hoher Raum ohne bestimmte Begrenzung über den Figuren. Durch Schrägstellung oder Staffelung der Figuren können die Bilder auf diesem Reliefgrund räumliche Vertiefung gewinnen. Die reich gestalteten Bäume, Felsen, Pfeiler, Vorhänge, die zur Trennung der Bilder und zur Charakterisierung des jeweiligen Ortes dienen, geben der Darstellung zusätzlich räumliche oder landschaftliche Atmosphäre. Personifikationen der Landschaft wie Arkadia oder die Flussgötter Ketios und Selinus versetzen die Taten des Helden aus der heroischen Sphäre in eine dem Betrachter vertraute Welt.

Der Fries bringt nicht nur einen Mythos zur Darstellung, der die göttliche Abkunft des Herrscherhauses bezeugt. Überall wird der Betrachter das Wirken des Mythos bis in die Gegenwart wahrgenommen haben. Die Pflege des Kultes der Göttin Athena, eines der wichtigsten städtischen Kulte in Pergamon, durch die Mutter des Telephos bezeugt dessen ehrwürdiges Alter; die Herkunft des Kultes aus Arkadien, wo Auge Priesterin der Athena war, erinnert an die politischen Verbindungen Pergamons zum griechischen Mutterland. Die Schlacht der Myser gegen die Griechen an den Quellen des Kaikos muss die großen historischen Gallierschlachten in das Gedächtnis gerufen haben. Der Zorn des Dionysos und sein schicksalhaftes Eingreifen in der Schlacht am Kaikos brachte die Verehrung in das Bewusstsein, die dem Gott durch das Königshaus zuteil wurde.

Im Hellenismus war die literarische Überlieferung der Mythen schon Gegenstand der Forschung und wurde von Gelehrten gesammelt und kommentiert. Pergamon besaß selbst eine bedeutende Philologenschule. Die Fassung, die der Telephosmythos im Fries erhalten hat, aber auch manche antiquarischen Details der Darstellung haben wohl eine Quelle in solchen gelehrten Studien. Es ist möglich, dass eine in Pergamon entstandene höfische Dichtung die Vorlage für die repräsentative, politisch gefärbte Version des Mythos im Fries gewesen ist.

Der Telephosfries auf der Nordseite des Altarhofs

Der König Aleos von Tegea in Arkadien wurde vom Orakel des Apollon in Delphi gewarnt vor den Nachkommen seiner Tochter: sie würden seinen eigenen Söhnen Unheil bringen. Um das Unglück zu verhindern, macht er Auge zur Priesterin der Athena. Da kommt Herakles nach Tegea, begegnet der Auge und zeugt mit ihr einen Sohn. Wieder versucht Aleos, dem Schicksal auszuweichen, indem er das Kind im Partheniongebirge aussetzen lässt. Für Auge lässt er einen Nachen bauen, um sie darin auf das Meer zu treiben (Kat. Nr. 157.24): Vier Zimmerleute beugen sich über die beiden Schalen des hölzernen Nachens. Ihre Handwerkszeuge sind exakt dargestellt: Säge und Drillbohrer, Hammer und Meißel und ein Hobel. Links steht ein Mann – es könnte der König Aleos selbst sein – und überwacht die Arbeiten. Auge sitzt ganz in ihren Mantel gehüllt zusammengekauert auf einem Felsvorsprung im oberen Teil des Bildes. Vor ihr stehen zwei Mädchen mit einem geöffneten Kasten, auf den ihr Blick gerichtet ist. Das Motiv der gramvoll gebeugten Frau, der Dienerinnen und des Kastens mit Schmuck oder geweihten Binden steht in der Tradition der griechischen Grabreliefs klassischer Zeit. Auge ist wie eine Trauernde oder bereits Verstorbene dargestellt. Sie wird jedoch gerettet. Ein Delphin führt den Nachen an die Küste Mysiens, wo der König Teuthras sie wie eine Tochter aufnimmt.

Obwohl die Figuren der Handwerker sich nur in zwei hintereinander liegenden Reliefebenen befinden und die Gruppe der Frauen nicht tiefer in den Reliefgrund eingearbeitet ist, entsteht doch der Eindruck von Raumperspektive. Er wird dadurch bewirkt, dass die Frauen kleiner dargestellt sind als die Handwerker und die ganze Gruppe sich im Umriss nach oben verjüngt. Wie an einigen anderen Stellen des Frieses, so ist auch hier das Relief nicht vollständig ausgearbeitet. Spuren von den Werkzeugen der Steinmetzen sind stehengeblieben, Gesichter und Haare

Bau des Boots für Auge

der beiden Arbeiter rechts sind erst mit wenigen Meißelhieben angelegt.

Der im Partheniongebirge ausgesetzte kleine Telephos wird von einer Löwin gesäugt. So findet ihn sein Vater Herakles auf seinem Weg über das Gebirge. Von der Darstellung im Fries ist nur ein Plattenfragment erhalten (Kat. Nr. 157.25). In einer Felsenlandschaft steht unter einer Platane, die die Szene gegen die vorhergehende abgrenzt, Herakles, auf seine Keule gestützt, und zu seinen Füßen vollzieht sich das Wunder: Der kleine Telephos drängt sich mit ausgebreiteten Armen an den Leib der Löwin. Herakles aber schaut nicht auf seinen Sohn. Sein Blick war geradeaus gewandt, und auch seine Hand ist im Gestus der Anrede erhoben. Diese muss einer verlorenen Person gegenüber gelten. Wie auf einem römischen Wandgemälde aus Herkulaneum, das die Szene darstellt, war es vielleicht die Berggöttin Arkadia oder die Große Muttergöttin Rhea Kybele, deren Löwin das Kind nährt und in deren Schutz es gerettet wurde. Die Gestalt des gewaltigen Helden Herakles erinnert in der Haltung wie auch mit den wogenden Muskeln des mächtigen Körpers an die berühmte Statue des ausruhenden Herakles, die Lysipp im 4. Jahrhundert v. Chr. schuf und die bald nach ihrer Entstehung schon zu Nachahmungen anregte.

Der Telephosfries auf der Ostseite des Altarhofs

Als junger Mann reist Telephos, vielleicht durch ein Orakel des Apollon veranlasst, nach Mysien, wo er von König Teuthras empfangen wird. Er erklärt sich bereit, ihm gegen seinen Feind Idas beizustehen. Auge, die er noch nicht als seine Mutter erkennt, rüstet ihn mit Waffen aus. Im linken Teil des Bildes (Kat. Nr. 157.26) stehen zwei jugendliche Männer, gekleidet in einen kurzen gegürteten Chiton und einen weiten Mantel. Ihre Köpfe sind in einer vertrauten Bewegung einander zugewandt. Der Kopf des einen ist über den kurzen Locken mit einem Helm bedeckt, der andere trägt eine Lanze. Sie begleiten Telephos als Freunde und Gefolge, wie es zur Repräsentation des Helden gehört. Telephos selbst ist am rechten Plattenrand dargestellt, gerüstet mit einem Muskelpanzer und offenbar in lebhafter Bewegung. Auf der nächstfolgenden Platte schreitet Auge in einem schweren schleppenden Gewand auf die Gruppe zu, begleitet von einer Dienerin, und reicht ihm Schild und Helm.

Am linken Rand der Friesplatte sind noch die letzten Figuren der vorangehenden Szene erhalten: ein offenbar aufgestützt stehender Mann und ein zweiter jugendlicher im Hintergrund. Durch die Art ihrer Kleidung – langärmeliges Gewand, Laschenstiefel und eine phrygische Mütze – sind sie als Bewohner Kleinasiens ausgewiesen. Offenbar war die Begrüßung des Telephos bei seiner Ankunft in Mysien hier dargestellt, und die beiden erhaltenen Figuren gehören zum Gefolge des Königs Teuthras von Mysien.

157.25 Herakles findet Telephos

Die Trennung der beiden Bilder ist außer der Stellung der Randfiguren Rücken an Rücken auch durch einen Pfeiler betont, der neben dem Helm des Telephosgefährten im Hintergrund sichtbar ist und durch die Bemalung deutlicher erkennbar wäre. Der schlechte Erhaltungszustand des Frieses erlaubt nur in wenigen Fällen Beobachtungen über ausführende Bildhauer. Hier ist jedoch ein deutlicher Unterschied fassbar zwischen der pastosen Bearbeitung der Gewänder am linken Rand und den brillanten scharfkantigen Falten der Gewänder in der Szene der Waffenübergabe, der vielleicht auf einen Wechsel in der ausführenden Hand zurückgeht.

Dem siegreich heimgekehrten Telephos will Teuthras, seinem Versprechen getreu, die Auge zur Frau geben. Einer attischen Tragödie folgend überliefert der römische Schriftsteller Hygin, dass sich Auge im Brautgemach dem Telephos widersetzt und ihn sogar mit einem Schwert bedroht habe. Erst durch die Erscheinung einer von Athena gesandten Schlange erkannten sich Mutter und Sohn. Die Platte (Kat. Nr. 157.27), von der das obere Drittel und Teile der Standfläche fehlen, zeigt Auge, die von Teuthras zu einem kleinen Tempel geführt wird, in dem auf einem hohen altertümlichen Pfeiler das archaistische Idol der Athena steht. Es ist das Bild ihrer Göttin, deren Kult Auge auch in Pergamon gegründet haben soll. Auf der vorhergehenden, jetzt verlorenen Platte muss Telephos ihr gegenüber gestanden haben. Auge, von ihren Gewändern dicht verhüllt, hat den Mantel fest um den Körper geschlungen, so dass er auch die Arme und den Hinterkopf bedeckt. Mit einer bräutlichen Geste fasst sie den Mantelsaum und enthüllt ihr Antlitz. Ein Zwiespalt ihrer Empfindungen ist vielleicht dadurch ausgedrückt, dass der bärtige Mann sie

157.26 Gefährten des Telephos

157.27 Teuthras und Auge

sanft vorwärtsschieben muss. Auch dass die Übergabe der Braut nicht im Haus, sondern vor dem Bild der Göttin erfolgt, macht das Ungewöhnliche der Situation deutlich.

Am rechten Rand der Platte ist ein Pfeiler sichtbar, der den Beginn der nächsten Szene andeutet, und vor ihm das untere Ende des Hochzeitsbettes, einer Kline mit reich geschnitzten Beinen und weichem Polster. Auf der folgenden Platte hat sich vor einem weitgespannten Vorhang, der das Hochzeitsgemach bezeichnet, der Umriss eines Mannes erhalten, der vor einer riesigen Schlange zurückfährt.

Als König von Mysien erlebt Telephos die Landung der Griechen an der Küste Kleinasiens. Mit vielen Hilfsvölkern und unterstützt von seiner Gemahlin Hiera treibt er die Eindringlinge zu ihren Schiffen zurück. Achill hat jedoch mit seiner Lanze den Telephos am Oberschenkel verwundet. Telephos hatte sich in einen Weinstock verstrickt, den der erzürnte Dionysos auf dem Schlachtfeld wachsen ließ. Da die Wunde nicht heilt, befragt Telephos ein Orakel, das ihm zur Antwort gibt: »Der die Wunde geschlagen hat, wird sie auch heilen.« Er muss nach Argos reisen, wo sich die Griechen aufhalten, und die Heilung von Achill erbitten.

157.28 Telephos bedroht den kleinen Orest

Der Telephosfries auf der Südseite des Altarhofs

Die Griechen nehmen den Unbekannten zunächst gastlich auf. Als Telephos sich aber zu erkennen gibt, entsteht eine so gefahrvolle Situation für ihn, dass er sich auf den Altar des Hauses flüchten muss, wo ihm Asyl und Unversehrtheit sicher ist. Den Sohn des Hauses, den kleinen Orest, nimmt er als Geisel.

Die dramatische Situation wird auch im Aufbau des Bildes (Kat. Nr. 157.28) sichtbar. Der Altar ist schräg in den Raum gestellt. Telephos sitzt mit weit auseinandergespreizten Beinen darauf. Sein Körper ist heftig nach rechts vorn gebeugt, den Kopf hatte er zur linken Seite gedreht. Er hält das zappelnde Baby mit dem Kopf nach unten unter dem linken Arm und bedroht es mit der geballten rechten Faust. Sein Mantel fällt im Rücken herab und bauscht sich auf dem Altar. Ein flaches Band am linken Oberschenkel deutet den Verband der Wunde an. Die Bewegung des Telephos wiederholt sich in der Figur der Amme, die neben dem Altar erschrocken in die Knie gebrochen ist. Weiter links eilt Agamemnon herbei, als König kenntlich am Szepter in seiner linken Hand. Von ihm ist auch der Kopf erhalten. Das Gesicht, von langen Locken umrahmt, spiegelt seine Erregung.

Die Wunde des Telephos wird geheilt. Sie schließt sich durch einige Späne von der Lanze des Achill. Diese Szene gehört zu den vollständig verlorenen Teilen des Frieses. Die letzten erhaltenen Bilder des Frieses beziehen sich auf Kulte in Pergamon, zunächst wohl auf den mit dem Herrscherhaus verbundenen Kult des Dionysos. Der Bau eines Altares muss ein bedeutendes Heiligtum repräsentieren, da die Flussgötter der Landschaft dem Geschehen beiwohnen. Die Szene am Schluss zeigt Telephos wie einen Heros auf einer Kline gelagert. In großer Erregung eilen zwei Frauen auf ihn zu. Sie wenden sich nach rückwärts dem Ereignis zu, auf das auch der Gelagerte mit dem Finger weist, vielleicht die Ankunft des versöhnten Dionysos. Her.

Daten aus der Entdeckungs- und Ausgrabungsgeschichte Pergamons

1431–44
Der italienische Humanist Cyriacus von Ancona besucht auf einer Kleinasienreise Pergamon und berichtet darüber in seinen Tagebüchern (*commentaria*).

1625
Thomas Howard, der 2. Earl of Arundel schickt seinen Kaplan William Petty in die Türkei. Petty bringt aus Pergamon u. a. zwei Reliefplatten des Altars nach England. Nach der Auflösung der Sammlung geraten die Reliefs in Vergessenheit und werden erst in den sechziger und siebziger Jahren des 20. Jahrhunderts wiederentdeckt (›Worksop-‹ und ›Fawley-Court-Reliefs‹).

1750/51
Die Engländer Robert Wood, James Dawkin und John Bouverie gelangen auf ihrer Orientreise zusammen mit dem italienischen Architekten Giovanni Battista Borra nach Pergamon. Von ihrer Reise sind Tagebuchnotizen und Borras Zeichnungen der römischen Ruinen in Pergamon erhalten.

Spätes 18. und frühes 19. Jahrhundert
Der französische Diplomat und Altertumsforscher Graf Choiseul-Gouffier, der englische Architekt C. R. Cockerell, der Franzose Charles Texier, die Deutschen Otto Magnus von Stackelberg, Otto Friedrich von Richter und A. D. Mordtmann besuchen Pergamon. Von den Letztgenannten sind Zeichnungen und Tagebuchnotizen überliefert.

1865/66
Der deutsche Ingenieur Carl Humann führt geographische Studien und Straßenbauarbeiten in der Umgebung von Pergamon durch. Er setzt sich energisch für die durch Kalkbrennerei bedrohten antiken Denkmäler auf dem Burgberg von Pergamon ein und versucht die Berliner Museen für Grabungen zu gewinnen.

1871
Der Berliner Historiker und Archäologe Ernst Curtius besucht Pergamon auf Einladung von Carl Humann. Einige von Humann gesammelte Fundstücke, darunter zwei Fragmente der Altarreliefs, werden nach Berlin gesandt.

1878–1886
Unter der Leitung von Carl Humann und Alexander Conze finden erste Grabungen im Auftrag der Berliner Museen statt. Freigelegt und untersucht werden der Große Altar, der Obere Markt, das Athenaheiligtum, das Traianeum, das Theater und die vorgelagerte Terrasse mit dem ionischen Tempel sowie die nach Pergamon führenden Wasserleitungen. In Vorberichten (Ergebnisse der Ausgrabungen zu Pergamon 1–3, 1880–88) und den »Altertümern von Pergamon« (Bd. 1 ff., 1885 ff.) werden die Bauwerke und Funde publiziert. Aufgrund von Abkommen mit der türkischen Regierung gelangen die Reliefplatten, ausgewählte Architekturteile sowie Skulpturen nach Berlin und damit in den Besitz der Berliner Museen.

1880–1901
Die nach Berlin gebrachten Relieffragmente des Altars wurden in mehrjähriger Arbeit von den italienischen Bildhauern A. Freres und T. Possenti restauriert und wieder zusammengefügt. Nachdem Ergebnisse ihrer Arbeit bereits im Alten Museum ausgestellt waren, wird am 11. Dezember 1901 das von Fritz Wolff entworfene »Pergamenische Museum« eröffnet. Es enthält einen Teilaufbau des Altars mit den eingefügten Reliefs des großen Frieses in der rekonstruierten, um den Sockel laufenden Anordnung. Die Platten des Telephosfrieses werden zusammen mit anderen Fundstücken an den Saalwänden aufgestellt. Ein Lichthof und Räume im Untergeschoss nehmen Architekturteile und Inschriften aus den Grabungen der Berliner Museen in Kleinasien auf. Wegen baulicher Mängel und neuer Bauvorhaben wird dieses Museum 1908 geschlossen und Anfang 1909 abgerissen. Die Grabungsfunde werden magaziniert.

1900–1911 und 1927–1938
Neue Grabungskampagnen in Pergamon durch das Deutsche Archäologische Institut unter Leitung von W. Dörpfeld bzw. Th. Wiegand. In den dreißiger Jahren Bau des örtlichen Museums in Bergama.

1926–1930
Einzelne Restaurierungsmaßnahmen an den Friesplatten des Großen Altars in Vorbereitung der Wiederaufstellung im neuen Museumsbau. Der Museumsneubau (Entwurf Alfred Messel, Ausführung Ludwig Hoffmann) wird am 1./2. 10. 1930 feierlich eingeweiht. In den drei Hauptsä-

len dieses Pergamonmuseums werden Rekonstruktionen antiker Bauwerke gezeigt. Den Mittelpunkt bildet die rekonstruierte Westfront des großen Altars mit vollständiger Freitreppe. Die Platten des Süd-, Ost- und Nordfrieses der Gigantomachie werden an den gegenüberliegenden Saalwänden angeordnet. Der Telephosfries erhält über der Freitreppe einen besonderen Ausstellungsraum. Diese Ausstellung wird am 26. 8. 1939 mit dem Beginn des Zweiten Weltkriegs geschlossen.

1941
Die zunächst durch Sandsäcke und Verschalungen geschützten Reliefs werden abgenommen und außerhalb des Museums gelagert, zuletzt im »Flakbunker Zoo«.

1945
Übernahme des in Berlin befindlichen Hauptbestandes der Antikensammlung durch die Sowjetarmee sowie Abtransport nach Moskau und Leningrad (St. Petersburg). Von den Altarreliefs werden in Leningrad Gipsabgüsse angefertigt.

1957
Beginn neuer Ausgrabungen in Pergamon durch das Deutsche Archäologische Institut, die noch heute andauern.

1959
Nach der Rückführung der Bestände der Antikensammlung wird im Oktober das Pergamonmuseum mit dem wiederhergestellten Altarsaal eröffnet.

1986
Ausstellung »Ein Jahrhundert Forschungen zum Pergamonaltar« im Altarsaal. Die erstmalig ausgestellten Akroterskulpturen des Altars und eine Dokumentation zur Forschungsgeschichte ergänzen die bisherige Ausstellung.

1994–1996
Wiedervereinigung der Bestände der Antikensammlung. Grundlegende Restaurierung des Telephosfrieses durch die Werkstatt von Silvano Bertolin in den Jahren 1994/95, anschließend Ausstellung einer Auswahl der restaurierten Reliefplatten in New York, San Francisco und Rom.

1996
Beginn der Restaurierung des Gigantomachiefrieses durch die Werkstatt von Silvano Bertolin.

1997
Wiedereröffnung des Telephossaales mit veränderter Anordnung der Reliefplatten.

2004
Abschluss der grundlegenden Restaurierung des Gigantomachiefrieses durch die Werkstatt von Silvano Bertolin. Das ›Worksop-Relief‹ sowie der ›Fawley-Court-Gigant‹ werden als Kopien eingefügt. Die in Berlin vorhandenen Friesfragmente ermöglichen neben zahlreichen Neuanpassungen eine Rekonstruktion der Demetergruppe im Ostfries.

Literatur: Schrammen, AvP III 1; H. Winnefeld, AvP III 2; A. von Salis, Der Altar von Pergamon (1912); H. Kähler, Der große Fries von Pergamon. Untersuchungen zur Kunstgeschichte und Geschichte Pergamons (1948); C. Bauchhenß-Thüriedl, Der Mythos von Telephos in der antiken Bildkunst (1971); E. Simon, Pergamon und Hesiod (1975); E. Rohde, Pergamon. Burgberg und Altar (1982); H.-J. Schalles, Der Pergamonaltar. Zwischen Bewertung und Verwertbarkeit (1986); M. Kunze (Hrsg.), »Wir haben eine ganze Kunstepoche gefunden« – Ein Jahrhundert Forschungen zum Pergamonaltar. Ausstellungskatalog Berlin 1986; W. Radt, Pergamon. Geschichte und Bauten, Funde und Erforschung einer antiken Metropole (1988); W. Hoepfner, AA 1989, 619–634; ders., AA 1991, 189–202; ders., AA 1996, 115–134; B. Andreae u. a., Phyromachos-Probleme, RM Ergh. 31 (1990); M. Kunze in: R. Etienne (Hrsg.), L'espace sacrificiel dans les civilisatioos mediterraneennes de l'antiquite. Actes du colloque, Lyon 4–7 juin 1988 (1991) 135–40; F. Queyrel, Revue archeologique 1992, 367–380; W. Hoepfner in: ders. (Hrsg.), Die griechische Polis: Architektur und Politik (1993) 111–125; M. Kunze, Nürnberger Blätter zur Archäologie, Heft 10, 1993–94, 41–60; V. Kästner, IstMitt 44, 1994, 125–134; P. Moreno, Scultura ellenistica Bd. 1 (1994) 429–489; H.-J. Schalles in: D. Rößler – V. Stürmer (Hrsg.), Modus in Rebus. Gedenkschrift für W. Schindler (1995) 188–200; M. Kunze, Thetis 3, 1996, 71–80; P. A. Webb, Hellenistic Architectural Sculpture (1996) 61–66; R. Dreyfus – E. Schraudolph (Hrsg.), Pergamon. The Telephos Frieze from the Great Altar, Ausstellung New York/San Francisco, Bd. 1, 1996; Bd. 2, 1997; L'Altare di Pergamo. Il Fregio di Telefo. Ausstellungskatalog Rom 1996; W.-D. Heilmeyer (Hrsg.), Der Pergamonaltar. Die neue Präsentation nach Restaurierung des Telephosfrieses (1997); F.-H. Massa Pairault, Ostraka 8, 1998, 1–2, 93 ff.; F. Queyrel, Eidola 1, 2004, 91 ff.; H. Heres – V. Kästner, Der Pergamonaltar (2004); F. Queyrel, L'Autel de Pergame (2005) 79 ff.

158 Saal 4

Zwei Details aus dem Papageien-Mosaik

Hellenistisch, kurz vor der Mitte des 2. Jhs. v. Chr.
Aus Pergamon, sogenanntem Altargemach im Palast V; 1886 gefunden.
Natursteine in den Farben Weiß, Schwarz, Braun, Gelb, Rot, Grau in Abstufungen sowie Blassgrün und glasierte Tonstifte. Höhe: 49,5 cm; Breite: 57,5 cm (Papagei); Höhe: 50 cm; Breite: 280 cm (Girlande).
Die Girlande ist in der Ausstellung zu Teilen rekonstruiert, das Papageienfeld ist dort eine moderne Kopie.
Mos. 71

In den Räumen des jüngsten königlichen Palastes auf der Akropolis von Pergamon (Baugruppe V) haben sich einige beeindruckende Reste feinster hellenistischer Mosaikkunst erhalten. Neben dem im Saal der Hellenistischen Baukunst ausgelegten Mosaik mit der Signatur des Mosaikkünstlers Hephaistion aus einem Bankettraum (s. Abbildung unter Kat. Nr. 155) sind die Mosaikreste aus dem so genannten Altargemach dieses Palastes besonders bemerkenswert. Dieses Altargemach mit einer an der Ostseite vorspringenden Basis öffnete sich nach Westen und hatte eine Größe von ca. 3,10 m × 3,10 m. Da sich rechts und links neben der Basis, auf der wahrscheinlich ein Altar stand, Mosaikdarstellungen mit einer tragischen und einer komischen Maske befanden, wurde dieser kostbar ausgestattete Raum als Kultstätte für den Gott Dionysos Kathegemon gedeutet.

Von den Maskenmosaiken sind nur stark zerstörte Fragmente erhalten. Von weiteren, zu dem Boden gehörenden Mosaikfeldern konnte das mit dem Papagei gehoben werden; das danebenliegende Feld war schon in der Antike herausgenommen worden. Der Erhaltungszustand des Papageienmosaiks hat sich allerdings inzwischen auch verschlechtert, so dass für die Ausstellung eine Mosaikkopie angefertigt wurde, für die das hier abgebildete Aquarell aus der Veröffentlichung der Ausgräber als Vorlage diente. Erhalten haben sich am Original jetzt nur noch kleine Partien am Hals mit dem charakteristischen Ring, auf Grund dessen der Vogel als Alexandersittich (*Torquatus palaeornis*) bestimmt werden konnte, sowie einige Schwanzfedern. Der schwarze Hintergrund, der helle Vordergrund und die weiße

Rahmung sind im Original relativ gut erhalten. Das Mosaikbild war mit winzigen Steinchen gesetzt, die eng aneinander lagen, so dass eine malerische Wirkung erzielt wurde. Bei solchen Tafeln, den so genannten Emblemata, hat es sich um besonders kostbare Mosaiken gehandelt; Pergamon galt als ein Zentrum hellenistischer Mosaikkunst.

Oberhalb und unterhalb der Zone, in der sich der Papagei befand, wiesen Felder mit Girlandenfriesen auf das Besondere dieses Raumes hin. Während der obere Girlandenfries in nur wenigen Fragmenten nachweisbar ist, haben sich von dem unteren größere Partien erhalten. Die nach der Ausgrabung einzeln gerahmten Mosaikfragmente wurden bei der Rekonstruktion für die Ausstellung mit dem kopierten Papageien und den vorhandenen Teilen der Rahmenzone zu einem größeren Abschnitt vereinigt, der einen besseren Überblick über das noch Vorhandene vermittelt, aber insgesamt nicht dem Boden im Palast von Pergamon entspricht: insbesondere scheint in der Mitte kein weiteres Vogelfeld gelegen zu haben. Gut erhalten ist die linke Seite mit doppelter Rahmenzone. Der kleinere Rahmen, ein Perlstab auf schwarzem Grund, zeigt zwischen den ovalen Perlen und den beiden flachen Scheiben rote Steinchen, die den Eindruck des Aufgereihten betonen. Es wurde die Vermutung ausgesprochen, dass die Mittelpunkte der großen Perlen aus Halbedelsteinen bestanden haben, da sie alle bei der Entdeckung des Mosaik bereits heraus gebrochen waren; sie sind hier ebenfalls ergänzt.

Die mit Tänien geschmückten Girlanden bestehen aus verschiedenen Früchten, Blüten und Blattzweigen. Bei den Vögeln handelt es sich um Nachtigall, Specht und einen Steinschmätzer, der sich einem Schmetterling genähert hat. Der Steinschmätzer konnte ornithologisch als Oenanthe hispanica oder Oenanthe finschii aus mehr als zwanzig Arten bestimmt werden und ist wohl die bisher älteste bildliche Darstellung dieser Vogelgattung.

Literatur: Kriseleit, Mosaiken 11 ff. Nr. 2 mit Abb.; G. Mauersberger, Ein Steinschmätzer (Oenanthe) auf einem Mosaik von Pergamon (ca. 150 v. u. Z.), Mitteilungen aus dem Zoologischen Museum in Berlin 62, Supplement-Heft 10 (Annalen für Ornithologie), 1986, 111–116; D. Salzmann, Zu den Mosaiken in den Palästen IV und V von Pergamon, in: Asia Minor Studien 16, Studien zum antiken Kleinasien 3 (1995) 108 ff. Taf. 18–21. Kri.

159

Saal 3

Grabbau der Cartinia aus Falerii (Civita Castellana)

Römisch, 3. Viertel 1. Jh. n. Chr. (neronisch-flavische Zeit).
Teilrekonstruktion der Bekrönung eines Rundgrabes mit orginalen Gebälkteilen aus Marmor.
Sk 992 a–o

Der halbrunde Anbau, der im Miletsaal gegenüber dem Marktor der Trajaneumshalle vorgeblendet wurde, ist die Teilrekonstruktion eines Rundgrabes aus dem Gebiet des antiken Falerii. Einige Gebälkteile dieses Grabes wurden 1878 aus dem römischen Kunsthandel für das Museum erworben. Dieses Grabmonument hatte ursprünglich einen Durchmesser von 10,54 m und war einschließlich eines quadratischen Podiums etwa 11 m hoch.

Der Kernbau mit der gewölbten Grabkammer war massiv aus Zement und Stein gegossen und ist heute noch als Ruine erhalten. Die Quaderverkleidung, das Gebälk mit dem Rankenfries und die Bekrönung aus Grabaltären und Balustradenreliefs bestanden aus lunensischem Marmor. Nach einer heute verschollenen Inschrift konnte der Rundbau der Junopriesterin Cartinia zugeschrieben werden.

Für die Rekonstruktion wurden drei Friesblöcke, zwei Gesimsfragmente, vier Altäre und vier Balustradenplatten

vom originalen Bestand verwendet. Die Altarreliefs sind mit brennenden Kandelabern geschmückt, die dazwischen eingefügten Reliefplatten zeigen Girlanden und Opfergeräte (Kannen und Schalen). Über dem zinnenartigen Abschluss erhob sich noch eine kegelförmige Erdschüttung. Letztere erinnerte an die Herleitung dieses frühkaiserzeitlichen Grabtyps von der uralten Form der Bestattung in einem Tumulus. Charakteristisch für die römische Baudekoration sind dagegen die Darstellungen von sakralen Geräten und Symbolen, die dem Monument eine besondere religiöse Weihe verliehen haben.

Literatur: Zur Inschrift: Corpus Inscriptionum Latinarum 11 (1888) Nr. 3128; B. Götze, Das Rundgrab in Falerii (1939). – Zum Typus: M. Eisner, Zur Typologie der Grabbauten im Suburbium Roms, RM Ergh. 26 (1986) 213 ff.; F. Sinn, Vatikanische Museen, Museo Gregoriano Profano ex Lateranense, Katalog der Skulpturen, Die Grabdenkmäler Bd. 1, Reliefs, Altäre, Urnen (1991) 54 f. – Zur Dekoration: O. Dräger, Religionem Significare, RM Ergh. 33 (1994) 29. 52 (Altäre); G. Schörner, Römische Rankenfriese (1995) 55. V. Kä.

160 Saal 3

Markttor von Milet

Römisch (Zwanziger/Dreißiger Jahre des 2. Jhs. n. Chr.).
Im Rahmen der Berliner Miletgrabung 1903–05 ausgegraben, 1928–29 im Pergamonmuseum rekonstruiert.
Marmor aus den Steinbrüchen am Bafa Gölü (Herakleia am Latmos), moderne Ergänzungen in portugiesischem Marmor, Beton, Gips, Ziegeln. Höhe: 16,73 m, Breite: 28,92 m, maximale Tiefe: 6,66 m.
Mil. 1

Das Markttor von Milet ist nach dem Pergamonaltar das bedeutendste architektonische Monument der Antikensammlung im Pergamonmuseum. An die Prominenz des Großen Altars reicht es bei weitem nicht heran, weil mit ihm weder berühmte antike Namen noch ein exzeptioneller Bildschmuck zu verbinden sind. Gleichwohl erfüllt es zahlreiche Kriterien, die ihm eine Sonderstellung innerhalb der Architekturrekonstruktionen im Pergamonmuseum (und darüber hinaus) einräumen und die Bezeichnung als Monument der Superlative rechtfertigen. Die schieren Proportionen, die materiellen und technischen Voraussetzungen des Baus sowie die äußerst bewegte Geschichte von der Ausgrabung über den Wiederaufbau im Museum bis hin zur jüngst in Angriff genommenen Restaurierung sind innerhalb der Sammlung singulär. Mit einem geschätzten Anteil von mindestens 60 % originaler antiker Bausubstanz, der Vollständigkeit der Rekonstruktion – lediglich die Rückseite wurde nicht ausgeführt, da das Tor an die Saalwand angelehnt ist – und der Komplexität von Anastylose (Wiedererrichtung) und Restaurierung kann es kein weiteres Architekturmonument im Hause aufnehmen. Der nach mehrjähriger Planungsphase (2002–2006) und nach ersten Maßnahmen der sogenannten Gefahrenabwehr (2006) im Jahre 2007 beginnende Prozess der Restaurierung wird sich seinerseits über viele Jahre erstrecken, teilweise parallel zum Umbau des Museumsgebäudes.

Der zweistöckige Bau mit drei Bogendurchgängen im Unter- und damit korrespondierenden Nischen im Obergeschoss bildete den monumentalen nördlichen Zugang zur größten Platzanlage Milets, dem sogenannten Südmarkt. Vorspringende Säulentabernakel auf einem Stufenunterbau und vier separaten Podien vor glatter Quaderrückwand, drei Giebel (der mittlere durchbrochen), Kassettendecken sowie eine reiche Bauornamentik kompositer Ordnung im Unter- und korinthischer im Obergeschoss charakterisieren das Monument. Bautypus und Proportionen waren in der römisch-kaiserzeitlichen Architektur verbreitet und erfreuten sich nicht nur in Kleinasien, wo sich besonders viele vergleichbare Anlagen finden, größter Beliebtheit. Die Bandbreite der Funktionen dieses Bautyps reicht von Bühnengebäuden in Theatern über Tore, Prachtbrunnen (Nymphäen) und Bibliotheken bis zu Heroa.

Im städtebaulichen Kontext Milets nahm das Tor zwischen dem hellenistischen Rathaus (Bouleuterion) und dem flavischen Nymphäum auf der Platzanlage, die wohl als die älteste Agora der Stadt anzusehen ist, trotz ihrer aus der Hauptachse verschobenen Lage eine zentrale Position ein. Die Wahl des Bauplatzes an der Stelle eines hellenistischen Vorgängerbaus wurde oft mit dem Verlauf der Prozessionen vom nahe gelegenen Heiligtum des Apollon Delphinios nach Didyma erklärt. Ein unmittelbarerer Bezug scheint jedoch zu einem knapp 20 m nördlich in der Achse des mittleren Durchgangs gelegenen Fundament gegeben zu sein, das möglicherweise als Überrest eines älteren, spätestens hellenistischen Altars zu deuten ist. Unabhängig von diesen erst in Ansätzen erforschten topographisch-kultischen Bezügen erfüllte das Tor ganz alltägliche und pragmatische Funktionen, etwa als Standort von Händlern und Gewerbetreibenden wie eines Attalos aus Ephesos

oder eines Barbiers namens Achilleus, die durch Inschriften im Podium und in der Torrückwand dokumentiert sind. Das geschäftige Treiben und der starke Durchgangsverkehr (von Fußgängern) sind nicht zuletzt durch intensive Ablaufspuren am Stufenunterbau belegt, der vor Ort in Milet verblieben ist.

Auf wessen Initiative und zu welchem Zeitpunkt das Tor errichtet wurde und wie lange daran gebaut wurde, erschließt sich uns nur indirekt und lückenhaft. Eine Bauinschrift fehlt ebenso wie Erwähnungen in der antiken Literatur; lediglich eine Inschrift auf dem Sockel einer Ehrenstatue vom Südmarkt kann versuchsweise mit dem Tor in Verbindung gebracht werden und deutet darauf, dass die Stiftung und Finanzierung von einem Privatmann ausgingen. Die derzeit gültige Datierung in hadrianische Zeit, in die zwanziger Jahre des 2. Jahrhunderts n. Chr., erschloss V. M. Strocka aufgrund stilistischer und formaler Vergleiche mit fest datierten kleinasiatischen Monumenten. Ob der Bau tatsächlich anlässlich des Besuchs Hadrians in Milet 129 n. Chr. vollendet wurde, muss allerdings fraglich bleiben, erst recht in Anbetracht der zahlreichen Anzeichen von Unfertigkeit, insbesondere im Sockelbereich an der östlichen Schmalseite, im Obergeschoss sowie am Dach. Die im Verlauf der jüngsten Untersuchungen im Vorfeld der Restaurierung beobachtete enorme Heterogenität der Bauornamentik lässt ohnehin Zweifel an der Einheitlichkeit der Ausführung aufkommen. Der figürliche Schmuck des Monuments wies, abgesehen von den unmittelbar baugebundenen Dekorelementen – Bukephalien- und Widderkopffries im Obergeschoss sowie Löwenkopfwasserspeier an der Traufe –, überlebensgroße Statuen in bzw. vor den Nischen des Obergeschosses auf (Panzerstatue eines Kaisers mit kniender Barbarin und nackter Jüngling, vielleicht Darstellung eines Heros). In byzantinischer Zeit wurde das Tor in die neue Befestigungsmauer um den engeren Stadtbereich eingeschlossen, die nach Ausweis einer Inschrift des Kaisers Justinian im Jahre 538 n. Chr. errichtet wurde. Zu einem nicht weiter eingrenzbaren Zeitpunkt um 1000 n. Chr. stürzte das Tor infolge eines Erdbebens ein. In dem Trümmerhaufen errichteten Bewohner des Ortes Ta Palatia (türkisch Balat) Häuser, bevor diese mit der ganzen Stadt aufgrund der fortschreitenden Versumpfung der Mäander-Ebene aufgegeben wurden.

Die Entdeckung des Tores im November 1903 kam für die Ausgräber überraschend. Die zum Teil ungewöhnlich gut erhaltenen Bauglieder, insbesondere die Gebälk- und

Gesimsteile des Obergeschosses sowie die Giebel, führten bereits in den ersten Monaten der zweijährigen Ausgrabung dazu, an einen Wiederaufbau zu denken. Viele Architekturglieder wurden vor Ort provisorisch zusammengesetzt, und der an der Freilegung maßgeblich beteiligte Architekt Hubert Knackfuss konnte schon bald eine zeichnerische Rekonstruktion vorlegen. Dem Ausgrabungsleiter Theodor Wiegand gelang es, bei den türkischen Behörden die Genehmigung zur Ausfuhr der Bauglieder im Rahmen der offiziellen Fundteilung zu erwirken. In 533 Kisten verpackt, gelangten 750 Tonnen marmorner Werkstücke 1907/08 auf dem Seeweg nach Deutschland; lediglich der Stufenunterbau und der Sockel verblieben *in situ*. Der Wiederaufbau in Berlin verzögerte sich mit dem Bau des neuen Pergamonmuseums um viele Jahre. Erst 1925, nach Fertigstellung des Rohbaus, setzte eine intensive Planungs- und Experimentierphase mit Probeaufbauten sowie Modellen unterschiedlicher Maßstäbe und Materialien ein.

Die größte Schwierigkeit blieb die Frage nach der Technik des Wiederaufbaus. Wiegand und Knackfuss plädierten für eine Anastylose unter Anwendung antiker Konstruktionsprinzipien, wie sie bei Bauten aus Werksteinen üblich waren, das heißt vor allem unter Verzicht auf Mörtel und andere Bindemittel. Die fragmentarischen Architekturglieder und die nötigen Ergänzungen sollten wie in der Antike lediglich mit Metalldübeln und -klammern zusammengesetzt werden. Die Architekten und Ingenieure der Neubauverwaltung der Museen setzten dagegen durch, dass für den Wiederaufbau ein Traggerüst aus Eisenträgern konstruiert werde, auf welchem die Bauglieder aufzufädeln seien. Die Konsequenz dieses Verfahrens war aus denkmalpflegerischer Sicht drastisch: Sämtliche Säulenschäfte, Basen, Kapitelle und Architrave mussten hierfür ausgehöhlt werden. Nach einer äußerst kurzen Bauzeit von sechs Monaten (Oktober 1928 – April 1929) konnte das wiedererstandene Monument anlässlich der Hundertjahrfeier des Archäologischen Instituts des Deutschen Reiches der internationalen Fachwelt in einer Voraberöffnung präsentiert werden. Erst später wurden die noch stark voneinander abgesetzten originalen und ergänzten Bauteile farblich angepasst.

Während des Zweiten Weltkriegs verblieb das Tor, wie die meisten Großarchitekturen, im Museum und wurde in den letzten Kriegswochen durch eine Sprengbombe stark beschädigt. Die Reparaturen erfolgten 1952–54 unter ökonomisch ungleich schwierigeren Bedingungen als der Aufbau in den 1920er Jahren.

An den Folgen der Kriegsschäden und der unzureichenden Reparaturmaßnahmen leidet das Monument noch heute, vor allem an seinen Oberflächen und im Bereich des rechten Tabernakels. Im Rahmen der Maßnahmen zur Gefahrenabwehr wurden im Jahre 2006 die drei Giebel sowie angrenzende Werkstücke im Obergeschoss abgenommen und in eine externe Werkstatt in Berlin-Friedrichshagen zur Sicherung und vorläufigen Restaurierung verbracht. Nach deren Wiederaufbau 2007/08 wird das Tor einer umfassenden Sanierung *in situ* unterzogen werden, innerhalb derer auch manche Ergänzungen der 1950er Jahre durch neue Werkstücke sowie, vereinzelt im Bereich der Kassettendecken, durch Originale aus den Museumsdepots ersetzt werden.

Literatur: H. Knackfuß, Der Südmarkt und die benachbarten Bauanlagen, Milet 17 (1924) 69 ff.; V. M. Strocka, Das Markttor von Milet, 128. BWPr (1981); Antikensammlung 1998, 282–284 Nr. 143 (mit älterer Literatur) (V. Kästner); M. Pfanner u. a., Forschungen im Sumpf. Neue Untersuchungen zum Markttor und zur Agora in Milet, Antike Welt 36, Heft 2, 2005, 81–85 (mit der älteren Literatur); M. Maischberger, Zwischen Sachzwang und Utopie. Zur Technik von Architekturrekonstruktionen im Museum: Das Markttor von Milet im Berliner Pergamonmuseum, in: A. Dostert – F. Lang (Hrsg.), Mittel und Wege. Zur Bedeutung von Material und Technik in der Archäologie (2006) 275–296.

Maisch.

161 Saal 3

Das Trajaneum in Pergamon

Römisch, Anfang 2. Jh. n. Chr.
Hallenfront und Ecke des Tempels: Rekonstruktionen mit originalen Bauteilen.
Marmor

Gegenüber der Front des Markttores wurde bei der Einrichtung des Museums mit einigen originalen Säulen- und Gebälkteilen ein Abschnitt der Nordhalle des Trajaneums von Pergamon nachgestaltet (Abb. Kat. Nr. 159). Sie befand sich hinter dem zentralen Tempel, dessen Ecksäule mit originalen Baugliedern der Basis und des Akroters in der Saalecke rechts neben der Halle in voller Höhe rekonstruiert worden ist (Abb. S. 307 links). Neben der Säule stehen weitere originale Werkstücke – ein Gebälkaufbau und ein korinthisches Kapitell des Tempels.

Der Podiumstempel für Zeus Philios (lateinisch ›Iuppiter Amicalis‹) sowie für die Kaiser Trajan und Hadrian wurde über gewaltigen Gewölbesubstruktionen vor 113 n. Chr. begonnen und nach einer Planänderung wahrscheinlich anlässlich der zweiten Kleinasienreise des Kaisers Hadrian 129 n. Chr. eingeweiht. Als etwa 18 m hoher Marmorbau mit einer Ringhalle von 6 × 10 korinthischen Säulen bildete er die neue römische Stadtkrone von Pergamon. Noch heute stellen seine teilweise wieder aufgerichteten Säulen eine weithin sichtbare Landmarke dar. Der Tempelhof (etwa 60 × 70 m) war im Westen, Norden und Osten von Säulenhallen eingefasst. Die Nordhalle im Rücken des Tempels erhob sich über einer 5 m hohen Stützmauer. Für den Aufbau im Museum (s. Abb. Kat. Nr. 159) wurde diese Mauerhöhe stark reduziert. Die dabei verwendeten kannelierten Säulenschäfte gehörten außerdem zu den seitlichen Hallen, die erst nach einer Planänderung zusammen mit den talseitigen Kopfbauten angelegt wurden. Die Säulen der Nordhalle waren eigentlich monolith und glatt (Säulenhöhe 5,23 m). Die kannelierten Säulen der Seitenhallen erhöhte man mit glatten Fußstücken nachträglich um etwa 50 cm, um ihre Wirkung der auf der Stützmauer thronenden Nordhalle anzupassen. Alle Hallensäulen trugen einheitlich Kapitelle vom Blattkranztyp, eine um Akanthusblätter bereicherte alte Kelchkapitellform, die bereits in der hellenistischen Halle des pergamenischen Athenaheiligtums auftrat (vgl. Kat. Nr. 156, abgebildet bei Kat. Nr. 155) und die in dieser neuen Gestalt auch im römischen Pergamon sehr beliebt war. Von den kolossalen Kultbildern des Tempels, die in Akrolith-Technik ausgeführt waren, sind auf den Sockeln der Interkolumnium-Schranken beiderseits des Cartinia-Rundgrabes die Marmorköpfe der Kaiser Trajan und Hadrian aufgestellt. Unter diesen Kaisern hatte das römische Reich seine größte territoriale Ausdehnung und eine Zeit relativen Wohlstandes erlebt.

Literatur: H. Stiller, AvP V 2; K. Nohlen, Die Wiederaufrichtung des Traian-Heiligtums in Pergamon, Mannheimer Forum 82/83, 1982, 163 ff.; ders. in: Bauplan und Bautheorie der Antike, Diskussionen zur archäologischen Bauforschung 4, Kolloquium in Berlin 1983 (1984) 238 ff.; ders., Architectura 2, 1985, 140 ff.; S. R. F. Price, Rituals and Power. The Roman Imperial Cult in Asia Minor (1984) 252; W. Radt, Pergamon. Geschichte und Bauten, Funde und Erforschung einer antiken Metropole (1999) 209–220.; siehe auch die jährlichen Vorberichte in: AA 1988 ff. (W. Radt – K. Nohlen – W. Raeck); W. Raeck, Zeus Philios, AA 1993, 381 ff.; K. Nohlen, Städtebau als Ausdruck der Macht, in: Macht der Architektur – Architektur der Macht (2004) 153–160.

V. Kä.

162 Saal 3

Säulenjoch von den Hofhallen

des Jupiter-Heliopolitanus-Heiligtums in Baalbek
Römisch, 2. Hälfte 2. Jh. n. Chr.
Rekonstruktion mit originalen Teilen der Säulen (Basis, Säulenschaftfragmente und ein Kapitell; Teile des Gebälkes bei der Trajaneumshalle) aus Kalkstein und rotem Granit.

Das Heiligtum des Jupiter Heliopolitanus von Baalbek im hochgelegenen Bekaa-Tal zwischen den Gebirgen des Libanon gehörte zu den eindrucksvollsten Baukomplexen der römischen Kaiserzeit. Das Gebiet wurde zwar bereits im 7. Jahrtausend v. Chr. besiedelt, größere steinerne Kultbauten scheinen aber erst in späthellenistischer Zeit entstanden zu sein.

Der große Tempel in dem gewaltigen, 270 m langen Jupiterheiligtum wurde erst zur Zeit des Kaisers Nero (54–68 n. Chr.) als Pseudodipteros mit einer Ringhalle von 10 × 19 korinthischen Säulen vollendet. Eine breite Freitreppe führte vom vorgelagerten Altarhof zum etwa 6 m höher gelegenen Tempel hinauf. Heute stehen von diesem Bau, dessen Dachfirst ehemals 38 m über die Umgebung aufragte, noch sechs Säulen an der Südseite mit ihrem Gebälk aufrecht. Die Rückwand des Tempelpodiums im Westen enthält drei etwa 19 m lange Steinblöcke (sogenanntes Trilithon), zwei weitere derartige Blöcke blieben im Steinbruch unfertig liegen. Dies sind die größten Bauglieder, die in der antiken Architektur überhaupt ausgearbeitet wurden. Vom Jupitertempel ist ein Fragment im Saal ausgestellt – ein Teil des kolossalen Kranzgesimses mit Geison und Sima mit einem Mäander und pflanzlichen Ornamenten (rechts vom Cartiniagrab).

Vor dem Tempel lag ein fast quadratischer, etwa 104 m × 103 m messender Hof mit zwei turmartigen Altären und Wasserbecken (ein kegelförmiger Deckstein im Museumsfoyer gehörte zu einem Brunnen-Monopteros des südlichen Beckens).

Die Hallen, die den Hof an drei Seiten einfassten, besaßen Säulen mit monolithen Schäften aus geschliffenem und poliertem ägyptischen Rosengranit. Wertvolle farbige Gesteine – wie Granit, Porphyr und Basalt – wurden in der kaiserzeitlichen Architektur häufig für Säulen und Wandverkleidungen verwendet, um die Pracht der Fassaden und Innenräume zu steigern. Sie blieben auch in byzantinischer Zeit ein begehrtes Baumaterial. In Baalbek sind heute deshalb keine Granitsäulen mehr erhalten, weil sie geraubt und z. B. in Konstantinopel in Kirchen verbaut wurden.

Die Säulen des rekonstruierten Hallenjoches sind daher auch Stuckimitationen mit eingefügten originalen Granitfragmenten (Höhe 8,59 m). Das Gebälk war 1,95 m hoch. Links vom Cartiniagrab steht davon ein Geisonfragment mit Konsolen aus dem für Baalbek typischen hellgelben, porösen Kalkstein. Weitere Fragmente dieser Kalksteinarchitektur befinden sich außerdem auf einem Podest über der linken Treppe der Traianeumshalle. Die Räume hinter den Hallenfronten – rechteckige und halbrunde Exedren – waren mit einer reich verzierten Ädikula-Architektur ausgeschmückt. Einen Eindruck von diesen Wandgliederungen vermittelt ein Giebelblock, der sich ebenfalls unter den ausgestellten Architekturproben befindet.

Diese Hallenanlage mit einem vorgelagerten sechseckigen Hof und mächtigen Propyläen, deren Säulen vergoldete Kapitelle trugen, wurde zusammen mit dem daneben gelegenen Bacchustempel in der Blütezeit Baalbeks von der Mitte des 2. bis zum Anfang des 3. Jahrhunderts n. Chr. errichtet. Trotz seiner Lage abseits der großen Metropolen gehört das Heiligtum des Jupiter Heliopolitanus zu den bedeutendsten Monumenten der römischen Kaiserzeit.

Literatur: E. Weigand, JdI 29, 1914, 37 ff.; Th. Wiegand (Hrsg.), Baalbek, Ergebnisse der Ausgrabungen 1898–1905, Bd. 1–3 (1921–1925); E. Weigand, Jahrbuch für Kunstwissenschaft 1924/25, 77 ff.; P. Collart, Museum Helveticum 8, 1951, 241 ff.; P. Coupel, L'autel monumental de Baalbek (1951); ders., Le petit autel de Baalbek (1977); A. von Gerkan in: H. Bulle (Hrsg.), Corolla Ludwig Curtius (1937) 55 ff.; W.-D. Heilmeyer, Korinthische Normalkapitelle, RM Ergh. 16 (1970) 117 ff.; J.-P. Adam, Syria 54, 1977, 31 ff. (Trilithon); F. Ragette, Baalbek (1980); Y. Hajjar, La triade d'Heliopolis-Baalbek. Iconographie, theologie, culte et sanctuaire (1985); P. H. F. Jakobs, AA 1989, 413 ff. (Fragmente in der Universität Freiburg/Br.); F. Rumscheid, AA 1991, 527 ff. (Fragmente der Technischen Hochschule Hannover, jetzt in der Universität Göttingen); M. van Ess – Th. Weber, Baalbek. Im Bann römischer Monumentalarchitektur (1999); K. Rheidt, Vom Trilithon zur Trias – Baalbeks Wege zur Monumentalität, in: Macht der Architektur – Architektur der Macht (2004) 250–262. V. Kä.

163

Saal 3

Orpheus-Mosaik

Milet, 2. Jh. n. Chr.
Natursteine und Glas in verschiedenen Farbabstufungen. Höhe (gesamt): 780 cm; Breite: 630 cm; Größe der Tesserae: 4–15 mm.
Mos. 72

Der Mosaikboden stammt aus dem Triclinium (Speisezimmer) eines römischen Privathauses im kleinasiatischen Milet. Das Mosaik besteht aus einem vorgelagerten, rechteckigen Teil und einem quadratischen Hauptbild. Dieses wird an drei Seiten von ursprünglich etwas erhöhten, mit einem einfachen geometrischen Muster verzierten Außenfeldern umgeben. Sie dienten als Stellflächen für die Klinen (Speisesofas). Ihre Anordnung ermöglichte den Teilnehmern am Gelage einen freien Blick auf das Fußbodenmosaik.

Im Mittelfeld des Hauptbildes lauschen Fuchs und Rabe dem Leierspiel des mythischen Sängers Orpheus, der durch

Gesang und Saitenspiel sogar Tiere und Pflanzen zu bezaubern und zu zähmen vermochte. Sie haben ihre Köpfe aufmerksam dem Sänger in Kitharoedentracht zugewandt. Orpheus, der frontal, auf einem Felsen sitzend dargestellt ist, hält in der ausgestreckten Rechten das Plektron, mit dem er die Saiten des Instruments in seiner Linken anschlägt. Er wendet seinen mit der phrygischen Mütze bekleideten Kopf nach rechts, als ob er dem Klange lausche. Um das Mittelbild gruppieren sich weitere, durch seine zauberkräftige Musik besänftigte Tiere in einzelnen, durch ornamentale Bänder abgeteilten Bildfeldern, die nicht mehr vollständig erhalten sind: in den quadratischen Eckfeldern an Blüten pickende Vögel; in den Rechteckfeldern Zweiergruppen wie Panther und Steinbock zu Füßen des Orpheus. In bewusstem Gegensatz zu diesem Friedenszustand zwischen wilden und zahmen Tieren werden in dem vorgelagerten breiten Mosaikfeld Jagdszenen gezeigt: Raubtiere hetzen Beutetiere und werden ihrerseits von Hunden und mit Lanzen bewaffneten Eroten verfolgt.

Die römische Mosaikkunst kennt zahlreiche Darstellungen des musizierenden Orpheus inmitten von friedlichen, durch seine Kunst gefügig gemachten Tieren. Neben der zunehmenden Verbreitung der Orphik, eines Mysterienkultes, waren dafür sicher auch die allgemeine Beliebtheit des Orpheus-Mythos sowie die durch das Thema sich ergebenden Gelegenheiten, eine große Vielzahl verschiedener Tierarten – darunter auch seltene Exoten – vorführen zu können, ausschlaggebend.

Literatur: Kriseleit, Mosaiken 14 ff. Nr. 3 mit Abb. und älterer Literatur; LIMC VII s. v. Orpheus Nr. 96 (M.-X. Garezou); I. Kriseleit, Antike Mosaiken (2000) 28 ff. Nr. 8; 66 Meisterwerke 2005, 56 (S. Brehme). Bre.

Abkürzungsverzeichnis

Antikenmuseum Berlin 1988	Antikenmuseum Berlin, Die ausgestellten Werke (1988).
Antikensammlung Bd. 1	G. Heres – M. Kunze, Führer durch die Ausstellungen. Griechische und römische Plastik (1984).
Antikensammlung Bd. 2	M. Kunze – V. Kästner, Führer durch die Ausstellungen des Pergamonmuseums, Der Altar von Pergamon; Hellenistische und römische Architektur (1985).
Antikensammlung Bd. 3	H. Heres, u. a., Führer durch die Ausstellungen des Pergamonmuseums. Griechische und etruskische Kleinkunst; Römische Porträts (1985).
Antikensammlung 1992	Staatliche Museen zu Berlin, Die Antikensammlung im Pergamonmuseum und in Charlottenburg (1992)
Antikensammlung 1998	B. Knittlmayer – W.-D. Heilmeyer (Hrsg.), Die Antikensammlung: Altes Museum, Pergamonmuseum/Staatliche Museen zu Berlin (1998).
AvP II	R. Bohn, Die Altertümer von Pergamon Bd. II, Das Heiligtum der Athena Polias Nikephoros (1885).
AvP III 1	J. Schrammen, Die Altertümer von Pergamon Bd. III 1, Der große Altar (1906).
AvP III 2	H. Winnefeld, Die Altertümer von Pergamon Bd. III 2, Die Friese des großen Altars (1910).
AvP V 2	H. Stiller, Die Altertümer von Pergamon Bd. V 2, Das Traianeum (1895).
AvP VII 1	F. Winter, Die Altertümer von Pergamon Bd. VII 1, Die Skulpturen mit Ausnahme der Altarreliefs (1908).
AvP XV 1	M. Filgis – W. Radt, Die Altertümer von Pergamon Bd. XV 1, Die Stadtgrabung. Das Heroon (1986).
Blümel, Archaische Skulpturen	C. Blümel, Die archaisch griechischen Skulpturen der Staatlichen Museen zu Berlin (1963).
Blümel, Klassische Skulpturen	C. Blümel, Die klassisch griechischen Skulpturen der Staatlichen Museen zu Berlin (1966).
Blümel, Kopien des 5. Jhs.	C. Blümel, Katalog der Sammlung antiker Skulpturen Bd. 4, Römische Kopien griechischer Skulpturen des 5. Jhs. v.Chr. (1931).
Blümel, Kopien des 4. Jhs.	C. Blümel, Katalog der Sammlung antiker Skulpturen Bd. 5, Römische Kopien griechischer Skulpturen des 4. Jhs. v. Chr. (1938).
Blümel, Römische Bildnisse	C. Blümel, Katalog der Sammlung antiker Skulpturen Bd. 1, Römische Bildnisse (1933).
Bol, Frühgriechische Plastik	P. C. Bol (Hrsg.), Die Geschichte der antiken Bildhauerkunst Bd. 1, Frühgriechische Plastik (2002).
Bol, Klassische Plastik	P. C. Bol (Hrsg.), Die Geschichte der antiken Bildhauerkunst Bd. 2, Klassische Plastik (2004).
Bürgerwelten	I. Kriseleit – G. Zimmer (Hrsg), Bürgerwelten. Hellenistische Tonfiguren und Nachschöpfungen im 19. Jh. Ausstellungskatalog Berlin 1994.
Conze, Skulpturen	A. Conze, Beschreibung der antiken Skulpturen mit Ausschluss der pergamenischen Fundstücke (1891).
CVA Berlin (2)	A. Greifenhagen, Corpus Vasorum Antiquorum, Berlin, Antiquarium Bd. 2 (1962).
CVA Berlin (3)	A. Greifenhagen, Corpus Vasorum Antiquorum, Berlin, Antiquarium Bd. 3 (1962).
CVA Berlin (5)	H. Mommsen, Corpus Vasorum Antiquorum, Berlin, Antikenmuseum, ehemals Antiquarium Bd. 5 (1980).

CVA Berlin (8)	I. Wehgartner, Corpus Vasorum Antiquorum, Berlin, Antikenmuseum, ehemals Antiquarium Bd. 8 (1991).
CVA Berlin/DDR (I)	E. Rohde, Corpus Vasorum Antiquorum, Staatliche Müssen zu Berlin, Antikensammlung Bd. 1 (1990).
Deuses Gregos 2006	D. Grassinger u. a., Deuses Gregos. Coleção do Museu Pergamon de Berlim. Ausstellungskatalog São Paulo 2006.
Greifenhagen, Schmuckarbeiten Bd. 1	A. Greifenhagen, Schmuckarbeiten in Edelmetall Bd. 1, Fundgruppen (1970).
Griechische Klassik 2002	Die Griechische Klassik – Idee oder Wirklichkeit. Ausstellungskatalog Berlin 2002.
Kiderlen – Strocka, Die Götter beschenken	M. Kiderlen – V. M. Strocka (Hrsg.), Die Götter beschenken. Antike Weihegaben aus der Antikensammlung der Staatlichen Museen zu Berlin. Ausstellungskatalog Freiburg/Berlin 2005/2006.
Kriseleit, Mosaiken	I. Kriseleit, Antike Mosaiken (1985).
Neugebauer, Minoische und archaische Bronzen	K. A. Neugebauer, Katalog der statuarischen Bronzen im Antiquarium Bd. 1, Die minoischen und archaisch griechischen Bronzen (1931).
Neugebauer, Klassische und hellenistische Bronzen	K. A. Neugebauer, Die griechischen Bronzen der klassischen Zeit und des Hellenismus (1951).
Platz-Horster, Goldschmuck	G. Platz-Horster, Antiker Goldschmuck im Alten Museum (2001).
66 Meisterwerke 2005	Pergamonmuseum Berlin. 66 Meisterwerke (2005).

Abkürzungen weiterer Monographien und Lexika:

Beazley, ABV	J. D. Beazley, Attic Black-Figure Vase-Painters (1956).
Beazley, Add.^{2}	Th. Carpenter u. a., Beazley Addenda (1989^2).
Beazley, ARV^2	J. D, Beazley, Attic Red-Figure Vase-Painters Bd. 1–3 (1963^2).
Beazley, Para.	J. D. Beazley, Paralipomena (1971).
Clairmont, Tombstones	Ch. W. Clairmont, Classical Attic Tombstones, Introductory, 1993; Bd. 1–4 (1993); Supplement (1995).
Fuchs – Floren, Griechische Plastik	W. Fuchs – J. Floren, Die griechische Plastik Bd. 1, Die geometrische und archaische Plastik (1987).
LIMC	Lexicon Iconographicum Mythologiae Classicae I (1981); II (1984); III (1986); IV (1988); V (1990); VI (1992); VII (1994); VIII (1997); VIII Suppl. (1997).

Die Zeitschriften sind nach den Verzeichnissen des Archäologischen Anzeigers, 1997, 733 ff. und der Archäologischen Bibliographie, 1992, abgekürzt.

Konkordanz 1992/1998

Inv.-Nr.	Kat.-Nr. 1992[1]	Kat.-Nr. 1998[2]	Kat.-Nr. 2007[3]
AvP VII 22	76	102	115
AvP VII 24	75	101	—
AvP VII 43	79	51	63
AvP VII 90	77	113	127
AvP VII 130	71	112	126
AvP VII 132	72	54	67
AvP VII 149	—	—	157
AvP VII 168 b	73	53	65
F 871	—	11	17
F 893	142	11	17
F 1704	—	16	22
F 1720	—	20	26
F 1813	143	21	27
F 2159	16	22	28
F 2160	25	26	32
F 2180	17	23	29
F 2190	—	—	40
F 2278	22	29	35
F 2279	147	32	39
F 2285	18	39	51
F 2293	148	31	37
F 2294	24	28	34
F 2414	—	—	38
F 2455	—	—	45
F 2588	—	30	36
F 2589	—	40	52
F 2684	22; 23	35	44
F 2905	—	—	103
F 3044	152	43	56
FG 11067	—	—	21
Fr. 768	—	—	41
Inv. 1961.5	—	—	141
Inv. 1961.7	—	4	—
Inv. 1964.36	—	—	15
Inv. 1967.5	—	—	136
Inv. 1969.9	—	—	94
Inv. 1971.1	—	—	106
Inv. 1972.15	—	—	102
Inv. 1973.3	—	—	75
Inv. 1976.10	52	56	69
Inv. 1978.4	1	1	1
Inv. 1979.1	—	—	23
Inv. 1980.17–22	155	13	19
Inv. 1981.22	—	—	106
Inv. 1983.1	150	36	—
Inv. 1984.44	153	41	53
Inv. 1986.26–43	159	14	—
Inv. 1987.2	—	61	74
Inv. 1987.7	—	5	—

Inv.-Nr.	Kat.-Nr. 1992[1]	Kat.-Nr. 1998[2]	Kat.-Nr. 2007[3]
Inv. 1993.2	—	—	66
Inv. 30030	—	—	16
Inv. 30038	—	—	48
Inv. 30219, 108	—	—	141
Inv. 30219, 110	—	—	141
Inv. 30219, 112	—	—	141
Inv. 30196–30200	—	—	48
Inv. 30219, 200	—	—	141
Inv. 30219, 213	—	—	141
Inv. 30219, 254	31	44	58
Inv. 30219, 506; 506 a	169	15	46
Inv. 30481	—	—	48
Inv. 30666	—	—	141
Inv. 31005	—	2	3
Inv. 31098	11	8	12
Inv. 31161, 7	167	59	72
Inv. 31272	140	50	62
Inv. 31317	4	3	4
Inv. 31621	—	—	55
Inv. 31634	—	—	8
Inv. 32513	—	—	8
L 21.1	85	119	133
L 80	—	—	57
Mil. 1	7	143	160
Misc. 3779, 1	44	37	47
Misc. 6324	146	18	—
Misc. 7066	—	—	21
Misc. 7102	—	—	6
Misc. 7466	139	52	64
Misc. 7469	125	120	134
Misc. 7470	145	6	7
Misc. 7477	8	34	43
Misc. 7839	41	12	18
Misc. 8092	—	—	2
Misc. 8180 a	—	—	20
Misc. 8947	—	—	9
Misc. 10561	20	27	33
Mos. 1	116	64	78
Mos. 3	—	57	70
Mos. 71	6	141	158
Mos. 72	—	—	163
Sa 95	—	—	8
Sa 98	—	—	8
Sk 1	—	126	—
Sk 2	66	25	31
Sk 4	123	125	139
Sk 6	126	123	135

Inv.-Nr.	Kat.-Nr. 1992[1]	Kat.-Nr. 1998[2]	Kat.-Nr. 2007[3]
Sk 7	46	95	110
Sk 44	—	—	120
Sk 100	35	82	97
Sk 115	—	—	140
Sk 116	—	—	140
Sk 193	—	—	107
Sk 208	74	114	128
Sk 215	62	103	118
Sk 224	58	97	111
Sk 257	60	104	119
Sk 286	65	88	—
Sk 306	70	108	—
Sk 308	17	19	25
Sk 342	93	55	68
Sk 358	100	62	76
Sk 361	—	—	116
Sk 368	—	—	146
Sk 384	104	128	145
Sk 391	—	—	122
Sk 392	—	—	142
Sk 423	—	—	77
Sk 471	63	24	30
Sk 485	84	116	130
Sk 494	127	118	132
Sk 498	—	85	100
Sk 499	34	85	100
Sk 502	82	42	54
Sk 510	52	91	—
Sk 526	56	98	112
Sk 527	109	131	148
Sk 541	53	92	—
Sk 586	48	33	42
Sk 605	45	90	105
Sk 610	51	106	—
Sk 679	36	83	98
Sk 685	41	80	—
Sk 691	39	79	95
Sk 707	122	121	—
Sk 709	40	81	96
Sk 709a	37	78	93
Sk 725	38	77	92
Sk 731	13	17	24
Sk 736	25	73	90
Sk 738	21; 29	72	88
Sk 739	31	84	99
Sk 740	33	86	101
Sk 743	32	87	—
Sk 755	27	75	91
Sk 767	88	110	124
Sk 809	87	111	125
Sk 840	92	124	138
Sk 843a	—	60	73
Sk 843b	119	133	150
Sk 844	120	134	151
Sk 857	118	132	149
Sk 887	113	127	143
Sk 925	43	100	114
Sk 960	—	—	144
Sk 992a–o	8	142	159

Inv.-Nr.	Kat.-Nr. 1992[1]	Kat.-Nr. 1998[2]	Kat.-Nr. 2007[3]
Sk 1100	—	—	152
Sk 1108	21	72	88
Sk 1452	—	—	99
Sk 1455	67	99	113
Sk 1459	47	96	87
Sk 1465	21	72	88
Sk 1466	21	72	88
Sk 1482	24	71	86
Sk 1500	—	48	—
Sk 1503	103	63	—
Sk 1518	44	89	104
Sk 1530	57	38	50
Sk 1531	—	—	82
Sk 1532	—	49	—
Sk 1542	124	122	—
Sk 1555	—	7	11
Sk 1630	83	117	131
Sk 1631	16	10	14
Sk 1663	108	130	147
Sk 1673	—	—	10
Sk 1707	21	72	88
Sk 1708	26	74	89
Sk 1710	18	65	79
Sk 1721	50	69	81
Sk 1725	—	—	129
Sk 1739	15	68	84
Sk 1761	20	70	85
Sk 1764	—	—	137
Sk 1775	78	115	—
Sk 1789	55	93	108
Sk 1790	19	66	80
Sk 1791	14	9	13
Sk 1797	—	—	117
Sk 1800	12	67	83
Sk 1802	—	—	71
Sk 1808	107	129	—
Sk 1833	54	94	109
Sk 1854	69	107	121
Sk 1904	81	109	123
Sk 1928	—	46	60
Sk 1938	121	135	—
TC 551	91	58	—
TC 7674	—	—	59
TC 6689	137	45	—
TC 8581	157	47	61
V.I. 3172	—	—	49
V.I. 4984–86; 4988; 4989	—	—	5

[1] 1992: Staatliche Museen zu Berlin, Die Antikensammlung im Pergamonmuseum und in Charlottenburg (1992)
[2] 1998: B. Knittlmayer – W.-D. Heilmeyer (Hrsg.), Die Antikensammlung: Altes Museum, Pergamonmuseum/Staatliche Museen zu Berlin (1998)
[3] aktuelle Auflage

Die Antikensammlung im Alten Museum

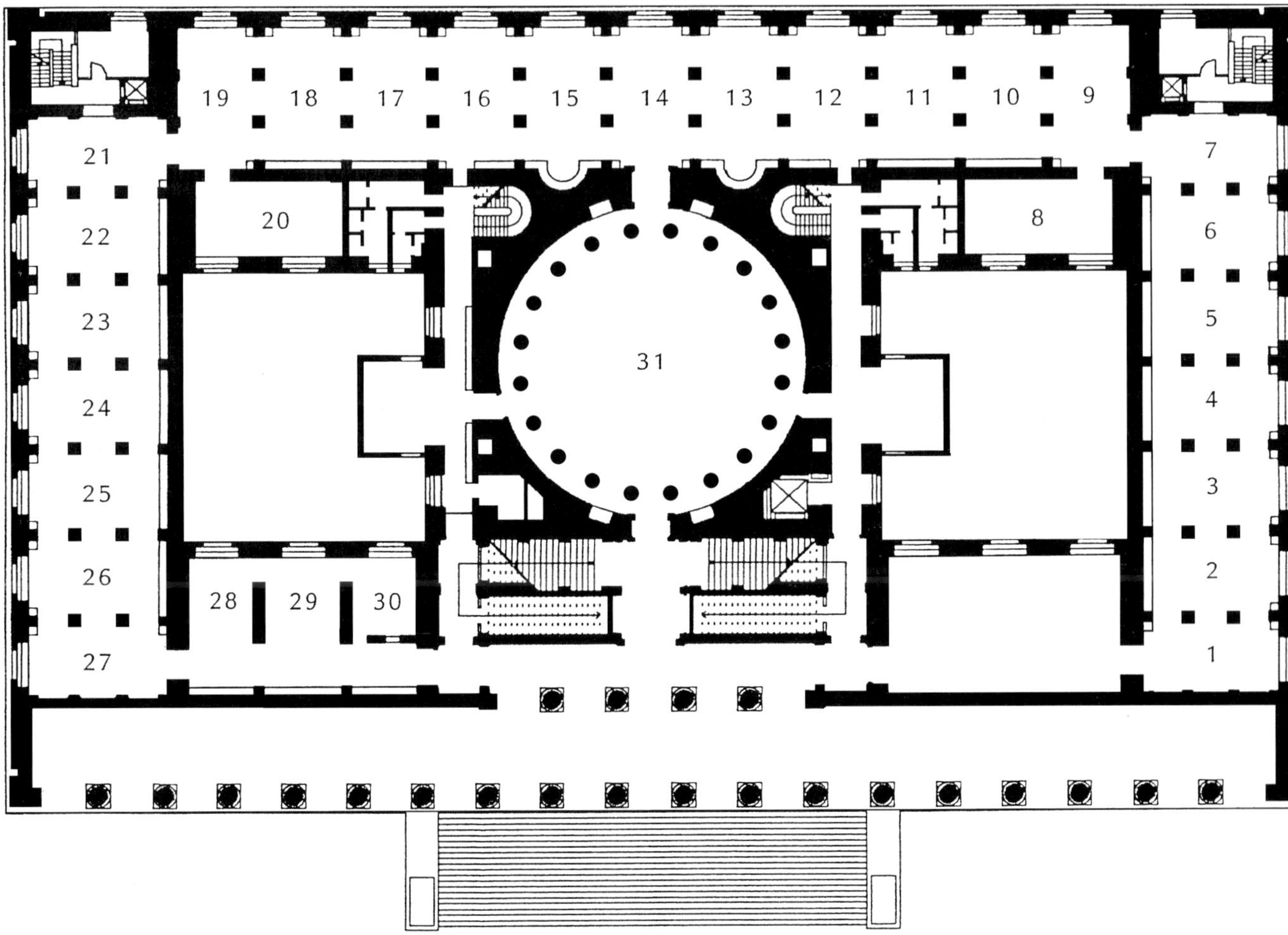

Kompartimente:

1	*Griechische Vorgeschichte: Kykladen, Kreta, Mykene*
2	*Geometrische Kunst*
3	*Archaische Kunst*
4	*Olympia: Waffen und Kleinfunde*
5	*Das ionische Griechenland – Samos*
6	*Das ionische Griechenland – Milet*
7	*Die archaische Handelswelt – Korinth und Ägina*
8	*Schatzkammer I: Gold*
9	*Griechische Mythologie*
10	*Die archaische Staatenwelt – Lakonien und Böotien*
11	*Die archaische Staatenwelt – Athen*
12	*Sport bei den Griechen*
13	*Sportliche Wettkämpfe*
14	*Der Betende Knabe*
15	*Die Götter Griechenlands*
16	*Die griechischen Helden*
17	*Fest und Gelage*
18	*Im Heiligtum*
19	*Tod und Grab*
20	*Schatzkammer II: Silber*
21	*Die griechische Stadt – Theater und Öffentlichkeit*
22	*Die griechische Stadt – Frauenleben*
23	*Die Griechen in Italien – Tarent*
24	*Griechische Kultur in Italien*
25	*Tanagra und der östliche Hellenismus*
26	*Priene – eine griechische Musterstadt*
27	*Hellenistische Skulptur*
28–30	*Römische Kunst: Porträt, Grab, Malerei*
31	*Die Rotunde*